英 国 史

从尤利乌斯·恺撒入侵到 1688 年革命

第三卷

〔英〕休谟 著

石小竹 译

商务印书馆
The Commercial Press
创于1897

David Hume

THE HISTORY OF ENGLAND

From the Invasion of Julius Caesar to The Revolution in 1688

VOLUME III

Based on the Edition of 1778, with the Author's Last Corrections and Improvements

London, T. Cadell, 1778

本书根据伦敦T.卡德尔出版社1778年作者最终修改版本翻译

休　谟

(David Hume, 1711—1776)

目　录

第二十四章　亨利七世(一)

亨利七世称王—继位资格—新王忌恨约克宗室—伦敦欢迎腾新主—加冕礼—汗热病—议会召开—王位限定继承权—国王大婚—叛乱—民众不满—兰伯特·西蒙内尔—爱尔兰叛乱—勃艮第公爵夫人的阴谋—兰伯特·西蒙内尔入侵英格兰—斯托克战役

里奇蒙伯爵在博斯沃思(Bosworth)一战功成,彻底击溃理查三世手下的王军,国王本人也命丧当场。面对骤然降临的空前大捷,众将士狂喜踊跃,山呼拥立得胜的统帅为王,"亨利七世万岁!"的呼声响彻沙场;此举纯粹发乎自然,事先并无布置——迄至此时,里奇蒙伯爵也从未擅自称王。为使这阵前拥王的场面显得更为正式,威廉·斯坦利勋爵从战利品中找出理查三世临阵头上王冠,戴在胜利者头上。亨利本人始终未曾流露出企盼之态,但他并不犹豫,当即接受了奉至眼前的这份殊礼。他站在命运的转折点上,必须直面重重险阻,当机立断做出决定,而这些困难想必他内心早已反复揣量过无数遍了;他选择这个角色,既出于野心的驱使,亦是顺应当前的胜利局面乘势而为。

亨利对王位提出主张,可供援引的继位资格不止一端,但若从法律或策略的角度严加审视,每种说法都面临莫大阻碍。

公元
1485年
8月22日

亨利七世
称王

继位资格

　　若干年来，亨利一直被兰开斯特家族的拥护者视为该家族的嗣子，然而在广大国人心目中，兰开斯特家族的继位资格本身就十分缺乏理据。兰开斯特王朝的开创者亨利四世从未明确阐释自己本着何种资格承受大统；他显然是打破了固有的君统传承，尽管如此，他也不曾承认自己是民选之君。的确，议会曾经多次确认兰开斯特诸王的继位资格，然而这种投票决议被认为是对当权家族的卑躬屈膝，所以并无多少权威性可言。相应地，近期约克家族得势之后，上述决议又多次被推翻。此外，一些审慎派本着明哲保身的态度，甘愿臣服于在位的任何一方，他们不想看见兰开斯特家族的继位权重被提起，因为这势必在当下造成举国纷乱，未来也必将搅乱英格兰的整个君统体系。况且，就算承认兰开斯特家族的继位权合法，亨利本人也并非该家族的嫡嗣；兰开斯特党人之所以接受里奇蒙伯爵为首领，无非是因为偏执于派系立场，绝不甘心向敌对党派俯首而已。的确，他的母亲里奇蒙伯爵夫人玛格丽特乃是萨默塞特公爵的独生女暨唯一继承人、先兰开斯特公爵冈特的约翰之苗裔，然而萨默塞特一支原不属该家族的合法后嗣，甚至有私生子的污名。尽管先兰开斯特公爵设法为其私生子女的合法身份向理查二世国王求得了特许状，也曾获得议会的认可，但是人们仍有充分理由质疑，此状是否将王权继承资格授予该家族的这一分支，因为特许状中已经一一明列了所授的全部特权，王位继承权被明确排除在外。①在兰开斯特王朝列王治下，凡叙及王统问题时，萨默 ⁵

---

　　① Rymer, tom. vii. p. 849. Coke's inst. 4. Inst. part 1. p. 37.［为体现作品原貌，作者以脚注形式标注的引文出处皆原样保留，置于卷末的注释亦按原格式译出。——译者］

塞特这一支的继位权都被视若无睹，直到兰开斯特嫡裔彻底绝嗣之后，他们的继位资格才引起注意。更招来普遍非议的是，亨利的继位权完全承自其母，而他的母亲此时尚在人世，继承顺位显然在他之先。

国人在情感上普遍倾向于支持约克家族的王位继承权，这既是出于合情合理的判断，也缘于此前爱德华四世治国颇有人望。亨利大可通过与约克宗室嗣女伊丽莎白公主联姻，将自己的继位权与约克家族的权利嫁接起来，他也曾对这份婚约作出郑重承诺，而他迄今为止取得的所有成就主要有赖于上述联姻前景。不过，亨利出于多重考虑，并不急于履行婚约。他深知，如果自己单单凭着配偶的继承权坐上王位，那么他本人的权力将受到极大制约：只能在礼仪上享受君主的虚衔，而无法真正拥有王座的实权。假如公主没有生育，又先他而亡，他就必须把王位拱手让给约克家族的下一位继承人。即使蒙天之佑，他名下子嗣兴旺，也难保证他的儿女能谨守孝道，胜过夺权上位野心的诱惑。当然，通过议会立法途径取得终身统治权并非难事，但亨利明白，血亲继承权的力量远远超乎议会的权威，[①]逢到权利相争、剑拔弩张的紧要关头，议会的权威总是屈从于暴力，而且向来更多地受制于时势，不顾基于理据或公众利益的考量。

亨利的继位资格还有第三种依据，那就是征服者权利，因为他战胜了在位君主理查三世。然而理查本人无非是个僭位者，而亨利所统领的军队也主要由英国人构成，所以根本无法将对英格兰的征服权利奠立在这样一场胜利之上。这种性质的权利主张将会

---

① Bacon in Kennet's complete History, p.579.

极大地干犯众怒，被国人理解成完全废止他们的权利和特权，建立绝对专制君权之举。[1]当年威廉自诺曼底跨海而来，虽说统率着无往不胜的强大外国侵略军，但他起初也未接受容易引起反感的"征服者"称号，直到政权完全稳固无虞，他才放手推进强横而深具破坏性的征服霸业。

不过亨利也知道，王权还可以植根于与征服者权利相似的另一种基础，即事实占有，如若辅以勇气和才干，这种继位资格足以确保手中王权世代传承下去。前朝的亨利四世就是一个范例，亨利四世的继位资格并不足以服人，却能平定多番叛乱，得以将王位和平传诸子孙。可以想见，若不是亨利六世过于暗弱，无力持定权杖，那么尽管约克家族的王位继承资格更优，已经享国三代的兰开斯特家族必能继续稳踞王座，直到后世。前代的范例不远，亨利决心进而据有王权，向所有竞争对手表明，唯有凭借军事实力和战争的胜利，才有可能把他赶下台。他决定宣示自己作为兰开斯特家族继承人的继位资格，不容旁人说三道四。他希望，有了兰开斯特一党的拥戴，辅以事实据有王位的雄厚实力，能够确保他享有永久而独立的权威。

亨利的上述想法建立在值得称道的策略基础之上，甚至出于某种必要性，因此并没有多少可指责之处；然而他的一切举措和谋划中却渗透着另一种动机，就无法援引同样的借口予以辩护了。红白玫瑰之间的残酷争夺历时已久，在一轮轮血腥复仇刺激之下，两党人士恚愤高张、仇雠如炽。历年来亨利本人的亲朋好友大半

新王忌恨
约克宗室

---

[1]　Bacon.p.5797.

7　殒命沙场或丧生于刽子手刀下，他自己也同样历尽艰危，内心早已被仇恨浸透，任是时间或阅历都无法抹去。他并未借着当前良机设法消弭双方的致命仇隙，夫妇联手君临天下，一视同仁地善待两大家族的朋友，而是带着原来身为一派首领的全部狭隘立场乃至偏激心态登上宝座，而任何一位真正的政治家，一旦置身于如此地位，都理应小心防范这等意气用事。他一如既往地全力抬举兰开斯特一党，打压约克宗室的追随者。终其一朝，他没有一刻忘怀早年形成的先入之见。由于天生禀赋所限，他无法构筑更加宽宏博大的施政体系，而是过分汲汲于戒备未来可能将他的继位权剥离于王后家族继位权之外的不利情况，以致给自己当下带来诸多不便。他视约克党人为敌，未几便真的把他们变成了敌人，他们开始议论国王如此小心在意维护自身继位资格，看出其中存在薄弱点和正当性问题。

　　亨利在博斯沃思战役结束后第三天所采取的行动，也应归因于他的意气用事，以及疑忌过重的心思。沃里克伯爵爱德华·金雀花（Edward Plantagenet）本是克拉伦斯公爵之子，继承顺位排在叔父理查之前，理查三世上台后，出于防范心理，将他软禁在约克郡的谢里夫哈顿（Sherif-Hutton）。如今，沃里克伯爵有理由期待改善境遇，因为他无碍于亨利或伊丽莎白继承大位，再说，像这样一个稚子，根本无需担心他会造成什么威胁。但是，罗伯特·威洛比爵士（Sir Robert Willoughby）却奉了亨利之命前往谢里夫哈顿，要把沃里克伯爵带到伦敦塔严加看守。[①] 他还肩负另一项使命，护

---

① Bacon, p.579. Polydore Virgil, p.565.

送被软禁在同一地点的伊丽莎白公主前往伦敦,在那里和亨利会面,并举行婚礼。

亨利本人也一路缓行,开赴伦敦。为了让民众安心,他刻意保持低调,克制耀武扬威的胜利者派头,一举一动有如在位君主和平巡行王土,而不是一位刚刚凭借武力夺取政权的新君。各地民众高声欢呼迎接新主,一派赤诚。一位年轻的胜利之君荣登大位,自然博得万众景慕。新朝初立,举国期盼着未来欣欣向荣的美好前程。近百年来,这个王国在连绵内战和动乱蹂躏之下,变得四野萧疏、民不聊生;每当兵戈之声渐息,党争和民怨又甚嚣尘上,引发新的动荡。亨利与伊莉莎白公主缔定婚约,似乎确保了两大家族相互争竞的继承权从此合而为一,他又战胜了深受厌憎的暴君理查——后者篡夺约克家族僭取的王位,再度颠覆英国王统,并使本家族内部充满鲜血和谋杀——因此,亨利所到之处,无不受到民众衷心爱戴。大批贵族、士绅武装纷纷赶来,衣甲光鲜地随侍王驾一路前行。国王驾临伦敦城外,伦敦市长和各团体连忙出城迎迓。京城市民成群结队,热情鼎沸地向新君致敬。但在这一派欢腾氛围当中,亨利依旧保持着素来的庄重矜持(以往他常因这种做派沦为宫廷红人们讥笑挖苦的目标),他乘坐封闭马车进入伦敦,并不赏脸让民众一睹新君风采。

然而国王并不过分怠慢民意,他很快就做出与伊丽莎白公主成婚的承诺,他知道,举国民众都在热切期盼这件大事。他在离开布列塔尼之际,曾经委婉地暗示,此去一旦功成,夺得英国王位,就会迎娶布列塔尼公国的女继承人安妮。这个消息此时已经传到英格兰,在民间引发了担忧,就连伊丽莎白公主本人也颇感不安。

伦敦欢腾
迎新主

8

为了消除这些担心，亨利当着枢密院和全体贵族领袖庄严重申前诺，宣称准备迎娶英国本国的公主。不过，尽管践约成婚乃是荣誉和利益所系，他还是决定推迟大婚日期，要等待他本人加冕礼成之后，议会认可他是名正言顺的君主时再迎娶公主。亨利依然急切地想要确立他本人及家族祖传的王位继承权，担心在加冕前与公主成婚会让世人觉得他是分享了王后的继位资格，进而质疑他本人作为兰开斯特家族后嗣的继承权。

加冕礼

那时节，伦敦和王国其他一些地区正值疫病流行，这病叫作"汗热病"，此前从未见于任何时代、任何地方，似乎并不是通过接触传染，而是源于空气质量和人群体质的一般状况，然而疫病蔓延势头猛烈，骤然夺去大批民众的性命。人一旦发病，通常在短短24小时内便注定了生死存亡。不过，疫病肆虐数周后，人们通过观察发现，如果适当通风换气、妥为摄养，可以大大缓解病情。[1]时疫既消，亨利的加冕礼便紧锣密鼓地筹备起来。为了增添盛典的喜庆气氛，亨利授封了十二名方旗爵士，又晋封了三位贵族。他的叔父彭布罗克伯爵贾斯珀(Jasper earl of Pembroke)被封为贝德福德公爵；他的继父托马斯·斯坦利勋爵(Thomas lord Stanley)被封为德比伯爵；爱德华·考特尼(Edward Courteney)被封为德文郡伯爵。加冕仪式也同样富于新气象，国王出于安全考虑，也是为了追求排场，安排了五十名弓箭手充当护卫，称作"皇家卫队"。他又担心国人见怪，把这视为国王气量狭小、对民众心存戒备的表现，于是宣布将此设为永久性制度。加冕典礼由坎特伯雷大主教、

汗热病

10月30日

---

[1] Polydore Virgil, p.567.

枢机主教鲍彻(Bourchier)主持。

11月7日
召开议会

新一届议会在威斯敏斯特召开。大多数与会者当即表态坚决拥护亨利，持反对立场者要么看到时局不利不愿挺身而出，要么被迫隐藏自己的原则和倾向。兰开斯特党人在各地的议员选举中大获全胜，还有许多人在约克党人得势期间横遭逼迫，被判褫夺财产和公权、逐出法外，如今也昂然荣归。这些人出席议会的权利受到质疑，此案被提交到王国全体法官面前，他们在财政署内室法庭(Exchequer Chamber)集议，慎重讨论这一敏感问题，最终得出的结论颇为审慎，在法律和时宜之间恰到好处地保持了折中。[①]法官们裁定，既往被判处褫夺私权者，唯待议会立法撤销上述判决之后，方可出席议会。撤销法案轻松获得通过，其中涉及的亨利党人竟达一百七十名之多！[②]

然而还有一项性质更为重大的议题尚待讨论：国王本人在前朝也被判处褫夺私权，有鉴于此，他的继位权也面临某种质疑。法官们态度坚定地宣布以下准则，借此摆脱了这个暗蕴危险的问题："王冠能解除任何血统瑕疵和中断问题；为君者自王权在手的一刻起，出身泉源便已为之澄清，此前所有褫夺私权的判决和血统玷污尽都不复存在。"[③]鉴于当前情势之紧迫必要，此事只能如此裁决，不容多议；此外，法官们或许还考虑到以下几点：无论任何法院判决的权威性都不足以对王位继承权构成阻碍；历朝储君常会遭受此类猜忌，往往被人罗织罪名、借法律和正义之名予以打击迫害；

---

① Bacon, p. 581.
② Rot. Parl. I Hen. Ⅶ. n. 2, 3, 4—15, 17, 26—65.
③ Bacon, p. 581.

在前朝身为储君的王子甚至可能参与过某些非正当的活动，但这并不足以剥夺他与生俱来的王位继承权。

议会如此曲意逢迎，国王想要制定什么样的法令，无不唾手可得。关于自身继位主张究竟建立在何种基础之上，他似乎只在内心有所疑问。在对议会的致辞中，他语气坚定地提到自己正当的世袭权利。设若以上权利被认为有欠充分，他又吁请上帝的裁决作为补充，因为上帝已经让敌人败在他的手下。此外，他唯恐以上主张被解读为援引征服者权利，又向举国臣民保证，他们尽可安享原有的一切土地和财产。

议会按照国王的意旨起草了王位限定继承法案，具体到每字每句都有可能是由他亲自口授的。法案对伊丽莎白公主或其家族的任何分支只字未提；但就其他方面而言，立法态度相当克制、温和。国王没有坚持要求法案中宣示或承认他本人的在先权利，另一方面，他也着意避免此法以新设法律或条例的面貌出现。他采取了一种折中路线，结果像此类情况下的常例一样，法案内容难免失于模糊不确。议会投票通过"王位继承权系于国王、归于国王且应长葆于国王一身"，[①] 却没有确切说明，他是以合法王嗣身份还是仅以事实占有者的身份承受这份权利。同样地，亨利满足于继承权仅限于传诸他本人所生后嗣，却假装并未排除约克家族在他本人绝嗣情况下的继承权，也未设定兰开斯特家族的继承权优先。他暂且让这一要点保持模糊，相信到了必须作出决定之时，未来事件的走向定能推动一切水到渠成。

王位限
定继承权

---

① Bacon, p. 581.

然而，即便有了上述一切防范措施，国王仍对自己的继位资格缺乏信心，遂于次年向教宗申请确认；罗马教廷很乐于抓住各国君主的轻率、软弱或困境所提供的一切机会扩张自身影响力，现任教宗英诺森八世（Innocent Ⅷ）爽快地依英王所愿发布了一份敕令，其中一一列举了亨利来自继承、婚姻、议会推选、甚至征服等方方面面的继位资格，又在这一切之上加授了宗教权威的认可：任何人如欲谋篡亨利或其直系子孙之位，都将遭受绝罚。事关王位继承事宜，凡身被此罚者，非到临终一概不得宽赦，且只有教宗本人或其特使才有权予以赦免。很难想象，这样一份敕令所提供的安全保障如何能弥补由此暴露的亨利的继位资格缺陷，以及招延教宗干预王国继承事务而带来的危险。

亨利下令撤销议会此前针对兰开斯特党人的褫夺产业、公权令，此举合乎时宜，甚至值得赞赏。但他对自己即将与之联姻的约克家族一党施以凌厉的报复，却令人不以为然。议会在他的授意下通过一项法案，对先王理查三世本人、诺福克公爵、萨里伯爵（earl of Surrey）、洛弗尔子爵（viscount Lovel）、朱什·查特利勋爵（lord Zouche Chartley）和费拉尔·查特利勋爵（lord Ferrars Chartley）、沃尔特·哈林顿爵士（Sir Walter Harrington）和詹姆斯·哈林顿爵士（Sir James Harrington）、威廉·伯克利爵士（Sir William Berkeley）、亨弗雷·斯塔福德爵士（Sir Humphrey Stafford）、凯兹比（Catesby），以及其他大约二十名士绅处以褫夺产业、公权的惩治，这些人都曾在博斯沃思战役中为王党作战。拥护当政君主、对抗当时尚未称王的里奇蒙伯爵，何以竟能构成叛逆罪，实在令人百思莫解。议会做出如此枉法裁断，无非是奴颜媚骨趋奉王命而已。

广大民众亦怀着莫大屈辱发现，国王出于贪婪或积怨的驱使，甫登大位便违背前盟，悍然破坏两党和睦共处的前景，而他当初得以成功践位，正是借力于国人对此前景的期待。

国王从本届议会得到如此之多的重大斩获，认为不便再提出什么钱款要求——当前国内充分和解、举国安定，近来又罚没了大批理查党羽的产业，似无必要寻求资助。然而议会还是授予他桶酒税和磅税的终身征税权，一如之前几朝君主所享先例。本届议会解散之前，还通过了几项不甚重要的财政法案。国王则投桃报李，对臣民馈以恩惠。他发布王室公告，大赦所有曾以武力对抗或试图对抗他的人，只要他们在限定日期之前归降乞赦，并按常规向国王发誓效忠即可。公告一出，此前躲进圣所避难的人纷纷走了出来；全国人心大定。亨利亲颁深得民心的大赦令，而不是授意议会通过立法来做这件事（如他最初设想的那样），实属刻意邀买人心之举。不过，萨里伯爵却未蒙天恩，他尽管自缚请降，却被关进了伦敦塔。

在本届议会上，国王还对向来追随自己的一干人等格外赐以荣宠和爵衔。故白金汉公爵的长子爱德华·斯塔福德在前朝被褫夺财产和公权，今朝得以恢复家族爵衔和巨额财产。亨利如此少见地慷慨大方，乃因感念故白金汉公爵的功劳，就是这位爵爷最先协同制定了亨利继位的计划，又付出身家性命，为此番大业开辟道路。布列塔尼的钱多斯(Chandos of Britanny)获封巴斯伯爵(earl of Bath)；贾尔斯·多贝尼爵士(Sir Giles Daubeny)获封多贝尼勋爵；罗伯特·威洛比爵士获封布洛克勋爵(lord Broke)。国王在本届议会上授封的全部贵族爵衔如上

12月10日

13

所述。①

　　然而,最得亨利宠信的大臣并非出自贵族行列,甚至不是在俗人士。约翰·莫顿(John Morton)和理查德·福克斯(Richard Fox)这两位神职人员皆以勤勉、机警和才干闻名,被亨利视为心腹,凡大小事务、秘密筹谋,主要交由这两位办理。他们曾陪伴亨利历尽艰险患难,现在他定意要让他们分享自己的荣华。两人都奉旨晋身枢密院,莫顿恢复了伊利主教的圣职,福克斯被封为埃克塞特主教。未几,坎特伯雷大主教鲍彻亡故,莫顿便接掌此位。福克斯先是受命掌管王玺,后来又相继晋为巴斯与韦尔斯主教(bishop of Bath and Wells)、达勒姆主教和温切斯特主教。正如培根勋爵(lord Bacon)所言,亨利喜欢任用和拔擢神职人员,因为他手上掌握着许多收入丰厚的主教职缺,容易酬报他们的服务。他的行动准则是小步渐进式提拔,先让他们从较低微的职位干起。②他或许指望,鉴于这些人自然而然地比贵族更依赖于他(彼时贵族阶层拥有产业和司法权,可能对王权构成威胁),那么进一步升职的前景会激励他们越发勤勉王事,也更加听命于他。

公元
1486年
1月8日
　　议会急于维护无可争议的合法王统,曾在提出桶酒税和磅税授权法案的同时,极其热切地恳请亨利与伊丽莎白公主完婚。但他们对这层真实理由隐而不提,只从义务角度出发,声称盼望国王早得亲生嗣子。此时,亨利开始认真考虑满足臣民的殷切企盼,不 14
国王大婚 日大婚。婚礼在伦敦举行,庆典之际举国欢腾的程度大大超过当

---

① Polydore Virgil, p.566.

② Bacon, p.582.

日亨利入城和他举行加冕礼的时候。亨利目睹民众对约克家族普遍心存好感的表现，心情极为不悦。由此引发的猜忌不仅终其一朝令他惴惴不宁，更让他对王后本人心生厌恶，毒化了他的整个家庭生活。王后尽管贤德、和悦、柔顺到极致，却从未获得丈夫适当的爱的回馈，就连亲切有礼的对待也谈不上。在后者阴郁的内心深处，仍然满满灌注着党派争斗的恶念，盖过了一切伉俪之情。

国王自从登陆英格兰以来一直胜旌高张，遂志骄意满，自以为他的运势和权威必无往而不利。他决定乘胜进军约克党人和理查一党势力深厚的北部地区。他希望看到，自己御驾亲临与恳谈交流，能够妥善安抚不满分子的党派成见。行抵诺丁汉时，亨利闻 叛乱 知洛弗尔子爵勾结亨弗雷·斯塔福德爵士及其兄弟托马斯，秘密潜出了位于科尔切斯特(Colchester)的避难圣所，但是他似乎对此不以为意，并未中断行程，继续向约克城进发。到了约克，他又听说斯塔福德兄弟募集了一支武装，进军伍斯特，准备包围该城。洛弗尔率领三四千人向约克逼近，意欲袭击王驾。亨利闻讯不急不慌，他凭着活跃的武才和谋略，当即找到了适当的应对之策。尽管身处叛意积蓄的地区，四面受敌，但他仍然成功地集结起一支忠诚可靠的小股部队，交由贝德福德公爵指挥，并把自己的卫队也尽数交给公爵。但他发现，这支匆促备战的部队虽然斗志旺盛、一腔忠勇，但是武器和军需供应都很欠缺。所以，他吩咐贝德福德暂且回避交锋，首先争取用一切可行的方式来瓦解敌军。贝德福德发布了一份针对反叛分子的普遍赦免通告，极大地震撼了反叛首领，对其部众的影响倒在其次。洛弗尔本无成就大事的勇气和能力，如 15 今害怕被部众抛弃，竟然倏地一跑了之。他在兰开郡潜藏了一段时间，随后逃往佛兰德斯，投入勃艮第公爵夫人的庇护之下。他麾下部众降顺国王，得到宽大对待。其他反叛分子闻知此变，从伍斯特城下撤围，纷纷作鸟兽散。斯塔福德兄弟躲进阿宾顿(Abingdon)附近科恩汉姆村(Colnham)的教堂避难，但是随即发现，这座教堂并无庇护反叛分子的特权，于是二人在那里被捕。亨弗雷·斯塔福德爵士在伦敦泰伯恩刑场(Tyburn)伏诛，他的兄弟声辩自己是被哥哥引入歧途，获得赦免。[①]

9月20日　　这场胜利之后不久，亨利又喜得贵子，他给小王子取名为亚瑟(Arthur)，意在纪念历史上那位赫赫有名的不列颠国王——都铎家族自称是亚瑟王的后裔。

　　亨利虽然成功平定了理查三世余党仓促掀起的叛乱，但国人普遍对他的统治滋生了不满。民怨的源头主要针对他对约克家族**民众不满**的歧视待遇，那个家族得到国人的广泛爱戴，也恰恰因此令国王的仇视和妒忌日日加深。人们看到，国王不仅在一切事务上偏待兰开斯特党人，更无情苛待众多约克党人，颁布法令褫夺了他们的财产。他又授意通过另一项法令，将约克王朝诸王颁授的一应特权统统收回。这项苛政表面上借口国库收入菲薄，难以维持王室体面，而且，亨利六世在位末期也曾以同样的法令收回颁授的各项特权，然而本次行动殃及的对象主要是约克党人，故此普遍认为国王是有意针对他们。沃里克伯爵蒙受的严厉处置也引发了国人的怜悯，人们同情这样一位无辜少年横遭迫害。小伯爵被幽禁于伦敦塔，那儿正是先王爱德华四世的孩子们遭其叔父谋害的地方，于是

[①]　Polydore Virgil, p.569.

16 公众不免担心同样的悲剧也等待着他，进而将亨利与那个饱受憎恶的暴君相提并论。又有传闻说，王后本人也受到苛待，甚至在她诞育了小王子之后，仍然享受不到公开加冕的荣耀。由此可见，亨利头脑中的偏狭成见已是不可动摇，于是国人对其统治的反感也同样地扎下了深根。国王也不曾着意通过自身举止言谈来化解民怨，增进国人对他的好感和爱戴，反而在一切事务上倾向于加深恐惧——充其量是敬畏之情。①虽说他的策略和勇气人人膺服，国内贵族和首脑人物不敢不俯首听命，但是不久后发生的一场奇特事件，显出他那不得人心的统治的糟糕后果。

牛津城里住着个名叫理查德·西蒙(Richard Simon)的教士，此人颇有些精明手腕，更不乏野心和鲁莽。他一直酝酿着一个计划，要拥立一位王位竞争对手，推翻亨利的统治。为此，他相中了面包师傅的儿子、年方十五岁的兰伯特·西蒙内尔(Lambert Simnel)。这少年天赋过人，心智远超其年龄、仪表风度远超其自身地位，似乎是扮演宗室公子的绝佳人选。于是流言不胫而走，称爱德华四世的次子、约克公爵理查当年逃脱了叔父的毒手，一直藏匿在英格兰的某个地方。这个说法被许多人欣然接受。理查德·西蒙欲借流言之力，起初指示他的徒弟冒充深受国人爱戴的约克公爵；但是不久又有新的消息传来，说沃里克伯爵已逃出伦敦塔，西蒙眼见举国民众为此欢喜雀跃的程度不亚于前者，便改变原来的冒名计划，让西蒙内尔假扮这位不幸的小伯爵。②那少年虽说天资

兰伯特·西
蒙内尔

---

① Bacon, p.583.
② Polydore Virgil, p.569,570.

聪颖，有本事按照指示演好他的角色，但是外界有议论说，他极为谙熟关于先朝王室的各种情况，特别是沃里克伯爵那异乎寻常的经历，不像出自那个地位卑微的西蒙的传授，因此人们猜测，恐怕有身份高贵的约克党人参与阴谋策划，给冒名顶替者提供了适当 ¹⁷ 的指导。怀疑的矛头指向伊丽莎白太后本人；实际上，无论此事如何令人难以置信，民间普遍认为她暗地支持这个冒名行动。这女人的天性极不安分。当她发现自己协助亨利夺得江山的勋劳没有换来半点酬报，她本人在新朝权势丧尽、门庭冷落，她的女儿贵为王后却受到苛待，她所有的朋友都沦为任人摆布的角色，她的内心便对亨利滋生了强烈的仇恨，并且决意让他领教这仇恨的力量。她明白，无论冒名顶替者做得怎样成功，到最后很容易将其一脚踢开。她的如意算盘是：设法利用此人为她火中取栗，打开局面、颠覆现政权，尽管现在还无法准确预知未来如何，但她有希望满足自己的复仇欲，与眼下饱受欺凌和轻贱的境况相比，这样的前景总归要好得多。①

　　无论西蒙如何悉心指点自己的弟子西蒙内尔，但他心里清楚，假的就是假的，禁不起细察。出于这种考虑，他决定把爱徒的首次公开露面安排在爱尔兰。爱尔兰人热忱拥护约克家族，尤其爱戴沃里克伯爵之父克拉伦斯，因他曾一度担任爱尔兰总督。亨利登基后，缺乏远见地任由此岛保持原来的治理体系，先朝委任的所有文武官员依然大权在握。西蒙内尔自荐于爱尔兰总督基尔代尔伯爵(earl of Kildare)托马斯·菲茨－杰拉德(Thomas Fitz-gerald)

---

① Polydore Virgil, p. 570.

面前，自称为不幸的沃里克伯爵，请求他的保护，那位轻信的贵族毫不怀疑来人竟有泼天的胆子招摇撞骗，几乎立刻就听信了他，并请来一些显贵人物商量如何处理这一非常事件。他发现，这些人比他自己表现得更加热忱、对来者的说辞坚信不疑。消息在民间逐渐扩散开来，激起的热情和信任一浪高过一浪，最后，全体都柏林人一致认定西蒙内尔就是真正的爱德华·金雀花，向他宣誓效忠。他们钟爱这位合乎他们心意的新的王位竞争者，无视爱德华四世那几个继承顺位排在沃里克之先的女儿，他们把这位假冒嗣主当作真君，毕恭毕敬地伺奉，请他住进都柏林城堡，从童贞圣母玛利亚塑像头上取来一顶简式王冠戴在他头上，并公开尊他为王，号称爱德华六世。爱尔兰全岛景从首都，竟无一人仗剑而起、支持亨利的。

爱尔兰
叛乱

　　消息传到国王耳中，令他有些不知所措。他向来主张面对面地打击敌人，但此时此际他却不敢贸然离国，因为他怀疑这里就是阴谋的发源地，他也知道，许多英格兰显贵以及普通民众都相当乐于听信那套说辞。为了发现阴谋的秘密源头，采取措施遏制这场公开叛乱，他频频召见诸位臣僚和顾问，制定了一套强力捍卫王权、镇压敌对势力的计划。

　　一番磋商过后，国王采取的第一个措施让公众大为惊异。他下令拘捕太后，褫夺她名下一切土地和收入，将她送进贝尔蒙德塞(Bermondesey)女修道院，严加监控。这一威权举动采用的借口十分牵强。官方宣称，太后尽管秘密承诺把女儿嫁给亨利，另一方面却屈服于理查三世的威逼利诱，把伊丽莎白公主和她的几个妹妹交在那暴君手上。鉴于这桩罪行至今已是时过境迁，按理不无从轻发落的余地,所以时人怀疑太后遭到严厉罚处,真正的原因并不在此。人们认为,国王不愿控指至近亲属谋逆,才假借以上世人皆知的过犯,来掩饰自己的报复或防范之举。[1]人们看到,不幸的太后忍辱含垢地生活了数年,国王从未给予宽大,任其在贫穷、孤寂和监禁中了此一生,于是越发坚信原来的怀疑不无道理。

国王采取的第二个措施相对来说不那么令人反感。他下令将沃里克伯爵从伦敦塔带出,游行通过伦敦街头,直到圣保罗大教堂,在那里向全体民众公开展示。他甚至吩咐,让一些曾与约克家族交好、熟识沃里克本人的显贵人物接近被囚者,与之攀谈。国王相信,人们一旦认清西蒙内尔荒诞不经的骗局,流言就不攻自破。这一举措在英格兰产生了效果,但爱尔兰人仍然顽固坚持叛乱立场,针对国王关于假冒作伪的指责,他们反过来激烈指斥国王造假,推出一个冒牌的沃里克欺骗国人。

亨利很快便有理由担心,反对他的阴谋不止于表面上的荒唐骗局,而是有着更深的根脉。林肯伯爵约翰是萨福克公爵约翰·德·拉·波尔(John de la Pole)与爱德华四世的长姐伊丽莎白之子,他也卷入了密谋。这位贵族天生才能、勇武过人,素来心高志大。众所周知,他的舅父理查在位时曾经设想,倘若自己无嗣而终,就让林肯伯爵继承王位,此事越发鼓舞了他的雄心。当今主上疑忌排挤约克一党的所有显要人物,又如此苛待沃里克伯爵,更令林肯伯爵惊惧莫名,决心不惜铤而走险,以图自保。托马斯·布劳顿爵士(Sir Thomas Broughton)在兰开郡颇有势力,林肯伯爵

---

[1]　Bacon, p.583. Polydore Virgil, p.571.

暗中与此人建立了勾连，随后便逃往佛兰德斯，洛弗尔已经先他一步来到此地。他是应姨母勃艮第公爵夫人玛格丽特之邀逃到这里的，此后便在勃艮第宫廷里生活了一段时间。

　　这位玛格丽特公爵夫人是先勃艮第公爵"大胆的查理"（Charles the Bold）的未亡人，她从未生育，把所有感情都寄托在继女身上；她的继女嫁给了奥地利大公马克西米连，[1] 后来年纪轻轻就夭亡了，此后玛格丽特又把满腔慈爱付予继女的一双儿女腓力和玛格丽特，悉心照料他们的身心教育。公爵夫人懿德高风，令人景仰，在佛兰德斯人中间威望极高，她靠着丈夫留下的丰厚遗产，过着尊贵而简朴的生活。这位夫人的热情和仇恨都像火一样炽烈；以她这种喜好社交的多血质性情，实难抗拒党派情感的影响，这种情感强烈地攫住了她的心灵，在一定程度上，就牢牢扎根于她那刚直笃实的优秀品格之上——公爵夫人性情的方方面面无不透射出这种品格的光辉。当她闻知亨利对她家族的恶意猜忌，及其迫害所有约克党人的行径，不觉义愤填膺，决心要让他为自己的敌意而后悔——她的无数亲朋好友都毫无理由、毫无必要地成了这种敌意的牺牲品。公爵夫人与林肯伯爵和洛弗尔子爵商讨过后，雇佣了两千名德意志老兵，由勇敢而久经历练的军官马丁·斯沃特（Martin Swart）统领，[2] 派他们追随林肯和洛弗尔渡海奔赴爱尔兰，支援西蒙内尔。爱尔兰人得到身份如此显赫的大人物支持，

勃艮第
公爵夫人
的阴谋

公元
1487年

---

　　① 马克西米连一世（Maximilian，1459—1519），于1486年当选为罗马人的国王，1493年继承其父腓特烈三世的奥地利大公之位，成为德意志唯一的统治者，又于1508年获得神圣罗马帝国皇帝称号。——译者

　　② Polyd.Virg.p.572,573.

兰伯特·西
蒙内尔入侵
英格兰

又获武装支援，勇气为之大增。他们开始考虑进犯英格兰，他们相信，英国人也普遍心怀怨望，程度不亚于爱尔兰。此外，爱尔兰财力窘迫，已无力继续养活新朝廷和军队，贫困的境况更刺激了他们入侵英格兰的欲望，希求在那边靠着劫掠和加官进爵发一笔横财。

亨利对敌方意图绝非一无所知，他也在加紧战备。他诏令在全国各地征兵，任命贝德福德公爵和牛津伯爵为统帅。他怀疑多塞特侯爵[①]因其母伊丽莎白太后遭受迫害而心存怨恨，将后者拘捕。为了以表面的虔诚邀取人心，他前去朝拜了以神迹闻名的"沃辛汉姆的圣母玛丽亚"圣龛，献上祷告，乞求神赐胜利、助他击败敌人。

国王闻报，西蒙内尔已在兰开郡的福德莱(Foudrey)登陆，便集结军队前往迎敌，一直开到考文垂扎下营盘。叛乱者曾经指望心怀怨望的北方各郡揭竿响应，然而英格兰人普遍反感与爱尔兰人和德意志侵略者同流合污，他们确信兰伯特是个冒名顶替的骗子，又慑于国王常胜有能的赫赫威名，因此要么安守本分，要么选择襄助王师。叛军统帅林肯伯爵看出，此战除非取胜，否则己方便全无希望可言，便横下一条心速战速决。国王天性勇武，又得到什鲁斯伯里伯爵和斯特兰奇勋爵率领的大股志愿武装增援，越发斗志昂扬，率王师正面迎敌。两军在诺丁汉郡的斯托克(Stoke)地方相遇，血战就此爆发。就双方实力差距而言，战况的胶着程度可谓出人意料。所有叛军首领早已抱定不成功毋宁死的决心，也用同样视死如归的精神激励部下；德意志老兵个个身经百战、战斗力极

6月6日
斯托克
战役

---

　① 即托马斯·格雷，太后第一次婚姻所生的儿子。

强,令王师久久占不到上风;就连装备奇差、几乎毫无防御力的爱尔兰人也极其勇猛,显示出他们绝不缺乏勇气和斗志。国王付出惨重代价才赢得胜利,然而这场胜利却是决定性的。林肯、布劳顿和斯沃特三人及手下四千部众命丧沙场。洛弗尔失踪,据信他也遭到同样下场。西蒙内尔和他的导师西蒙一道被俘。西蒙凭其神职身份,未被依法审判,只被交付严密羁押。而西蒙内尔这种过于卑微的小人物,并不足以让亨利为之忧惧或仇恨,此人获得赦免,被安排在御厨房充作杂役,后来升为驯养猎鹰的仆人。①

现在亨利可以腾出手来,从容报复他的敌人了。他挥师挺进北方各地,一路上诸多所作所为十足佐证了他的苛酷不仁。凡有协助或同情叛军嫌疑者都受到严厉审查,国王的惩处并不全然是血腥的,常以贪心压倒复仇欲。有过失者被处以巨额罚金。法庭的诉讼程序、甚至法庭的组成本身,都是随心所欲的。罪犯要么被法庭委派的专员审判,要么接受军事法庭的处置。斯托克战役爆发前,曾有流言纷传叛军已经获胜,王军被分割击破,国王本人临阵逃跑。亨利执意认定,凡相信或传播这个谣言就是心怀贰意的体现。为了这个所谓的罪名,许多人遭到惩处。然而,彼时的英格兰政制就是这样一种状况,即使在和平年代,王权所受约束也颇不完善,一旦发生动荡、甚至一有风吹草动,王权必定强力反弹,冲破一切法律约束,侵犯公共自由。

国王充分逞威、严厉处置大批敌对者之后,决定给国人一点满足,这虽然只是个仪式,却是举国民众热切向往的一件事。国王大

---

① Bacon, p.586. Pol.Virg.p.574.

婚已近两年，但王后的加冕礼至今尚未举行。这种故弄玄虚的拖延让公众深感不满，也是滋生叛乱的一个主要原因。国王汲取经验教训，终于为王后举行了加冕礼。为了进一步表现天恩浩荡，他还释放了多塞特侯爵——后者在关押期间已经自证清白，完全洗脱了身负的嫌疑。

11月25日

第二十五章　亨利七世(二)

外交事务概况—苏格兰局势—西班牙局势—低地诸国局势—
法兰西局势—布列塔尼局势—法国入侵布列塔尼—法兰西遣使英
伦—法国宫廷狡猾应对—北方叛乱—叛乱平息—英王出兵布列塔
尼—法国吞并布列塔尼—召开议会—对法开战—入侵法兰西—英
法议和—佩尔金·瓦贝克—瓦贝克冒充约克公爵—勃艮第公爵夫
人承认瓦贝克—大批英国贵族承认瓦贝克—审判、处决斯坦利—
召开议会

亨利七世对内施政积极有为，新朝气象昌隆，博得全欧洲的高公元
度赞誉。不过，值此前后发生了一些事件，将他的视线引向海外，1488年
继而挺身为盟友出头。为了恰如其分地阐释他的外交活动，有必外交事
要介绍一下周边各国的局势。我们首先从毗邻的苏格兰讲起。务概况

24　文明君主国的政府无需仰赖英主超凡的才干，仅仅凭借法律苏格兰
和制度之力，便可维持一国秩序和安宁。但此时的苏格兰王国尚局势
未达到这等境界：在位国王詹姆斯三世(James Ⅲ)庸碌怠惰，按理
说，他本该多多任用贤能为国栋梁，可惜他所选择的人物从来都不
能让自己和国人同时感到满意。当他倚重大贵族的时候，就会发
现这些人一心光大本家族的势力，以致危及君权、惹动民怨；他若

垂青哪个出身较低又谨从王命、让他感到放心的臣僚, 贵族们因瞋恨喽啰得势, 便处处作梗、对抗君上, 有时甚至诉诸极端手段。假如亨利暗怀征服之志, 而今正是将苏格兰纳为藩属的大好时机。不过, 他可能明白, 苏格兰人生性勇悍, 就算能够趁其国内人心不齐实现征服, 但若没有一支常备军常年镇守, 他们绝不可能保持臣服, 而当时的英格兰对常备军的概念还闻所未闻。因此, 亨利只想与苏格兰重续和约, 遂遣使与詹姆斯三世商谈此事。然而苏格兰人向来无意对英达成持久和平, 在他们看来, 随时随地保持战斗姿态才是自身安全的保障, 他们只同意签约休战七年, 于是两国便如此立约。①

　　近三百年来, 欧陆格局几乎没有发生任何实质性变革, 但在这个时期, 却有迅速嬗变的势头, 几大基督教强国开始合纵相与, 一个广泛的策略体系已现雏形。西班牙此前几乎完全埋头于本国事务, 如今随着阿拉贡国王费迪南(Ferdinand)和卡斯蒂尔女主伊莎贝拉(Isabella)联姻, 两大强国合而为一, 开始雄视周遭, 为联合王座寻求最可观的利益。西班牙发动攻势, 向摩尔人夺回格林纳达(Granada), 此时胜利已然在望。战争重新激活了西班牙人的军事天才, 为这一国赢得了荣誉和安全, 两位君主不再为境内的劲敌所扰, 开始插手整个欧洲的事务, 在各次战争和交涉中都扮演了重要角色。

西班牙局势

低地诸国局势

　　罗马人的国王马克西米连是神圣罗马帝国皇帝腓特烈三世之子, 他迎娶勃艮第公国的女继承人, 从而在尼德兰诸省攫取到莫大

25

---

① Polyd. Virg. p. 575.

利益。尽管因妻子亡故，他与低地诸国的关系变淡，但他仍然凭借其子腓力监护人的身份，自称拥有对该地区的管辖权，他的权威在布拉班特、荷兰等几省均已得到承认；但是佛兰德斯和埃诺却拒不承认他的摄政权，甚至为腓力另外指定了监护人。马克西米连试图以武力征服这些顽梗之民，战事绵延既久，始终未能摧毁当地人的反抗意志。为了拉拢法兰西，免得这个强国插手阻挠，他与法王路易十一(Lewis XI)缔定和约，把自己尚在襁褓的女儿玛格丽特许配给法国王储，并约定将阿图瓦(Artois)、弗朗什－孔泰(Fanche-Compté①)和沙洛鲁瓦(Charolois)三地割让给法国作为公主的嫁妆。但这个联盟并未收获预期效果。法国王储继位后，号查理八世(Charles Ⅷ)，但此后马克西米连看到，法兰西宫廷仍然一如既往地煽风点火，挑唆佛兰德斯人反抗他。

　　法兰西在过去两朝实力大增，如今国势壮大，其他欧陆国家的发展若不能与之抗衡，休想指望法国安守原来的疆界，不事扩张。这时节，诺曼底、香槟、安茹、多菲内、吉耶纳、普罗旺斯、勃艮第等大片领地多半已被并入法兰西王室治下，英国人被完全逐出先前占领的地盘；法兰西国王权威煊赫，足以维持国内法度和秩序，王国在编军力相当庞大，国家财力雄厚，豢养这样一支武装并不困难。这些实力多半是先王路易十一在位时期积攒下的，他的儿子继位时尚处稚龄、亦缺乏良好教育，勉为其难地担负起社稷重任。好在先王嘱托长女、博热女公爵(lady of Beaujeu)安娜摄政掌国，安娜精力旺盛、才干超群，在她的领导下，法兰西的国力持续发展，

法兰西
局势

---

　　①　疑为Franche-Comté之讹。——译者

未见衰退。是她定下宏伟计划,最终成功地兼并了布列塔尼这个
独立性最强、坚持到最后才降服的爵领。

布列塔尼公爵弗朗西斯二世(Francis Ⅱ)自知驽钝,在公国
事务上对大臣彼得·朗代(Peter Landais)言听计从,此人出身低
微,虽有才能,却是个寡德无行之辈。布列塔尼贵族见这宠臣平
步青云,心生怨愤,进而萌生了背主之意,在多番动乱之后,他
们最终联合起来,以暴力手段逮捕、审判并处决了不得人心的宠
臣。贵族们做出这等欺君抗上的行径,畏惧公爵动怒,不少人逃往
法兰西避祸;另一些人为了寻求安全和保护,与法国大臣们保持着秘
密勾连。法方一见不列塔尼发生严重内讧,觉得这正是发动入侵的
好时机,如此可以打着维护王国安全的幌子,掩盖其虎噬鲸吞的
野心。

奥尔良公爵路易身为宗室亲王、法兰西王位的假定继承人,曾
经反对博热的安娜摄理国政;尽管他的权利主张被国会驳回,但他
仍与许多大人物暗通声气,策划推翻当政的长公主。他发觉阴谋
有所败露,索性公开武装叛乱,在博让西(Beaugenci)地方据堡自
守。但是,由于起兵过于仓促,不待同伙赶到,他就被迫投降,接
受朝廷任意强加给他的所有条件。不过,出于野心乃至恐惧的驱
使,路易不久便悄然离开法国,投奔布列塔尼公爵寻求庇护,后者
也正欲借助奥尔良公爵的友谊和人望来增强自己的实力,抵御博
热的安娜对公国的觊觎图谋。奥尔良公爵看到自己在布列塔尼公
爵面前很快赢得了支配地位,便将自己的许多党羽招揽到布列塔
尼宫廷,还谋划聘娶这个富裕公国的女继承人安妮,以壮大自己的
势力。

27 　　布列塔尼贵族们眼看奥尔良公爵及其党羽独霸恩宠，便越发加紧勾结法兰西，甚至邀请法王入侵母邦。不过，他们毕竟渴望保持独立，便定下条件，要求法国派出的援军不得超过一定数量，并规定法军不得占据布列塔尼的任何城堡要塞。然而，这些叛臣面对的势力是他们根本无法与之匹敌的，凡此种种预防措施不过是徒劳虚设而已！法国以四倍于先前约定的兵力入侵布列塔尼，直捣公国腹地，对普洛尔摩（Ploermel）形成包围。布列塔尼公爵募兵抗敌，人员数量虽多，却缺乏训练，奥尔良公爵、杜诺瓦伯爵和一干法国贵族受命担任统帅。将士们对此任命不满，又疑忌他们暗通法国，大军不久便瓦解星散，布列塔尼公爵身边只剩下少数部队，不足以迎敌。布列塔尼公爵避走瓦讷（Vannes），法军攻取普洛尔摩之后，继续对公爵紧追不舍，公爵又逃到南特（Nantz）。法军占据瓦讷、迪南（Dinant）等地，随即将南特围得密不透风。布列塔尼贵族们发现母邦面临彻底沦丧，开始逐渐退出法军阵营，与自己的主君重归于好。

法国入侵
布列塔尼

　　征服布列塔尼是法兰西宫廷念兹在兹的计划，布列塔尼人的离去并未打消他们的意图。当时整个欧洲的局势也有利于实现这个计划。马克西米连确与布列塔尼公爵结成了紧密同盟，甚至公开宣布了与公爵小姐的婚约；但他一直手头拮据，此时佛兰德斯的乱局又令他焦头烂额，所以休想指望他提供什么实质性的援助。西班牙的费迪南正忙于征服格林纳达，而且，尽人皆知，只要法国答应割让鲁西永（Rousillon）和色丹尼亚（Cerdagne）这两个他心怀觊觎的地区，那么他随时都可以抛弃布列塔尼的利益。唯独英格兰既有实力、又因利益所系支持布列塔尼的独立事业。因此，博热的安娜认定，最危险的阻挠将来自英格兰。为了掩盖自己真正的企图，她一听说亨利成功平定了西蒙内尔一党的叛乱，便派出使臣前往英伦宫廷，向英王表达最大的信任和诚意。

法兰西遣使英伦

　　法国来使首先恭贺亨利最近的胜利，又以老朋友般的亲热口吻对英王介绍了本国君主对马克西米连取得的一些胜果，并在谈话过程中顺便提及布列塔尼的近期事务。他们说，由于布列塔尼公爵庇护法国逃亡者和叛臣，法王虽无意征伐，但迫于形势，只得出兵布列塔尼。王室荣誉攸关，实难容忍封臣如此背弃对宗主的义务；同样，为保政权的安宁，也必须阻止这种危险轻率之举的恶果。来使们说，叛逃者绝非无名小辈，为首的乃是位居法兰西宗室亲王之首的奥尔良公爵，此人在法时，因谋逆行径面临法律惩治，遂潜逃到布列塔尼，在那里继续阴谋策划推翻本主。他们表示，战争由此而起，法王一方完全是出于自卫，一旦布列塔尼公爵重拾封臣的本分，消除导致战争的原因，战事将即刻终结。他们说，他们的主君了解，布列塔尼公爵曾经在艰危关头恩助亨利，但另一方面，人所共知，这位公爵及其唯利是图的谋臣也曾在更为关键的时刻抛弃了亨利，令其性命濒临绝境。在那绝望的处境当中，他唯一的救助来自法兰西宫廷，法王不仅庇护了他的人身安全，还出钱出兵，助他大展勇武才干，登上英格兰王位。在这件事上，法国出于对亨利的友情仗义出手，完全违背了从狭隘角度而言的本国利益：因为英法两国是竞争对手，帮助这样一位德才兼备的能主登上英国王位，而不是任由可憎的暴君统治该国，无疑对法国不利。无论于情于理，天平都倾向于法国一边，因此，法国有理由期待，即使亨利因形势所限，无法出手援助法国，至少会在交战双方之间保持中立。①

29　　　法国来使这番言辞确实精彩，为了进一步打动亨利，他们还以推心置腹的态度向他透露，他们的主上有意在平息布列塔尼之乱后，率部进军意大利，实现他对那不勒斯王国的主权要求。他们晓得，这个计划不会引起英国宫廷的不满。然而，亨利国王向来明察秋毫，这一切花言巧语对他毫不见效。他已看穿法兰西意在吞并布列塔尼，同时也预见到，法国的征服将遭遇巨大的阻力，在他看来，这种困难是不可逾越的：他深知布列塔尼军兵历来战斗力强悍，曾经不只一次在没有任何外援的情况下成功抵御法国的入侵；而法兰西民族由于天性使然，倾向于轻易放弃任何必须坚持不懈才能完成的事业。再者，法兰西大臣们看到本国的王位继承人奥尔良公爵与布列塔尼公爵联手，他们在执行计划时就不会十足卖力，以免触怒这位大人物、遭到忌恨。即使内部的阻碍统统被消除了，还须考虑到外部阻力：众所周知，马克西米连向来仇视法国，如今又在追求布列塔尼的女继承人，他有能力在佛兰德斯方向用兵，分散法国的精力；此外，法国推行如此野心勃勃的计划，西班牙的费迪南和伊莎贝拉也不可能袖手作壁上观。最重要的是，布列塔尼的独立对英国如此利害攸关，而且英国的实力强大、地理位置又如此便利，足可为布列塔尼提供及时而有力的援助，岂能坐视老对手吞并布列塔尼而实力大涨？法兰西宫廷的指望只是痴心妄想而已。基于以上种种判断，亨利希望法国大臣们能认识到自身计划着实不可行，最终接受和平立场，放弃这个惹动全欧君侯一致

---

①　Bacon, p.589.

反感的征服计划。

　　亨利的推理扎实有据，为他那不慌不忙的审慎举措提供了充分的理由。但是他的行动中还掺杂了另外一种动机，这种动机植根于他内心的一股主宰激情，时时牵引着他超越合理的边界。这时节，他的节俭性情已逐渐滑向贪婪，这让他拒斥一切战争和远征行动，故而首先尝试调停手段。他派出驾前一位口才、能力出众的施赈官厄斯威克(Urswic)向对阵双方提出斡旋建议。亨利认为，₃₀如果法国接受调停，那么双方的分歧很快就能平息；如果法方明确拒绝或无视和谈建议，至少能说明法兰西宫廷坚持其野心的顽固程度。厄斯威克找到正忙于围困南特的博热女主(现已晋为波旁公爵夫人)，他愉快地发现，对方从善如流地接受了他主人的调停建议，言谈间对英王深表信任，态度温和。那位能干的女主早已断法国宫廷狡猾应对定，现今在布列塔尼宫廷主事的奥尔良公爵必能看出，两邦之间的任何和解都会牺牲他的利益作为代价，因此肯定会竭尽全力抵制亨利的建议。如此这般，就为法方的行动制造了借口，并将坐实布列塔尼人顽梗不义的罪名。事件的后续发展证实了她的判断。当英国使者向布列塔尼公爵提出同一建议时，布列塔尼人以公爵的名义答复道：在亨利年幼、时乖运蹇时，公爵曾经长期充当他的保护者和监护人，公爵当前处境艰危，原指望亨利这位有道明君或能提供一些实际帮助，而不是空言许诺调停——要知道，调停根本无法阻止法军的节节进逼。公爵表示，即便亨利的知恩图报之心尚不足以促使他慨然出手相助，他作为英格兰国王也当存一份审慎，提防法国吞并布列塔尼带来的危险后果。他应当清楚，法兰西本已实力超强，如若吞并计划得逞，更将如虎添翼；英法世代竞雄、冤仇深种，法国一旦坐大，英格兰势将危矣。布列塔尼地处战略要津，是个极其有用的盟友，英人与之携手，就无异于得到一个直插法兰西腹地的门户，反之，此邦一朝并入法兰西，也同样能为法国人提供便利的踏脚点，或以海盗劫掠，或以水师攻伐，足可破坏英国的商贸和安宁。公爵拒绝亨利的调停，既非出于好战的天性，亦非自信实力强大，因为经验早已告诉他，战争会给布列塔尼造成毁灭性后果，他也深知敌人的实力大大强过自己。他之所以拒绝调停，恰恰是因为自感形势危殆，迫切需要英王施以援手，而不是以调停人的面目出现。

31　　英王收到回复后，并未放弃原计划。他只得出结论说，要布列塔尼人褪去固执、重归理性尚待一段时间。布列塔尼民众忧心公爵的安危，喧阗聚合多达六万兵力，迫使法军解除了南特之围，英王闻知此讯，越发坚信法兰西宫廷最终必定不堪重重阻碍和困难，放弃吞并布列塔尼。因此，他继续推进自己的调解计划，结果掉进了法国大臣们花言巧语设下的圈套。他们仍然装作属意和平，派苏格兰世家子弟伯纳德·多比尼勋爵(lord Bernard Daubigni)赴伦敦，游说亨利不要放弃对布列塔尼宫廷的调停努力。亨利国王则向布列塔尼派遣了另一个使团，成员包括厄斯威克、阿宾顿修道院院长和理查德·汤斯达尔爵士(Sir Richard Tonstal)，带去了新的和平缔约方案。在此期间，英国未向焦头烂额的布列塔尼人提供任何有效援助。太后的兄弟伍德维尔勋爵(Lord Woodville)曾经请求国王批准他秘密招募一支志愿军，前去援助布列塔尼，但是国王希望作出严守中立的样子，拒绝了他的请求。伍德维尔勋爵不肯放弃，他来到自己辖下的怀特岛，凭总督身份募集了一支

四百人的队伍，后来据说终于获得了亨利的秘密许可，扬帆驶向
7月28日 布列塔尼。这次行动让伍德维尔搭上了自己的性命，也没能缓解
布列塔尼公爵的困厄。布列塔尼人轻率地在圣奥宾(St. Aubin)与
法军展开大决战，结果被击溃。伍德维尔和手下英军将士统统被
杀，同时被全歼的还有一支扮成英军的布列塔尼部队，他们作此
装扮为的是震慑敌人，因为英军素有勇武之名，常令法国人闻之
色变。[①] 奥尔良公爵、奥伦治亲王(prince of Orange)和众多显贵人
物都在此战中被俘。布列塔尼的军事力量被彻底摧毁。未几，布
9月9日 列塔尼公爵撒手人寰，公国局势越发混乱，最终的降服似已堪堪
迫近。

　　上述一连串事件严重有损于英国利益，亨利国王对此虽无准 32
备，但是作为一个精力充沛、警觉性极高的君主，他对事态的发展
也并非视而不见。他固然决心在形势许可的情况下尽量争取和平，
但也了解英国臣民好战的性情，他看到民间对法兰西根深蒂固的
宿恨因那一国的昌旺荣耀重被挑起，便决定顺水推舟，借口援助
布列塔尼，向国民索取资助。他先期已在威斯敏斯特召集议会，[②]
这时节很快便说服他们批准了一大笔补助金。[③] 然而，这笔款项的
征收尽管得到议会批准，却使国王陷入了始料未及的麻烦。达勒
姆和约克两郡向来对亨利政府不满，西蒙内尔叛乱被镇压后，这些
地区备受苛待，更令民间怒火涌动，因此，朝廷派出的征税专员在

---

①　Argertré Hist. de Fretagne, liv xii.

②　1487年11月9日。

③　Polydore Virgil, p.579称此次征缴的是人头税，但据其他史家的记载，征税标
准为每镑抽取两先令。

这里受到强烈抵制。征税专员们被骚乱迹象吓坏，求助于诺森伯兰伯爵，请他提供建议和帮助，以利于他们顺利执行公务。伯爵认为事态严重，遂上报国王。国王不愿向一群心怀不满的草民低头，并且预见到这等先例的不良后果，下旨重申严格征税，不得有误。诺森伯兰伯爵召集当地法官和主要世袭地产保有人，向他们传达圣旨，态度极为骄横。他以为威吓能让民众屈服，不料反倒激起了民众的愤慨，他们认定国王的严厉旨意都是出于诺森伯兰的挑唆。① 暴民揭竿而起，攻入诺森伯兰伯爵府，将他捉拿、处死。他 北方叛乱
们犯下如此大罪后，在悖逆本性的催动下，索性一不作、二不休，公开打出反对国王的旗号。他们在出身微贱的煽动家约翰·艾查伯(John Achamber)挑动下，推举约翰·埃格里蒙爵士(Sir John Egremond)为首领，准备顽强抗击王军。亨利镇定面对这样一场仓促而缺乏支援的叛乱，他立即征募军力，任命刚刚解除软禁、重获圣宠的萨里伯爵担任指挥。亨利的作战意图是，先以这支武装遏制叛军推进，他本人随即率大军跟进压上，底定胜局。但萨里伯爵自信实力强大，足以独力迎战这群未经训练、装备极差的乌合之众。一战之下，伯爵果然旗开得胜，叛军大溃，约翰·艾查伯被俘， 叛乱平息
随后与一批同伙一起被处决。约翰·埃格里蒙爵士出逃，在勃艮第公爵夫人羽翼下找到了庇护。其余的叛党大多数获得赦免。

亨利之前可能设想，待议会授予的补助金征收到手，他早已通过调停结束了布列塔尼的乱局，如此一来，那笔钱款就稳稳落入了王室府库。不料布列塔尼危机越演越烈，已有旦夕之虞。他发现

---

① Bacon, p.595.

自己必须采取更有力的援助措施。布列塔尼公爵一去世,法国人就援引某种早已过时的权利主张,要求据有该爵领——此时奥尔良公爵被因于法国,原来的开战借口已无法掩饰他们的领土野心。因此,亨利国王决定以布列塔尼的同盟者身份插手干预,应和本国国民的利益和愿望,挺身遏制法国人的势力扩张。他分别与马克西米连和费迪南缔结了盟约,却是远水不解近渴,此外他又招募了六千兵士,准备运往布列塔尼参战。但他仍然担心收不回这笔军费开销,遂与年轻的布列塔尼女公爵签定条约,后者承诺将两座海港城镇交付给亨利,直到她偿清英方的装备费用为止。[①] 亨利所承诺的援助期限只有短短十个月,然而女公爵因形势所迫,只能接受如此苛刻的条件,尽管这位盟友为她提供的保护对其自身亦是利益攸关。英国援军在威洛比·德·布洛克勋爵(lord Willoughby of Broke)的率领下抵达布列塔尼,在此后一段时间里,得到支援的布列塔尼人在战场上占据了绝对上风。法军退踞各处要塞之中,希望以拖延战术消磨英军的锐气,令其滋生厌战情绪。这个策略制定得颇有心机,成果也十分显著。布洛克勋爵发现,布列塔尼政令不谐、一片混乱,任何行动都无法协调一致,英军得不到补给,粮秣、车马、火炮和军需品都无从获取。布列塔尼宫廷分裂为若干派系,无人主导;无论哪一位大臣制定的计划,必定会遭到另一位的反对。这种纷争和不确定的情形严重干扰到英军的每一次行动,因此条约规定的援助期限一到,英军立即打道回国,只留下少数人驻防此前分配给他们守卫的几个城镇。他们驻于布列塔尼的整个

左侧边注:
公元
1489年

英王出兵
布列塔尼

----

① 　Du Tillet, Recueil des Traites.

期间，只是进一步令这片土地饱受战火的蹂躏，而他们的离去则使公国完全沦入敌手。在外敌入侵和内部纷争的两面夹击之下，布列塔尼已经气息奄奄、国运危殆，而在此重要关头，亨利为盟友提供的援助竟是如此微薄。

布列塔尼政坛内斗的焦点是围绕年轻女公爵婚事的争议。亨利支持的里厄元帅（Rieux）属意达尔布莱特勋爵（lord d'Albret），这位追求者带领一支武装前来援助女公爵。御前大臣蒙托邦（Montauban）注意到女主对这位追求者不胜其烦，遂坚称达尔布莱特这个芝麻大的小君侯根本无力支撑安妮渡过艰危。他主张在议婚时寻求更强大的同盟，特别推荐罗马人的国王马克西米连。争来争去，他这一派最终占得上风，马克西米连与安妮以委托代表的形式举行了婚礼，女公爵自此便获得罗马人的王后头衔。然而这个华丽头衔是她在这桩婚姻里的全部收获。马克西米连手上缺钱少兵，佛兰德斯那边又战火绵绵，令他无暇旁顾，抽不出兵力支援困境中的王后。落选雀屏的达尔布莱特一怒之下抛弃了安妮的事业，迎法军进入南特，把公国实力和财富最强的城市拱手送给了敌人。

此时法兰西宫廷在征服布列塔尼的策略上有所变化。法王查理先前与马克西米连之女玛格丽特订婚，虽因公主年幼无法成婚，但她早被送到巴黎接受教育，已经身负着法兰西王后的头衔。她不仅给法王带来丰厚的嫁妆，还是勃艮第家族所有领地的第二顺位继承人，仅次于她年轻的哥哥腓力。从许多方面看来，这位公主对于年轻的法王而言似乎堪称最佳选择。这一切让马克西米连和亨利完全放松了警惕，无论如何也想不到法国宫廷会有什么别的居心，更未发觉这桩表面看来如此有利、并且如此庄重缔结的婚约，竟然会遭背弃。然而，查理却开始看出，法国要想抵住当地人的反抗和基督教世界所有强国的反对，实现征服布列塔尼的事业，将是一项无比艰巨的历程。即使他扫平整个公国、占据了那片土地上的所有堡垒，也不可能长久守住。唯有通过与安妮女公爵联姻，才能彻底将该公国重新并入王室领地。吞并这块辽阔领地的目标近在眼前而且满有把握，而继承勃艮第家族产业的前景则日益变得渺茫和不确定，相形之下，自然是前者占了上风。尤其是，马克西米连和安妮联姻将对法兰西王室的地位乃至安全构成严重威胁。届时马克西米连左拥佛兰德斯、右掌布列塔尼，由此便可两路夹攻，直捣法兰西的腹心。要想解除上述威胁，办法只有一个：那就是拆散这两桩已经成礼但尚未圆房的婚姻，让法王迎娶布列塔尼女公爵。

欧洲各国宫廷此时尚未觉察到法国这个变通之计，如若闻知风声，他们出于自身利益必定全力反对，因此，法国人务必严守机密，直到最终得逞，再把既成事实摆在世人面前。在这件微妙事务上，法国大臣们的手段明智而有策略。他们一方面在战场上以咄咄逼人之势向布列塔尼施压，另一方面暗中拉拢在该公国一言九鼎的杜诺瓦伯爵，并把女公爵的堂兄奥伦治亲王争取过来，还他自由、派他潜回布列塔尼。在更多法国间谍的支持造势之下，这些亲法分子为策划中的巨变准备了民意基础，他们宣扬，女公爵与法兰西国王联姻虽有许多不得不提防的后果，但是具有莫大的好处。他们向布列塔尼贵族们阐明，多年来公国兵连祸结，亟需休养生息，与法兰西这个随时对他们虎视眈眈的强国结成牢固而持久的和平关系，乃是公国利益所需。与马克西米连结盟，甚至不足以保护他们当下的安全，反将自己与法兰西的对手紧紧捆绑在一起，从而被那个强大的王国永远视为敌人。双方国土毗连，布列塔尼首当其冲地暴露于法国的军事打击之下，一旦遭到入侵，他们最好的结果无非是屈膝求和，丧失祖祖辈辈传承的自由，彻底降服于法兰西。相对于这种丧乱前景而言，任何能保全公国荣誉、不违背臣民忠君义务的权宜之计都不失为可取的方案。

　　这些见解在布列塔尼人中间产生了一定影响。然而实现计划最大的阻碍在于如何克服年轻女公爵内心的定见。这位女主自幼被灌输了强烈的反法心态，尤其仇视法王查理——从她尚在襁褓之时起，她的家族遭受的一切灾祸无不源自此人。她一心一意地爱着马克西米连，已经将他视作自己的夫君，她认定，自己如果嫁给别人，无异于破坏最庄严的婚约，犯下弥天大罪。为了让她回心转意，法王查理释放了奥尔良公爵，后者虽曾追求过女公爵，但现在乐于为王驱驰，调动自己在布列塔尼残存的一切影响力，帮助查理达成所愿。里厄元帅和御前大臣蒙托邦在奥尔良公爵的调停下握手言和，两位昔日的对手现今齐心协力，联合奥伦治亲王和杜诺瓦伯爵向女主施压，促成她与法王查理的亲事。根据他们的建议，查理指挥大军包围了安妮女公爵当时驻扎的雷恩城（Rennes）；安妮四面受敌，周围没有一个人支持她坚守立场，最后只得打开城门，接受了法王的求婚。婚礼在都兰省（Touraine）的朗热（Langey）举行，随后，她被接引至圣丹尼斯（St. Dennis）接受加冕，又从那里出发，在万众欢呼声中进入巴黎城。在法国民众眼里，这次联姻乃是最有利于王国繁荣昌盛的一桩美事。

公元1491年

法国吞并布列塔尼

查理的得志与成功对于罗马人的国王而言就是最为刺痛的羞辱。原以为尽在掌握的大片领地转眼失去，本已娶到手的才德出众的女公爵也归于他人；他的女儿玛格丽特在法数年来一直安享王后的尊荣，如今却被送还，更让他深感侮辱。他有理由责备自己疏懒而毫无警觉，他本可以轻松安排完婚事宜，使夫妻关系牢不可破，不让人有机可乘。思来想去，马克西米连越发怒火上撞，破口大骂。他威胁说，要联合奥地利、西班牙和英国，共同出兵法国。

英王亨利也大有理由责备自己在这件重要事务上处置不周。尽管他根本无从准确预见事件的最终走向，但是反思既往，他长期任由形同膀臂的盟友暴露在强敌淫威之下，不能不说是一种畏怯自保和狭隘弄权心理造成的结果。他向来自诩富于远见、老谋深算，这回居然被查理那个黄口稚子要弄，自是万分懊恼。当他发现任何试图补救的措施都完全不可行，更是气急败坏地寻求报复。不过，论到他的动机，可以说更多地是出于贪婪，这方面的欲求在他身上始终胜过骄傲和复仇心理。即使在目前的失落心境下，他仍然致力于满足这种主宰激情。他借口对法开战，诏令对国民开征恩税，[①]这个税种就在不久前的理查三世时代已被立法废除。横征暴敛(事实如此)主要落在全国的商人头上，因为他们手头握有现金。仅伦敦一地敛收金额就接近万镑。御前大臣莫顿大主教向征税专员们密授机宜，以两刀论法将所有人纳入税网：对于生活节俭的人，就说他们如此吝啬肯定积财无数；对于生活铺张、讲究排场者，则称他们出手如此阔绰，财力当然雄厚。有人将这种策略称

7月7日

38

---

① Rymer, vol. xli. p. 446. Bacon 称这次开征恩税事先取得了议会批准，此说有误。

作"莫顿诡辩论"（"Morton's fork"或"Morton's crutch"）。

国王毫不担心议会对这次横征暴敛的反应，时隔不久便在威斯敏斯特召集了一届议会。他甚至打算挑动他们的激情和偏见，借此让自己的腰包再鼓一点。他深知英国人对法国吞并布列塔尼一事满腔怒火，所以在向议会致辞时，刻意反复强调这个话题。他告诉议会成员们，法国人因最近的胜利而得意忘形，甚至进而藐视英格兰，拒绝继续支付路易十一当初向爱德华四世签约承诺的津贴。天性勇武的英格兰人面对这种侮辱自当义愤填膺、奋起还击，而且不仅仅把目标局限于报此一箭之仇。他本人已下定决心，对法兰西王位提出主张，并以武力维护英勇的历代祖先留传给他的正当权利。回首历史，克雷西、普瓦捷和阿金库尔三场大捷足以证明，他们有能力战胜敌人；他充满信心，自己将在这个辉煌的纪录上添加新的一笔。从前曾经有一位法兰西国王在伦敦为囚，又曾经有一位英格兰国王在巴黎加冕，这一切都将激励他们再接再厉，再续先辈的辉煌。英国当初丢失海外领地，纯粹是由于内乱所致；而今举国上下团结一心，定能成功收复失地。面对恒久荣耀和巨大实利的召唤，一味吝惜些许资财的就不配称作勇士。他宣布，他已经确定了"以战养战"的方略，而进占法兰西这样一个富饶的国度，将有望给本国的财富带来增益而不是损耗。[①]

尽管国王满口豪言壮语，然而凡有眼光的人都能从他的性格、特别是当前局势得出判断，国王并不是当真想把战争推向如他所说的极端。法兰西的状况已经今非昔比，再不是从前几位英王在

10月27日

召开议会

39

---

① Bacon, p.601.

那片土地上驰骋建功时的情形。法王已经成功地将周边几大爵领并入王室名下，宗室亲王们一致希望天下太平，国内勇将济济、士卒能征惯战，国力足以威加周边各国，使之不敢心生觊觎。马克西米连的轻率自负唯靠他那华丽的头衔提供支撑，却没有足够的军事实力，更无财力作为后盾。精明狡诈的费迪南摆出一副准备开战的姿态，实际上却在对法议和，他绝不会让自己冒半点危险，法国只要稍作让步，他就会欣然接受。就连英国也不能完全免于内乱的威胁。而在苏格兰，亨利的老友和同盟者詹姆斯三世被乱臣贼子杀害，他的儿子詹姆斯四世登基，这位新王是忠实的亲法派，英国的军事行动若有任何重大进展，苏格兰必定紧急动员备战。但是英国议会对以上这些显的理由一概视而不见，征服法兰西、掠夺彼邦财富而自肥的念头让他们热血沸腾，结果掉进亨利设置好的陷阱；议会投票批准了国王要求的补助金。国王获得了征收两项十五分之一税的权利，此外，为了保证封臣和贵族们能够伴驾从征，议会又通过一项法令，授权他们变卖领地而不必缴纳领地转让金。

公元
1492年

　　英国贵族普遍被追求军事荣誉的激情裹挟，对国王的夸夸其谈不假真辨全盘照收，他们同样梦想着把胜利的旗帜插上巴黎城头，把法兰西的王冠戴在自己的主君头上。他们中不少人大笔举债，或者变卖庄园，好让部下仪容严整、武威堂堂地奔赴沙场。国

10月6日
对法开战

王扬帆渡海，于10月6日登陆加来，麾下步兵计二万五千、骑兵六千，钦点贝德福德公爵和牛津伯爵为帅。有些人预计，国王选择在这么晚的时节开战，双方肯定不久就会握手言和。针对这种声音，亨利辩称："朕此番跨海而来，所图者乃是彻底征服法兰西，如

此浩大之功业，绝非一个夏天所能完成。故而选择哪一季节出兵无关紧要。尤其是，朕早已在加来筑好了过冬营盘。"为了显示严肃认真的作战意图，亨利甫一登陆便挥师深入敌境，包围了博洛涅(Bulloigne)。然而，双方尽管在表面上兵戈相抗，暗地里的和谈已然进行了三个月，并且任命了使臣负责敲定和约条款。恰在此时，英国派驻低地诸国的几位大使来到御帐觐见国王，报告说马克西米连尚未准备好与英国联手作战，也不能指望他提供任何援助。这个情况颇有利于帮助国人接受出乎他们意料的议和举措。不久，又有信使从西班牙带来信息，西班牙已经与法国签定和约，法王查理同意把鲁西永和塞尔达尼亚两地割让给费迪南。尽管这些消息在军中小心翼翼地扩散开来，但是国王仍然有所担心，唯恐先前摇唇鼓舌的承诺激起国人满怀期望，现在又突然转而议和，会给他招来指责。为了更好地掩饰酝酿中的下一步举措，他暗中授意多塞特侯爵联合二十三名显贵向他呈上一份支持对法议和的请求状，借口包括时令已晚、入冬后加来英军的军需供应困难，围攻博洛涅的行动多方受阻，先前指望借重的盟友们也背弃了共同的事业——实际上，所有这些情况早在大军出发前完全可以预料得到。

入侵法兰西

　　经过上述一系列铺垫，埃克塞特主教和多布尼勋爵(lord Daubeney)奉命赴埃塔普勒(Estaples)与法方的科德斯元帅(mareschal de Cordes)洽谈，最终敲定和约条款。这项工作不过几天就完成了。亨利的一应要求都与金钱有关，法王查理则认为和平占据布列塔尼花多少钱都值得，加之他急于远征意大利，因此一口应承了英方提出的所有条件。他承诺向亨利支付七十四万四千克朗，相当于现在的近四十万英镑，其中一部分作为吞并布列塔尼

11月3日
英法议和

的补偿款，另一部分是之前拖欠的给爱德华四世的津贴。他还在条约中承诺每年向亨利及其继承人提供两万五千克朗的津贴。如此，正像那一朝的史家所言，英王借着战争的名义从本国臣民身上发了一笔财，又借着议和从敌人身上再敲了一笔。[①]他曾经对议会表示要"以战养战"，国内民众认同他兑现了这一承诺。只要马克西米连愿意，亨利很乐意将他包含在和约之内，但是马克西米连不屑受惠于这个他认为有理由抱怨的盟友。他与法国另行签定和约，收回了当初作为公主的嫁妆割让给法国的阿图瓦、弗朗什-孔泰和沙洛鲁瓦三地。

英法之间的和平局面大有持续下去的希望，因为法王查理雄心勃勃，满怀年轻人对未来的憧憬，一心想在意大利建功立业，此后不久便启动了远征那不勒斯的计划；而亨利对此完全淡然置之，在他看来，那不勒斯路远迢迢，而且法兰西无论哪朝哪代都不曾在那片地区收获任何胜果。在英国国内，亨利的权威已经充分确立。迄今为止，每一次试图推翻他的叛乱都以对手的失败而告终，令他的政权和影响力越发稳固。他韬略过人、指挥有方的声望日增。他的财富不断增长，哪怕最不利的情况发生，他仍然财源滚滚。他迎娶伊丽莎白公主，又喜得贵子，斩断了一切觊觎王位者的指望。国王运势昌隆，有理由为长享太平的前景而颇感自得。然而，他那些紧咬不放的夙敌被他的霸气纵横所激恼，扶植起一个争夺王位者，此人的存在让他长期焦虑不安，有时甚至令他身陷险境。

勃艮第公爵夫人由于自己家族和同党遭受打压而满腔愤恨，

---

① Bacon, p. 605. Pol. Virg. p. 586.

几次策划复仇受挫，她非但没有灰心，反而越挫越勇，决心就算难以颠覆亨利的政权，也要千方百计加以扰乱。她派出奸细散布谣言，说她的侄子、约克公爵理查·金雀花尚在人世，当初他与兄长爱德华五世被囚伦敦塔，后来兄长遇害，他则侥幸逃出，在一处不为人知的地点隐匿至今。公爵夫人发现，这个传言虽然无比荒谬，在民间却大有市场，于是她便着手物色适合扮演那个不幸王子的年轻人。

图尔奈（Tournay）有个背教的犹太人，本姓奥贝克（Osbec），又写作瓦贝克（Warbec），他在爱德华四世在位时来到伦敦做生意，在此地生了个儿子。此人因机缘巧合被引见给国王，讨得国王欢心，又说服那位很好说话的国王答应做他儿子的教父。他给那孩子取名彼得（Peter），在佛兰德斯语中就被叫成了佩特金（Peterkin）或佩尔金（Perkin）。有人认为，爱德华四世多有风流韵事，与那瓦贝克之妻也曾有染，小佩尔金的长相之所以酷肖那位国王，原因就在这里。[①]此子出生几年后，瓦贝克就返回图尔奈。小佩尔金并未在故乡生活多久，而是在各种偶然事件的驱使下不断从一个地方浪游到另一个地方，他的身世和财产状况因此变得不为人知，再勤勉的探子也难以追踪。此子天生聪敏、机巧多变，令他在五光十色的冒险生涯中如鱼得水。他似乎可以完美扮演任何角色、假冒任何人物。于是，他被引荐给勃艮第公爵夫人，后者惊喜地发现，这年轻人在各个方面无不符合自己的目的，遂急切地接见了他，内心已然开始将希望寄托在此人身上。一见之下，她发觉这个年

佩尔金·瓦贝克

----

① Bacon, p.606.

轻人的条件简直理想得不能再理想：形容俊秀、风度典雅，待人温文有礼而不失尊贵，举止言谈显得温良而富有见识。为了演好约克公爵，他需要学习一些"功课"，瓦贝克凭着灵光的头脑很快就学会了，不过，鉴于还没到他出山的最佳时机，玛格丽特为了更好地掩人耳目，便安排他隐居在葡萄牙，由一位布兰普顿夫人(lady Brampton)负责照料，他在那里住了整整一年，完全不为世人所知。

瓦贝克冒充约克公爵

时值英法之间战云密布，公布这个新发现的良机似乎已到。[43]冒充者初次露面的适当地点选在仍对约克家族心存爱戴的爱尔兰。[①]瓦贝克在柯尔克(Corke)登陆爱尔兰后，即刻以理查·金雀花自居，在轻信的民众中间吸引了大批支持者。他致信德斯蒙德伯爵(earl of Desmond)和基尔代尔伯爵，邀请他们共襄大业；又派人到处散布关于自己逃脱叔父理查魔掌的小道奇闻。民众一向乐于接受任何新奇有趣的信息，开始把他作为津津乐道的话题，甚至对他产生了爱戴。

消息很快传到法国，查理在勃艮第公爵夫人暗中怂恿下，具体经由一个叫作弗里昂(Frion)的人阴谋策划(此人原是亨利驾前之臣，后来背弃了本主)，致函佩尔金，邀他前往巴黎，到法王驾前求助。查理以款待约克公爵的全套礼节接见佩尔金，赏给他大笔津贴，赐下华美的宅邸供他安身，又当即给他拨了一支卫队，以匹配他的尊荣、保障他的人身安全，任命康格里沙尔勋爵(lord Congresal)为卫队长。既然本国君主觉得认同这个谎言符合自身利益，法兰西宫廷便欣然予以接纳。佩尔金在仪表和个人素质两

---

① Polyd. Virg. p. 589.

方面都显得气度不凡，足以印证外界广传的关于他拥有王室血统
的说法。举国上下都在议论年轻的金雀花王子风度翩翩，又为他
的奇异经历和不幸身世而慨叹。这种传奇通常是距离越远越有吸
引力。对金雀花的喜爱和轻信继而由法国扩散到了英格兰。乔
治·内维尔爵士、约翰·泰勒爵士等一百多名士绅渡海来到巴黎，
要为这个所谓的约克公爵效力、与他共命运。于是，冒名顶替者身
边似已形成了一个小朝廷，开始梦想最后成功的辉煌。

　　英法两国在埃塔普勒签定和约时，亨利要求查理引渡佩尔金，
但是查理决心不能出卖这个他亲自邀请到本国的年轻人，无论他
究竟出身如何，只承诺将其逐离国境。假冒的理查前去投奔勃艮
第公爵夫人，恳请她给予保护和援助，并且保证向她提交能证明自
己身份的全部证据。公爵夫人假作对此事一无所知，甚至装出一
副不信的样子，她表示，自己已经被西蒙内尔冒名顶替骗过一次，
她早就下定决心，绝不再上这种人的当。她提出，要当着所有人的
面质询、核实他自称的身份，她以极端挑剔的态度盘问每一个细
节，又拿许多具体而微的问题来考他，对他的回答表现出震惊不已
的样子。经过漫长而苛刻的考核，假冒者都答得滴水不漏，公爵夫
人终于在欢喜惊叹中拥抱了他，称他是自己的侄子、爱德华四世的
翻版、金雀花王室的唯一嫡嗣、英格兰王位的合法继承人。她当即
传令为他调拨符合其所谓身份的车马和侍从，为他配备三十名持
戟卫士，要求所有人在他面前必须行礼如仪，在一切场合尊称他为
"英格兰白玫瑰"。佛兰德斯人深深敬仰玛格丽特的崇高地位和个
人品格，向来对她深信不疑，因此欣然接受了佩尔金的王室嗣子身
份。没有人猜疑他的真正出身，也没有针对主流观点的反驳声音。

勃艮第公
爵夫人承
认瓦贝克

公元
1493年

44

由于英格兰与低地诸国交流甚多,英国国内对冒名顶替者的好感也与日俱增。

　　不仅仅是下层民众相信佩尔金的谎言,更有许多出身最高等级的显贵,由于不满亨利的统治、憎恨他对贵族的威压,开始把眼光转向新的王位竞争者,其中一些人甚至暗中与佩尔金取得了联络。菲茨沃特勋爵(Lord Fitzwater)、西蒙·孟福尔爵士(Sir Simon Mountfort)和托马斯·德怀特爵士(Sir Thomas Thwaites)向佩尔金暗表投效之心,就连宫廷大臣、当初为亨利登上大位积极奔走的威廉·斯坦利爵士也出于盲目轻信或被躁动的野心驱使,酝酿谋反。[①]罗伯特·克利福德爵士(Sir Robert Clifford)和威廉·巴利爵士(Sir William Barley)的举动更为公开:他们渡海前往佛兰德斯,经勃艮第公爵夫人引见结识了佩尔金,承诺为他效劳。克利福德写信寄回英格兰,称自己从前非常熟悉约克公爵理查,这个年轻人确定无疑正是公爵本人,而他所讲述的经历毫无令人生疑之处。有这样一位地位崇高、人品端方的人物出言力挺,足以令许多国人不假思索地认定其人其事的真实性,就连从前对此漠不关心的人也开始表示关注和兴趣。举国上下翘首系心,企图推翻国王的阴谋集团初现形制。佛兰德斯的逆党与英格兰国内不满分子之间也建立了固定的联络渠道。

　　这一切细节都未逃过国王的耳目。但是出于兼具审慎、果决的性格特点,他采取了沉着而又循序渐进的手段来对付敌人的阴谋。他的第一个目标是确认真正的约克公爵已死,印证针对这一

大批英国
贵族承认
瓦贝克

45

---

① Bacon, p.608.

事件的传统主流观点。理查三世当年谋害两个侄儿，共有五名帮凶，或者说，能提供证词者共有五名：为实施谋杀，詹姆斯·泰瑞尔爵士(Sir James Tirrel)奉理查三世之命临时接掌伦敦塔卫戍长的职责，他亲眼见过两位小王子的尸首；福雷斯特(Forrest)、戴顿(Dighton)和斯莱特(Slater)亲手杀害了两位小王子；还有那位负责迁葬尸体的牧师。如今只有泰瑞尔和戴顿尚在人世，这两人的证言与上述说法完全相符。然而当年那位牧师已死，据说他奉理查三世之命迁葬了两位小王子的尸体，而尸体的下落则随着他的离世永远成谜，因此，无论亨利多么想澄清一切怀疑和争论，让事实真相大白于天下，找不到尸体也是枉然。

　　亨利又派人设法查清这个胆大包天、觊觎他王位的家伙究竟是何许人也，这件工作起初不乏困难，但最终还是水落石出。他在佛兰德斯和英格兰全境遍布密探，吩咐其中许多人假装拥护佩尔金，想方设法取得佩尔金同伙的信任，打入他们内部。一旦探听到任何参与密谋者，他便指示手下贿赂其随从、家仆，有时甚至贿赂忏悔神父，进一步打探消息，顺藤摸瓜找出其他同党。克利福德被获得奖赏和赦免的希望所诱，向亨利坦白了自己所知的逆党机密。46亨利越是信任某位间谍，表面上就越是强烈地表现对他的憎恨，他甚至授意教会宣布将其中一些人革出教门，以便他们更好地取信于敌。最终，整个阴谋计划一清二楚地呈现在他眼前，那个假冒的约克公爵的来路、冒险经历、生活方式和一言一行也都查清了。后一部分内容被当即公之于众，成为国人消遣的谈资。至于那些谋逆分子，他要留待日后稳稳当当地慢慢地收拾。

　　与此同时，他向现任勃艮第大公腓力提出严正抗议，指责对方公元1494年置双方友好条约和两国民众之间长久以来的亲善关系于不顾，在公国境内支持、庇护臭名昭著的冒名顶替者。玛格丽特凭其在勃艮第宫廷的强大影响力，借口腓力对老公爵夫人的私人领地没有管辖权，驳回英方抗议。英王受此冒犯，一怒之下降旨断绝与低地诸邦的一切商贸往来，驱逐佛兰德斯人，并从低地诸邦召回所有英国臣民。腓力以牙还牙，下达了同样旨令。但是亨利心中雪亮，知道佛兰德斯民众素好作乱，他们不可能长期谨遵主君意志，牺牲对英贸易的实利。

　　对于国内的敌对分子，他自有力量实施更有效的惩处。经过周密策划部署，他不失时机地让他们尝到了王的烈怒。他派出的各路人马几乎在同一时刻下手，逮捕了菲茨沃尔特、孟福尔、德怀特，以及威廉·多布尼（William Daubeney）、罗伯特·拉德克利夫（Robert Ratcliff）、托马斯·克里森纳（Thomas Cressenor）和托马斯·阿斯特伍德（Thomas Astwood）。这些人都被审判、定罪并公开宣判犯有严重叛国罪，因其投靠佩尔金并承诺为他提供帮助。孟福尔、拉德克利夫和多布尼当即被处决，菲茨沃尔特被解往加来拘禁，但他试图买通看守寻机逃跑，因此不久即遭到同样命运。其余的罪犯均获赦免，另外，圣保罗教堂的教长威廉·沃斯利（William Worseley）等人也受到指控和调查，但没有对他们进行公审。[①]

　　对宫廷大臣斯坦利的审判需要更为严谨周密的筹划。斯坦利在国内深孚威望，身为王室姻亲，又曾为王立下汗马功劳，凭着这一切，他似乎有望安全过关，不受任何指控或惩处。克利福德受人

---

　　①　Polydore Virgil, p.592.

点拨，悄然渡海返回英格兰，扑倒在主持枢密院会议的国王脚前乞求宽赦，声称愿为国王赴汤蹈火、以赎己罪。亨利对他说，证明悔过之心的最好方式，也是他所能提供的唯一服务，就是全盘招供自己的罪行，揭发所有同党，无论那些人的身份、地位多么显赫。在这般鼓励下，克利福德壮胆指控在场的斯坦利，说自己就是被此人拉下水的，还承诺向枢密院提供斯坦利的全部罪证。亨利当时显得不胜惊愕，恐怕斯坦利本人从没见过如此精彩的表演。他将克利福德的说法斥为绝对荒唐的无耻谰言，称斯坦利曾为奠立本朝立下汗马功劳，甚至救过他的性命，自己登基以来感念其忠心，待以万般荣宠，而且，斯坦利之兄德比伯爵还是他本人的继父；他一向视斯坦利为心腹，封为宫廷大臣，将自己的身家性命都交付与他。如此这般受尽信任与恩宠的一个人，没有丝毫感到不满或担忧的缘由，怎么可能参与谋逆?！因此，国王严命克利福德要想清楚这一指控的后果。然而克利福德坚称斯坦利有罪，斯坦利就此被羁押起来，不久便开始在枢密院面前接受庭审。[1]他并未否认克利福德对自己的指控，甚至不曾极力寻求脱罪的借口。他或许认为，彻底坦白可以算作一种赎罪方式，抑或相信凭着自己的深厚人脉和往日的功劳，可以换得宽赦、保全性命。然而，为君者对功盖天下的臣子常怀疑忌，尤其是那些贪欲旺盛、不能安分守己的功臣。当时举国怨望，民心躁动，似有必要祭出严峻手段、杀一儆百。再者，鉴于斯坦利是国内最富有的人物之一，名下地产年收入在
48 三千镑以上，金银器皿和现金约有四万马克，此外还有大量极有价

审判、处决斯坦利

公元1495年

① Bacon, p.611. Polyd.Virg.p.593.

值的财产。这样一份巨资令人垂涎，亨利决定彻底毁灭斯担利，据估计在很大程度上是出于贪图抄没其家产的动机。国王延宕了六个星期，向世人显示他内心不无疑虑和踌躇，随后，那囚徒被带到御前受审，被宣判有罪，即刻被砍头。关于斯坦利的罪名是否确实，史家众说纷纭：一般认为，斯坦利曾经私下对克利福德表示，如能确定现身于佛兰德斯的那个年轻人真是爱德华四世国王之子，那么他无论如何不能拿起武器反对此人。这番话中流露的情感可能触怒了亨利，觉得他对约克宗室的情感超过兰开斯特宗室，但即便在那个王权武断专制的时代，这些并不能构成判处斯坦利犯有严重叛国罪的依据。如此看来，另一些史家断言斯坦利曾经明确表态支持佩尔金，并且确实给他提供了一些资助，这种说法的可能性似乎更大。

斯坦利伏诛，举国震动，佩尔金的同党们个个丧胆，惶惶不可终日。克利福德的背叛令他们发觉，所有阴谋都已败露；又看到斯坦利貌似深受国王信任之时，身边就埋伏着无数眼线，他的一举一动乃至说出的每一句话无不被记录在案、报告给国王，于是，一股普遍的不信任感在叛逆阵营内部弥漫开来，人与人的互信被破坏殆尽，就连亲密的朋友和熟人也不敢交心了。国王素善疑忌、性情严苛，再加上历来有明察秋毫之名，让臣下们无比畏惧，不仅有效压制了反叛活动，任何派系纠纷也莫不收敛噤声。然而，诋毁亨利的人品和施政的流言仍然在坊间不胫而走，人们以浓烈的兴趣通过各种方式私下扩散这些小道消息，这表明，民众中间仍有深深的不满情绪，只需一个合适的机会爆发出来。

然而，亨利抱定决心，持续在臣民心中灌注恐惧，而无意争

取他们的爱戴。他过去的每一次行动无不大获成功，这令他越发
自信，日复一日地放纵自己的贪婪本性，采用各种手段，以私意
歪曲法律和公义，通过罚金和债务和解协议榨取民脂民膏。伦
敦市议员威廉·卡佩尔爵士(Sir William Capel)依照某一条刑事
法规被判处罚款两千七百四十三镑，最后不得不通过私了缴纳计
一千六百一十五镑。这是首个有记载的此类案件，但随即被引为先
例，后继者屡见迭出。这种强词夺理的诡诈之术，实为这位君主的
一大施政秘要。他一方面打制贵族阶层，另一方面抬举、奖赏和宠
信律师，如此既能树立法律的权威，又能随时随地任意曲解法律、
使之服务于一己私利。他的统治充满压迫性，但是民众承受的压迫
却大为减轻，因为他大力伸张王权、羁勒贵族，他自己事实上成了
这个王国中唯一的压迫者。

　　佩尔金看到，亨利的权威在国人中间日益根深蒂固，而他自
己的王位主张变得无人理会，于是决定采取行动，以期在同党心中
重燃希望。鉴于亨利耳目警觉、出手凌厉，他跟国内贵族的联络已
被完全切断，他只能召集来自各国的亡命徒、海盗、匪类和赤贫者，
总共六百人，扬帆出海，定意要登陆英格兰，煽动民众武装叛乱。
他接到消息称王驾已赴北方巡视，便在肯特沿岸抛锚，派出部分手
下上岸，联络各郡响应。肯特士绅集结了一支武装迎敌，他们不满
足于仅仅击退入侵，还希求建立更大的功劳，遂装作拥护佩尔金的
样子，邀他亲自上岸统率起义部队。但那个机警的年轻人观察发
现，岸上部队行动严整有序，不似刚刚揭竿而起的乌合之军，拒绝
以身涉险。肯特军民见此计不成，便向已经上岸的佩尔金同党发
起攻击，杀死一部分人、俘虏一百五十人。国王决心对这班铤而走

险之徒绝不心慈手软，降旨将所有俘虏审判定罪、全部处决。[①]

召开议会　　　这一年，英格兰和爱尔兰都召开了一届议会，分别颁布了几部令人瞩目的法令。英国议会立法规定：凡以武力或其他形式支持在位君主者，过后不可因其忠君之举被法律或议会法案判处褫夺财产、公权。该法令有可能招来一定非难，称其有利于僭位者。设若存在某种精确规范，即使在派系斗争最激烈的情况下，亦总能确定谁是真正的王位继承人，那么拒不臣服于他的人自要担负无可推卸的罪责。然而鉴于当时君主的继位资格往往争议极大，各派分别援引有利于己方的依据争执不下，故而一个不失为合理的选择似乎就是保护那些维护公共安宁的人，无论在任何时候，维护公共安宁都具有无可置疑的好处和重要性。亨利自知继位资格存在争议，遂大力支持该法案，以便在任何情况下为自己的党羽提供保障。不过，鉴于他本人曾对理查三世的追随者采取过截然相反的做法，故而他有理由担心，如果逢到大规模动乱、暴力横流，一旦政权鼎革、敌党上台，很可能沿袭他的先例而不是他制定的法律法规。他试图为未来的议会制定规则，从而约束立法机构本身，此举违背了最显而易见的为政治国准则。

本届议会还通过一部法令，授权国王依法征收任何臣民同意缴纳的任何数额的恩税。该法令间接地对此种形式的横征暴敛予以合法化、正当化。

在爱尔兰，国王的权威同样无处不在、恣睢无忌。爱德华·波伊宁斯爵士(Sir Edward Poynings)奉命驾临爱尔兰，意欲荡平约

---

① 　Polydore Virgil, p.595.

克家族的党羽、绥服爱尔兰人。但是他手上没有足够军力来完成
这一使命。当地人纷纷避入森林、沼泽和群山深处，在一段时间里
令他鞭长莫及。不过，波伊宁斯在都柏林召集了一届议会，颇有成
效。他主持通过了那部至今被称作"波伊宁斯法"的著名法案，确
立了英国政府在爱尔兰的统治权威。该法案规定，英格兰之前颁
布的一切法律均适用于爱尔兰，爱尔兰议会不得审议任何未经英
国枢密院裁可的议案。后一条款看似为了确保英国对爱尔兰的主
宰地位而刻意设计，实际上却是爱尔兰民众呼吁的结果，他们希望
通过立法，保障自己免受爱尔兰贵族的欺凌，尤其是那些生于本岛
的爱尔兰总督或副总督。[①]

　　如上所述，亨利的权威在其统治全境稳固树立起来，举国安
定。与此同时，欧陆局势一片纷乱：法王查理兴兵入侵意大利，虽
失之轻率且统筹失调，却一路高歌猛进。此时的意大利尽管连年
兵荒马乱，却日复一日地荏弱，意大利人已经变成了一个不谙戎事
的族群。对阵之际，当他们发现敌军如狼似虎，不是要来一场虚张
声势的比武，而是血雨腥风的鏖战，为了歼灭敌人不惜拼却自家性
命，不禁大为愕然。法军剑指之处，缺乏武勇的意军望风披靡；一
座座固若金汤的城池开门称降；王国、城邦转眼即告倾覆。法军纵
贯整个意大利半岛，未遇任何像样的抵抗，仿佛在本国境内行军、
驻扎，而不是在征服敌国。那时候，意大利人奉行的谈判之道也和
他们在战场上的习惯一样，不适于捍卫本国利益。他们的谈判桌
上盛行诡诈、欺骗和反复无常的权术，其他欧洲君侯的幕僚身上尚

----

① Sir John Davis, p.235.

有存留的些许信义和荣誉感，在意大利则遭到讥笑，被说成没见识
的乡巴佬本色。当初是米兰公爵卢多维科(Ludovico)招引法国人
入侵那不勒斯的，但他从不希望、也没料到法国人真会得胜；他头
一个感到自己为之出力的事业成功会带来可怕后果，于是，经他阴
谋策划，几大列强结成同盟，试图阻止查理节节胜利的脚步，以保
自身独立。这个同盟中包括卢多维科本人、教宗、罗马人的国王马
克西米连、西班牙的费迪南及威尼斯共和国。亨利也加入了同盟，
但没有为之付出任何代价或努力。法王查理慑于反法同盟的威势，52
率大部分军队撤出那不勒斯，返回法国。奉命留驻新征服地区的
法军在当地人暴动和西班牙军队入侵的双重夹击之下，不久便被
击败。那不勒斯王国之前因法军猝不及防的入侵而突遭亡国之变，
国王阿方索(Alphonso)被驱逐，而今忽又光复，举国效忠阿方索之
子费迪南。未几，费迪南驾崩，由其叔父弗雷德里克(Frederic)接
掌王权。

第二十六章　亨利七世(三)

佩尔金投奔苏格兰—西部叛乱—布莱克希斯战役—与苏格兰休战—佩尔金被俘—处决佩尔金—处决沃里克伯爵—亚瑟王子迎娶阿拉贡的凯瑟琳—亚瑟王子之死—玛格丽特公主与苏格兰国王联姻—对国民的压迫—议会召开—卡斯蒂尔国王来访—萨福克伯爵的阴谋—国王病倒—国王驾崩—国王性格点评—本朝法律

佩尔金在肯特沿海被击退后,返回佛兰德斯。但他发现,如果蛰居无为,他自己和手下人等就无从获得资助,于是他很快又往爱尔兰去试试运气,因为爱尔兰人向来热心参与任何与亨利争夺王权的事业。然而,如今波伊宁斯已经把该岛治理得井井有条,佩尔金在那里没捞到任何便宜。他被迫在爱尔兰的蛮荒地带东躲西藏,一段日子之后,实在厌倦了这种野人似的生活,便转而投奔苏格兰,觐见当时在位的詹姆斯四世。此前,法兰西国王已经为他作过引荐,这是因为亨利七世加入反法同盟令其怀恨在心;马克西米连也一同充当了引荐人,他与亨利虽是盟友,但也不满后者禁绝与低地诸国通商的举动。靠着这两位君主的情面,佩尔金在苏格兰国王驾前获得极高礼遇,詹姆斯四世对他保证,无论他是何种身份,他永远都不会为投奔苏格兰国王的举动感到后

公元
1495年

佩尔金投
奔苏格兰

悔。① 加之这年轻人深通曲意逢迎之道，举止言谈漂亮得体，更令
人交口称赞，为他博得了一定影响力。詹姆斯四世年轻尚轻，还没
来得及从人生阅历中学会怀疑和谨慎，他在佩尔金的花言巧语之
下，对后者自述的出身和经历深信不疑。他出于信任，甚至为佩尔
金指婚，把王室宗亲、亨特利伯爵(earl Huntley)之女凯瑟琳·戈
登小姐(Catherine Gordon)嫁给此人，这位年轻小姐的贤德和美貌
在当时都是首屈一指的。

公元
1496年　　　当时英格兰和苏格兰宫廷之间猜忌甚深，这种情况很可能促
使詹姆斯四世倾向于采信任何他觉得能给对手制造麻烦和困扰的
说法。他突然决定御驾亲征，率领部分边境军民，对英格兰发动入
侵。他让佩尔金伴驾从征，希望这位王位争夺者的现身能在英格
兰北方各郡掀起叛乱。佩尔金以他本人名义发布宣言，自述身世，
并号召全体臣民助他驱逐僭位者，他指出，暴君肆虐无道、拔擢小
人、压制贵族、巧取豪夺、重税盘剥，早已招致千夫所指、天下共愤。
然而，佩尔金的权利主张此前多番遭遇挫败，就连普通百姓也听得
生厌了；而且，两国之间敌意浓厚，苏格兰人扶持的王位竞争者不
受英国人欢迎。此外，边民向来恣肆无忌、毫无军纪，苏格兰军处
处施暴，英人莫不骇然，一心要赶走入侵者，绝无投靠之心。佩尔
金或许是为了维护自己声称的王族身份，装作极度同情自己惨遭
劫难的臣民，联合盟友公开谴责苏格兰军的暴行。② 但詹姆斯四世
正告他，这份忧虑只是对敌人有利罢了，他所痛惜的不过是一些永

---

① Bacon, p. 615. Polydore Virgil, p. 596, 597.
② Polydore Virgil, p. 598.

远都不会属于他的东西。战事进行至此，詹姆斯四世看出这次入侵可能是徒劳无果，又闻报一支英军正在抵近，于是决定还是撤回本国为妙。

亨利七世并不急于为苏格兰入侵造成的损害索赔或复仇，他最关心的是如何借此牟利，找借口向自己的臣民征税。他召集议会，向议员们痛陈苏格兰入侵之祸，历数该国支持那个荒唐的冒牌公爵，又以铁蹄残暴蹂躏北方各郡，给英格兰君主及整个王国造成了重重侮辱。议会对这番慷慨陈词作出了意料中的回应，批准拨给国王补助金十二万镑，外加两项十五分之一税。拨款决议通过之后，本届议会即告解散。

亨利凭借自身权威，促使议会顺利投票批准征税，但他发现，要从臣民手中把这笔钱征收上来却没有这么容易。国人都知道他已聚敛了巨额财富，因此颇难容忍他每每寻找最微不足道的借口开征新税。另一方面，众所周知他的继位权存在瑕疵，他这一朝之所以更容易发生民变和叛乱，或许也有这方面的原因。康沃尔郡人口众多、居民生活景况差，而且民性犷悍，以抗击苏格兰为旗号的新税在此地开征时，本地人啧有怨言，称本郡距边境甚远，苏格兰人根本打不到这里来，再者，以往这类侵略通常是由北方各郡自行募兵击退的。又有人趁机煽风点火，进一步挑动民众的怨愤：博德明镇（Bodmin）上有个名叫迈克尔·约瑟夫（Michael Joseph）的蹄铁匠，平时出了名的喜欢空谈妄议，处处逞能出头，抱怨政府的时候嚷得最欢，在粗鲁民众当中赢得了一定的影响力。还有一个叫作托马斯·弗拉莫克（Thomas Flammoc）的律师，在当地素有"预言家"之称，他也出言鼓动叛乱，告诉群众：这次征税虽经议会

公元
1497年

西部叛乱

56

批准,却完全不合法;抵御苏格兰人入侵、保卫国家,本是北方贵族身为领主的固有义务;他们若是逆来顺受地缴纳这项新税,亨利及其手下大臣们就会越发贪得无厌,对国民的压榨将变本加厉、令人不堪忍受。他号召,康沃尔人应联名向国王呈递请愿书,并以武力作为后盾,加强请愿的分量;为了争取王国其他地区的响应,他们在行动上必须注意遵章守法,让大家看到,他们的目的仅限于争取公共福祉,解除民众长期以来遭受的压迫。

在上述演说的鼓动下,群众手持斧头、钩镰、弓箭等一些乡下人常用的家什武器,啸聚起事。弗拉莫克和约瑟夫被公推为首领。不久,二人指挥康沃尔叛军穿越德文郡,进入萨默塞特郡。在陶顿,愤怒的叛乱者杀死了好管闲事、积极奔走催税的征税专员,他们把此人称作“彭林镇长”(provost of Perin)。叛军开至威尔斯(Wells)地方,奥德利勋爵率部加入:这位贵族出身古老世家,行为举动颇受民众爱戴,但为人虚荣、野心勃勃,性情躁动、不安本分。他从一开始就与叛乱煽动者暗中勾结,此时受到叛众的欢呼拥戴,被推为领袖。得到这样一位大人物的支持,叛军意气飞扬,继续前进。令国王的大臣和宠佞们为之暗暗胆寒,特别是已经升任枢机主教的莫顿和雷金纳德·布雷爵士(Sir Reginald Bray),这二人被视作国王压迫国人的得力走狗。叛乱民众虽然对政府满腔愤怒,却非常注意遵循首领的指令,因一路未遇任何抵抗,所以从未制造任何暴力事件、也不曾扰乱社会秩序。

弗拉莫克曾经告诉叛乱民众,肯特人在历史上素有桀骜强项之名,甚至在诺曼征服时仍能保持独立,他们肯定会张开双臂欢迎起义军,公开加入这个单单追求公共福祉和普遍自由的正义阵营。然而，肯特军民前不久刚刚击退佩尔金，立下大功，得蒙国王亲切褒奖，对现政权的好感大为增强。因此，肯特伯爵和在当地势力强大的阿伯加文尼勋爵(lord Abergavenny)、科巴姆勋爵(lord Cobham)不费吹灰之力便稳住了局面。康沃尔叛军虽然在伦敦城门前的埃尔特姆(Eltham)附近扎下营盘，号召全国民众响应，却无人起而声援。各地民众并非没有怨望，但谁都不想卷入如此轻率而协调欠周的事业。再者，国王时运正旺、事事顺遂，哪怕再胆大包天的人也慑于天威，不敢轻举妄动。

　　亨利此前为了抗击苏格兰人，已经调集了一支武装，由宫廷大臣多布尼勋爵统领。一听说康沃尔郡叛乱的消息，他便诏令该部南下镇压叛乱。为避免北部边防空虚，他又将萨里伯爵派往北疆，伯爵在边境地区征募了一支军队，正面迎战敌军。亨利发现，对于世间君王而言最致命的三大危险于此时此际齐齐降临：外敌入侵、国内叛乱和王位觊觎者。但他自有雄厚的军力、财力撑腰，加之个人性情英勇无畏，当此局面毫不退缩。然而他并没有当即展现全副虎威。在其他情况下，他总是追求速战速决，"我急着会一会这帮乱臣贼子"是他的口头禅。不过，鉴于康沃尔叛军不反国王、也不曾劫掠百姓，一路行进和驻扎过程中军力都没有壮大，又考虑到这种仓促起事的骚乱只要拖上一拖随时有可能熄火，所以他稳稳坐镇伦敦，做好万全准备，以确保胜利。

　　全军集结完毕，国王分兵三路，向敌发动进攻。第一路由牛津伯爵指挥，以埃塞克斯伯爵和萨福克伯爵为副将，他们奉命潜伏在叛军扎营的小山背后；第二路是主力部队，由多布尼勋爵指挥，从正面向敌人发动进攻。国王将第三路部队留在身边，充作预备队，

布莱克希斯战役

6月22日　于圣乔治原(St. George's fields)稳立中军——这个地点既能卫护伦敦城，又便于视战况所需冲上阵前扭转危局或彻底扫灭残敌。为了麻痹敌人，他放出风声，说王军近期不会进攻，而且，为了让敌人信以为真，他一直等到傍晚时分才发动攻势。多布尼从德普津桥(Deptford-bridge)进击，消灭了叛军的一部，不待叛军主力从混乱中恢复过来，他已经抢占了山坡制高点，面对敌人摆开阵形。叛军总数超过一万六千，看似人多势众，也不乏勇武，但毕竟是一支乌合之军，武器简陋，也没有骑兵火炮，根本不是王军的对手。布比尼挥师扑上，他斗志昂扬、甚至有些轻敌，险险因此送了自己的一条命。他贸然冲入敌群，被捉了俘虏，好在很快又被自己的部下解救。叛军略作抵抗之后即告崩溃，全军四散奔逃。[①]叛军首领奥德利勋爵、弗拉莫克和约瑟夫被俘，三人均被处死。约瑟夫在临刑前似有欣然之色，带着一种荒谬可笑的豪情壮志自吹道，自己将会名垂青史。叛军被王军四面包围，几乎全数作了俘虏，这些叛乱分子随即被遣散回家，没有受到更多惩处。亨利之所以如此宽大，或许是因为对杀敌近两千的战果已觉满意，或许是怜悯这些头脑简单的愚氓，又或许是因他们在进军途中秋毫无犯而心存好感，抑或是念在他们在整个叛乱过程中从来不曾诋毁他的继位资格，也没有拥戴约克家族的表现——在他眼里，那才是十恶不赦的滔天大罪。

英国内乱期间，苏格兰国王詹姆斯并没有闲着。他集结了一支大军，兵临诺森伯兰的诺勒姆城堡(Norham castle)。然而达勒 59

---

① Polydore Virgil, p.601.

姆主教福克斯早有防备，为该城堡配备了足够的兵员和军需，没让苏格兰人在围攻中尝到任何甜头。詹姆斯闻知萨里伯爵已经召集了一支人马，正在向他逼近，便领军退回本国腹地，任由那位英国将领侵入边境，包围并拿下了距贝里克(Berwic)数英里的一处小城堡艾顿(Aiton)。双方的军事行动都未见胜果，规模也不值一提，这预示着战事会很快收场。亨利尽管占据优势，但也和詹姆斯一样企盼早日结束两国之间的纷争。他碍于面子，不愿主动迈出示好的第一步，恰逢费迪南和伊莎贝拉委派博学多识又有口才的彼得·席亚拉斯(Peter Hialas)以大使身份来到英格兰宫廷，磋商西班牙公主凯瑟琳与威尔士亲王亚瑟的婚事，[①]于是亨利便请此人作为和平使者出面斡旋。

　　席亚拉斯动身北上，凭着他的主君西班牙国王与争斗双方皆为盟友，在詹姆斯和亨利之间充当调解人。很快，两国都派出使臣，就和约条款进行会商。英方提出的第一项条件，就是要引渡佩尔金。詹姆斯回复，他本人无意裁断那年轻人对王位的主张，但是既已收留此人，又承诺给以保护，就断不能背弃这个对他的信义、慷慨深信不疑的人。接下来的一条要求也同样遭拒：英方为近期苏格兰入侵造成的破坏提出索赔，但苏格兰使臣回答，战利品一入苏格兰人之手，即如水覆于地，势难追回，相对而言，亨利的臣民自行消化损失反倒更容易。亨利的使臣又提出，两位君主应在纽卡斯尔会晤，调和所有分歧。但是詹姆斯答复，他是要议和，而不是乞和。最终，双方签定了为期几个月的休战协定，以免会谈完全无

与苏格兰休战

　　①　Polydore Virgil, p.603.

果而终。詹姆斯认识到，只要佩尔金留在苏格兰，自己就永远不可 60
能与亨利真正握手言和，于是在私下里表示希望佩尔金离开。

佩尔金以往遇挫时，通常会避往低地诸国，而今这条退路已被
截断。佛兰德斯商人有感于对英贸易中断造成的惨重损失，对大
公的顾问班子多方施加影响，佛兰德斯方面已向伦敦派出使臣，寻
求和解之道。佛兰德斯宫廷同意，所有英国叛乱分子应被逐出低
地国家，这个禁令将勃艮第公爵夫人的领地明确包含在内。这个
首要条款谈妥之后，其他一切条件都水到渠成。双方达成了一个
有利于佛兰德斯的贸易协定，佛兰德斯人长期称之为《大协定》
(Intercursus magnus)。当英国商人返回位于安特卫普(Antwerp)
的旧营业点时，当地居民一片欢腾，夹道欢迎。

佩尔金虽说生在英格兰，论血统却是佛兰德斯人，因此，他
是否包含在两邦协定之内，是存在疑问的。但他若想在低地国家
存身，就必须遣散所有英国追随者，而且，生活在那个全民定意要
与英格兰保持友好关系的公国中，他即使不受恶待，也必定会遭
到冷遇。盘算之余，他觉得还不如在爱尔兰的荒野和要塞中暂避
一段时间。但他耐不住条件艰苦又充满危险的寂寞生活，便与手
下的三个追随者商议出路，这三人都是破产商人，分别叫作赫恩
(Herne)、斯凯尔登(Skelton)和阿斯特利(Astley)。在他们的建议下，
他决心尝试争取康沃尔人的拥戴——该郡民众生性悍逆，尽管蒙
受国王恩赦，却仍为叛乱失败而耿耿于怀。佩尔金在康沃尔郡的
博德明镇刚一露面，就有大批民众麋集到他旗下，人数多达三千。
佩尔金受此胜利迹象鼓舞，头一次打出了"英格兰国王理查四世"
的名号。为防止部众的企望日久低落，他亲自出马，兵临埃克塞特

城下，花言巧语游说该城军民入伙。他见埃克塞特人始终坚闭城
门，便下令举兵围攻。由于没有火炮、弹药和其他必需品，攻城毫
无进展。埃克塞特人派出信使向国王告变，与此同时，合城军民下
定决心坚持到最后一息，只盼以机警闻名天下的亨利国王早日派
来援兵。

　　佩尔金登陆英格兰，亨利闻讯大喜，火速投入备战，盼望此番
终能一举破敌，彻底解决长久以来令他寝食难安的王位觊觎者问
题。所有廷臣都明白，这次若能建功沙场，将是邀宠于国王的最佳
资本，于是个个争先恐后，推进战备工作。多布尼勋爵、布洛克勋
爵和赖斯·艾浦·托马斯爵士(Sir Rice ap Thomas)率领小股部
队火速出发，去解埃克塞特之围。德文郡伯爵和郡内一批声望最
高的绅士，自愿拿起武器投入王军将领麾下。白金汉公爵率领一
支由年轻贵族士绅组成的部队志愿参战，每个人都渴望有机会展
现一己的英勇和忠诚。国王本人则预备亲率大部队跟进。一时间，
整个英格兰似乎众志成城，齐心反对那个王位觊觎者——此人最
初曾经成功吸引了国人的注意，分散了他们对现任国王的爱戴。

　　佩尔金闻知王军大举备战的消息，当即从埃克塞特城下撤离，
退守陶顿。尽管此时他麾下人马已近七千之多，仍然表现得有决
心为他的事业而战，但他本人却已灰心丧气，悄然躲进了新森林中
的比尤利(Beaulieu)修道院避难所。康沃尔叛乱分子在国王的宽
仁感召下屈膝投降，发现国王对他们的慈怜尚未耗尽。除了少数
死硬分子被处决、另一些人被判处极重的罚金，余者都被免罚开
释。佩尔金之妻凯瑟琳·戈登落入胜利者手中，国王宽宏大量地
对待她，为自己博得了赞誉。他以种种尊重的表现令她安心，安排

她在王后身边做了一位受人尊敬的女官，还授予她一笔年金，直到后来的亨利八世一朝她仍在享受这个待遇。

公元
1498年

关于如何处置佩尔金本人，颇令亨利费了一番思量，有些人建议以国家政令压服教会特权，强行将佩尔金拖出避难所，让他为自己的胆大妄为受到应有的惩处，从而一劳永逸地终结其长期扰乱本朝的冒名顶替行径，如若不然，他仍有可能借着民众的轻信和不满分子的阴谋手段卷土重来。然而，国王认为如此重大的事务不应以暴力解决。他委派一些人与佩尔金接触，许之以赦免的承诺，劝他向国王自缚请降。① 国王押解佩尔金进入伦敦，特意模仿胜利

佩尔金
被俘

入城仪式来嘲谑这个囚徒，佩尔金在伦敦街头走过，各阶层民众沿途蜂拥围观，毫不客气地鄙薄嘲笑他的失败命运。他们似想通过折辱此人来洗雪自己从前相信其假冒身份而蒙受的羞辱。尽管国人普遍擦亮了眼睛，早已清楚佩尔金的真实出身，但是亨利仍然要求他撰写自供状，坦白自己的生平经历，又下令将全文内容广泛散发，以飨国人。不过，国王为了维护体面，对勃艮第公爵夫人在这一阴谋活动中扮演的角色完全避过，而国人既了解她本是整个事件的幕后黑手，一见自供状中对此只字未提，便倾向于怀疑叙述的真实性。

公元
1499年

佩尔金虽被宽赦了性命，但仍然遭受拘押，由专人负责看守。佩尔金无法忍受幽禁生活，设法甩掉看守，逃入夏恩(Shyne)修道院的避难所，乞请该院院长的保护。这位院长向来以其圣洁品格深受敬重，他再次游说国王，为佩尔金争取到宽赦。但是，为了让

---

① Polydore Virgil, p.606.

佩尔金承受更大的羞辱，国王下令给他戴上足枷，押到人头攒动的威斯敏斯特区和奇普赛街市场，强迫他向人群大声宣读之前以他的名义发表的那份自供状。随后，佩尔金被关进伦敦塔，但他擅使阴谋诡计、永不安分的本性依然不改，在狱中，他设法与伦敦塔卫戍长约翰·迪格比爵士(Sir John Digby)的四个仆从套上近乎，并通过他们与同被关在此处的沃里克伯爵接通了联络。那位不幸的宗室子弟自幼过着幽禁生活，连最普通的生活常识都一无所知，心地单纯，极易受他人影响。他日夜忧惧亨利变本加厉的暴力残害，加上天生的热爱自由之情，因此同意了杀害卫戍长、逃出伦敦塔的计划。佩尔金自告奋勇筹划实施整个行动。然而这个密谋并未逃过国王警觉的耳目，很多人甚至认为，这个计划本身就是国王布下的圈套，专等沃里克和佩尔金上钩。不过，迪格比的两名仆从随后因参与阴谋遭到处决，这个事实似乎洗清了国王身负的嫌疑：看来上述流言更多地是基于对他性格的普遍印象，而没有任何确实的依据。

　　佩尔金本已重罪累累，如今罪上加罪，再无获得宽赦的余地。因此被定罪、宣判，不久便被押赴泰伯恩刑场问绞，临刑前还在反复招认自己冒名顶替的罪行。^①差不多与此同时，有个鞋匠的儿子威尔福德(Wilford)被其他冒名顶替者博取的惊人声望所激励，站出来冒充沃里克伯爵。甚至还有一位神父在布道坛上大胆为他向民众做宣传，而民众似乎仍有接纳此人的倾向。这个事件给亨利提供了借口，向沃里克伯爵下杀手。伯爵受到审判，罪名并不是策

处决
佩尔金

---

　　①　参见本卷卷末注释［A］。

处决
沃里克
11月12日

划逃跑(因为他是清白无罪的,渴望自由只能被视为一种自然而单纯的天性),而是阴谋颠覆政府,企图掀起民变。沃里克表示服罪,于是法庭宣判罪名成立,沃里克随即被处决。

这一残暴行径构成了亨利一朝最大的污点,他斩断了金雀花宗室最后一脉男嗣,在国民心中激起极大的不满:长期以来,他们眼见那位不幸的宗室子弟被剥夺其高贵出身带来的一切特权,甚至丧失了作为一个人的基本权利,现在连他的生命本身也终于被剥夺了,仅仅因为他希望摆脱痛苦的锁链。亨利徒劳地试图将部分罪责推卸给盟友,就是阿拉贡的费迪南:他说,只要约克宗族尚有男嗣在世,费迪南就不愿把女儿凯瑟琳公主嫁给英国太子亚瑟。但此话反而激起国人更大的义愤,因为他们看到一位年轻王子丧失生命,不是出于法律和公义之必须,而是两个阴险狡诈的暴君勾心斗角的牺牲品。

然而,尽管民众内心的怨恨不断积蓄,但在亨利时刻警觉而严厉的铁腕政策钳制下,上述不满情绪似乎并不足以削弱他的统治。外国君主们看到他的王位已全然稳固,对他越发尊敬和重视。尤其是勃艮第大公腓力热情期望能够拜会亨利,当时身在加来的亨利便应允在该城附近的圣彼得教堂会晤大公。大公一见英王,连忙下马趋前,自请为英王扶镫,后者婉拒了他这般屈尊纡贵的举动。腓力称呼亨利为"父亲、恩主、保护人",一举一动都表现出急欲邀取英格兰的友谊。奥尔良公爵此时已经继承了法兰西王位,号称路易十二世(Lewis XII),并且挥师进军意大利,征服了米兰公国,让腓力之父马克西米连以及他的岳父费迪南眼红不已。年轻的腓力之所以在这次会见中不遗余力地讨好亨利,就因为他们认

64

为亨利是制衡强大法兰西的主要力量。这次会晤似乎并未达成任何具体的结盟计划，整个见面过程充满泛泛的亲善和尊敬表示，不过至少设定了未来子女联姻的前景（双方的儿女当时尚在襁褓之中），也算是未来缔结紧密联盟的远期计划。

教宗亚历山大六世（Alexander Ⅵ）也不曾忽视与这位名满欧洲的君主攀交情。他派遣一位教廷大使赴英格兰，力劝英王参加为收复圣地而组成的大联盟，亲率王师征讨异教徒。此时，一度席卷欧洲的十字军热潮已经完全消退，但是对此虔诚事业假作热忱仍被公认为一份必不可少的体面。亨利遗憾地对教廷大使表示，可惜本国地处偏远，他不便亲赴沙场为基督教事业而战。但他承诺竭尽全力提供援助和奉献，他绝不愿看到教宗没有任何君王的陪伴、独自奔赴圣战前线，在这种情况下，他必定抛开其他一切事务，亲自追随教宗出生入死。他只要求一个必不可少的条件，那就是基督教国家的全体君侯必须首先平息一切纷争，此外他还要求把意大利的若干海港城镇移交给他，作为回撤时的据点和安全保障。由此不难得出结论，亨利已经下定决心不参与任何打击土耳其人的战争。不过，鉴于不提供任何实际帮助的响亮名头有时也能起到一点作用，当时号称"基督教世界坚强壁垒"的罗德岛骑士团（knights of Rhodes）便选择了亨利作为他们的保护人。

然而，亨利心目中最重要的盟友乃是阿拉贡的费迪南，这位君主以其强干而稳健的施政作风，一路无往而不利，在许多方面堪称欧洲最有地位的一位王者。费迪南与亨利在性格上也存在明显的相似之处：两人都是老谋深算、诡计多端之人，尽管这种相似性很难成为互信和亲善的基础，然而当彼此间毫无利益冲突的时候（亨

公元
1501年
亚瑟王子
迎娶阿拉
贡的凯瑟
琳
11月12日

利和费迪南正是如此),倒也不会发生任何嫉妒争竞。亨利满意地
看到,拟议中威尔士亲王迎娶费迪南和伊莎贝拉所生四公主凯瑟
琳的亲事历经长达七年的规划和磋商之后,至此终于敲定。这一
年男方将近十六岁、女方十八岁。可惜这桩婚姻的结果却并不圆
满。年轻的王子新婚不过数月就病故了,举国为之哀恸。亨利急

公元
1502年
4月2日
亚瑟王子
之死

欲维持与西班牙的联盟,也舍不得归还凯瑟琳带来的两万金币嫁
妆,遂强迫已经承袭威尔士亲王头衔的次子亨利与公主订婚。亨
利王子尽了一个十二岁少年所能尽的最大努力抗拒父命,然而国
王的心意已决,这宗婚约在教宗的赦免之下最终缔定。此事在未
来引发了至为严重的后果。

玛格丽特
公主与苏
格兰国王
联姻

　　同年还举行了另一场婚礼——英格兰长公主玛格丽特嫁给苏
格兰国王詹姆斯四世,结果同样在下一朝代引发了若干重大事件。
这桩婚事前后协商了三年,其间因两邦摩擦而几度中断,至此终得
圆满。长期以来,苏格兰人视英格兰为仇敌,频频寇乱边境,亨利
希望通过联姻,从源头上消除与这个邻邦之间的一切不睦。当婚
约提交到英国枢密院讨论时,有人表示反对,称婚约一旦缔结,英
格兰岂不是要落入苏格兰的管辖之下吗?[1]"不会,"亨利答曰,"在
这件事上,结果只能是苏格兰依附于英格兰。"国王喜事连连,其

公元
1503年
2月11日

间也发生了一场重大的家庭变故:伊丽莎白王后因难产而死,诞下
的婴儿也不久夭折。按理亨利本该悲痛万分,但实际上此事并未
对他造成太大影响。这位王后一向深得举国民众爱戴,她的懿行

---

　　① 此论或基于基督教的传统观念。参见《圣经·创世纪》3:16,"你必恋慕你丈夫,
你丈夫必管辖你"。——译者

淑德也无愧于此，加之国人普遍认为她遭受丈夫的苛待，对她的情感因而更见浓厚了几分。

这时节，亨利七世面临的形势，无论国内国外，在各个方面无不顺遂。欧洲各国君主的注意力完全转向意大利方面的战事和谈判中，那边发生的种种事件使得各方争先恐后地寻求与亨利结盟，然而这些事件与亨利并无多少关系，因此他从来不必为此操心或焦虑。与西班牙和苏格兰的亲密邦交确保了外部的和平稳定；在国内，他凭着审慎积极的统治手腕，一次次击败所有敌对势力，令臣民保持绝对顺服。在这种情况下，由于不再有任何顾虑或抑制因素的羁束，他天性中的自然倾向便开始疯长：贪婪本是他一向的主导激情，如今随着年龄渐长、在绝对权柄的激发下，越发冲破了一切制约，把羞耻心和法律统统抛在九霄云外。他找到了两个称手的工具，一个叫燕卜逊（Empson）、另一个叫达德利（Dudley）；这两位大臣非常符合扮演助纣为虐的角色，一力迎合他的贪婪、暴虐，掠夺无助的人民。这两个暴政帮凶都是律师，前者出身微贱，举止粗暴，冷酷无情；后者的出身较好，所受教育和教养都高一些，但同样无视公义、冷酷而刻板。他们精通法律，有本事曲解法律条文，用以欺压无辜。在他们的一切不义行径背后，则有令人生畏的王权撑腰。

他们起初的常用手段是，在表面上向事先选定的目标提起诉讼，并据此将该人关进监狱，但是受害人永远都等不到庭审的那一天，最终，为了恢复自由，只得同意支付巨额罚金或赎金，称作"减刑费""和解金"。逐渐地，他们连表面上合法的幌子也弃置一旁了：两位大臣以自己的名义直接下发令状拘传受害人，押至他们面

对国民的压迫

67

前——有些是在他们的私宅里——启动调查法庭,不经审讯或陪审团裁决,草草下达武断的判决,无论王室诉讼或私人诉讼案皆是如此。即便召集了陪审团,事实上也不能为当事人提供什么保障。陪审团成员都处在压迫者的淫威之下,他们作出的判决倘若有违两大臣的意旨,他们本人就会面临罚款、坐牢等惩治。整个封建法体系(当时尚在广泛应用中)在他们手中变成了一套专门用于压榨人的制度。就连国王监护下的贵族少年,在进入成年之际,如不在法律规定之外支付高昂的费用也无法继承自己应得的产业。人们被扣上形形色色莫须有的罪名,饱受骚扰。无论任何人,只要因个人行为不当被宣布逐出法外,如不花费一笔巨资就休想取得赦免状;倘若此人拒绝缴纳规定的和解金,接下来等待着他的就是相关峻法的严厉惩处,重者会被罚没家产。甚而有之,被逐出法外者名下的田产和地租不到两年就被硬行罚没一半,连合法的幌子也不再有。不过,这两位大臣压迫国人所借助的主要手段还是刑事法规,他们假法律之名苛酷迫害所有人,并不念及受害者的身份、人品和功绩如何。密探、告密者和刺探他人行迹者在王国各地到处受到奖赏和鼓励。对于所有律条不分有利的还是有害的、新颁的还是过时的,也无论有没有可执行性,只管生搬硬套地加以攀引。国王及其大臣们一心只顾敛财,将王国内一切人等纳入他们的威权盘剥之下。①

鉴于这等武断不公的施政之风盛行于世,我们足可有把握地断定,英国人民向来享受的古老特权反而使他们陷于极端不利的

---

① Bacon, 629, 630. Hollingshed, p.504. Polyd.Virg.p.613, 615.

境地——这些特权保障他们不必缴纳任何税项，除非事先通过议会获得他们自己同意。假使国王已然手握随意普遍征税的权力，他自然会放弃上述从个人身上压榨钱财的权宜做法，而这种做法破坏了私有财产的一切安全保障，令举国民众莫不战战兢兢。民众寄希望于议会保护也是徒然，本朝议会的召开倒是颇为频繁的。这个机构已完全慑服于王权，值此亨利的淫威最为高涨的时期，下议院选出的议长正是协助亨利推行苛政的得力干将达德利。尽管国王富甲天下的事实尽人皆知，而且眼下并没有战争或其他大笔支出的事项作为索取补贴的借口，但是议会仍然按其要求足额为他提供了补助金。然而亨利的贪欲却不知餍足，就在第二年，他又开征了一项新的恩税，重启这一专制且极具压迫性的征敛方式。借着上述形形色色的敛财手段，加上他本人在用度上极其悭吝，亨利已经富到盆满钵溢的程度，据称，他手上光是现钱就多达一百八十万镑，考虑到那个时代钱币供应稀缺的状况，这样大的数目几乎令人感到不可思议。①

正当亨利致力于搜刮民脂民膏以自肥之际，海外发生的一件大事吸引了他的注意力，甚至令他备感关切和焦虑：于此前后，卡斯蒂尔女王伊莎贝拉驾崩了，可想而知，这将严重影响她的丈夫费迪南的命运。亨利七世不仅关心盟友的命运，更小心戒备着这一重大事件给整个欧洲的政治体系造成的影响。他还考虑到，自己

公元
1504 年
1 月 25 日
议会召开

公元
1505 年

---

① 当时银价为三十七先令六便士一磅，照此算来，亨利拥有的财富折合现今币值接近三百万镑。此外，由于欧洲市面金银供应量增加，许多商品价格涨幅已达三倍以上。一个更为重要的情况是，当时其他各国的境况均比现在贫困得多。这就使得亨利的财富规模越发显得庞大，可想而知他的统治给民众带来何其深重的压迫。

的处境与费迪南不无相似之处,西班牙对此事的处理可以作为一个值得借鉴的先例。费迪南和伊莎贝拉所生的长公主琼(Joan)嫁给奥地利大公腓力,她根据母系继承权可以登上卡斯蒂尔王位,因此似乎有权与现踞王位的费迪南争夺王国。亨利深知,尽管自己根据兰开斯特家族的继承权占有英格兰王位,但是大多数国人却坚信王后的继承权占优,他担心的是,威尔士亲王正一天天地长大成人,说不定哪一天禁不住野心的诱惑,要求立即继承王位。亨利自登基以来,一以贯之地全力打压约克家族的党羽,结果令他们更紧密地团结在一起,越发渴望挣脱这长期压制他们的枷锁,只要亨利的严酷统治暴露出一丝弱点,这些对手绝不会放过这个反抗他的机会。再说,他并不像费迪南那样拥有自己独立的势力,他治下的国民也更狂暴不驯,多年来,他自己采取的狭隘政策更加剧了国内的党争偏见——因此,他担心自己未来的处境恐怕要比费迪南更加危险。

　　一开始,西班牙事务的发展与亨利的愿望完全背道而驰。费迪南在国内不得人心的程度并不亚于亨利,原因也相近——就是他先前的横征暴敛。卡斯蒂尔民众态度鲜明地倾向于支持腓力和琼。为了利用这人心所向的大好形势,现已号称卡斯蒂尔国王的腓力大公在王后陪伴下,于冬季启航前往西班牙,不料在海峡遭遇大风暴,被迫转往英格兰的韦茅思(Weymouth)海港避风。多塞特郡绅士约翰·特伦查德(Sir John Trenchard)在当地颇具威望,他听说一支舰队驶近海岸,便召集起一批人马准备应变,约翰·卡里爵士(Sir John Cary)也率领一支武装,与他合兵一处。特伦查德来到韦茅斯,发现又病又乏的腓力已经上岸,于是他恭请大公到自

公元
1506年

卡斯蒂尔
国王来访

己家里休息，并立即派出信使，向朝廷报告这个重要事件。国王闻
讯，火速派遣阿伦代尔伯爵前来迎驾，欢迎腓力造访英格兰，并传
达亨利口信，称他将亲自前来拜见腓力，届时必以得体的礼仪在自
己的国土上款待贵客。腓力心知，没有亨利的允许，自己势难离开
英国，因此，出于尽快脱身的考虑，他决定抢先一步，前往温莎去
拜会亨利。亨利以极盛大的排场来接待腓力，态度也显得无比亲
热，但他已经暗下决心，一定要从这位贵客不得已的造访当中捞取
一点好处。

　　萨福克伯爵埃德蒙·德·拉·波尔（Edmond de la Pole）是
爱德华四世的外甥，就是那位在斯托克战役中被杀的林肯伯爵的
弟弟。他在数年前因一时冲动杀了人，不得不向国王请求赦免。
国王应允了萨福克的请求，但他向来苛待与约克家族沾亲带故者，
又命伯爵必须公开现身宫廷乞求这份恩典。萨福克痛恨这种公
然侮辱，压过了对国王法外开恩的感念，遂逃往佛兰德斯投奔姨
母勃艮第公爵夫人。随后，他获得国王的宽恕承诺，返回英格兰，
在国王面前再次获得赦免。但是，由于不安分的天性使然，再加
上他为亚瑟王子的婚礼大大地破财，以致负债累累，心里十分不
满，于是再度出奔勃艮第。国王深知国人对他的统治普遍怀怨，
考虑到此事可能引发重大后果，不敢掉以轻心。他又使出惯用手
段来破解敌招。他指示哈梅斯（Hammes）城堡总督罗伯特·柯森
爵士（Sir Robert Curson）抛弃职守，前去投效萨福克，潜移默化
地赢得了后者的信任。根据柯森的密报，国王将萨福克在国内的
同党一网打尽，统统收监：其中包括德文郡伯爵的长子、王后之
妹凯瑟琳夫人的丈夫威廉·考特尼（William Courtney），萨福克伯

萨福克伯
爵的阴谋

爵的兄弟威廉·德·拉·波尔(William de la Pole)，詹姆斯·泰瑞尔爵士(Sir James Tirrel①)，詹姆斯·温德姆爵士(Sir James Windham)，还有其他一些品级较低的人物。阿伯加文尼勋爵和托马斯·格林爵士(Sir Thomas Green)也被逮捕，但不久即被释放。威廉·德·拉·波尔遭到长期监禁。考特尼被褫夺私权，虽然没有被处死，但在国王有生之年一直未获自由。亨利的凛凛天威主要落在詹姆斯·温德姆爵士和詹姆斯·泰瑞尔爵士头上，他们被审判、定罪，处以极刑。泰瑞尔的下场令国人普遍拍手称快，因为此人正是杀害爱德华四世两个幼子的帮凶之一。尽管国内同党纷纷暴露、伏诛，但柯森仍然成功保住了萨福克伯爵的信任，亨利为了洗脱柯森的嫌疑，故意把他斥为叛党，下令将他连同萨福克伯爵本人一起逐出教门。不过，这个奸细在完成主子交代的一切任务之后，突然弃伯爵而去，重返英格兰，蒙受国王的格外恩宠和信任。萨福克震惊于他的背信弃义之余，又发现就连勃艮第公爵夫人也厌倦了多番徒劳无果的努力，对他的事业变得漠不关心，因此他先是潜奔法兰西，又转赴德国，最后再度返回低地国家，此时腓力大公正与英王亨利打得火热，虽然为他提供了庇护，但并不稍假辞色。

　　亨利不放过当前的机会，对访客抱怨其接纳萨福克的行为。卡斯蒂尔国王答道："小王以为，陛下如此伟大、运道如此昌旺，实在不值得为一个微不足道的小人物操心。但是为了让您满意，我会把他驱逐出境。""我希望您能再给我一个薄面，"亨利说，"直接把萨福克交到我手上，只有这样我才确信他能够俯首听命。"腓

71

---

① 第二卷中此人姓名拼写为 Sir James Tyrrel。——译者

力说："那样做不仅伤害我的荣誉,同样有损于你的英名,人们会以为你把我当作囚徒对待。""那就说定了,"亨利回答,"一切名誉损失由我承担,你的名誉就得以保全了。"[①]卡斯蒂尔国王迫于情势,唯有合作一途,但他首先要求亨利保证饶萨福克不死。腓力出面邀请萨福克渡海返英,假称亨利在他这位朋友和同盟者的斡旋下,同意赦免萨福克。萨福克一现身,就被送进伦敦塔。卡斯蒂尔国王在这件事上完全满足了亨利的心愿,又签署了一份英格兰与卡斯蒂尔之间的贸易协定,内中条款大大有利于英方利益,这才在滞留英格兰三个月后获准离开。[②]他在西班牙登陆,受到卡斯蒂尔人民的热烈欢迎,在万众拥戴中登上王位。此后不久,他就驾崩了,寡后琼深陷抑郁。费迪南趁机重掌王权,君临整个西班牙,直到他去世的那一天。

公元
1507年

又过了两年,亨利驾崩。不过,他最后这段统治时期平平淡淡,只有一件事值得一提:他把次女玛丽公主许婚给卡斯蒂尔国王腓力之子、年轻的查理大公。他本人也曾动过再婚的念头,先是考虑迎娶那不勒斯国王费迪南的遗孀,后来又想和马克西米连之女、腓力的姐姐、萨伏依公爵的遗孀成亲,但是由于健康状况急转直下,这一切想法都化为泡影。他开始将眼光投向生命的彼岸,看到自己的统治苛虐不义,致使未来的前景十分黯淡。为了缓解蚀心的恐惧,他大力施舍、捐建修道院,试图补赎己罪,牺牲一部分不义之财买回与他所得罪的造物主和解的机会。他甚至间或为自己借

公元
1508年

国王病倒

---

①　Bacon, p.633.

②　Rymer, vol.xiii.p.142.

燕卜逊和达德利之手滥施淫威的行径而感到懊悔,但这并不足以让他命令这两个贪婪的压迫者就此收手。前面提到的威廉·卡佩尔爵士再次因某些微末的借口被罚款两千镑,又因略发怨言而被关进伦敦塔。伦敦市议员哈里斯(Harris)也被控告,没等到结案便忧虑而死。前任市长劳伦斯·埃尔默爵士(Sir Laurence Ailmer)和他手下的两位治安官被判处高额罚金,都被关进监狱,直到付清该款。国王对这一切欺压行径都给以支持,直到死亡的迫近令他陷入新的恐惧,于是乎他通过遗嘱中的一项一般性条款晓谕天下,对他伤害过的所有人给予补偿。亨利七世因肺痨死于他所钟爱的里士满宫,终年五十二岁,享国二十三年八个月。[①]

公元
1509年
国王驾崩
4月22日

国王性格
点评

　　总体而言,亨利七世的统治可谓内益生民、外享荣名。他结束了兵荒马乱的长期内战局面,维护了国内和平与秩序,他压制了昔日过于嚣张的贵族势力,又与部分外国君主敦睦邦交,从而赢得了所有人的重视和敬仰。他爱好和平,亦无惧战争;尽管始终对身边仆从和大臣心存猜疑,但他无论是处理政务还是临阵作战,从不畏首畏尾;他惯施严刑峻法,但这通常是出于政策原则,而非复仇欲的催动。他造福于国人,总是为了换取一己之利,而不是出于公心。他每每于不知不觉中偏离意向中的政策考量,有时是囿于恶毒的党派偏见,有时是受卑下的贪婪天性驱使,并非感情冲动或逸乐的诱惑使然,更不是出于友谊和慷慨的良善动机。亨利七世能力出众,但在一定程度上因心胸狭隘而受到局限;他娴于辞令、很擅长博取人的欢心,但除了个别关乎重大利益的紧要关头,他从不施展

73

---

　　① Dugd.baronage, Ⅱ.p.237.

这方面的才能；他不在乎赢得民心，但也时常感觉到仅以万民敬畏为基础的权威是多么危险。他处理事务总是专心致志，但不具备先见之明。他更善于在犯错后设法弥补，而不是明智地事先避免错误。总体而言，贪婪是他一生的主宰激情，[①] 纵观人类历史，像这样一个身至至尊地位、胸怀经天纬地之才的人，居然任由贪婪凌驾于雄心之上，几乎是绝无仅有的例子。即使在普通人身上，贪婪通常也只是众多追求中的一端而已，而且主要是因艳羡与财富相伴而来的尊重、荣耀和地位所致。

74　　　　在英格兰历代国王治下，向来有君权不甚合法或不受制约的情况，但是亨利一朝的绝对专制超过了此前任何一个朝代、至少是《大宪章》确立以来的任何一朝。之所以如此，亨利的个人性格因素起到很大作用——此人精力充沛、勤勉而又严谨，一切事务无不深思熟虑，以审慎的态度稳步推进每一个目标，又有好运相随，自然无往不利；另一方面，他登基之前，英国经历了漫长而血腥的内战，大贵族势力在战争中被摧残殆尽，而只有大贵族才有能力抵御来自王权的侵害。举国民众也厌倦了内乱和动荡，宁可屈服于僭主、甚至忍受伤害，也不愿再经受战争的磨难。历次试图推翻他的谋逆行动都徒劳无功，通常反而巩固了他的权威；由于他依靠一党一派的力量实行统治，而本党分子人数较少，必然要另外拔擢任用一批人，所有得到任用的人都明白，自己的一切都有赖于国王的保

---

①　培根（Bacon）提供了一个实例，可以证明亨利连蝇头小利都紧盯不放：培根称他曾亲眼见过燕卜逊保存的一本账簿，几乎每页都有国王的亲笔签注。其中一条是这样的："细目，收到赦罪金五马克，如果赦免令未获批准，该款应退还原主，或给予其他补偿。"在这条备忘录的对页上，有国王的亲笔字迹"其他补偿"。Bacon, p.630.

护，因此愿意支持王权，哪怕以牺牲正义和国民特权作为代价。这段时期王权得到高度伸张，以致本朝在英国宪制史上创下一个新纪元，主要原因即在于此。尽管这位君主将君权凌驾于法律之上，然而本朝史官却大力称颂他制定了诸多良法，这是他为统治臣民而推动颁布的。的确，本朝颁布的制定法中有许多着眼于强化国内治安、促进商贸的重要法规，但前一类法规在设计上通常较后一类明智得多。凡涉及国内司法的事务，只需将简单的秩序、公平理念奉为立法指南即已足够；相比之下，贸易原理却复杂得多，无论在哪一邦国，都必须在长期经验和深度思考的基础上方能充分理解，因此这方面的立法或实践经常出现实际结果与初衷南辕北辙的情况。无怪乎亨利七世一朝的贸易政策问题频出；我们可以有把握地断言，甚至直到培根勋爵生活的时代，人们在这方面的观念仍然存在很多瑕疵和谬误。

本朝法律

星室法院(Star Chamber)是先前基于普通法和古代惯例建立起来的，亨利登基之初，议会曾在特定情况下通过法令确认了星室法院的权威。[①]培根勋爵大力称颂该法庭的实效，然而，即便在这位史家生活的时代，人们已经开始感觉到，如此武断的司法机构与自由是不相容的。随着国民独立精神渐趋高涨，对星室法院的反感越发强烈，及至查理一世时代，就在内战爆发前夕，议会通过法案，彻底废除了星室法院。

本朝立法规定，由国王提起的杀人案诉讼须在一年零一天的

---

① 参见本卷卷末注释[B]。

期限内开庭审理。①在此之前，案件通常久拖不审，远超这个期限。在拖延中，被害者的亲朋往往与肇事者达成和解协议，致使罪犯逃脱惩罚。本朝出台《贫民诉讼法》(*forma pauperis*) 为贫民免除诉讼费，即免除诉讼中的令状费用和一应法庭费用。②这条法令无论何时都堪称良法，在那个民众遭受上层沉重压迫的时代尤其如此，然而它在实践中却颇难执行。本朝又立法禁止强行劫持任何妇女。③神职人员的福利也被立法削减。④又有一条法令规定，对于初次犯罪者，在手部烙上标示所犯罪行的字母，此后如犯下任何新罪，即处以死刑。不经治安官法庭审理，治安官不得对任何人课以罚金。⑤令人奇怪的是，上述做法在此之前居然十分普遍。对于案值超过四十英镑的案件，可颁予令状调查陪审团裁决的真伪。⑥这条法令看似公正，但后来却证明不便实际操作。本朝法律还规定，不得以诡计或欺诈手段回避公共利益诉讼。国王的任何臣仆倘若图谋杀害宫内大臣、王室司库或内廷审计长，即使没有进一步的外在行动，也应治以重罪。⑦这条法令是专为保护莫顿大主教而出台的，因为他向来树敌甚众、处境危险。

　　本朝的每一届议会几乎都要出台这样或那样的法令，禁止豢养家臣、为他们配备家徽和号衣的行为；⑧因为大贵族常用这种方

---

① 3 H.7.cap.1.
② 11 H.7.cap.12.
③ 3 H.7.cap.2.
④ 4 H.7.cap.13.
⑤ 11 H.7.cap.15.
⑥ Ibid.cap.24. 19 H.7.cap.3.
⑦ 3 H.7.cap.13.
⑧ 3 H.7.cap.1.&.12. 11 H.7.cap.3. 19 H.7.cap.14.

式召聚众多门客，这些家臣随时准备追随其主参加战争、掀起叛乱、制造骚动、施暴逞凶，甚至现身法庭为主子作假证。[①] 在从前 76 的许多朝代里，法律无力为国民提供多少保护，导致上述乱象泛滥于世，成为英格兰社会根深蒂固的顽疾，亨利为杜绝此弊，必须极尽明察、厉行监控。有个故事说到他在这方面如何铁面无情——尽管时人通常拿此事来佐证国王多么贪婪、强取豪夺，但是他的坚定态度似乎值得称道。牛津伯爵是国王驾前爱将，向来深得宠信，也算当之无愧。一次，伯爵在自己名下的海宁汉姆(Heningham)城堡隆重款待国王，国王欲启驾回宫时，伯爵有心在王室宾客面前夸示自己的富丽排场，遂令全体家臣身着号衣、佩戴家徽，沿路排成整齐的两列，显得威武雄壮，煞是气派。"伯爵大人，"国王说道，"早闻贵府宴客手笔不凡，如今亲眼得见，居然远胜传闻。看看两边这些英姿飒爽的绅士、仆从，肯定都是您府中的下人喽？"伯爵微笑坦承自己财力微薄，不足以维持这般场面，他接着补充道，"这些人大多是我的家臣，听说陛下光临寒舍，特地赶来效劳的。"国王微露吃惊之色，说道："伯爵大人，我诚心诚意感谢您的出色款待，但我绝不允许法律在我眼前遭到破坏。我的法务官员定会找您约谈。"据说牛津伯爵为自己的违规行为所缴罚金不下一万五千马克。

最后，是生活艺术的进步终结了这一流弊，比一切严刑峻法都更见效力。逐渐地，贵族们相互攀比的主题不再是拥有的家臣数目和勇武程度，他们转而着眼于更文明的方面，争相炫耀车马、宅

---

① 3 H.7.cap.12. 11 H.7.cap.25.

邸和宴席的精美豪奢。平民百姓无法再依靠豪门供养而无所事事，就不得不学习某种谋生技艺，过一种于人于己都有用的生活。尽管一些人疾言厉色地反对生活艺术趋于精致，斥之为追求奢侈，但必须承认，与从前那些依附豪门、整日游手好闲的贵族家臣相比，77 勤于本业的商贩之流既是更好的人、又是更好的公民。同样，现代贵族的生活方式也比古代男爵们更值得称道。①

　　然而，在亨利七世一朝所颁律令当中，影响至为深远的莫过于取消不动产限定继承法。贵族和绅士阶层成员从此有权打破限定继承，把地产让渡给他人。②由于这项法规的实施，加上当时追求奢侈精雅的生活方式渐兴，导致英格兰贵族阶层的巨额财富逐渐耗散，平民家产日增。亨利可能早已预见到这种结果，并且有意加以促成，因为他一贯的施政方针就是压制大贵族势力，抬举更依附于他的教会人士、律师和新贵们。

　　这位国王的贪财本色令其自然倾向于鼓励商贸，从而增加朝廷关税收入，但是，若从这一朝颁行的大多数法律法规来判断，可以看出统治者在这方面的关切和重视非但未能促进工商业发展，反而有损于工商业。本朝屡次制定严厉法规禁止当时称为"盘剥取利"的借贷求息行为。③就连从事货币兑换也不可收取费用，因为这有利于"盘剥取利"，④为那个年代迷信的宗教观念所不容。一

---

　　①　参见本卷卷末注释［C］。
　　②　4 H.7.cap.24.早在爱德华四世一朝，就出现了通过协议诉讼和授还程序来打破限定继承的做法，但是严格说来，直到亨利七世立法之前，这种做法还不能归入法律范畴。亨利的立法纠正了上述操作中的一些弊端，从而对其本身构成了间接认可。
　　③　3 H.7.cap.5.
　　④　Ibid.cap.6.

切转弯抹角、旨在从借贷中取息的合约也都在严密防范之列。[①] 不必说，这些法律法规既不合理又不公道，没有落实于实践的可能，倘若真的付诸执行，势必给商贸造成严重损害。但是亨利国王在一点上还是值得称道的，那就是，他有时为了提振贸易，会在商人们做生意资金不足的时候，无息借款给他们。[②]

本朝立法禁止货币、银钱和金银锭出口。[③] 这种禁令的结果，反而加剧了货币出口。然而，政府出于这方面的担心，强令从事进口贸易的外商们将出售货物所得统统用于购买英国商品，以防他们偷偷夹带英国货币出境。[④]

马匹出口被立法禁止。政府似乎没认识到，这宗出口能够刺激马匹繁育，增加国内马匹数量。[⑤] 为了鼓励国民习练箭术，议会又颁布法令，规定弓价不得超过六先令四便士，[⑥] 硬行把价格压到与我们今天同等的水平。这一规定带来的唯一结果，就是人们被迫使用质量低劣的弓，或者根本无弓可用。当局对羊毛织物、[⑦] 有檐帽和无檐帽设立了法定价格，[⑧] 劳工获得的薪酬同样有法律定规。[⑨] 显然，当局对于这些事务理应放手，听凭商业和贸易的正常进程来调节。一些读者可能对以下事实感到惊讶：当时一码红布

---

① 7 H.7.cap.8.
② Polyd.Virg.
③ 4 H.7.cap.23.
④ 3 H.7.cap.8.
⑤ 11 H.7.cap.13.
⑥ 3 H.7.cap.12.
⑦ 4 H.7.cap.8.
⑧ Ibid.cap.9.
⑨ 11 H.7.cap.22.

的限价相当于今天的二十六先令，一码花布的限价为十八先令，比现在的价格更贵；而石匠、砌砖匠和瓦匠等技工的法定工资接近每天十便士，并不比现今英格兰某些地区的工资水平低多少。自从西印度群岛被发现以后，劳动力价格和商品价格肯定有所增长，但不像通常想象的那么样样暴涨。当今时代工业发达，商人和劳工数量随之增长，故尔可以抵消金银供给量大增带来的薪酬升势，使工资水平保持在与以往差不多的水准。此外，今天精细产品制造工艺水平提高，也让一部分商品的价格大大低于以往。更不必说今天很多商家满足于以较低利润为客户提供更便宜的商品。我们从本朝颁布的一项法规中看到，[①]商人们有时将进价十六便士的货物卖到三先令的高价。价格上涨的商品主要是肉、禽和鱼（尤其是后一种），因为它们的数量不会因工业和技术进步的影响而大幅增加。当时从业人数最多、有时能容纳底层人士的职业就是教会神职。本朝法律还有这样一条规定：教士和大学生未经批准一律不得行乞。[②]

　　这段时期英格兰工业低迷的一大原因在于政府管制太多，议会——或者毋宁说是国王（因为他是一切事务的主要推动者）——略微放松了其中部分限令，但远未达到必要的程度。亨利四世一朝曾经颁布法令，[③]禁止土地年收入不到二十先令的人家把儿女送到生意人店铺里做学徒，诺里奇市因人工缺乏，制造业凋弊，怨声上达天听，亨利七世便下旨豁免了该市范围内违背上述法令的罚

---

① 4 H.7.cap.9.
② 11 H.7.cap.22.
③ 7 H.7,cap.17.

款。① 此后，整个诺福克郡毛纺业的一些分支都获得类似的豁免。②
这种荒谬的管制源自鼓励农耕的初衷，但殊不知欣欣向荣的制造
业最能有效促进农业发展。出于同样原因，本朝颁布的关于禁止
圈地以及要求维护农舍的法令③也完全不值得培根勋爵给予高度
赞誉。如果农民深谙农艺，而且农产品销路畅通，我们就无须担心
农业人口减少。要保障人口稠密，除了让经营者有利可图，其他一
切干预措施都是粗暴而无效的。在此后的一个半世纪里，政府屡
屡重申防止人口流失的法律和敕令，由此或可推断，这些法律法规
从未得到真正落实。最终还是社会进步的自然进程为这个问题提
供了补救办法。

市镇自治机构的崛起是抑制英格兰工业发展的一大因素，这
个弊端至今尚未完全得到纠正。当时颁布了一条法令，规定除非
经过三位国务重臣的首肯，市镇自治机构不得自行通过任何地
方性法规。④法律又禁止各市镇在城门处设卡征收通行费。⑤格
洛斯特市和伍斯特市甚至曾经在塞文河边设卡征收过河费，后
被取缔。⑥

本朝颁行的一部法令⑦在其导言中提到，伦敦"商业冒险家"
公会曾经自设行规，禁止王国内的其他商人进入低地国家的各大　80

---

① 11 H.7.cap.11.
② 12 H.7.cap.1.
③ 4 H.7.cap.19.
④ 19 H.7.cap.7.
⑤ Ibid.cap.8.
⑥ Ibid.cap.18.
⑦ 12 H.7.cap.6.

贸易点进行交易,除非每个商人事先向该公会缴纳近七十英镑的准入费。令人惊讶的是,这样一条内部法规(如果可以这样称呼它的话)竟然能够在现实中生效,以至于需要动用议会的权威来下令予以废止。

本朝1492年8月2日,将近日暮时分,热那亚人克里斯托弗·哥伦布(Christopher Columbus)从西班牙扬帆启航,开始了一次值得纪念的发现之旅。几年后,葡萄牙人瓦斯科·达·伽马(Vasquez de Gama)绕过好望角,开辟了通往东印度的新航路。上述大事件对全欧所有邦国造成诸多重要影响,就连当时并未参与海上冒险的国家也不例外。商贸和海运蓬勃兴旺,促进了各地工业和技术的发展。贵族们追求奢侈享受,不惜靡掷家财。贵族以下的等级除了占有地产一途,还新创了大量财富,体现为股票、现货、手艺、信用、生意关系等形式。有些国家平民的权利随着财产增加而有所增长。而大多数国家的君主们发现,贵族阶层因无法忍受往昔那种粗砺的生活方式,已逐渐荒疏了武事,于是纷纷建立常备军,从而压制了国内的自由势力。但在所有地方,民众摆脱了诸多小暴君的压迫,处境大有改善,他们即使尚未完全获得自由,至少享受到了自由带来的重大好处。鉴于贵族势力和民众权利此消彼长是大势所趋,而亨利七世同样奉行打压贵族、抬举平民的政策体系,因此,严格说来他的法令制度可谓盛名之下、其实难副,这些制度本身蕴含的智慧水平似乎并不值得过高赞誉。

亨利七世只是偶然错过机会,才没能在现今著名的航海大发现中扮演一个重要角色。当时,哥伦布的航行计划在葡萄牙和西班牙宫廷屡屡受挫,于是派其弟巴塞洛缪(Bartholomew)前往伦

敦,向英王描述他的计划,请求恩助。国王邀请哥仑布赴英一叙, 81
但是巴塞洛缪在归途中遭海盗劫持,耽搁了行程;与此同时,哥仑
布获得伊莎贝拉女王的支持,指挥女王为他配备的小型舰队,欣
然扬帆启航。亨利并不因此灰心丧气,他为住在布里斯托的威尼
斯人塞巴斯蒂安·卡博特(Sebastian Cabot)提供了必要装备,于
1498年派他向西航行,探索未发现的国度。卡博特在北纬60度线
附近发现了美洲大陆,然后沿海岸线向南航行,发现了纽芬兰岛和
其他一些地方。但他随即返回英格兰,并未选择征服或殖民。布
里斯托的埃略特(Elliot)和其他几位商人也在1502年进行过一次
类似的活动。[1]国王花费一万四千英镑建造了战舰"神恩亨利号"
(*Great Harry*),[2]该舰很可能是英国舰队自主拥有的第一艘船只。
此前历朝历代,无论哪一位国王想要组织舰队,除了雇用或强征商
船之外别无他法。

　　航海事业蓬勃进步,西印度群岛和印度先后被发现,无论在
本朝还是任何其他时代都堪称最值得铭记的大事件,不过,这段时
期还发生了一些同样引人瞩目的重大历史事件。1453年,君士坦
丁堡被土耳其人攻破。一批劫后余生的希腊人流落到意大利避难,
在他们中间,被蛮族践踏星散的古代知识尚有部分遗存,他们给寄
居国带来令人称道的希腊语言,也带来些许科学的气息,以及诗
歌、修辞方面的高雅品味。大约与此同时,纯正的拉丁语开始复兴,
古文物研究蔚然成风,对学识的尊重在欧洲各邦各国逐渐扩散开

---

① Rymer, vol.xiii, p.37.

② Stowe, p.484.

来。约在同时发明的印刷术极大地促进了这些进步。火药的发明则彻底改变了人类战争的艺术。不久，宗教改革的洪流滚滚而来，不仅影响着支持宗教改革的国家，甚至那些恪守古代信条和崇拜仪规的国家也同样深受影响。就这样，在世界的这一部分，人类生活的方方面面都兴起了一场广泛变革，在商业、人文、科学、政府、治安、教化等各个领域都逐渐达到一个新的境界，并且保持至今。

82 由此开启了现代编年史中更有教益、也更令人愉悦的一段新篇章。此后的一切重要历史叙事、甚至史家笔下的大部分细节当中，都已具备相当的真确性。拜印刷术所赐，林林总总的史实记载得以存留于世，为史书作者提供了择取和剪裁的余地。鉴于每个事件都关系到今天的生活方式和处境，因此这段历史叙述的每时每刻都能为今人提供教益。每一位热切研读这段篇章的人，皆是出于这样一种好奇心的催动，一种十足开明而值得嘉许的态度，而未必是抱着求知的目的，试图了解公共事务或公民政府的治国之道。

第二十七章　亨利八世(一)

新君广受爱戴—臣僚班底—惩治燕卜逊、达德利—国王的婚事—对外事务—儒略二世—康布雷同盟—对法战争—远征丰特拉维亚—费迪南的诡算—返回英国—利奥十世—召开议会—对苏格兰开战—沃尔西得势—沃尔西其人—入侵法兰西—吉内加特战役—弗洛登战役—英法议和

亨利七世驾崩，国人喜形于色，几乎突破礼仪所能容忍的极限。他的儿子亨利八世继而登基、加冕，普天同庆，举国臣民高调抒发着由衷的喜悦。去世的老王多疑善忌、苛酷贪婪，诸般恶德老而弥甚；继位新君年方十八，少年英发，就连众多有识之士都不免

对其未来的作为寄予厚望，普通民众更是一如既往地醉心于更始之际的崭新气象、国君的青春风采和王室的盛大尊荣。亨利八世形容俊美、活力充沛，对各种富于男子气概的活动无不擅长，兼以血气旺盛、容光焕发，风度姿态活泼矫健，一举一动都显得精神饱

满、干劲十足。①他的父王当初不放手让他与闻政务，一直安排他潜心学问，由此养成的学识素养，预示着他的才华、能力必不可小

---

① 　T.Mori.Lucubr.p.182.

觑。[1]就连他性格中偏于激烈、感性和急躁的问题（后来蜕变为专横暴虐），也仅仅被看作无伤大雅的小毛病，年轻人鲁莽轻率在所难免，历练久了自然会趋于温和、成熟，这些问题不难纠正。由于约克家族和兰开斯特家族彼此争竞的继位权在他身上终于二流归一，国人大有理由期待这位得到一致拥护的新君能够不偏不倚、公平施政，这种情形已是久未见于英格兰了。

亨利八世登基之初的举措颇能令对他抱有期待的公众感到振奋。他的祖母里奇蒙伯爵夫人暨德比伯爵夫人此时依然在世，鉴于她素来以审慎和懿德闻名天下，因此，新王在组建辅政班子的过程中明智地向她讨教，非常尊重她的意见。新任御前枢密院成员 臣僚班底如下：坎特伯雷大主教沃勒姆（Warham）就任御前大臣，什鲁斯伯里伯爵就任王室内务总管，赫伯特勋爵（lord Herbert）就任宫务大臣，托马斯·洛弗尔爵士（Sir Thomas Lovel）就任王室监护法庭法官暨伦敦塔卫戍长，爱德华·波伊宁斯爵士就任审计长，此外，后晋封为马尼勋爵的亨利·马尼爵士（Sir Henry Marney）、后晋封为达西勋爵的托马斯·达西爵士（Sir Thomas Darcy）、法学博士托马斯·鲁瑟尔（Thomas Ruthal）以及亨利·怀亚特爵士（Sir Henry Wyat）都奉召入阁。[2]这些人均为前朝老臣，谙熟政务，也是亨利七世驾前所有臣僚中民怨最少的几位。

不过，更有实力在新君面前争夺荣宠和权柄的是新任财政大臣萨里伯爵和新任国务秘书、掌玺大臣温切斯特主教福克斯。这

---

① Father Paul, lib. 1.

② Herbert, Stowe, p.486. Hollingshed, p.799.

任主教大人在前朝自始至终深受倚重，多年来养成了谨慎、节俭的习惯，一时不易抛开；此外，亨利受青春热情的驱使，多喜靡费，福克斯时时进谏，未免有些讨嫌。相比之下，萨里伯爵更善于顺应讨好，尽管他曾是先王厉行节俭政策的急先锋，但他深知如何审时度势、迎合新主人的脾性。在年轻的新君治下，气派豪阔、寻欢作乐、崇尚奢华的风气开始盛行，若论推波助澜的卖力程度，萨里伯爵当仁不让。[①]他凭借这种手段讨得亨利的欢心，和其他溜须拍马的臣僚一道利用主上挥金如土的性情为自己捞取好处。国王被他引得沉溺于荒嬉享乐，懒理朝政，索性把大事小情统统交给手下大臣打理。先王积攒的巨额财富，在亨利令人眼花缭乱的靡费中逐渐被败光散尽。流水欢宴一场接着一场，各种马上长矛比武、骑士夺锦大会、骑术比赛轮番登场，极尽一时之盛。此时正值四海安靖，令宫廷得以纵情享乐，极少关注严肃的政务。国王在嬉游之余纵使偶有闲暇，亦主要埋头于音乐和学术，这是他素来所好，与他的天赋也非常相配。他的音乐修养极高，甚至创作过几首圣咏，在他的私人小教堂中演出。[②]他在学术上得以初窥古代学术之堂奥，但不幸被引入当时流行的经院哲学的空洞论辩之中，对托马斯·阿奎那(Thomas Aquinas)的著作推崇备至。尽管如此，他仍有余力探索一些更为实用且富于趣味的知识。

国王豪阔率性，将父王积蓄的钱财挥霍殆尽，对于助其敛财的走狗也同样疏于保护。朝廷发布一份公告，鼓励百姓投诉冤情，

---

① Lord Herbert.

② Ibid.

民间蕴积已久的怨愤即刻喷发，矛头直指前朝飞扬跋扈的那些告密者，他们一贯欺压国人、为所欲为，早惹得天怒人怨。[①]这些人被投入监牢、被判处戴枷示众，大多数被民众暴力虐杀。民愤最大的燕卜逊和达德利当即被传唤到枢密院，就他们遭到千夫所指的行径应诉。燕卜逊为他本人及同伙提出了一个狡猾的辩护理由，他对枢密院陈述道，他的敌人以他昔日的种种行为作为把柄，猖猖然向他发动攻击，然而这些行为非但不应遭受这种不公的谴责，反而应当受到嘉奖和赞许。他声称，自己和达德利被控之罪无非是严格执法而已，尽管那法律是经举国认同而制定的、尽管他们只是服从国王的意旨，而国王的司法权力是经宪法授权的；他们作为最高权力手中的工具，根本没有资格断定哪些法律适用、哪些法律已经过时，哪些法律有利、哪些法律有害；一切法律只要未被立法机构撤销，就同样具有效力。刁民百姓对政府的管制啧有怨言，本是正常现象。然而所有明智国家一向以公正赏惩为其荣耀之本，守法、执法者当赏，违法、犯法者当罚；无论哪一个政府，如果任由罪犯执掌法官的命运、由臣民来裁判统治者，那么其统治倾覆必指日可待。[②]

这番辩护固然精彩，但燕卜逊和达德利仍被关进伦敦塔，不久便受到公开审判。法庭不可能判他们一个"严格执法"的罪名，虽则他们执行的法律已被废弃。此外，由于他们当初是奉了先王密令行事，因此哪怕再专权苛酷，亨利八世可能也并不想过分严

① Herbert, Stowe, p.486. Hollingshed, p.799. Polyd. Virg. lib. 27.
② Herbert, Hollingshed, p.804.

86

惩治燕卜逊、达德利

厉地细加追究。于是乎，为了满足国民的意愿、让这两个触犯众
怒的大臣受到惩处，法庭给他们扣上一个莫须有的、实际上是绝
无可能的罪名——指控他们图谋推翻王室，试图在先王驾崩之际
以武力夺取政权。陪审团完全受到流行偏见左右，加上宫廷施加的
影响，也做出了有罪裁决。议会随即通过针对二人的褫夺私权法
案，对上述判决予以确认。[①]随后，遵照人民的强烈愿望，国王签发　　87
一纸令状，对二人处以死刑。由此可见，在那个专制的时代，无论
国王寻求权力和财富，还是意图收买民心，都同样出之以违背公义
的举动。

　　亨利八世惩治了前朝暴政的得力工具，但还是顺从父王生前
安排的婚约，甫一登基便开始筹划与阿拉贡的凯瑟琳举行婚礼。

国王的
婚事

她曾经嫁给亨利的王兄，与亨利年龄差距悬殊，这两点构成了双方
联姻的主要障碍。但另一方面，公主本人品格贤淑、谦逊，性情温
柔，这一点尽人皆知；她对国王亦颇有感情；再者，她作为威尔士
王妃，名下享有当年带来的巨额嫁妆；巩固与西班牙之间的紧密联
盟好处多多；而且，英国也亟需寻求一批盟友，共同制衡法兰西的
强大势力——这一切理由都支持履行先王主持定下的婚约。经过
反复权衡，枢密院置大主教的反对于不顾，建议亨利国王正式迎娶

6月3日

凯瑟琳。里奇蒙伯爵夫人也支持枢密院的决定。这位老夫人亲眼

---

　　① 这届议会是在1510年1月21日召开的。会上通过了一部法令，旨在匡正前朝
盛行的一些滥权行径。该法令内容包括：将刑法规定的罚没期缩短至三年；被告发者若
被宣判无罪，告发人须承担诉讼费用和损害赔偿；对伪证实行更严厉的处罚；燕卜逊和
达德利下达的一切不实的债务偿付令，一概被宣布无效；在诉讼过程中允许抗辩，提出
抗辩的时限也予以放宽。1 H.8. c. 8, 10, 11, 12.

看到孙儿成亲,之后不久便仙逝了。

亨利的政权得到万众拥戴,他的王位继承资格无可争议,权威强大,财力雄厚,臣民安守本分,这一切令他得以轻松驾驭政局,国内一派安泰景象。外交局面也同样令人舒心。和前朝一样,欧 对外事务
洲各国仍然围绕意大利事务频频进行战争与和谈,亨利成为所有各方争相拉拢的对象,同时,又没有任何直接的利害关系或必要性迫使他选边而站。法王路易十二之前征服了米兰公国,如今是唯一一位在意大利据有领土的强大君主。他此时若不急于用兵,采取稳扎稳打的方略,足可凭借自身优势地位向意大利诸王和城邦发号施令,维持半岛势力均衡、充当区域霸主。然而,他念念不忘征服那不勒斯,因为他和自己的前任一样,对该公国的君位拥有一份继承权。这份欲念始终驱使着他发动新的攻势。他知道西班牙国王费迪南与那不勒斯在位君主弗雷德里克缔有盟约,又是姻亲关系,预见到费迪南必会设法阻挠自己的征服计划,于是许之以利(那位君主从不拒绝利益的招引),争取把他拉进自己的阵营。路易十二与费迪南拟定了瓜分那不勒斯、驱逐弗雷德里克的计划。当时的政治家们评论道,该计划暴露了法国君主令人瞠目的鲁莽和西班牙君主极端的背信弃义。弗雷德里克孤立无援,唯有依靠自己的臣民,然而那不勒斯人要么对他的统治心怀不满,要么对他的命运漠不关心,在此形势下,他根本无力抵抗两大强敌的联手进攻,被赶下宝座。但他随即欣慰地看到,两大强敌立刻为争夺那不勒斯而陷入战争。费迪南密令手下将领、被西班牙人誉为"大帅"的贡萨尔沃(Gonsalvo)对法军发动攻击,占领那不勒斯全境。贡萨尔沃所向无敌,在两场激战中击败法军,确保自己的主君成为整

个那不勒斯之主。路易十二无法凭借武力扳回局面，只得徒劳无益地在谈判桌上与费迪南展开拉锯战，要求后者归还原属于他的份额。在此期间，全体意大利人夹在两位雄主之间首鼠两端，不知该依附哪边。

这段时期，整个欧洲处于一种势力均衡的局面，为史上所罕见。这种均衡似乎无需各国君主刻意关注、维护，便足可自我维持。几位雄主并立，其中没有哪一位拥有冠乎群伦的实力，令别国有理由为之侧目。英格兰国内安定统一，所处地理位置亦能保障其安然无惧外敌入侵。在西班牙，原来的几国已经合而为一，形成一个强大的王国，在位君主费迪南精于权谋，其统治固然以诡诈和欺骗为特色，但他具备充沛的力量和才干。路易十二是一位勇武而有器量的君主，他娶了先王的寡后、布列塔尼女主安妮，将该公国继续留在法兰西版图之内，法兰西王国的安全在极大程度上有赖于此。神圣罗马帝国皇帝马克西米连据有奥地利王室的祖传领地，并在整个帝国中享有权威地位，虽则为人轻浮寡信，但仍能在关乎利害的大事上团结诸位德意志王公，至少在防御外敌方面发挥首领作用。卡斯蒂尔国王查理是马克西米连的孙子、费迪南的外孙，此时已经继承了勃艮第家族名下的富庶领地，鉴于他尚处稚弱之龄，遂由其姑母、萨伏依的玛格丽特代掌朝政，这位女公爵以出众的审慎和美德闻名于世。几大强国势均力敌，相互制衡，若非野心勃勃、好生事端的教宗儒略二世(Julius II)率先在各国间挑起战火和纷争，这种和平局面本可长期保持下去。在教宗的阴谋策动下，教宗本人、马克西

儒略二世

米连、路易和费迪南在康布雷签定盟约，[①]这一强大同盟的宗旨就 康布雷
同盟
是合力颠覆威尼斯共和国。亨利既无利益动机也无情感动机让自
己名列同盟之中。这个强暴而不义的联盟所向披靡，小小威尼斯
共和国在它面前毫无招架之力。

　　欧洲几大强国均实力雄厚、局势稳定，彼此间形成牵制，谁都
别想谋求什么重大征服成果。上述情况虽不足以维系普遍和平，
也难以纠正人类的躁动本性，却令这个时代的君主们更倾向于毁
弃誓约、更换盟友，他们留在哪个阵营里，全凭自己的心情或一时
心血来潮，而不是根据天然或持久的利益作出决定。儒略二世如 公元
1510年
愿以偿制服了威尼斯共和国，不久又鼓起更高的雄心，要把一切外
国人逐出意大利，按当时意大利人的口号就是"拯救祖国脱离野
蛮人的统治"。[②]他确定的第一个打击目标是法王路易十二。为了
给这个宏大计划铺平道路，他当即寻衅跟路易反目，随即向其他一
些国家的君主发出结盟邀请。他向路易的盟友费拉拉公爵（duke
of Ferrara）宣战，又向英格兰示好，赠给亨利一朵用麝香香熏、以
圣油膏抹过的神圣玫瑰。[③]他成功拉拢了亨利派驻罗马的大使、约
克大主教班布里奇（Bambridge），不久便将其晋为枢机主教。西班
牙的费迪南也被教宗拉进自己的阵营，不过费迪南起初并未公然
表明立场。教宗最为珍视的盟友是瑞士的几个州，他们与教宗签
定盟约，起因是路易对瑞士人有一些怠慢举动兼以言辞侮辱，导致
他们愤然退出与法国的同盟，并伺机寻求报复。

---

①　时间是1508年。

②　Guicciard.lib.8.

③　Spelman，Concd.vol.ii.p.725.

法王路易击退了敌人的军事进攻，同时认为有必要对教宗本人发动攻势，尽可能击碎他头上笼罩的神圣光环，那是他强大力量的主要源泉。路易撺掇一批憎恨儒略暴政的枢机主教与教廷决裂，并决定凭借这些人的权威，与自己不离不弃的盟友马克西米连共同召集一次大公会议，旨在改革教会、遏制罗马圣座的胡作非为。这次大公会议在比萨(Pisa)召开，然而会议从一开始就遇到诸多不顺，没有让追随者看到多少光明前景。与会的只有寥寥几位法国主教，他们是在国王的强令之下迫不得已前来的，除了这些人之外，其他所有主教都将这次会议视作派系斗争、阴谋和世俗政治的衍生物，避之唯恐不及。就连会议召开地比萨城的居民也对他们流露出轻蔑的态度，他们只得将会址迁至法国势力控制下的米兰市，这次虽有法国人撑腰，但米兰市民也并未对他们表现出更多敬重，他们不得不再次改变会议地点，转移到里昂。① 路易本人的表现也强化了世人心目中有利于教宗权威的强烈偏见，他时时流露出对儒略二世的敬畏、尊重和顺服，即使命运屡屡把绝佳的机会交在他手上，他本可以借此打击、羞辱教宗，但他每次都选择了网开一面。而且，众所周知王后对他的影响极大，她见自己的丈夫与神圣教会之父发生纠纷，内心极度忧虑不安。所有人都由此预见到，在这场力量差异悬殊的对抗中，最终的胜利将归于儒略。

雄心勃勃的教宗深知己方的优势，并以极其强悍、倨傲的态度大肆加以利用。在围攻米兰多拉(Mirandola)之战中，他甚至置最高司祭的神圣身份于不顾，亲临堑壕，并且目睹几名随从在自己

---

① Guicciardini, lib. 10.

身边战死；他像一名年轻战士一样，精神抖擞地承受严冬酷寒的折

91 磨，一心追求军事荣誉。①即便如此，他仍以不虔和渎神的罪名指
斥哪怕是最温和的反对派。他在拉特兰(Lateran)召开大公会议，
对比萨及为分裂派宗教会议提供会址的所有城市处以禁罚，对所
有参加分裂派宗教会议的枢机主教和教长一律处以绝罚。他甚至
向支持分裂派的世俗君主发出属灵的雷霆打击，解除其臣民对君
主的一切效忠誓言，将其国土治权交给任何有能力占领这些地方
的人。

　　阿拉贡的费迪南被教廷授予"基督教君主"的头衔，他打着捍
卫圣座和宗教事业的堂皇旗号，只为掩盖其个人野心和权谋。亨
利八世的天性更为诚挚、热情，加之年轻缺乏历练，这种倾向就越
发明显，他相信路易野心勃勃的扩张已经对教宗构成威胁，因此真
心渴望捍卫教宗免遭欺凌。儒略二世向他灌输一种希望："最虔信　公元
基督的国王(the most Christian King)"这一荣衔历来由法兰西君　1512年
主独享，被视作法兰西王冕上最珍贵的宝石，而今英王若为教廷出
力建功，这个称号或许可以转授给他，以为酬报。②此外，亨利急
欲在欧洲博取与自身实力和财富相当的荣耀，也不耐烦在此混战
局面下长期保持中立。出于英国人对法国的天然敌意，以及对该
国王位古老的权利主张，亨利加入了教宗与西班牙和威尼斯结成
的反法同盟。英王遣使巴黎，告诫路易切莫向教宗开战、犯下不虔
之罪。当前使无功而返，他又派出另一位使节，要求法王归还他名

---

① Guicciardini, lib.9.

② Guicciardini, lib.11. P.Daniel, vol.ii.p.1893. Herbert.Hollingshed, p.831.

下的祖传领地安茹、马恩、吉耶纳和诺曼底。法方将此信息视同为

对法战争
2月4日

宣战。与此同时，新一届议会召开，极爽快地批准了相关拨款议案，
以支持这项举国民众大力赞同的事业。①

　　教宗派驻伦敦的特使博纳维索(Buonaviso)已被法国宫廷收
买，早将亨利针对法国的一切筹划暗中告知路易。然而，这一出
卖行径给英王带来的损害，与其深深信靠的盟友自私自利的背叛
相比，实在微不足道。亨利的岳父费迪南向来精于权谋，甚至为自
己高超的欺骗手段而沾沾自喜，大言不惭地吹嘘那些可耻的成就。
一天，有人告诉他，路易(这位君主的性格与他差异甚大)出言抱怨
上了他一次当。"那个酒鬼在说谎！"费迪南说，"他上我的当绝不
下二十次！"在费迪南看来，与亨利保持密切关系只不过便于他更
好地利用后者欠缺经验的弱点。他建议亨利不要取道加来入侵法

远征丰特
拉维亚

国，因为他不方便给予支援，不如出兵丰特拉维亚(Fontarabia)，从
那里可以轻松直取吉耶纳(他们料想该省应该还有些眷念旧主的
遗民)。费迪南承诺派出一支西班牙军队协助亨利进行征服。他
似乎十分热心于增进女婿的利益，甚至派遣船只赴英，运送亨利
征募的远征军渡海。这支部队总计一万人，以步兵为主，由多塞
特侯爵统领。萨里伯爵之子霍华德勋爵(lord Howard)、布洛克勋
爵、费拉斯勋爵(lord Ferrars)等一批年轻贵族士绅也追随他奔赴
战场，个个热血沸腾，亟盼在阵前崭露锋芒，赢得重大征服成果、
为主建功。没有一个人怀疑费迪南前所未见的慷慨表现中或许暗
藏私心。

---

① Herbert.Hollingshed,p.811.

　　纳瓦拉是法国与西班牙交界处的一个弹丸小国，在位君主约翰·达尔布雷(John d'Albret)与路易既是盟友又是姻亲，费迪南对其国土心存觊觎，他见此时英国与西班牙合兵一处，而支持比萨大公会议的所有君主均被处以绝罚，感到自己逞志的机会来了。于是，多塞特刚刚率兵在基普斯科瓦(Guipiscoa)登陆，西班牙国王立即宣布自己愿意与之合力入侵法兰西、围攻巴约讷(Bayonne)，打开通往吉耶纳的门户。[①] 但是他提醒英国主将，纳瓦拉王国是法国的亲密盟友，有他们留在联军身后，将会构成莫大隐患，法军可以轻松借道纳瓦拉，切断联军与西班牙本土的联系。为了防范这一危险，费迪南要求纳瓦拉国王约翰承诺在这场战争中保持中立，约翰表示愿意签署任何中立协定，费迪南又提出，纳瓦拉须为严守中立提供担保。这一点约翰也接受下来。费迪南随即要求约翰将本国六处最重要的战略要地移交给他，并交付长子作为人质。这些条件已然超出任何一位君主所能接受的限度，对方的拒绝正中费迪南下怀，他当即命令手下大将阿尔瓦公爵(duke of Alva)入侵纳瓦拉，一举征服该国。阿尔瓦很快攻占了纳瓦拉境内所有较小的城镇，即将围攻首都潘普洛纳(Pampeluna)。他邀请多塞特侯爵率麾下英军加入进来，在一切军事行动中与他协同作战。

　　多塞特此时开始怀疑，这一切事务与他主君的利益几乎毫不相干，他也从未受命入侵纳瓦拉王国或在法国以外的任何地方作战，因此，他拒绝参与上述行动。他守在丰特拉维亚大营兀自不出，但是以费迪南的诡算，即使英军按兵不动，也照样能助他达成

① Herbert. Hollingshed, p.813.

费迪南的诡算

目的，几乎等同于出兵协助的效果。因为，只要有英军在，便对法军形成牵制，令其不敢发兵援助纳瓦拉，这样一来，阿尔瓦便能从容不迫地部署围城，最终攻陷潘普洛纳，迫使约翰逃奔法国避难。西班牙统帅再次向多塞特发出邀请，提出组建联合指挥部，协同指挥反对路易的"神圣同盟"(holy league)的军事行动。不过，他仍然拒绝围攻巴约讷，而是力主入侵贝阿恩(Bearne)，此地位于比利牛斯山脉靠法国的一侧，为纳瓦拉国王名下领地的一部分。多塞特有充分理由怀疑对方居心叵测，他表示，未接到主君的新命令，自己不能加入这样的行动。于是费迪南派出马丁·德·安彼奥斯(Martin de Ampios)出使伦敦，游说亨利下达新命令。西班牙使臣在亨利面前诉苦，说英军指挥官性情过于固执、刻板，以致贻误了最佳战机，又劝导亨利相信，英方有必要在任何情况下配合西班牙 94 将领，因为后者最熟悉当地情况、洞悉一切军事部署的理由。不过，没等亨利的新旨意传到西班牙，多塞特侯爵已经极度不耐烦了。他看到英军继续滞留下去完全无助于征法大业，而且由于给养匮乏、疫病流行，他的部队每天都在减员，因此，他要求费迪南当即调拨船只，送他们返回英伦，因为双方有约在先，无论英军何时提出归国要求，费迪南有义务为他们提供船只。在英方的强索之下，费迪南几经拖延不过，终于心不甘情不愿地作出了让步。多塞特 **返回英国** 命令部队登船，准备启程。就在此时，信使从英国抵达当地，带来了亨利的命令，要求部队留在西班牙。但是英军士卒对于身受的待遇极度不满，鼓噪哗变，胁迫官长扬帆驶向英国。此番远征无功而返，令亨利大为气恼。多塞特费尽口舌，好不容易才把费迪南的奸诈行径向主君解释清楚，终于平息了他的雷霆之怒。

同年夏天发生了一场海战，也并未给英国带来更具决定性的胜利。王室御马官托马斯·内维特爵士(Sir Thomas Knevet)奉命率领四十五艘战舰出航布列塔尼沿海，查理·布兰顿爵士(Sir Charles Brandon)、约翰·卡鲁爵士(Sir John Carew)等众多年轻廷臣随船出征，个个都盼着有机会一展雄风。他们掳掠敌国，取得一定战果，法国人随即派出一只由三十九只船组成的舰队，由普里茂戈特(Primauget)指挥，自布雷斯特港(Brest)出海截击英国人。在战斗中，普里茂戈特的旗舰着火，他见本船势已不保，遂横下一条心撞向英国旗舰，抛出抓钩死死抓牢对方，决意与之同归于尽。此时双方的其他舰船都忘记了作战，只顾瞪目观看这惊心动魄的一幕。在场所有人惊恐地看到两艘战舰被熊熊大火吞噬，听到不幸的将士们愤怒而绝望的嚎叫。最后，法国旗舰爆炸，同时摧毁了英国旗舰。[①]余下的法国战舰分头逃遁，躲进各处港口。

95　　英国对法兰西发动的这场战争，虽不曾给前者带来多少好处，却令后者大大地受损。路易不得不收缩兵力保卫本土，以致丧失了战争初期在意大利战场保有的优势地位。路易的王侄、年轻勇士加斯东·德·富瓦(Gaston de Foix)此前受命统率法军，上任不到几个月屡建功勋，展现了卓越的军事才能和超凡勇略，足以令沙场宿将汗颜。[②]发生在拉文那(Ravenna)的一场激战，令他的生命轨迹猝然终结。在那场战斗中，经过无比顽强的厮杀，他率领所部压倒了西班牙国王和教宗麾下的联军，然而就在胜利降临的那

---

① Polydore Virgil, lib.27.Stowe, p.490. Lanquet's Epitome of chronicles, fol.273.
② Guicciard.lib.10.

一刻,他却倒下了。随着他的去世,法兰西军队在意大利的武运也一去不返。瑞士人凭着训练有素的步兵团,战斗力一向令人生畏,他们派出一支大军进逼米兰,反复无常的当地人在他们的号召下,起而反抗法兰西的统治。热那亚人随之亦反。如是仅仅几星期,路易在意大利的征服成果便丢失殆尽,只剩寥寥几处屯兵要塞。

公元
1513年
前米兰公爵路德维克·斯福尔扎(Ludovic Sforza)之子马克西米连·斯福尔扎(Maximilian Sforza)被迎回,重掌米兰公国。

　　法国人遭受的挫败让儒略二世喜上心头,更让他欣喜的是,此番立下大功的瑞士人将来很有希望被纳入他的持续影响和控制之下。然而这次胜利后不久,儒略二世便去世了。约翰·德·美第

2月21日
利奥十世
奇(John de Medicis)被推选继任,号称利奥十世(Leo Ⅹ)。事实证明,他是有史以来最杰出的教宗之一。他仁爱、慈悲、慷慨、和蔼,堪称一切艺术的庇护者、一切美德的朋友。[①]他的雄才伟略不逊于前任,但实施手段却更温和、更灵活、更巧妙。说实话,此人性格中唯一的缺陷就是过分狡诈、精于权谋,然而考虑到他既是神职人员又是意大利人,这种毛病亦属难免。在利奥十世的交涉之下,马克西米连皇帝决定与法国人分道扬镳。亨利虽对前次的军事行动大失所望,却仍然受到鼓励继续推进反对路易的军事行动。

召开议会
　　亨利召集新一届议会,[②]为征法计划取得了一笔补助,体现为96
人头税的形式,征税额度按各人的地位和财富状况各有不同。公爵须缴十马克,伯爵须缴五镑,男爵须缴四镑,骑士须缴四马克,

---

① Father Paul, lib.1.
② 1512年11月4日。

拥有动产价值达八百镑者须缴四马克。此外，议会还授权国王征收两项十五分之一税和四项十分之一税。[①] 凭着这些资助，加上国库中先王所留、尚未被他挥霍光的财产，亨利得以征募起一支令敌人为之胆寒的强大军队。这期间，一艘悬挂教廷旗号的船驶入泰晤士河，载来赠送给英王和朝中诸位显贵的葡萄酒和火腿，据称大大鼓舞了国人的斗志。那时候，人们如此盲目效忠于罗马教廷，即便这种琐碎的小礼物，所到之处总是引发一派欢腾。

亨利担心苏格兰趁自己于欧陆用兵之际在背后捣乱，遂派温莎堡圣乔治座堂教长韦斯特博士(Dr.West)出使苏格兰，觐见他的姐夫詹姆斯四世。国王密嘱韦斯特，此行务求弥合两国间的所有分歧，并要设法摸清苏格兰宫廷的意图。[②] 双方彼此都有些积怨。有个名叫巴顿(Barton)的苏格兰人因受葡萄牙人的侵害，索赔不成，便申请了针对该国的报复特许证，[③] 但他一出海就犯下严重罪行，多次劫掠英国船只，为祸英吉利海峡和爱尔兰海峡。[④] 萨里伯爵的两个儿子、海军上将霍华德勋爵和爱德华·霍华德爵士(Sir Edward Howard)率舰队出海追剿，这个海盗犹作困兽之斗，最终难逃一死，他率领的几条船被俘获，带回到泰晤士河上。由于亨利拒绝为这次正义之举向苏格兰人作任何赔偿，部分早已难捺劫

---

① Stowe.

② Polydore Virgil, lib.27.

③ 当一国国民遭到另一国国民的侵害并且该侵害人所属国存在拒绝公正处理的情况，则受侵害人所属国可颁发报复特许证，准许受侵害人扣押侵害人所属国的国民或财产，直到获得赔偿为止。参见《元照英美法词典》(缩印版)，北京大学出版社2013年，第832页，"letters of marque and reprisal"词条。——译者

④ Stowe, p.489. Hollingshed, p.811.

掠欲望的苏格兰边民一见有了借口, 便在边区民防长官霍姆勋爵 (lord Hume) 率领下阑入英格兰, 造成极大破坏。尽管两国之间存在上述龃龉, 若不是苏格兰人向来的情感偏见被亨利的侵法计划重新挑起, 要想弥合分歧本来不会太难。[①] 在苏格兰人心目中, 与法兰西之间旧有的联盟是一条牢不可破的纽带。他们普遍相信, 若没有法兰西这个海外盟友的支持, 自己的国家绝不可能成功抵御强邻的觊觎, 长久保持独立地位。法兰西王后安妮还进一步招引詹姆斯四世投身战局, 因为他曾在历次比武大会上公开宣称自己是安妮王后的骑士, 这位王后遂根据那个时代流行的浪漫骑士道精神, 召他挺身为她出战, 以证明自己是她忠实而勇敢的护卫者。这位君王胸中激情澎湃, 无论是妻子的责备还是睿智臣僚的规劝, 统统对他无济于事。他先是派出一支舰队支援法兰西, 苏格兰有史以来似乎仅仅有过这么一支舰队。尽管他嘴上仍然表态要保持中立, 但是英国来使轻易预见到, 战争的爆发无可避免, 遂向本国主君示警。英王即命萨里伯爵在边境严阵以待, 准备击退来犯之敌。

对苏格兰开战

亨利一心渴求军事荣誉, 并不在乎来自北方的牵制, 又见欧洲列强都支持他的侵法计划, 越发不把苏格兰放在眼里。这时节, 教宗连连发出绝罚令打击路易和分裂派的所有追随者; 瑞士各州发布措辞激烈的反法声明; 费迪南和马克西米连遣使与英国使节签定反法同盟协议, 约定了出兵的时间和地点。尽管费迪南随后反悔, 不批准己方使臣谈好的条件, 甚至与几国共同之敌签下为期

97

---

① Buchanan, lib. 13. Drummond in the life of James IV.

十二个月的休战协定，但是亨利尚未充分认清他那自私、阴险的筹算，仍然指望他能在休战期满后协助自己攻法。如今亨利找到了一位得心称手的大臣，他出于热情冲动的性格倾向而提出的一切计划，无不得到此人的大力迎合。

托马斯·沃尔西(Thomas Wolsey)位居林肯大教堂教长、皇家施赈官之职，如今在满朝文武中最得亨利宠信，正值飞黄腾达的上升期，向着日后位极人臣的荣耀地位攀登。此人原是伊普斯威奇(Ipswich)地方一个屠夫的儿子，但接受了良好的教育、博学广识，加上天生才能出众，遂有机会受聘为多塞特侯爵府的家庭教师，很快便赢得了主人的友谊和赏识。[①]经侯爵举荐，他当上亨利七世的私人牧师，随后接受主上的秘密差遣，赴欧洽谈亨利与马克西米连之女萨伏依的玛格丽特联姻一事。这趟差使他办得极出色，令国王大为满意，夸他办事又勤谨又机敏。[②]马克西米连当时驻跸于布鲁塞尔，亨利把任务交代给沃尔西之后不到三天，就见他重新出现在自己面前，还以为沃尔西迟迟没有出发，便责备他怠慢君命。但沃尔西告诉国王，自己刚从布鲁塞尔返回，已经完成了陛下嘱托的一切使命。"但是我后来想起，当时嘱咐你的内容有所遗漏，于是派了个信使去追你，捎去完整的命令。"国王说。"我见到那位信使了，"沃尔西答道，"是在返英途中遇到的。不过此前我就发现了那个问题，揣量圣意必是如此这般，便斗胆先斩后奏了。"此后不久亨利七世便驾崩了，沃尔西的升迁之途因此遇阻，未能从

沃尔西得势

---

① Stowe, p.997.

② Cavendish, Fiddes's life of Wolsey. Stowe.

主君的赏识中收获半点好处。但是自那以后,他在宫廷中便被视作一颗冉冉上升的新星。温切斯特主教福克斯也注意到他,认为在当前的朝堂局面下,此人或能对自己有用。[①]福克斯主教看到萨里伯爵深得君宠,势头完全盖过自己,便决定把沃尔西举荐到年轻的国王身边,希望他一方面巧于逢迎、制衡萨里伯爵的影响力,另一方面在枢密院中仍能甘心追随大力提携他的福克斯。沃尔西不久便深得国王欢心,亨利对他的恩宠盖过萨里伯爵,对他的信任和知心程度也超过了福克斯本人。沃尔西被接纳进入亨利的玩伴小圈子,成为每个寻欢作乐场合的风头人物,并且揣摸年轻国王的年龄和性情,引着他花样百出地嬉戏玩乐。此时沃尔西已经年近四十且肩负神职,但是这两点对他却丝毫不曾构成约束,他也没有因此端起无用的严肃架子,规劝亨利少作荒嬉,其实亨利本身也并没有多少花天酒地的倾向。沃尔西每每在娱乐间隙见缝插针提起正经事务,并巧妙地向国王灌输自己心目中人君当有的一套行为准则。他对国王说,陛下把政务全盘托付给先朝老臣确有一定好处,可以利用他们的智慧和经验,不过这些人并不是陛下提拔起来的,不会向陛下感恩戴德,他们在行使权力时也没有多少诚惶诚恐对陛下负责的感觉。由于他们中间旧有的派系争竞和纠纷猜忌,这些老臣对新朝政务的阻碍往往超过凭借自身年龄和经验可以发挥的正面作用。如果陛下愿意乐享青春年华和王者之尊带来的愉悦,并且学习今后如何以绝对权威来执掌王杖,那么当前政府组织的上上之道就是把权力集中托付给一位信得过的臣僚,此人必须

---

①　Antiq.Brit.Eccles.p.309. Polydore Virgil, lib.27.

绝对听命于陛下，所作所为纯粹以服务君上作为目标。假如这位臣僚在娱乐和学术追求这两方面又能与陛下口味相投，则更便于在君臣同乐的过程中趁暇向陛下汇报自己的全部活动，逐渐引导主君熟悉政务，如此，陛下无须严于律己、孜孜矻矻，便能轻松学会治国理政。①

　　沃尔西的主意正中亨利的下怀。至于这个施政计划中主掌大政的人选，还有谁能比计划的提出者更堪任用呢？于是，他很快就将这位宠臣由玩伴晋为枢密院成员、又从枢密大臣提拔为大权独揽的首席大臣。沃尔西青云直上、手中权力无边，在此过程中，他个人的性格和才干得以充分展露。此人敛财贪得无厌，但花起钱来气派更为豪绰；他具备广泛的才能，但铺开的摊子却比这更大；他权欲熏心，却更强烈地渴望荣名；他善于曲意逢迎、博取好感、游说他人，但转脸又是一派高视阔步、颐指气使的架势：他对同侪傲慢、对待部属却温煦有加；他欺压民众、却宽待友朋；他慷慨大度，但不甚知恩图报；他对实际伤害可以一笑了之，对轻蔑讥笑却耿耿于怀；他天生才华出众，与他人的每一次交流都妥妥占尽上风，然而他如此不遗余力地卖弄这种天赋优势，令人妒火上腾，不由得想起他的卑微出身，或者毋宁说是命运的刻薄安排。

　　亨利把国务全权托付给沃尔西，而他自己单单致力于军事，这非常符合国王陛下天生的勇武气质和少年血性。他见路易在海、陆两方面都做好了充分的战争准备，己方也不敢有半分懈怠，征募起一支强大的武装力量，又装备了一支庞大的舰队，剑指法兰西。

100

沃尔西其人

---

　　①　Cavendish, p. 12. Stowe, p. 499.

爱德华·霍华德爵士受命担任舰队司令官,他率领舰队在英吉利海峡游弋了一段时间之后,出现在法国海军的锚地布雷斯特港前方,向法军发出挑战。法国海军上将此时正期待普里让·德·比杜(Prejeant de Bidoux)率领几艘加利斯帆船①从地中海赶来增援,因此始终龟缩在港内,坐视英军烧杀蹂躏周边地区。最后,普里让终于率六艘加利斯帆船赶到,开进距布雷斯特仅几里格的孔凯(Conquet)港停泊。他在港口两侧的崖顶设置了连串炮台,以保港

4月25日 内舰船安全。尽管如此,霍华德仍然决意发动攻击。由于英方仅有两艘加利斯战船,霍华德决定亲自指挥一艘,把另一艘交由费拉尔勋爵指挥。托马斯·切尼爵士(Sir Thomas Cheyney)、威廉·西德尼爵士(Sir William Sidney)和其他几位出色的军官率领多艘划桨驳船和小帆船尾随其后。霍华德很快指挥本舰钩住了普里让的座舰,他一马当先跳上敌舰甲板,西班牙骑士卡洛斯(Carroz)和 101

十七名英国将士紧紧跟上。这时,连接两船的缆绳被砍断,霍华德将军陷入法军包围之中,但他仍然奋不顾身地英勇战斗,终被多支长矛逼住,挑落船舷。②费拉尔勋爵遥见主将的座舰掉头,便下令跟上,其他小型船只也随之撤出战场。主将阵亡,整个英国舰队斗志全无,撤消了对布雷斯特港的封锁,退回本国。③法国舰队出海,耀武扬威,甚至大胆侵犯萨塞克斯沿海,被英国人击退,法军将领

---

① 16世纪初问世的一种大型桨帆战船,高舷、三角帆,装备有火炮。——译者

② 霍华德有一句座右铭:海军将领必须要勇敢到有些疯狂的地步,否则便一无是处。海战所需的计划、谋略和才智远逊于陆战,因此这句话貌似很有道理。不过,霍华德本人的命运却很可以作为一个反证,表明即使在海战中,勇气也应当以审慎加以调和。

③ Stowe, p.491. Herbert, Hollingshed, p.816.

普里让被流矢射瞎一眼。已故霍华德将军之弟霍华德勋爵接掌英国舰队。这年夏天，海上没有发生什么重要事件。

此前的整整一冬，英国陆军都在大力筹备取道加来入侵法国，但直到夏季将尽，还未能一一部署妥当。王国承平日久，英格兰人已经有些不习惯军旅生涯；此外，军事领域新近发生的重大变化、新式武器的应用更让他们难以适应。瑞士人（以及后来的西班牙人）以长矛和剑装备起坚不可摧的步兵方阵，已在战场上展现出优势，甚至足以击败昔日的主力兵种——重甲骑兵。火器的应用已在军中普及，不过当时所用的火绳枪极不方便使用，而且缺点甚多，尚不能彻底取代弓箭，而英国弓兵在全欧洲是最出色的。亨利这次为侵法而招募的部队当中，弓兵就占了很大一部分。一切准备就绪后，什鲁斯伯里伯爵即率八千先锋军扬帆出海，驶向加来。随行副将包括德比伯爵、菲茨沃特勋爵、黑斯廷斯勋爵、科巴姆勋爵，以及轻骑兵队长赖斯·艾浦·托马斯爵士。不久，第二批人马随后出发，为数六千，由宫务大臣赫伯特勋爵率领，以诺森伯兰伯爵、肯特伯爵、奥德利勋爵、德拉瓦勋爵为副将，随同出征的还有卡鲁、柯森（Curson）等众多绅士。

国王本人准备亲率英军主力及殿后部队随后出发，他托付王后在御驾离国期间摄理王国政务。为了保障王后治下政局安定，国王颁旨将萨福克伯爵埃德蒙·德·拉·波尔在伦敦塔中斩首，这位贵族自前朝被捕后，一直被囚于伦敦塔内。据说，亨利之所以采取这一残暴行动，是出于他父王的临终遗言：像萨福克这种悖逆狂暴之徒活在世上一日，他便一日不得安全。鉴于萨福克伯爵的兄弟理查德·德·拉·波尔此时在法军中担任军官，此人愚蠢地尝试复兴约克一党，煽动他们反抗现政权，可能正是因为他的所作所为，促使亨利突然对那位不幸的贵族施以凌厉报复。

英王亨利在白金汉公爵和众多贵族的簇拥下，终于浩浩荡荡地抵达加来，启动了他的征法大业，他幼稚地期待着博得辉煌的胜利和荣光。[①]他寄以希望的所有盟友当中，只有瑞士人不折不扣地履行了盟约。他们接受了亨利赠送的一笔钱，便投入军事行动，由于此前在意大利战场上的胜利、加上对法兰西的新仇旧恨，令他们斗志旺盛，准备以二万五千大军突入法境，如此强大的一支军力，堪称势不可当。马克西米连事先接受了亨利的十二万克朗赠款，答应出兵八千辅助瑞士军团，却没能履约。作为弥补，他亲率一批德意志和佛兰德斯将士来到低地国家，加入英军阵营。这些将士军纪严整，很可以为亨利部下的新兵们充当一个表率。马克西米连观察到，英王关注荣名胜于利益考量，便投其所好，自请为圣乔治十字旗[②]下一员，作为英王下属的一名将领，每日受饷一百克朗。堂堂德意志之主甘为英格兰国王部下，堪称举世奇观，但在他演示这一幕的同时，亨利对他也报以最高礼遇，实际上英军的通盘行动都由他一手操控。

103

早在亨利和马克西米连驾临英军大营之前，什鲁斯伯里伯爵和赫伯特勋爵已经指挥所部对皮卡第边境市镇泰鲁安（Teroüane）形成合围，并发动了猛攻。镇守该城的特里尼（Teligni）和克雷基（Crequi）手下军兵不足两千，然而他们顽强抵抗，在长达一个月的

---

① Polydore Virgil, lib.27. Belcarius, lib.14.
② 当时英国的国旗。——译者

时间里令敌望城兴叹，到最后，守军陷入危殆境地，主要是因为城内弹尽粮绝、而非攻方的军事压力所致。他们向已经率部开至亚眠的路易告急，后者当即下令援救该城。法将丰特赖耶(Fontrailles)带着八百骑兵驰奔泰鲁安，每个骑手身后驮着一袋火药和两大块半扇的腌猪肉。他指挥这支小股部队出其不意地突入英军包围圈，冲破一切阻挠，直抵护城壕边，在这里抛下所驮的物资，随后立即策马回奔，再一次幸运地闯过英军营垒，几乎毫发无损地完成了这次危险的任务。①

但英国人不久便结结实实地报了这一箭之仇。亨利获得情报，法国骑兵队向前推进，准备掩护丰特赖莱再次出击。于是，他命令一部英军渡过利斯河(Lis)，截击法军。法国骑兵队的成员大多是在意大利战场久经考验、多次出生入死的绅士，然而此番临敌却莫名惊惧、一触即溃，英军在后奋力追杀，法军统帅隆格维尔公爵(duke of Longueville)连同布西·丹布瓦兹(Bussi d'Amboise)、克雷芒(Clermont)、安培古(Imbercourt)、贝亚德骑士(chevalier Bayard)，以及其他多位著名军官被俘。②这场战役(或者说追亡逐北之战)发生在吉内加特(Guinegate)，故有时称作"吉内加特战役"，但更常被称作"马刺之战"(Battle of Spurs)，因为当天法国人主要是用马刺催马奔逃，而不是用剑或其他武器投入战斗。

吉内加特战役

此番重大胜利之后，亨利国王手下兵马已超五万，完全有能力直捣巴黎城下，蹂躏法兰西全境。当路易闻知英军并未乘胜攻击

104

---

① Hist. de Chev. Bayard, chap. 57. Memoires de Bellai.

② Memoires de Bellai, liv. 1. Polydore Virgil, liv. 27. Hollingshed, p. 822. Herbert.

惊魂不定的法军,而是回头继续围攻泰鲁安这个无足轻重的小城时,不禁大喜过望。泰鲁安守将顶不住压力,不久便宣告有条件投降。亨利发现,自己从这场胜利中所得甚微,而付出的代价除了将士的鲜血之外,更有当前局面下至为宝贵的时间,恼怒之下,他当即下令捣毁该城的防御工事。英军的下一步动向再度勾起法国人的普遍不安。与此同时,一支强大的瑞士军团又入侵勃艮第,包围了第戎(Dijon),该城守备薄弱,根本无力抵抗。至于费迪南,他虽与路易签有休战协议,但是看来也决计不会放过命运送到他眼前的任何一个机遇。法国君主四面遭到强敌的攻击和威胁,处境前所未有地凶险,这场卫国之战的前景堪危。许多巴黎市民认为大难临头,甚至开始搬离,虽然并不知道何处能觅得安全。

然而,由于对手一再犯错,路易得以侥幸脱离险境。瑞士人糊里糊涂地被勃艮第总督特雷穆瓦耶(Tremoille)诱入谈判,并且接受了后者提出的条件,他们甚至没问清那位贵族是否从本主获得了谈判授权。特雷穆瓦耶心知自己的主君必定否决和谈结果,索性放开手脚,全盘答应瑞士人的一切要求,很高兴能用一笔钱款和几张空头支票打发掉这个可怕的劲敌。① 105

亨利的举动则表现出对军事的极度无知,毫不亚于瑞士人在谈判艺术方面的懵懂。图尔奈是个富庶的大城,虽处于佛兰德斯境内,却属于法国,法军可以由此直插低地地区的腹心。马克西米连想帮助自己的孙子摆脱这个令人苦恼的邻居,遂提议亨利围攻图尔奈。英王没考虑到攻下此城丝毫无益于征服法兰西的整体计

---

① Memoires du mareschal de Fleuranges, Bellarius, lib. 14.

划,轻率地接受了这个附带私心的建议。根据一份古代宪章,图尔奈市可免于修建要塞的义务,当地市民不顾本国君主的规劝,顽固地坚持这一危险的特权,执意靠自己的力量抵御入侵。[①]然而临到危急关头,他们的勇气却泄了。图尔奈被围数日,便向英军俯首投降。图尔奈主教前不久刚刚去世,继任主教已经选出,但还未正式 9月24日
上任;于是,亨利便作主将此职位授予自己的宠臣沃尔西,并允许他直接享受这份极其优厚的薪俸。[②]他听说瑞士人已经撤军,又见节候已晚,遂决定返回英伦,并且带走了大部分部队。一直以来,亨利屡战屡胜,表面看来运势一派昌旺,年轻的心灵不免踌躇满志;然而,只要比较一下他所占据的优势和战事实际进展,以及他为这些收获所花费的代价,但凡有判断力的人都能明确看出:当时被捧上天的这番攻伐伟业,对他而言在名、实两方面皆是得不偿失。[③]

相形之下,王军这年夏天在北方取得的胜利更具决定性意义。苏格兰国王集结举国军力,越过特威德河(Tweed)南侵,总兵力在五万以上,这些将士个个勇猛,但严重缺乏训练。苏格兰军在诺森伯兰郡邻近特威德河的地区大肆劫掠,又进占诺勒姆、埃塔尔(Etal)、维尔克(Werke)、福特(Ford)等城堡及其他几处不甚重要的地点。福特夫人在自己的城堡被俘,继而被解至君前;詹姆斯倾倒于美人裙下,只顾寻欢,以致贻误战机,未能趁英军防守空虚迅速推进。大军屯于旷野,很快就耗尽粮草,开始挨饿。由于詹姆斯的权威不足以慑众,那个时代的军纪又极为松弛,许多苏格

---

① Memoires de Fleuranges.
② Strype's Memorials, vol.i.p.5,6.
③ Guicciardini.

兰将士都开了小差,逃回家去。在此期间,萨里伯爵已经集结起二万六千人马,其中五千人是国王由征法部队中调回来的。英军开赴边境,逼近苏格兰军。苏格兰人扎营于切维厄特(Cheviot)丘陵附近的一片高地,与英军隔提尔河(Till)对峙。萨里伯爵遣使赴敌营挑战,问对方敢不敢在约定日期下到南面的米尔菲尔德平原(Milfield),在平等条件下一决雌雄。由于没等来令他满意的答复,他便向贝里克方向佯动,势欲入侵苏格兰,蹂躏边境地带,切断敌军的补给通道。苏格兰军为了拦截英军,只得拔营而起,放火烧毁了所住的茅草窝棚,从高地下来。风卷浓烟吹向英军这边,遮挡了敌方视线,萨里伯爵趁机调动部队,让炮兵和前锋部队经特维索尔桥(Twisel)渡到提尔河对岸,其余部队沿河上溯,寻找可以涉水过河的浅滩。

　　一场交锋已经势不可免。双方都在冷静有序地备战。[1]英军分为前后两条阵线,第一线主将为霍华德勋爵,埃德蒙·霍华德爵士指挥右翼、马默杜克·康斯塔伯爵士(Sir Marmaduke Constable)指挥左翼;萨里伯爵亲任第二线主将,达克雷勋爵(lord Dacres)为右翼指挥官,爱德华·斯坦利爵士为左翼指挥官。苏格 107

兰军分为左、中、右三路迎敌:中路由国王亲掌,右路主将亨特雷伯爵、副将霍姆勋爵,左路指挥官为雷诺克斯(Lenox)伯爵和阿盖尔(Argyle)伯爵。此外还分出一路人马充当预备队,由博思韦尔(Bothwel)伯爵率领。亨特雷率先发动进攻,经过一番激战,英军

---

　　[1]　Buchanan, lib 13 Drummond. Herbert. Polydore Virgil, lib. 27. Stowe, p. 493. Paulus Jovius.

左翼溃退，亨特雷率部追击，一直将他们逐出战场。但是当他返回战场时，却发现整个苏格兰军阵容大乱。原来，雷诺克斯伯爵和阿盖尔伯爵指挥的左路人马一见右路获胜，狂喜难捺，不顾法国大使拉莫蒂（La Motte）的百般规劝和恳求，乱纷纷地冲了出去，直扑敌阵。埃德蒙·霍华德爵士带领手下将士与这一路敌人英勇厮杀，与此同时，被部署在第二线的达克雷勋爵则率部迂回到敌军后方发动突袭，对猝不及防的苏格兰人大杀大砍。詹姆斯国王和博思韦尔统率的两路苏格兰军则在主将的勇气激励下，迎头冲击敌阵；在交战中，将士们围成一个圆形，一直拼杀到黑夜降临、看不见彼此为止。当晚统计伤亡，双方损失大致相当，都超过五千人，似乎还难分高下。但第二天一早，胜败局面便完全明朗了。英方伤亡的都是普通将士，而苏格兰方面折损的尽是贵族精英，苏格兰国王本人失踪，各方遍寻不着。英国在搜索战场时，发现一具尸体，身形、装束都与他相似。尸体被装入铅棺，运到伦敦，停放了一段时间仍不能下葬，这是因为詹姆斯四世生前因与法兰西结盟、反对圣座，身负教廷绝罚。[①]不过亨利出面为他讲情，假称詹姆斯四世在临终时表现出悔过，向教廷申请解除绝罚令，得到批准。詹姆斯的遗体这才得到安葬。不过，苏格兰人却坚持声称，战场上发现的那具尸体并非詹姆斯国王，而是一个名叫埃尔芬斯通（Elphinston）的人，当天他穿上与国王一模一样的盔甲，是为了分散英军的注意力，分担主君的危险。据信，有人亲眼看见詹姆斯在凯尔索（Kelso）地方渡过特威德河；还有一些人臆断，霍姆勋爵的一个家臣受主人

---

① Buchanan, lib.13.Herbert.

唆使杀害了詹姆斯，犯下弑君大罪。但是广大苏格兰民众更愿意相信这位君王并没有死，他在战后秘密踏上了赴意大利的朝圣之旅，很快就能返回祖国，重掌王权。这种幼稚的幻想在苏格兰人心中久久存留着。

苏格兰国王连同他驾前大多数显贵殒命的那片战场名为弗洛登(Flouden)，此战遂得名弗洛登战役。对于亨利来说，这是一个力压苏格兰的大好机会，说不定还能趁势将该国降为藩属。然而，值此关头，他表现出了真正伟大而高贵的胸怀。亨利的长姊、苏格兰寡后玛格丽特被推举为摄政，辅佐幼子临朝，她向弟弟提出和平请求，后者爽快地答应下来，并对姐姐和外甥的无助境遇表现出深切的同情。为王赢得这场大捷的功臣萨里伯爵被晋升为诺福克公爵，其父在前朝曾因支持理查三世而被削去诺福克公爵的头衔，如今国王将此爵位重新颁给这一家族。霍华德勋爵受封为萨里伯爵。国王的宠臣查理·布兰顿爵士此前受封为莱尔子爵(viscount Lisle)，如今荣升萨福克公爵的尊位。沃尔西这位宠臣加重臣则被封为林肯主教。赫伯特勋爵获封伍斯特伯爵。爱德华·斯坦利爵士获封蒙蒂格尔勋爵(lord Monteagle)。

公元
1514年

与苏格兰和好保障了王国北疆无虞，亨利便能安心着手部署反法大业。但另外一些事件的发生，完全抵消甚至盖过了他的这份好运，也让他擦亮双眼，看清了自己投身的这份事业是多么莽撞，这都是他年轻无知，而且命运太过顺遂造成的结果。

路易深知前番英军入侵给法兰西王国带来的极大危险，决心千方百计防止重陷险境，极力破坏敌方的联盟。教宗其实无意把法国人逼上绝路，只要法国放弃进攻米兰，那么他出于利益考量，更乐于在诸强相竞的格局下维持一种平衡态势。因此，他接受了路易弃绝里昂大公会议的声明，随即撤销了前任和他本人针对法王路易及法兰西王国的绝罚令。费迪南年老体衰，近来颇有江河日下之势，他除了保住自己先前凭武力和计谋占领的纳瓦拉以外，再无别的野心，遂一口答应了路易关于两国停战协议延期一年的提议，甚至表露出跟法兰西建立更亲密关系的意向。路易此前曾经出言暗示，想把次女芮妮公主许配给西班牙国王的孙子查理王子或费迪南王子，他还宣称，要把米兰公国送给芮妮公主作为陪嫁。费迪南不仅自己欣然接受了上述提议，还把马克西米连皇帝拉了过来，加入对法友好协定，这份协定为他们共同的孙辈展开了一幅诱人的前景。

　　亨利获悉费迪南与路易延长停战协议，气得暴跳如雷，大声抱怨岳父先前高调许愿、信誓旦旦地表白，把他拉入反法阵营，如今连招呼都不打一个，就牺牲了他的利益来成全一己之私，让他独自承受战争的一切危险和花销。他当初何等轻信、毫无疑心地依赖费迪南，现在便何等愤怒地控诉自己蒙受的不公待遇。他威胁说，必定报复这种极端恶劣的背信弃义之举。[①] 但是，当他得知马克西米连也受到诱惑离弃了与他的同盟，还与法方商定了西班牙王子与法兰西公主联姻之事，越发感到忍无可忍。早在先王在世时，就已与西班牙王室缔定婚约，将亨利的妹妹玛丽公主许配给查理王子，如今那位王子已长成翩翩少年，亨利原指望能让他们尽快成婚，把这个深得他怜爱的妹子风风光光地嫁出去。如此多重的

---

① Petrus de Angleria Epist. 545, 546.

伤害，令亨利怒火燃胸，他鄙视痛恨这些君侯欺他年轻、缺乏经验，辜负了他全心全意的信任，急欲发泄一腔不满。

隆格维尔公爵自吉内加特战役中被俘后，一直被扣押在英格兰，他深知自己的主君多么急切地盼望与英国止息兵戈、甚至结为盟友，此时他拿定主意，要因势利导，争取达成主君的愿望。他向英王陈说，法国王后安妮新近去世，为英法联姻敞开了机会之门，如能联姻，双方均可由此获益，也能体面地终止彼此间的一切争端。安妮王后没有给路易生下子嗣，路易一直盼望有个儿子继承大统，而英国公主年轻貌美，婚后大有希望为其诞育王嗣，如此说来，这桩婚姻应该是再合适不过了。虽然公主只有十六岁，嫁给时年五十三岁的法王似乎并不般配，但是从其他方面看这桩婚事益处多多，足能抵偿年龄差距这一不利条件。隆格维尔指出，亨利与西班牙结盟以来，从未收获任何好处，倘若就此疏远西班牙，便可与路易缔结亲善关系——众所周知，他的主君一生以人品正直、讲究荣誉而著称。

隆格维尔见亨利似乎乐于听从劝导，便向自己的主君汇报称，这场争斗有望迎来大团圆的结局。法王即授予他全权负责对英议和。两国君主轻松商定了和约条款。路易同意英国人继承占据图尔奈；同意将理查德·德·拉·波尔放逐到梅茨（Metz），并由法方为他提供一笔养老金来维持生活；路易还承诺向亨利支付一百万克朗，这是法方与先王和亨利本人签定的条约中规定的应付欠款。双方约定，玛丽公主的嫁妆为四百万克朗，法王生前划拨给她的遗产数额不得少于史上任何一位法兰西王后，就连刚刚过世的前任王后暨布列塔尼女主也包括在内。两位国王甚至商定了一方遭受

英法议和
8月7日

111　敌人攻击的情况下，另一方应当派出的援军数量。①

条约签定后，玛丽公主在盛大的仪仗护卫下渡海抵法，路易在阿布维尔（Abbeville）亲迎公主，并于该城举行婚礼。年轻的公主美丽、优雅，多才多艺，令路易大为倾倒，他本是贪图情欲的人，虽然年事已高，但风流本性未息，不免沉迷于寻欢作乐，事实证明，这等生活方式于他衰迈的身体极不相宜。②婚后不到三个月，路易便撒手人寰。法兰西举国大恸。人民感念他体恤国民福祉的一片仁心，一致尊他为"人民之父"。 10月9日 公元
1515年
1月1日

路易的长婿、现年二十一岁的昂古莱姆（Angouleme）公爵弗朗西斯（Francis）继承了法兰西王位。新君集活跃、勇武、慷慨及种种优秀品质于一身，预示着王朝幸福昌盛的前景。这位年轻国王一直对英国公主的魅力十分动心，甚至先王在世时，他就鞍前马后孜孜不懈地向她大献殷勤，以至于他的朋友们都担心他企图闹出什么风流韵事。他得到警告，如果放纵自己的激情，就可能失去王位继承权，他自此便收敛了一切不轨行迹，甚至在王后新寡的头几个月里十分严密地监护着她的生活。萨福克公爵查理·布兰顿当时恰在法国宫廷。这位公爵相貌俊秀、是当时最出众的风流小生，凡被时人认为适合廷臣、武士的各项活动，他无一不精。他是亨利驾前第一宠臣，亨利甚至一度有心把他招为妹婿，对他和御妹之间秋波暗送的情形假作不见。新寡的王后问萨福克，现在他可有胆量放弃一切顾虑当即与她成婚？她告诉公爵，先斩后奏比抗旨不

---

①　Du Tillet.

②　Brantome Eloge de Louis XII.

遵更容易取得王兄的宽恕。萨福克难以拒绝如此诱人的建议，二人在巴黎秘密举行了婚礼。弗朗西斯乐于见到他们成婚，因为这样一来，亨利就无法再借御妹的婚事去结交强国了。①他十分卖力地出面斡旋，劝亨利息怒。由于萨福克只满足于充当国王的玩伴，并无插手政务的野心，因此就连沃尔西也毫不嫉妒他的好运，而是积极在国王和御妹夫妇之间说和，帮助他们取得了重返英格兰的许可。

112

---

① Petrus de Angleria, Epist. 544.

第二十八章　亨利八世(二)

沃尔西当国—苏格兰事务—弗朗西斯一世进军意大利—亨利的嫉妒—法兰西收复图尔奈—沃尔西就任教廷特使—沃尔西肆意弄权—马克西米连皇帝驾崩—西班牙国王查理当选神圣罗马帝国皇帝—亨利与弗朗西斯会于加来—查理皇帝造访英格兰—查理和弗朗西斯开战—亨利的调停—白金汉公爵被审判定罪

沃尔西在朝飞黄腾达，加上此人心高志大、意态骄矜，以致树敌众多，然而这一点反倒让亨利越发对他信而不疑。国王对自己任用的大臣给以绝对支持，把这视作为君的美德，全不理会民众的怨言和显贵的不满。而那位精明的权臣深谙国王专横傲慢的性格特点，懂得在亨利面前掩藏自己对朝政的绝对支配力，一味装作盲目顺服主上的意志和权威，同时不显山不露水地掌控一切公共事务。他跻身于国王寻欢作乐的小圈子，得以常葆主君的青睐；又帮助国王料理政务，满足了后者好逸恶劳的倾向；沃尔西在上述两方面无限勤谨，因此，他平日攫取无度的行径和奢华招摇的排场虽然招来太多妒羡敌意，却于他毫发无损。前任约克大主教班布里奇过世后，沃尔西再晋一级，填补了这一职缺，同时辞去林肯主教的圣职。他除了享受图尔奈主教的职俸之外，还通过租让契约将巴

公元
1515年
沃尔西
当国

114

斯、伍斯特、赫里福德等几个教区的收入轻松揣进自己的腰包,这些地方的主教都是意大利人,他们很愿意把职俸的一大部分交给沃尔西,换取常驻海外的许可。他还以临时代理圣职的方式占据了圣阿尔班修道院院长的职务及其他很多教会肥缺。他甚至获准将达勒姆教区和温切斯特教区先后并入约克大主教的辖区,这种侵吞贪占的势头似乎无止无休。随着他在教会中进一步荣升,他便越发有借口捞取更多钱财。教宗注意到他对英王的巨大影响力,想要拉拢他为己所用,便授予他枢机主教之职。古往今来从没见过哪一位神职人员像他那样,打着显扬圣教的旗号,摆出如此威风八面、赫赫扬扬的排场。他的扈从队列多达八百人,其中骑士和绅士为数不少。就连一些贵族也把自家子弟送到他府上受教,自贬身份甘作仆从,以博取恩主的青睐。那些在艺术或科学方面造诣出众的人,凡是来向枢机主教大人献殷勤的,没有一个空手而归。对于当时尚处孩提阶段的文学,他是一位慷慨的赞助人;他一方面调动公共机构的力量,个人也不吝解囊,鼓励各个学术分支的发展。[1]这些博施善举为他赢得了有识之士的称道,但他并不以此为满足,更要炫示他那富丽堂皇的车马仪仗、豪华的家具陈设、仆从们身上价值不菲的刺绣号衣和他本人的华丽服饰,晃得平民百姓眼花缭乱。他是英格兰头一位穿戴丝绸、披挂金饰的神职人员,他不仅自己如此打扮,还用这些来装点鞍具、马饰。[2]他总是让一位身份尊贵者高高捧着自己的枢机主教法冠,每当他进入国王的私

---

[1]　Erasm. Epist. lib. 2. epist. 1 lib. 16. epist. 3.

[2]　Polydore Virgil, lib. 27. Stowe, p. 501. Holingshed, p. 847.

人小教堂，这顶法冠只能置于圣坛之上，不得放在其他任何地方。
115 他挑选一位生得最为高大俊美的教士，擎着一根柱顶饰有十字架
的银杖为他开道。但他认为这样的仪仗仍然配不上自己作为枢机
主教的威仪，又安排另一位同样高大俊美的教士擎着约克十字架
走在队列当中，即使在坎特伯雷教区依然如此，毫不顾忌自古相沿
的规矩，以及坎特伯雷宗座与坎特伯雷宗座之间旧有的约定。① 民
众挖苦这位枢机主教炫耀排场，说他的罪孽和过犯太多，仅用一个
十字架不足以补赎。

御前大臣兼坎特伯雷大主教沃勒姆性情温和，不喜争执，他宁
愿选择辞去公职，也不想与那位骄矜的枢机主教继续这场强弱不
均衡的争竞。他辞去了御前大臣的职务，那颗大印立即落入沃尔
西手里。如果说新的晋升令他树敌更多，但另一方面，这也有利于
他提高个人声望、证明自身多方面的能力。他在担任这一要职期
间，执法极为严明，他的裁断公正、判断力深邃、在法律与衡平方
面知识渊博，无论哪一位前任都无法与之媲美。②

诺福克公爵发现，国王的各种宏伟规划和娱乐已将国库积帑
消耗殆尽，然而国王花钱的势头丝毫不减，于是萌生退意，辞去财
政大臣的职务，一身轻松地离开宫廷。诺福克的老对手温切斯特
主教福克斯并未因他的去职捞到半点好处：这位主教一方面由于
年老体衰，也因厌恶沃尔西的飞黄腾达，随后离开了宫廷，从此一
门心思打理自己的教区。此外，由于国王听从沃尔西的劝告，拒绝

---

① Polydore Virgil, lib. 27.
② Sir Thomas More. Stowe, p. 504.

帮助萨福克公爵偿还在法期间欠下的债务,结果这位公爵也被触怒,自此作出一副退隐田园的姿态。于是,再无对手与沃尔西争权,或在君王面前争宠,各方面大权集于沃尔西一身。福克斯在引退之前曾以"仆人不能高过主人"之语告诫国王,亨利国王回答说:"凡是懂得如何驾驭臣民的君主都知道这一点。"但福克斯的一番苦口良言却是白费,国王此后依然我行我素,事事听从枢机主教的指点和建议。

这段时期英格兰国内一派安泰,臣民百般驯顺,整个王国在枢 116 机主教的严谨治理下,实现了普遍的法治,[1] 没有任何能给亨利君臣带来烦扰的重大事件。假如人类的本性能够安宁自守,不汲汲于各种哪怕是徒劳和无谓的谋划和事业,那么他们甚至无需认真留意对外事务。

苏格兰
事务 　　已故的苏格兰国王遗命由寡后摄政,苏格兰国会也投票给以确认,同时明确规定,她保有摄政权的前提是不曾再嫁。[2] 尽管有此限制,但是詹姆斯驾崩不过几个月,玛格丽特太后就与一位家世显赫、前程远大的年轻贵族安格斯伯爵(earl of Angus)道格拉斯结成连理。一部分贵族提议推举安格斯出任摄政,称这种选择最利于保持与英格兰之间的和平。然而,由于高门贵族之间相互争竞提防,其他贵族唯恐道格拉斯家族得势,致使这个方案遇阻。反对者当中,尤以王国内军事实力最强的霍姆伯爵最为突出,他坚持召回阿尔巴尼公爵(duke of Albany)——此君是詹姆斯三世之

---

① Erasm.lib.2 epist.1.Cavendish, Hall.

② Buchanan, lib.14.Drummond, Herbert.

弟的儿子，他父亲之前被放逐到法国，在那里结婚生子，他这一支子嗣是在位幼主最近的血亲，也是苏格兰王位的第二顺位继承人。阿尔巴尼虽然身为宗室第一亲王，却从未踏足苏格兰，对本国风俗一无所知，他不了解民情，也不太会讲苏格兰语，然而苏格兰人的亲法倾向如此强烈，加之霍姆伯爵在朝中一言九鼎，促成苏格兰政府向阿尔巴尼发出邀请，欢迎他回国执掌权柄。弗朗西斯对此事的处理十分小心在意，不愿触犯英王亨利，他将阿尔巴尼扣在法国一段时间，但最终意识到苏格兰留在法国利益阵营的重要性，便批准放行，让阿尔巴尼回国摄政。他甚至重申了与苏格兰之间的古老盟约，尽管这意味着两国间一种亲密无间的关系，在一定程度上或被认为有损于英法之间的交情。

117　　　新任摄政一抵达苏格兰，便着手考察王国现状和民情，而他发现的一切情形，都是他平生见所未见的。他看到，这个动荡不安的王国根本谈不上正规有序的国家行政体系，更准确地说，只是一个由众多小霸主组成的松散联合体。即便国王的权威也极不确定，常处于风雨飘摇之中，更遑论摄政。国内普遍武力当道，效力远高于法律，人们最推崇和尊重的品质是勇气，而非公平或公正。贵族阶层把持所有权力，他们之间有的世代交好、有的世代为仇，党争激烈、壁垒分明，导致执法举步维艰，除非动用武装部队，否则休想惩治最明目张胆的犯罪，或为纯洁无辜者提供保护。针对敌对部族的劫掠和暴行，不会激起本族人对施暴者的憎恶和愤慨，反而会赢得他们的尊重和赞许，并且让本族头领觉得此人有用，从而提高他在族人中的地位。尽管相互扶持的必要性确实是维持同族人亲密关系的一种重要凝聚力，但是，在这些未开化的民众当中,压倒一切的激情还是复仇精神,或者如他们所称的讨伐"血仇"的欲望。

阿尔巴尼初来乍到,在考察国情的过程中最先咨询的几个人恰巧是霍姆伯爵的宿敌。[1]他们指出,那位势力强大的贵族是造成国内混乱局面的罪魁祸首,是妨碍司法行政的主要绊脚石。他们说,要想树立执法权威,就必得杀一儆百,严惩首恶,让下面的小霸主们战兢畏服,不敢不尊重王权。阿尔巴尼被这套说辞打动,以致忘记了霍姆伯爵此前拥他坐上摄政之位,颇有功劳。于是,他对待霍姆的态度也急转直下,不似先前热情了。霍姆觉察到这一转变,出于自保的动机,也是为了寻求报复,便采取行动与之对抗。他前去觐见安格斯和玛格丽特太后,向他们发出警告:阿尔巴尼身为第二顺位王位继承人,苏格兰人有失谨慎地把掌国权柄完全交托给他,而今此人心存不轨,幼主处境危殆。在他的劝说下,太后拟定计划携子出逃,去英格兰投奔自己的兄弟。然事不秘,太后只得抛下幼主,在霍姆和安格斯陪伴下逃到英格兰,不久在那里诞下一女。

亨利为了遏制阿尔巴尼和亲法派的势力,鼓励霍姆伯爵这一派反对党,向他们保证给以支持。继而,霍姆伯爵与摄政王似已达成和解,霍姆返回苏格兰。但是,两党之间依然疑忌争竞不休,霍姆伯爵被拘禁在自己的城堡内,由其妹夫阿伦伯爵(earl of Arran)负责看管。一段时间之后,霍姆成功地把妹夫拉到自己一边,并在其协助下逃出,公开向摄政公宣战。接着,双方再度和解,但仍像

118

---

[1] Buchanan, lib. 14 Drummond.

以前一样假意惺惺。霍姆轻率地带着自己的兄弟自投网罗，去会阿尔巴尼，结果当即被拘捕下狱，紧接着被审判、定罪、处决。法庭不能坐实霍姆兄弟犯有任何罪过，只宣称他们在弗洛登战役中没有尽忠职守、卫护王驾，鉴于他们平生从未有过怯懦之名，因此这一战临敌瑟缩便被归咎于某种更加恶毒的居心。然而关于这一点，庭上举证远远不够确凿，亦不足以服人；霍姆兄弟生前广受国人痛恨，但他们这样遭到处决也激起了民众的极大不满。

这种暴力施政措施常能带来一段时间的虚假宁靖，但是由于破坏了互信，以致对立双方冤仇深种、势不两立，其结果通常是致命的，不论对于公众还是政策的实施者都是如此。不过，摄政公利用暂时的安定局面，接受弗朗西斯的邀请，前往法国；而弗朗西斯有心安抚亨利，遂强留阿尔巴尼在法国一驻数年。摄政公离国期间，苏格兰政局一片混乱，各大家族之间互为寇仇，诉诸掠夺和暴力争斗，在很长时间里令这个王国完全无力对外攻击敌人，也不能援助友邦。此处对苏格兰史的介绍已经超出当前时段，向后延续了若干年，因为该国与欧洲整体系统基本无关，如此可免于在叙述其他王国更令人难忘的事件时频频被打断。

可以预料，像弗朗西斯这样一位年轻有为且如此尚武的君主，很快就会把先王离世前为征服米兰而做的大规模武备重新利用起来。在一次颂扬加斯东·德·富瓦军事成就的诗朗诵中，有人甚至见到国王泪洒当场，追慕前贤的泪水足可预示他未来必定扬威疆场。他续签了路易当初与亨利签定的和约，确保后方安稳无虞，随即发兵法国南部，假称其唯一目的就是守土卫国，防备瑞士人的入侵。那个强悍的民族对法兰西敌意不改，他们把米兰公爵马克西米连纳入保护伞下，实质上完全控制了他，此时，他们出于荣誉和利益两方面考虑，决心保卫米兰、抵御侵略者。[①]他们在阿尔卑斯山的各个隘口设置坚固壁垒，以为堵住了法军南侵的必经之路，不料弗朗西斯指挥法军以惊人的机敏和毅力，从另一条路线神不知鬼不觉翻越阿尔卑斯山，占据了皮埃蒙特(Piedmont)。瑞士人并未灰心丧气，他们下到平原地带，尽管没有骑兵，仍然迎着法军的兵锋摆开正面拦截阵势。在米兰附近的马里尼亚诺(Marignan)，一场血战开始了，此役堪称中古末期这段历史上最为激烈、对阵双方最势均力敌的一次交锋。弗朗西斯鼓足一腔胆气，激励部众奋勇作战，抵挡山地勇士们发动的殊死进攻。傍晚的血战持续入夜，直到天已黑透，双方都看不见彼此才告停歇；次日一早，瑞士人锐气丝毫不减，再次发动猛扑，不到拼尽全部精锐，绝不甘心败下阵去。战场上尸横遍野，双方折损总数高达两万。一生戎马、经历过十八场血战的特里武尔齐奥(Trivulzio)元帅后来声称，相形之下，以前的那些战役无非是小儿游戏而已，唯有马里尼亚诺战役才是勇士的对决。[②]此番大捷之后，征服米兰公国对于弗朗西斯而言已是毫无阻碍，有如探囊取物一般容易。

　　目睹法兰西国王的辉煌胜利，亨利不禁心生妒意。英国朝臣们也不无忧虑地关注着法军势如破竹的进展，尽管意大利离他们如此遥远。在那个时代，意大利作为宗教、文化和商贸的首善之区，它所独有的光彩尚未如后来那般被其他国家分沾，因此，它吸引着

左侧边注：
弗朗西斯一世进军意大利

9月13日

亨利的嫉妒

右侧边注： 120

---

①　Memoires du Bellai, lib.1. Guicciardini, lib.12.

②　Histoire de la Ligue de Cambrey.

整个欧洲的眼光，发生在这里的每一次征伐兼并似乎都格外重要，严格说来，超出它在当时政治格局的天平上实际应占的分量。亨利还有一个心结，认为自己有理由抱怨弗朗西斯把阿尔巴尼公爵放回苏格兰，削弱了自己的姐姐苏格兰太后的权力和威望。[①]此外，法方修复泰鲁安的防御工事，也同样被视作违背和约之举。不过，英格兰宫廷之所以疏离法国，最主要的原因在于沃尔西对法王心存憎恶。

亨利当初占据图尔奈之时，因当选主教路易·盖亚尔（Lewis Gaillart）拒绝向新主宣誓效忠，便不让他接手教会财权，而指定沃尔西掌管该教区。沃尔西为了全权掌控和享用这份圣俸，向弗朗西斯提出申请，希望他在法国国内给盖亚尔另行安排同等圣职，令其放弃图尔奈主教之职。弗朗西斯仍然指望收复图尔奈，害怕沃尔西坐稳主教之位有碍于他的图谋，所以一直对那位高傲的权臣置之不理。图尔奈主教向罗马教廷提出申诉，获得教宗赦令，对他的任命给予确认。沃尔西一贯霸道，凡他提出的要求必要遂愿，最显贵的君侯在他面前也须礼让三分，如今受了弗朗西斯的轻蔑，便怀恨在心，撺掇主君寻机与法王生衅。[②]

马克西米连皇帝很乐于接受旁人提出的任何新计划，尤其是当有钱可捞的时候，在金钱方面，他是极度贪婪、极能挥霍，也极其贫穷。曾在班布里奇枢机主教驾前担任秘书、现任国务大臣的理查德·佩斯（Richard Pace）奉命出使维也纳宫廷，给马克西米连

---

① Pere Daniel, vol. iii. p. 31.
② Polydore Virgil, lib. 27.

送去一大笔钱。[1]他随即又转往瑞士，出于同样的动机，促成瑞士邦联中的几州为马克西米连装备若干武装部队。于是，马克西米连率领一支大军入侵意大利，但在米兰城下遇挫，便撤回德意志，与法国和威尼斯公国签订和约，将维罗那割让给威尼斯人，换得一笔钱款。如此，可以说他已选择退出了今后的意大利半岛之争。亨利发现，他顺应自己和沃尔西的心意，撒出五六十万金币，结果只是削弱了对法关系，却半点不曾削弱弗朗西斯的势力。

英王亨利此时此际没有选择进一步与法国交恶，原因是多方面的。首先，他不能指望哪个欧陆强国与自己合力反法：他的岳父费迪南曾经多番欺骗他，而且现在已是垂暮多病，日薄西山。那位强主漫长而昌盛的统治眼看就要告终了。西班牙国王查理领有低地诸国，他唯一的愿望就是和弗朗西斯和平共处，[2]因为后者一旦被触怒，完全有能力阻碍他安然继承那片富饶的领地。教宗被法兰西的强大国力所震慑。威尼斯则是法王的亲密盟友。[3]亨利受此形势制约，只得暂且消停一段时间，表现出一副对欧陆事务全不挂心的样子。马克西米连白费心机地以皇位相诱，试图从他手上骗钱，但这手腕实在过于拙劣，就连亨利这样胸无城府的人也不会上当。英王的使臣佩斯对皇帝的动机和人品心如明镜，他警告主君，马克西米连的慷慨提议不过是为了骗他掏钱而已。 122

值此欧陆普遍和平之际，人们逆料已久、亦早已估计到其重要

---

① Petrus de Angleria, epist. 568.

② 1516年，法王弗朗西斯一世与西班牙国王查理(即后来的查理五世皇帝)签订《努瓦永条约》。——译者

③ Guicciardini, lib. 12.

后果的那件大事终于降临——有着"基督教君主"之称的费迪南驾崩，他的孙子查理继承了他治下的辽阔国土。查理的实力和威望越是增长，就越令弗朗西斯意识到有必要谋求亨利的信任和友谊。他终于屈尊拾起唯一的成功之道，就是用礼物和奉承讨好那位倨傲的枢机主教。

　　法兰西海军上将博尼韦(Bonnivet)奉命出使伦敦，他遵照嘱咐，发挥其最擅长的钻营手段和八面玲珑的机巧，尽量博取沃尔西的青睐。这位大使成功达到目的之后，寻机向沃尔西表达了主君的懊悔心情，称其因一些错误和误会，失去了自己无比珍视的枢机主教阁下的友谊，憾莫大焉。沃尔西得到那位伟大君主的美言奉承，自觉面上有光，十分入耳入心。自此他常在各种场合大谈特谈英法亲善的好处。弗朗西斯为了进一步拢络这位权臣，还将他引为心腹，就连秘不告人的个人隐私也要征求他的意见，每逢遇到棘手的紧急事务，都来向他问计，敬之有如神人。枢机主教并不向自己的主君隐瞒这些私人联络，亨利对此印象深刻，极度赞赏自己这位臣子的出众能力，甚至对沃尔西说，自己真心相信他有能力支配弗朗西斯，就像左右自己一样。①

公元
1518年

　　博尼韦见一切似已充分铺垫到位，便对沃尔西明言法王有意收复图尔奈，沃尔西毫不迟疑，立即着手推动此事。他选取适当时机向国王和御前枢密院进言，称图尔奈与加来相隔遥远，一旦战事爆发，两地守军实难相顾，或者说根本不可能。图尔奈地处法兰西和尼德兰交界，暴露于来自两方面的攻击之下，无论哪一方率先发

---

　　① Polydore Virgil, lib.27.

动攻势，以武力强攻或借助饥馑的力量围困此城，必能得手。图尔奈居民为数众多、民性狂暴，一向对英国统治心怀怨恨，因此即便是和平时期，政府也不得不在此屯驻重兵，否则便难以弹压民众、守住该城。沃尔西声称，保有图尔奈的战略风险太大且靡费甚巨，对英国毫无价值可言，对查理或弗朗西斯的领土基本上或者说完全不能构成骚扰。

法兰西收
复图尔奈　　上述理由本身十足令人信服，又出自位高权重的枢机主教之口，定然不会遭遇任何反对。于是，两国就割让图尔奈一事开启谈判。为体面起见，双方约定，为襁褓之中的法国王储和同样尚在襁褓的英国公主玛丽订婚，将该城作为公主的嫁妆割让给法方。在当时的君侯之间，此类婚约十分常见，尽管由于双方利益和立场很难长期保持一致，所以拟议中的亲事罕有最终缔成的。另外，鉴于亨利此前投入巨资在图尔奈修筑要塞，弗朗西斯同意以十二年分期付款的方式向他赔偿六十万克朗，并交出八位世家子弟充当人质，作为践约的保证。[1]弗朗西斯又唯恐枢机主教觉得受冷落，承诺每年付给他一万两千里弗尔[2]的津贴，以抵偿他管理图尔奈教区的职俸。

　　法兰西国王在这一轮交涉中获得圆满成功，开始得寸进尺，想利用那位宠臣的虚荣心和自负谋取更大实利。他加倍殷勤地奉承枢机主教，更频繁地就各种疑难事务向他请教，在每封信中称他为"父亲""导师""师傅"，对他的劝告和意见佯作无限顺从。这一

---

[1]　Memoires du Bellay, lib.1.

[2]　Livre，法国古代货币计量单位，又称"锂"或"法镑"。——译者

切溜须拍马都是为了给收复加来的磋商做铺垫，弗朗西斯的如意
算盘是破费一笔钱换得这座城市。如果普利多尔·维吉尔(Polydore
124 Virgil)这位史家所言不虚，那么枢机主教大人对这个想入非非的
提议是欣然表示支持的——但我们须考虑到维吉尔对沃尔西怀有
私怨，因为他曾遭沃尔西迫害而被罢官、下狱。然而，沃尔西并未
贸然将此事提交枢密院，只限于私下向其他大臣透露口风，话里话
外地暗示自己觉得加来是个对王国毫无用处的负担。[①]一旦发现
所有人都表示强烈反对，他便意识到风险，不再做进一步尝试了。
此后不久，沃尔西又与西班牙国王建立了新交情，他与弗朗西斯之
间的深情厚谊便渐趋疏淡下来。

　　此时，沃尔西的权力和尊荣再度大幅提升，变得越发骄矜。坎　沃尔西
就任教
廷特使
佩齐奥枢机主教(Cardinal Campeggio)以教廷特使的身份抵达英
伦，向教会收缴什一税，以助教宗抵御土耳其人的势力扩张——来
自这些异教徒的威胁已经实实在在地临到基督教世界的头上，令
人生畏，但是，善弄手腕的罗马教廷打着抗击土耳其人的旗号，搞
出了太多牟取私利的花招，使得这个口号早就对世人失去了号召
力。英国教会拒绝服从利奥十世的要求，坎佩齐奥被召回。英王
向教宗表示，望能委任沃尔西为教廷特使(之前他就奉命协助坎佩
齐奥完成使命，此番可以独担重任)，并请授权他巡察所有教区和
修道院、甚至可在十二个月内中止教会法的效力。沃尔西获得这
份新的尊荣之后，越发张扬地炫示自身仪威，如他一向热衷的那
样。每逢盛大的宗教节日，他定要按照教宗的规格主持弥撒才算

---

① Polydore Virgil, lib. 27.

满意；他不仅要求各位主教和修道院院长亲自服侍他，甚至命令爵秩最高的贵族为他端水递巾。如此妄自尊大，英格兰古往今来没有任何一位神职人员能与他比肩。沃勒姆大主教以主教长之尊，在写给沃尔西的信中自称"您亲爱的弟兄"，被沃尔西斥为放肆无礼，竟敢挑战他的地位、试图与他平起平坐。当沃勒姆被告知自己触怒了那位大人物，他只是淡淡地说道，"你岂不知道么，此人被太多的成功灌醉了"。

沃尔西
肆意弄权

　　然而，沃尔西的飞扬跋扈不仅止于虚荣夸饰、炫耀排场。他 125 新设了一个衙署，称为"教宗特使法庭"。此时的沃尔西凭借教宗的任命和国王的宠信，集教俗所有权力于一身，没有人知道他这个新法庭的权力边界止于何处。他甚至授权该法庭对平信徒进行审问和监察，察究一切良心问题、一切引发丑闻的行为，以及一切虽能逃过法律制裁，却貌似违背公序良俗的行为。这一授权所覆盖的违规行为实在是漫无边际。当民众看到一个自我放纵、沉溺于浮华享乐的人，却如此严厉地惩治他人最微不足道的放荡表现，就越发反感。然而更令这个法庭臭名昭著的是，沃尔西任命一个名叫约翰·艾伦(John Allen)的人担任法官，此人一向名声败坏，[1]据说他在担任教会司铎期间，曾因做伪证被定罪。有传言说，此人经常随心所欲给人扣上罪名，然后向他们勒索罚金，或者收受赂贿对其免于起诉，有鉴于此，人们似乎不无理由地推断，他的主子枢机主教亦免不了参与分赃。神职人员、特别是修士们，极易遭受其暴政的打击，由于他们在生活中多有放荡行为，常被抓住把柄，以

---

[1]　Strype's Memorials, vol. i. p. 125.

致不得不破财免灾，向教宗特使或者他的走狗法官奉上大笔银钱。沃尔西贪权无餍，他又凭借教宗特使的身份，宣称对所有主教法庭拥有管辖权，特别是对遗嘱案件的审判方面。而他针对这些重要问题的裁决却被认为是极度武断的。他仿佛已经把自己当成了教宗，又似乎认定教宗有权独断专行地处置一切教会职位，因此完全不理会修士们的选举权和贵族士绅享有的圣职授予权，随心所欲地把各个小修道院或圣职授予自己中意的人选。[①]

126　　没有一个人胆敢在国王面前控告沃尔西的僭权行径，最后还是沃勒姆大胆向亨利诉说了民众的不满。亨利表示自己完全蒙在鼓里。"一个人失察最严重的地方莫过于自己家里，"国王说，"那么就请您去找沃尔西，告诉他哪里出了错，让他自己改正过来。"这样的责备不大可能产生效果，只会增加沃尔西对沃勒姆的敌意。不过，有个伦敦人把沃尔西的走狗艾伦法官告上普通法庭，法庭判决艾伦贪腐渎职、徇私枉法的罪名成立，此事轰动朝野，终于传到国王的耳朵里，枢机主教大人遭到极其严厉的训斥，自此便收敛许多，不敢擅作威福。

　　亨利把王国事务统统托付那位专横跋扈的大臣，自己只顾寻欢作乐，这时节，海外发生的一件大事唤起了他的注意：神圣罗马帝国皇帝马克西米连驾崩了。若论马克西米连本人确实无足轻重，但是他一死，基督教世界君侯之首的位置便空了出来，众多君侯瞻望此位，躁动的欲望澎湃激荡，从此开启了整个欧洲体系的一个新

公元
1519年

1月12日
马克西米
连皇帝驾
崩

---

　　① Polydore Virgil, lib.27.这里的整段叙述被所有史家全盘引用，然而其中有许多地方非常值得存疑：一则因为这位史家对沃尔西明显抱有偏见，二则因为议会后来审查沃尔西的施政活动时，并未发现任何证据表明他犯有重大罪行。

纪元。法兰西国王和西班牙国王立即宣布参与角逐帝位,并且千方百计以金钱或阴谋诡计为各自的宏大野心开路,认为成功的希望都寄托于此。亨利的野心也被鼓动起来,但是他的使臣佩斯奉命去游说各位选帝侯时,却发现自己来迟了一步,所有人的选票早已预约给弗朗西斯或查理了。

弗朗西斯和查理从一开始就表态,彼此要公平竞争、不抱敌意。尤其是弗朗西斯,他宣称自己和查理角逐帝位,就好比两兄弟公平、公开地追求同一位情妇,较幸运的那位抱得美人归,另一位也必须坦然接受失败的结果。[①]然而所有人都预见到,这种极端温和的态度无论多么合情合理,肯定维持不了太久;人们普遍料定,未来发生的一些事件将会激化两位候选人的心态,令他们趋于对立。结果最终胜出的是查理,法国国王对此极为愤慨——直到最后一刻他还以为绝大多数选帝候是站在自己一边的。他内心愤懑难抑:自己年长于竞争对手,凭着马里尼亚诺大捷、征服米兰的赫赫武功,声望也比查理高出一大截,居然就这样当着全世界的面,经过漫长而焦灼的期待,最终失去了如此重要的一份彩头。这次竞选帝位,加上两国间的利益冲突,刺激着上述两位雄主不断争强斗胜,带动了整个时代风云激荡,也凸显出双方性格的鲜明反差。二人都是天纵英才、能力超凡的君主,同样勇敢、雄心勃勃、活跃而又好战,同样深受仆从和臣民爱戴、令敌人胆寒,并且得到全世界的尊重。然而,弗朗西斯生性开朗坦诚、心胸宽阔、慷慨仁厚,这些美德甚至达到过分的地步,不利于他的王业;查理则富于谋

西班牙国王查理当选神圣罗马帝国皇帝

127

---

① Belcaria, lib. 16. Guicciardin, lib. 13.

略、性情内敛、狡猾、吝啬，这种性格使他更适于成为战争和谈判桌上的胜者，尤其是在谈判桌上。他们俩一个是更亲切可爱的人，一个是更强势的君王。弗朗西斯国王的种种疏失和过错自然会为他招致不幸，然而他那旺盛的精神和博大气度又足以令他不失尊严地从困境中解脱出来。查理皇帝工于心计、自私自利，在霸业辉煌、雄视天下之际，也容易激起盟友的戒备和反感，结果是征服了旧敌，又给自己树立起众多新敌。两位王者的个人品格是如此相映成趣，他们统驭的疆域分布态势也同样优劣互见。查理皇帝突然间获得无比巨大的权势，完全是因着命运的垂青，无关乎他个人的审慎或勇武。他继承了卡斯蒂尔、阿拉贡、奥地利和低地诸国，从先王手中接过征服那不勒斯和格林纳达的成果，又被推举为神圣罗马帝国皇帝。更有甚者，世界的边界在他登基之前似乎也有所扩展，新世界的所有财富摆在他面前，原封未动、无人沾指，似可由他完全独占。然而，尽管这一切有利机遇协同作用，形成了一个欧洲史上自罗马帝国以降再也不曾有过的强大而辽阔的帝国，却单单有法兰西王国这个紧凑、团结、统一、富庶、人口兴旺的近邻雄踞于帝国诸省之间，能够强有力地阻碍其势力扩张，长期与之互争雄长。

128　　亨利凭借英王国的实力和得天独厚的地理位置，足有能力维系两强之间的平衡。假如他懂得如何运用策略和审慎增进自身独有的这种宝贵优势，完全可以超过这两位竞逐欧洲霸权的雄主。但是这位君主天生漫不经心、轻率、任性、缺乏策略，凡事听凭自身激情驱使或者任由宠臣作主，虚荣、专横而又傲慢，他的对外政策有时候是基于友情，更多时候由憎恨驱动，罕有从自身真正利益出发的。如此,他虽因欧陆时局赋予自己的优势地位而欢欣鼓舞,却始终未能利用这种优势为自己或自己的国家谋得实在而持久的利益。

　　弗朗西斯对亨利的性格了如指掌,极力迎合讨好后者。他恳请在加来附近与亨利一晤,希望借助亲密的攀谈赢得亨利的友谊和信赖。沃尔西踊跃支持这个提议,一心想在两国宫廷面前夸示自己的财富、尊荣和对两位君主的影响力。[①]亨利本人也热衷于炫耀排场,而且早就抱着一种好奇心,想结识法国国王本人,于是他兴冲冲地为这次会见做好一切安排布置。两国贵族们互争风头,比拼豪奢体面,许多人为此背负巨额债务,终其一生陷于贫困,仍无法弥补这几日虚荣所欠下的亏空。白金汉公爵虽然家财万贯,但俭省成癖,他发现自己为这一盛事所做的诸般准备加起来需要花费一笔巨款,不禁口出怨言,矛头直指这一切的始作俑者沃尔西枢机主教,[②]这一鲁莽行为被那权臣牢牢记在心头。

　　亨利正准备起驾前往加来,忽闻皇帝陛下即将抵达多佛尔的消息,他立即与王后一起匆匆赶到那里,以便以得体的礼仪迎接王室贵宾。查理皇帝年纪虽轻,却极富心计,他听说弗朗西斯和亨利准备会面,担心其结果于己不利,便决定趁着从西班牙赴低地国家之机,中途造访英伦,在亨利自己的国土上与他相会,以示更高规格的礼遇。除了对亨利做出各种尊重和亲善的表示,他还极力通过各种友谊的证明,借着奉承、表白、许诺和各色礼物,争取打动

129

---

① Polydore Virgil, lib. 27.

② Polydore Virgil, lib. xxvii. Herbert. Hollingshed, p. 855.

枢机主教的虚荣、贪婪和野心。他向那个野心勃勃的教长逐渐灌输有朝一日登上教宗尊位的希望。沃尔西此时位高权显，唯有教廷至高权力宝座才能确定无疑地吸引他的热切企盼，如同从未接受过命运之神的任何馈赠一般。他确信自己定能在皇帝帮助下荣登尊位，遂于暗中为皇帝的利益积极奔走。而查理之所以随随便便做出承诺，是因为现任教宗利奥十世年纪尚轻，今日的承诺要等到很多年后才需要兑现。亨利清楚地看到查理在向自己的大臣献殷勤，但他非但不恼，反而为此扬扬自得，认为沃尔西所依凭的无非是他的恩宠而已，两位如此强大的王者竞相讨好自己的这位臣仆，实则越发分明地显示了对于他本人的礼敬。

　　查理皇帝离英当日，亨利携王后及整个宫廷渡海抵达加来，_{5月30日}又从那里转赴边境小镇吉讷（Guisnes）。弗朗西斯的御驾也同样浩浩荡荡地抵达距此几英里外的阿德尔（Ardres）。两国君主初次会面的地点是位于两个城镇之间的一片田野，但仍处于英国人的辖区之内，这是因为弗朗西斯考虑到亨利不辞辛苦跨海前来，故此愿意以这种方式向亨利致礼。沃尔西事先受两位君主所托，负责策划这次盛事的礼宾规则，是他精心布置了这个会面场景，为的是荣耀自己的主上。英法两国贵族在这里尽情炫耀各自的奢华排场，争奇斗胜、挥金如土，以致该地自此得名为"金裳之野"。

　　两位君主无比亲切地互致问候，随后步入专门搭建的帐篷，进行秘密会谈。亨利提出，应对前次盟约的条款内容予以修订。他开始读盟约起首的一句："我，亨利"——他在此处略稍顿了顿，接着说"英格兰国王"，而没有按先前几朝的惯例加上"法兰西国王"几个字。^①弗朗西斯注意到他的周到体贴,以微笑表示赞许。

　　他很快便找到机会对亨利报以更大的恭维。这位王者气量恢弘、充满荣誉感,天生不善于戒备他人,他惊讶地注意到,自己每与英王见面,安保防范措施严密得有如铁桶一般:双方的卫队和侍从人数都经过仔细计算,每个步骤都经过一丝不苟的设计和调整。两位君主若要拜望对方的王后,需要以火枪手鸣枪为号,同时从各自的营地出发,在两营之间的中点相互擦身而过,当亨利进入阿德尔城门时,弗朗西斯也在同一时刻把自己交在吉讷的英军手中。所有这些规定不仅繁缛,而且暗含着许多有伤荣誉的潜台词。为了打破这套程式,弗朗西斯有一天只带着两位绅士和一名侍童,骑马直接进入吉讷。卫兵们一见法王突然驾临,惊愕万分,弗朗西斯对他们喊道:"你们统统被我俘虏了! 带我去见你们的主人。"亨利见了弗朗西斯也同样吃惊,一边张开双臂拥抱他,一边说道:"兄弟,你对我开了个世上最令人愉快的玩笑,让我看到,我可以毫无保留地信赖你。现在我是你的俘虏了。"他从自己颈上解下一条价值一万五千金币的珍珠项圈,^②亲手给弗朗西斯戴上,同时恳请他看在俘虏的面子上答应佩戴此物。弗朗西斯欣然接受,前提是亨利要戴上他赠送的手链,这件礼物的价值两倍于刚才那条项圈。^③次日,亨利国王独自拜访了阿德尔,没带任何卫兵或侍从。两位君主间自此建立起充分信任,在剩下的所有时间里,他们一起开开心心地尽情比武宴乐。

---

① Memoires de Fleuranges.
② 那个时代一个天使金币约合七先令,折合现币值近十二先令。
③ Memoires de Fleuranges.

两位君主此前已经向彼此的宫廷互致挑战书，并通传全欧各
131 大城市：亨利和弗朗西斯将各带十四名助手，在皮卡第平原摆开比
武场，在长矛、马战、步战等比武项目上迎候所有绅士前来挑战。
两位君主骑马步入赛场，弗朗西斯身边簇拥着亨利的卫队、亨利身
边簇拥着弗朗西斯的卫队，真真是衣甲生辉、富丽堂皇，两位王者
皆为当世顶尖的英俊人物，各项武艺无不出类拔萃。在这粗犷而
危险的消遣当中，他们夺得了所有项目的头彩，凭着勇力和敏捷将
好几位挑战者打得人仰马翻。贵妇淑女们充当骑士竞技的裁判官，
她们有权在自己认为适宜的时候宣布比赛结束。亨利命人用木料
和帆布搭建起一座宽敞的厅堂（其框架是在伦敦预备好的），在这里
设宴款待法国国王。这建筑物所用的帆布上绣着英国弓箭手的图
案，下有一行铭文："Cui adhœreo prœst"，意为"蒙我喜悦者必得
亨通"。① 亨利借此显示他本人的重要地位，欧洲列强的势力平衡
尽在他的掌握。两位君主没有讨论什么严肃事务，更多地是在这
些娱乐中消磨时光，直至告别。

　　亨利随即前往格拉沃利讷（Gravelines）拜会了查理皇帝和萨 6月24日
伏依的玛格丽特，并邀他们同赴加来，在那儿的城堡中盘桓几日。
在此期间，查理运用其心机和巧妙手段，继之前的奉承讨好之后，
在亨利及其宠臣心中打下深刻烙印，完全冲淡了高贵坦诚的弗朗
西斯所带来的情谊。鉴于奥地利王室的势力相对于法兰西王室开
始明显占据上风，从英国本国利益出发，亨利须对后者给予一定支
持，最重要的是，必须防止双方爆发重要战争，以免任何一方胜出

---

① Mezeray.

而取得压倒性优势。然而，英国人历来对法国心存戒备，妨碍着两国真诚携手。查理也对英法之间的宿怨心知肚明。他为进一步迎合亨利的虚荣心，提出（弗朗西斯后来也不得不附议）一旦他与弗朗西斯之间发生任何纠纷或争执，须请亨利居间全权仲裁。不 132 过，查理的高明手腕最完美地体现在，他凭借极其重要的效力以及更进一步的承诺，把沃尔西牢牢拴在自己的利益战车上。他再次向沃尔西许愿，一定帮助他问鼎教宗宝座，又把卡斯蒂尔的巴达霍斯（Badajox）和帕伦西亚（Palencia）这两个教区的圣俸当即拨给沃尔西享用。沃尔西的搜刮聚敛此时已经全然无法无天，加之亨利放任他享受多项海外津贴，他的收入水平据估算已经不下于王室。他那挥金如土或者说过于炫耀的花钱方式，激起国内民众普遍反感，甚至令外邦人对他的主君不以为然。①

查理和弗朗西斯开战

　　查理皇帝和法国国王个性反差鲜明、政治上严重对立，双方不久便爆发了敌对行动。这两位野心勃勃而又好战的雄主几乎在全欧所有地方彼此争斗，与此同时却又反复地极力表白渴望和平，他们都把亨利视作仲裁者，不断向他提出申诉。英王亨利摆出不

1521年亨利的调解

偏不倚的架势，要求双方各遣使臣会于加来，在沃尔西和罗马教廷大使的斡旋下进行谈判。查理皇帝深知上述调解人的偏袒态度，他在会谈中提出极其过分的条件，清楚地表明他意识到己方的优势。他要求法方归还勃艮第，这个省份多年前就通过条约割让给法国了，而且，该省一旦回到他的手中，就等于为他敞开了直捣法兰西腹心的门户。他的祖先世代为佛兰德斯和阿图瓦两块领地向

---

① Polydore Virgil Hall.

法兰西国王宣誓效忠，他本人也曾在《努瓦永条约》中(treaty of Noyon) 予以重新确认，如今他却要求解除上述效忠义务。这些要求被弗朗西斯拒绝，加来会谈就此破裂。不久，沃尔西前往布鲁日，在那里与皇帝会晤。他受到隆重的款待和高规格的礼敬，有如英国国王本人驾临一般。他代表主君与教宗和皇帝结成攻法同盟。

他签约保证，英格兰将在次年夏季出动四万兵力入侵法国，又将国王的独生女、有望继承英国王位的玛丽公主许配给查理。这一荒唐的联盟有损于英国利益，有可能彻底断送王国的自由和独立，它是亨利国王心血来潮加上偏见结出的果实，也是枢机主教大人出于个人立场和野心而促成的。

这位大臣把持着漫无边际的权力，举国民众日日都能目睹新的例证。白金汉公爵贵为英格兰皇家军事总长，家世和财富都位列王国贵族之首，但他冒失地开罪于枢机主教，因此没过多久便遇到了麻烦，以致为自己的鲁莽懊悔不迭。这位公爵的性格似乎非常轻率，常陷入各种冒失的计划，他痴迷于占星术，与一个名叫霍普金斯(Hopkins)的加尔都西会修士关系密切，后者怂恿他相信，有朝一日他将登上英格兰王位。从血统上看，白金汉公爵在母系方面是爱德华三世最小的儿子格洛斯特公爵的后裔，他在王位继承序列中排位非常之远，但他居然如此口无遮拦，以致给人造成一种印象，似乎他认为在今上无嗣而终的情况下，自己最有资格继承大统。他甚至没有拒绝参与谋害国王的计划，并且私下囤积了一批武器，准备时机有利时拿出来使用。白金汉公爵被送上审判席，诺福克公爵（其子萨里伯爵是白金汉公爵的女婿）被任命为王室内务总管，主持这次庄严的审判。庭上法官包括一位公爵、一位侯爵、

11月24日

白金汉公爵被审判定罪

七位伯爵和十二位勋爵。他们一致判定白金汉有罪,后者不久便被按律处死。没有理由认为该判决有失公正,[①]然而鉴于白金汉的罪行似乎更多地源于言行失检,而非蓄意作恶,民众出于对他的爱戴,希望国王能够赦免他,结果落了空,失望之余便转而怪罪枢机主教挟愤报复。然而,国王对白金汉如此严厉无情,唯一的原因就是他内心对所有宗室血亲的深重猜忌,这种猜忌心理终其一朝都表现得十分鲜明,尽管他本人的继位资格无可置疑。白金汉伏法之后,他此前承自赫里福德伯爵博亨的皇家军事总长一职遂被撤销,这个官衔此后在英格兰再也没有恢复。

---

① Herbert. Hall. Stowe, 513. Holingshed, p.862.

第二十九章　亨利八世(三)

　　宗教话题漫谈—宗教改革的缘起—马丁·路德—亨利接受"护教者"尊号—宗教改革迅猛发展的原因—对法开战—入侵法兰西—苏格兰战事—议会召开—再次入侵法兰西—意大利战事—法兰西国王入侵意大利—帕维亚战役，弗朗西斯被俘—弗朗西斯重获自由—罗马遭劫—英法结盟

　　若干年来，在欧洲许多地方，宗教论争一直沸沸扬扬，由此引发了那场影响深远的重大历史事件——宗教改革运动。不过，鉴于此前英国国王尚未公开参与其中，我们未便介绍这场论争的起源和发展。书及此处，有必要对相关神学争议加以解释，或者更重要的是，追根溯源地谈谈教会体系中的痼疾——正是这些问题令时人普遍认同，针对教会或教会等级制度的改革即使谈不上绝对必要，亦正合时宜。我们若从略高的维度，思索一下为什么每个文明社群都必须存在某种教会等级制度及公共宗教机构，颇有助于更好地理解宗教改革问题。这里貌似离题地宕开一笔，乃因当前事件的重要性，望读者明鉴。

　　凡一国之中，大部分行当和职业都具有这样一种性质：既能增进社会利益，又对个人有用或有利。在这种情况下，政府的一贯治

理原则就是听凭行业自主发展，相信从业者所获利益将激励行业进步。唯一例外的情形可能是在行业引进之初进行主动规制。当从业者们发现客户的青睐带来了更丰厚的利润，他们就会竭尽所能地提高自身技艺、鼓足干劲。由于不受任何外来的不当干预，商品的供求几乎总能确保均衡。

但也有一些行业，尽管其本身对国家有用甚至是必要的，却不能为个人提供任何特别的好处或乐趣。如此，当局者便须改变对这些行业的治理原则。必须给予公开的鼓励，使从业者可以维持生计，并且对抗自然状态下他们容易遭受的忽视，具体手段要么是赋予这些行业特殊的荣誉感，要么建立长期固定的级衔制度和严格的隶属关系，或者采取其他权宜之计。财政部门、军队、船队和行政部门都属于这一类别。

乍看起来，人们自然会以为神职人员应属于前一类别，认为其职业像律师、医生一样，无需当局插手干预，因其从业者虔信教义、又能从自身提供的灵性牧养和帮助中获得裨益和安慰，必能由个人丰盛的心灵而获得激励。毫无疑问，这样一种额外的动机必定激励着他们勤勉服事，而他们的职业技能和影响人心的本领也将随着实践的积累、不断学习和钻研而日有长进。

然而，如果我们更仔细地考虑此事，就会看出神职人员这种包藏利害的勤勉是任何一位明智的立法者都应着意防范的。因为除非是真正的宗教信仰，其他一切以此为业者的孜孜矻矻皆高度有害而无益，甚至自然倾向于败坏真正的信仰，为其注入强烈迷信、愚蠢和妄想的混合物。每一个以宗教为业者，为了使自己在追随者眼中显得更可贵、更神圣，总会极力在他们心中激发对其他一切教派的强烈憎恨，并且不断寻求标新立异，以刺激提振受众萎靡不振的宗教热情。他们所灌输的信条完全罔顾真理、道德和体面，只管选取那些最合乎人类肉身混乱欲望的教义。在每一个非正统的秘密宗教集会上，他们瞄准大众的激情和轻信，摇唇鼓舌吸引到大批追随者。世俗政府最终会发现，当初出于俭省的目的不肯为宗教从业者设立一个固定的机构，结果付出了昂贵代价。实际上，对付这些心灵导师，世俗统治者手上最体面并且有利的一套做法就是以固定的薪水诱使其陷入怠惰，让他们觉得作为牧者，能避免羊群走失、去寻找新草场便已足够，没必要再多费力气。就这样，尽管宗教机构的产生最初通常源于宗教观念，其最终结果却有益于社会政治利益。

然而我们可以看到，极少有哪个宗教机构建立在比罗马天主教会更糟糕的基础之上，或者带来了更有害于人类和平与福祉的后果。

神职阶层凭借其巨额收入、多种教会特权、豁免权和权威，对世俗执法形成强大阻力，而这个拥有过多权力的阶层总是紧密凝聚为一体，蚕食和僭越世俗权力，从不需要任何貌似合理的借口。教会的尊贵地位对士绅和贵族阶层构成了支持，这一点不假，然而修道院的建立却让许多出身卑贱的人脱离了有用的谋生之道，寄身于这些纵容懒惰和愚昧的机构当中。教宗作为教会的最高首脑远在异国，其利益出发点与各国信众的利益往往相差甚远，有时完全背道而驰。此外，由于教会等级制度必然要求信仰、程式和仪规的统一，一切思想自由都明显面临着被钳塞的危险，暴力迫害——以及比这更可怕的愚蠢而蹩脚的轻信——处处滋生。

罗马教会的弊病还不止于此：教会虽然坐拥巨额岁入，却仍贪 137
心不足，攥紧进一步利用人类无知的权柄。教会甚至允许每个神
父收取信徒的自愿供奉而中饱私囊，从而激励神职人员更加迫切
地勤谨于事工。因此，开支甚巨、负担沉重的教会组织，便易于滋
生许多完全凭着自身技能和创收招法实现自养的神职人员所特有
的不适宜的行为。

罗马教会等级制度的优点只能略微弥补它所带来的麻烦。在
野蛮时代，教会特权可以对世俗君主的独裁起到某种抑制作用。
西方所有教会在教宗的至尊权力之下联为一体，有助于促进国与
国之间的交流，也将欧洲各个部分紧密联系起来。罗马教会极其
富有，它那堂皇华美的崇拜仪式在一定程度上鼓励了各个艺术门
类的发展，使高雅的品位借着与宗教结合而得到广泛传播。

不难想见，尽管罪的势力在罗马教会中占了上风，但是宗教改
革爆发的主要原因并不在此。这一伟大变革背后的推动力乃是一
系列并发的偶然事件。

利奥十世雄心万丈，出手豪阔，把教廷积蓄挥霍殆尽，因此不
得不想尽办法创收，为他的各种计划、消遣和慷慨馈赠提供财源。

宗教改革
的缘起
这时有人向他提出销售赎罪券的计划，此乃罗马教廷过去常用的
一种手段，借此向整个基督教世界敛财，诱使虔诚的信徒们自愿出
钱，维持罗马教廷的显赫富足。据认为，教会得益于历代所有圣徒
的善工，积存的大量功德远远超出抵减自身罪罚所需，而且，教会
甚至有权支取基督本身的无限恩功。教宗可以从这个取之不尽的
功德库中拨出一部分，用来换取资金，用于虔诚目的、抗击异教徒，
或者打击分裂分子。而当钱财落进教廷金库之后，其中大部分往 138

往流向了其他方面。①

一般认为，利奥十世极有明辨力，且熟读典籍，他完全了解自己凭借教宗的至尊地位、为逐利而宣扬的这些教义是何等荒谬。其实他的历届前任出于极度无知和轻信，一贯凭着诸般貌似合理的借口，利用各种打着虔诚旗号的骗局来实现个人企图，而利奥此时如法炮制、借此为自己开掘财源，也就不足为奇了。教宗敕令普遍发售赎罪券。②由于教廷开支浩大，不仅花光了常规岁入，还提前预支了这项特别措施的未来收益，因此，教宗公开将部分地区的赎罪券发售权转让给特定的个人，授权他们收取这宗收益。教宗之妹玛格德琳（Magdalene）嫁给英诺森八世的私生子奇博（Cibo），她从教廷拿到了萨克森公国及波罗的海周边诸国的赎罪券发售权。为了增加收益，她又将这项权益分包给一个名叫阿坎博尔迪（Arcemboldi）的日内瓦人，此人原来经商，现在成了主教，但并未丢掉先前的生意头脑。③在萨克森公国，宣传赎罪券的工作一向交由奥古斯丁会修士们负责，他们从中既有利可图，又提升了影响力。但是阿坎博尔迪担心他们可能学会了私匿钱款的花招，④又见寻常的推销方式不会带来超凡收益，遂将该任务转交给多明我会的修士们。这些修士为了证明自己堪此殊用，便大肆宣传赎罪券的功用，把它的好处说得天花乱坠，又极力阐扬相关的教义——尽管不比已被普遍接受的说法更加荒唐可笑，却是公众此前闻所未

---

① Father Paul and Sleidan.

② 1517年。

③ Father Paul, Sleidan.

④ Father Paul, lib. 1.

闻的。①更有伤体面的是,那些贩卖赎罪券营利的人据说生活放荡
不堪,在酒馆、赌场和更加声名狼藉的场所一掷千金,而这些钱本
是虔敬者为了抵减自身罪罚,勉力撙节日常用度而积攒出来的。②

马丁·路德

　　这一切情形都会激起民众的反感,然而,若无一位趁时应势、
影响力巨大的杰出人物涌现,也不会引发什么重大事件。马丁·路
德(Martin Luther)身为奥古斯丁会修士、威腾堡大学(university of
Wittemberg)教授,因本修会遭受侮慢而感到愤慨,开始发声攻击
赎罪券销售的诸般弊端。他天生性情暴躁,被反对的声音激怒,于
是进而公开谴责赎罪券本身,随着辩论趋于激化,更对教宗的权威
发出质疑,而他的论敌们反驳他的主要依据就是教宗的权威。③为
了支持自己的论点,他进一步扩大阅读范围,从而发现了罗马教会
更多的滥权和错误。他发现公众如饥似渴地倾听自己的意见,便
以撰文、讲话、布道和集会等多种方式大力宣扬这些观点。他的追
随者日渐增多。不久,这位大胆创新者的声音传遍了整个萨克森
公国、整个德意志,乃至整个欧洲。人们从长久的灵性怠惰中被唤
醒,开始质疑那些最古老、最深入人心的观念。萨克森选帝侯支
持路德的信条,保护他免受罗马宗教法庭的暴力迫害。苏黎世共
和国甚至依据新的模式改革了本国教会。帝国的许多君侯以及帝
国议会本身都对这套新观念表示好感。路德天生一副不屈不挠、
刚猛激烈又固执己见的性情,无论教廷许以高官厚禄还是威逼施
压,都坚决不肯放弃自己一手奠立的教派,从而名满天下,成为宗

139

---

①　参见本卷卷末注释[D]。

②　Father Paul, lib.1.

③　Father Paul, Sleidan.

教改革运动中对公众的宗教信仰和原则具有决定性影响的一位最重要的精神导师。

变革的消息很快就传入英格兰，由于王国内部罗拉德派的残余影响至今很强，而罗拉德派与路德的教义在基本观念上十分接近，因此，改革派的信条在各等级、各宗派的平信徒当中暗暗赢得了许多追随者。然而亨利国王自幼所受的教育以严格依附于罗马教会为正道，而且他对路德抱有特殊的反感，因为后者在文章中对国王最推崇的经院学者托马斯·阿奎那表示轻蔑。于是，亨利发动自己手中广泛而近乎绝对的权威，不遗余力地阻遏路德教义的传播。他甚至采取了一种一般君主，特别是正值血气方刚、激情充沛的君主极少采取的反击手段——他用拉丁文撰写了一本书，驳斥路德的教义。如果对该书的主题和时代因素不予苛求，可以说这部著作并未给亨利的才华抹黑。书成之后，他赠给利奥一部抄本，后者收到这份了不起的礼物，遂报以极高的礼敬表示，授予亨利"护教者"的尊衔，此后的历代英格兰国王一直保有这个称号，直至今日。在狂热的论战氛围下，路德很快发表了一篇反击亨利国王的文章，他无视论敌的高贵身份，语气极为尖酸刻薄，他在长期的激烈论战中早已习惯了这种风格。国王受此恶劣对待，越发加重了对改革派教义的成见。而公众天然地同情势力居弱的一方，倾向于认定路德在论战中获胜。另一方面，由于亨利的加入，使得这场论战知名度大增，引来举世瞩目；在全欧洲的各个地方，每天都有新的信徒归入路德一派。

这个活跃的教派令人称奇的发展速度，应当部分归功于新近发明的印刷术和学术的复兴。并不是说理性在其中发挥了什么重

140

亨利接受"护教者"尊号

宗教改革迅猛发展的原因

要作用，令世人擦亮眼睛，看清了罗马教会的欺骗——因为在所有学科当中，哲学迄至此时尚未取得任何重大进步（该学科的突破还要等到此后很久），也没有任何实例表明，哲学论辩成功地将人们从无所不在的谬妄迷信重压下解放出来。更不消说，路德教义迅猛的传播速度及其激烈势头，足以充分证明其成功并非基于理性和反思。印刷术的诞生和学术复兴是以另一种方式促进了宗教改革的发展。拜印刷术所赐，路德及其同道充满激情和雄辩、言辞粗率却生动流畅的著作得以更迅速地大量传播。人们的心灵仿佛刚从长达几个世纪的沉睡中醒转，乐于接受任何新事物，无论眼前展开怎样不寻常的道路，都敢于迈出脚步，不费多少踌躇。随着《圣经》和其他古代基督教典籍的大量印刷和广泛流传，人们开始对公元一世纪以降的各种创新观念有了更为真确的了解。尽管论述和说理不足以令人信服，但是有充分证据支持的史实却能在他们的头脑中打下烙印。罗马教廷声称拥有的许多权力确实相当古老，几乎早于欧洲任何一国世俗政权奠立的时间。不过，由于教会拒不承认其特权属于民事权利的范畴，乃因存在时间久远而获得合法性，而是坚持它们源于神授，于是人们便不禁要查考相关的原始授权文件，并且毫不费力地发现其真实性和可靠性存在问题。

　　为了扩大上述话题的影响力，路德及其追随者不满足于抨击罗马教廷假冒神圣，揭露其贪财好利的种种不端行径，更有甚者，还把他们祖辈的宗教视为可憎恶、该诅咒之物，又称《圣经》中早有预言，教会是一切邪恶和堕落的源头。他们把教宗称作"敌基督"、把罗马教会称作"淫妇"、把罗马称作"巴比伦"，且不论指称是否恰当，这些词语本身均出自《圣经》，故而比最坚实的论据更能打动大众。论战和迫害挑旺了改革派的斗志，胜利和掌声则让他们备受鼓舞，促使许多人把反对罗马教会的观点推向极端。罗马教会的崇拜充满迷信色彩，改革派则反其道而行之，他们的崇拜以火热、虔诚为特色，排斥仪式、典礼和各种繁文缛节，单单推崇神秘的信心、内心异象、陶醉乃至狂喜。新生的教派在这样一种精神控制下，不知疲倦地宣扬自身教义，公然藐视罗马教宗为了极力打压他们而发出的一切诅咒和惩戒令。

　　另一方面，为了争取世俗当局保护他们免遭教会法庭的迫害，路德派信徒在教义上做了一定程度的通融，以迎合世俗君主的权威。142 罗马教廷的各项弊端令时人怨声载道，他们猛烈抨击这些弊端，怂恿世俗君侯夺回长期以来被教会，尤其是被教宗蓄意蚕食僭夺的权力。他们谴责发愿守贞和隐修誓言，从而令各家修道院敞开大门，让那些厌倦了顺服守贞的人或对婚姻生活深恶痛绝的人可以来去自由。他们谴责神职阶层占据着过多财富、游手好闲、生活放荡，并指出他们的财富和收入无非是当先闯入者攫取的合法战利品。保守教士们此前一直摆布着一群服服帖帖的无知受众，完全不谙论战之道，更不掌握任何一门真正的学问，此时面对语带权威、引经据典，善于引领流行话题，每次争吵或论辩都能稳操胜券的对手，他们全无应对之力。宗教改革的倡导者们对罗马教会等级制度发起进攻，在上述各方面占据着极大优势；他们取得迅猛而惊人的成功，原因便在于此。

　　利奥十世因缺乏警醒，一味相信愚民百姓容易对付而怠于行动，以致新的教派蓬勃兴起，但他拥有良好的判断力和稳健、镇定 12月1日的品性，足有能力遏制其发展，然而天不假年，他收到英王亨利驳斥路德教义的著作之后不久便去世了。继位教宗哈德良六世（Adrian VI）是佛兰德斯人，曾经担任查理皇帝的老师。此人天性纯全、正直，举止淳朴，大可以凭借这些值得称道的品质扳回劣势，但是改革者对罗马教会的敌视态度过于激烈，哈德良在施展其优势时一着失慎，反而给己方造成了损失：他坦承罗马教廷内部普遍存在许多令人憎恶的做法，结果这一老实招认反被路德派人士抓住把柄，遭到穷追猛打。此外，这位良善有余而洞察力不足的教宗受到查理和亨利引诱，加入了他们的反法同盟，[①]以致重蹈历届前任的覆辙，以手中的精神武器服务于政治目的，令罗马教会越发声名狼藉。

公元
1522年 　　查理皇帝心知沃尔西眼看哈德良登上教宗大位，必定失望之 143 极，他怕那位高傲的权臣怨恨自己，遂极力弥补此事给双方友谊造成的裂痕。他再次造访英伦，除了给亨利国王和枢机主教大拍马
5月26日 屁之外，还向沃尔西重申之前的所有承诺，要扶他坐上教宗之位。沃尔西想到哈德良已近风烛之年，那个宝座可能很快就会空出来，于是掩藏怒气，表示乐意寄希望于下次选举。皇帝与英方重申了《布鲁日条约》，并添加了几项条款。他答应赔偿亨利国王和沃尔西对法断交后带来的收入损失。为了进一步讨好亨利和英国民众，他还封英格兰海军上将萨里伯爵为自己的海军上将，名义上统御其治下所有领地的海军。他本人则在伦敦受封为嘉德骑士。在英盘桓六个星期后，皇帝从南安普顿启航离去，十天后抵达西班牙，

---

① Guicciardini, lib. 14.

迅速扑灭了他离国期间爆发的一场叛乱。①

英王亨利对法宣战，理由牵强之极，他甚至找不到任何宣战的 对法开战
借口，只能指责弗朗西斯拒绝服从他的仲裁，并且把阿尔巴尼送回
苏格兰。法国国王迟迟没有宣战，直到确定亨利真的决心攻法，这
才迈出最后的一步。萨里率一支英军在诺曼底的瑟堡(Cherbourg)
登陆，烧杀劫掠，将这片土地化为荒场，便扬帆而去，接着，英军攻
占并洗劫了布列塔尼的富裕城镇莫尔莱(Morlaix)。英国商人在当
地拥有大量财产，但同样惨遭掳掠。萨里随后将舰队指挥权交给
副将，他本人乘船赴加来，在那里就任侵法英军统帅。稍后，布伦
伯爵(count de Buren)率低地国家的援军赶到，会师后总兵力达到
18万。

自查理五世时代以来，法国人每次对英作战，始终奉行一个
144 原则：非到绝对必要，决不冒险大规模交战。法军统帅旺多姆公爵
(duke of Vendome)也采取了这一明智策略。他在地处前沿的城
镇，特别是博洛涅、蒙特勒伊(Montreuil)、泰鲁安、赫丁(Hedin)等
几地部署重兵防守、储备大量军需物资。他本人率领部分瑞士和
法国步兵及一支骑兵队坐镇阿布维尔。吉斯伯爵(count of Guise)
率六千将士扎营于蒙特勒伊城下，与阿布维尔互为犄角。一旦形
势所需，两军随时可合兵一处，为任何遭到威胁的城镇提供支援，
骚扰英军的一切行动。萨里伯爵因军需储备不足，先是命令手下
部队分散行动，以便获食。但他发现各部在法军频频出击下屡遭挫
败，便重新集结兵力，包围了赫丁。然而这次围城也是劳而无功，

---

①　Petrus de Angleria, epist. 765.

城内守军连番英勇出击，外围的法军也采取行动，对英军形成夹攻之势。这期间又连降暴雨，由于士卒劳顿、天气恶劣，英军营内痢疾流行。萨里被迫撤围，于十月底率部返回冬季营地。英军殿后部队在阿图瓦的帕斯(Pas)遇袭，折损五六百人。萨里伯爵徒然东征西讨，在法国境内没能占领任何一处地方。

反法同盟在意大利的战绩相对较好。在米兰附近的比可卡(Bicocca)，法将洛特雷克(Lautrec)在一次大规模战役中落败，被迫率领残部撤退。这次失败源于弗朗西斯的疏失，没有给洛特雷克提供必要的资金。[①]紧接着，热那亚也告失守。法国人在意大利占领的据点只剩下克雷莫纳(Cremona)这一处要塞。

纵观此时的欧洲局势，不同国家因形形色色的姻亲关系和利益纽带而紧密勾连，只要一处燃起战火，就几乎势必蔓延到整个欧洲。然而，在所有的联盟当中，关系最紧密者莫过于法兰西和苏格兰之间的古老同盟。英国人既然处于对法交战状态，就无法指望北疆长葆安宁。阿尔巴尼一回到苏格兰，便开始紧锣密鼓地筹备征英，他召集举国武装在罗斯林(Rosline)旷野集结，[②]随即从那里挥师南下，进驻阿南代尔，准备经索尔威湾(Solway-Frith)跨越边境。然而，许多苏格兰贵族不满摄政王当权，他们注意到他与法国关系深厚、对苏格兰则相对淡薄，于是私下抱怨摄政为了外邦利益频频打破国人的安宁，如今幼主尚在稚龄，实不该悍然对财大势强的邻邦发动侵略。尤其是戈登(Gordons)家族，干脆抗命不前。

145

---

① Guicciardini, lib. 14.

② Buchanan, lib. 14. Drummond. Pitscottie

阿尔巴尼见众意难违，只得与英格兰西部边区民防长官达克雷勋爵签约停战。未几，阿尔巴尼再度赴法；为防备敌对派系趁机壮大势力，他离开苏格兰之前，先行将太后的现任丈夫安格斯伯爵送往法国。

次年，亨利趁苏格兰摄政离国的大好机会，命萨里伯爵率兵入侵该国，英军一路未遇任何抵抗，劫掠了默西（Merse）和蒂维厄特河谷（Teviotdale），又火焚杰德堡。苏格兰人群龙无首，国王和摄政均不在国内，霍姆兄弟已被处决，安格斯伯爵身在法国、形同流放，没有一个贵族拥有足够的胆气和权威，撑起国内政局。英王深知苏格兰处境窘蹙，决意把他们彻底逼上绝路，迫使其正视自身的软弱现状，从而郑重放弃与法国的联盟，转投英国的怀抱。[①]他甚至让他们萌生希望，苏格兰幼主或许能迎娶英格兰王位继承人玛丽公主，使两个王国永远联为一体。[②]苏格兰太后及其所有同党到处宣扬这个联姻计划和对英亲善的种种好处。他们声称，太久以来，苏格兰的利益总是为法国利益遭到牺牲，法国人每当陷入困境，就会呼召盟友相助，然而一旦发现对英媾和于己有利，就会毫不犹豫地变脸抛弃盟友。他们指出，但凡小国与大国紧密结盟，由于双方实力太不均衡，只能落得这般结果；然而，几个王国所处的形势自有其特殊性，使得这种情况在当前无法避免。法兰西与苏格兰距离遥远，又有大海相隔，一旦英国向苏格兰发难，法方的援军无论如何不可能及时赶到，保护他们免遭强邻蹂躏。大自然安

公元
1523年

146

---

① Buchanan, lib. 14. Herbert.
② Le Grand, vol. iii. p. 39.

排苏格兰和英格兰共处一岛，赋予两邦同样的风俗、语言、法律和政体，早已为两邦亲善联盟准备好了一切条件，可以说是某种"天作之合"。他们还说，一旦实现和平，彼此间的敌意很快就会消除，倘能如此，两国同心，凭借大海这个天然屏障加上岛内武装力量，足可抗拒一切外敌，永保安泰无虞。

亲法派的观点与此相反，他们声称，英格兰地处毗邻的位置和超级强大的国力，非但不构成与之结盟的理由，反倒恰恰是两个敌对国度永远无法真诚、持久结盟的原因所在。他们指出，相邻国家之间总会频频发生争执，强势的一方必定抓住每一个微不足道的借口来欺凌弱者，逼迫其臣服。英法之间因地处毗邻而战火不断，苏格兰从自身利益出发，若要保持本国独立地位，便须与后者保持联盟，以图制衡前者。苏格兰在欧洲的重要地位亦主要有赖于这个古老而有益的联盟。倘若苏格兰人抛弃这个联盟，他们的凤敌很快就会在利益和仇恨的驱使下，以优势兵力悍然发动入侵，彻底剥夺他们的自由。就算敌人推迟侵略，这种有毒而诱人的和平环境只能令苏格兰人逐渐失去尚武精神，为他们铺就一条通向奴役之路，而且更加确定、无法挽回。①

亲法派的主张有民众发自内心的成见支持，似乎占据了上风。摄政因英国舰队的封锁，滞留在法迟迟不能归国，最后，他终于出现在国人中间，遂使意见的天平彻底倒向亲法派一边。他借助国会的权威召集了一支部队，率军南下至边境一带，声言要报复英国人在开战之初造成的破坏。但在通过特威德河上的梅尔罗斯桥

---

① Buchanan，lib.14.

(Melross)时,遭遇英军的强力阻击,阿尔巴尼认为还是暂且回撤为妙。他一直沿着特威河左岸向下游行进,择地扎下营盘,隔河正对着萨里伯爵刚刚修复的韦克城堡(Werk-Castle)。他派出一支兵力渡河围攻该城堡,打开了一个缺口,并摧毁了部分外围工事。然而摄政王闻知一支英军正在抵近,又见岁时已晚,便选择了解散部队,返回爱丁堡。不久,他再次启程赴法,这一去便再也没有回来。苏格兰国内党争激烈,在长达数年的时间里一直无力给英国制造更多麻烦。于是,亨利便可腾出精力,从容执行他在欧陆的计划。

英国对法战争进展如此缓慢,原因在于资金紧张。亨利七世时期积累的库帑早已被花光用尽,而国王铺张挥霍的习气不改,王室岁入应付政府日常开支都捉襟见肘,更遑论发动战争。此前一年,国王下令普查全国人口及其年龄、职业、拥有资产和年收入,[①]随后十二分满意地表示,这一国国民相当富庶。接着,他以王玺用印[②]向最富裕的臣民筹借一定数目的款项。如此行使权力虽有不合法和专横之嫌,但亦属历朝英王治下旧例,民众对此已经习以为常了。然而亨利在这一年里对权力的滥用还远远不限于此。他颁旨向全国臣民普遍征税,仍然以"借贷"为名,神职人员每镑须缴五先令,平信徒两先令。这种所谓的借贷在形式上更合规,实则对国民自由的危害更大,为国王绕过议会征税提供了先例。

此后不久,亨利召集了一届议会,同时召开新一届教牧代表会议。与会者对于自身特权遭到侵蚀都未发怨言,他们只想知道,

4月15日议会召开

----

① Herbert.Stowe, p.514.

② 按照王室仪规,最郑重场合以国玺(great seal)用印,次之为王玺(privy seal),再次为私玺(privy signet)。——译者

对国王应当慷慨到什么程度。两次会议均由沃尔西负责安排,他首先向教牧代表们施压,希望从他们身上打开缺口,从而影响议会,为王室提供大笔补助金。他要求神职人员捐献一半岁入,为期五年,按当时币值计算相当于每镑捐两先令;尽管有一些抵制的声音,但是沃尔西言辞凌厉地谴责强项者,该提案最后终于强行通过。随后,枢机主教在几位贵族和主教陪同下莅临下议院。他发表了一通精心设计的长篇演说,对各位议员阐明政府的迫切需求、苏格兰入侵的危险、来自法国方面的挑衅,以及国王与教宗和皇帝结盟的情况。他要求议会提供八十万镑补助金,在今后四年内分期支付。根据近期的普查或者说评估,这个数额相当于在一年的国民收入中每镑征收四先令,或以四年为期,每年每镑征收一先令。[①]对下议院来说,如此巨大的数目委实太不寻常,尽管下议院议长托马斯·莫尔爵士(Sir Thomas More)和另外几位与宫廷关系密切的议员支持枢机主教的要求,但是仍然无法说动整个下议院。[②]他们投票通过的额度是:凡年收入二十镑及以上者,每镑须缴二先令;凡年收入在四十先令到二十镑者,每镑须缴1先令;其他十六岁以上臣民每人须缴一格罗特(四便士银币)。最后一类税款分两年征收,其他类别分四年征收,因此每年税额最多不过每镑六便士。下议院批准的数额仅仅是当初要求的半数,枢机主教因失望而老羞成怒,再度莅临下议院,要和拒绝国王请求的议员展开辩论。他被告知,下议院素有成例,只在内部进行辩论。枢机主教

---

　　① 这个普查或评估结果相当值得怀疑,因为地租收入被估得过高:除非将工商业、土地、借贷生利等所有类别的收入统统计入其中,才有可能说得通。

　　② Herbert, Stowe, 518. Parliamentary History. Strype, vol.i.p.49.

的辩论要求被驳回。不过，下议院稍稍增加了原来的拨款额度，投票通过对所有年收入在五十镑及以上者征收每镑三先令的税款。[①]下议院此举带有鲜明的时代特色：他们总是把钱袋子攥得紧紧的，王室的要求即使绝非无理，也会遭拒；然而对于侵犯国民权利的议案却不加约束地放行，哪怕其结果直接倾向于彻底颠覆国民自由。国王对议会的悭吝极为不满，所以此前一连七年未曾召集议会，在这届议会之后，又隔了七年之久才召集下一届。过后，他借口急需，在一年里向年收入达到四十镑者征齐了议会准其分四年征收的总税额，[②]再次侵犯了国民权利。人们普遍将这些违规行径归咎于枢机主教的教唆，后者倚仗圣职的保护，越发肆无忌惮地侵夺公民权利。

这一年，枢机主教野心勃勃的上位指望再次遭受打击。教宗哈德良六世驾崩，来自美第奇家族的克雷芒七世（Clement VII）获得皇帝一系势力的支持，当选为继任教宗。沃尔西此时看穿了皇帝的虚伪面目，认清后者永远不可能扶他坐上教宗宝座。他极度痛恨这一伤害，自此便与皇帝离心离德，开始为他的主君与法王握手言和铺平道路。同时，他把愤怒掩藏于心，向新晋教宗表示祝贺，继而申请延长前两任教宗授予他的教廷特使的任期。克雷芒深知博取他的友谊何等重要，便授予他教廷特使的终身职位。这一不寻常的授权，相当于把教廷在整个英格兰的权威都交付于沃尔西之手。在一些具体方面，沃尔西十分善用手中大权。他创办了两

---

① 参见本卷卷末注释［E］。

② Speed．Hall．Herbert．

所学院，一所在牛津，另一所在他的家乡伊普斯威奇。他在整个欧洲遍寻学者高人，来自己的学院担任教职。为筹措办学经费，他裁撤了一些小型修道院，把其中的修士们分散安置到其他修道院。鉴于罗马教廷此时也发现了修道院数量过多的问题，并且开始认识到需要提高自身智识水平，用以对付喜欢盘根究底，或者更确切地说是性好争辩的改革派人士，因此，沃尔西的计划在实施中并未遇到太多阻力。

这段时期反法联盟的势力似乎空前壮大。[①]哈德良在去世前，重申了与查理皇帝和英王亨利的盟约。威尼斯人在诱惑之下，抛弃了与法国的盟约，加入对立同盟，共同扶植马克西米连·斯福尔扎之弟弗朗西斯·斯福尔扎(Francis Sforza)主掌米兰公国。佛罗伦萨人、费拉拉公爵、曼图瓦公爵以及意大利半岛诸强统统加入了这一行动。皇帝亲率大军，陈兵于吉耶纳边境，对法兰西虎视眈眈。英格兰和低地诸国的武装威胁着皮卡第省。德意志的庞大军力则随时准备侵略勃艮第。然而，比一切外敌威胁更可怕的是图谋王位的肘腋之患，这一痈疽的形成由来已久，方于此时成熟破溃。

法兰西大元帅、波旁公爵查理天赋卓越，是法兰西宗室里光芒最耀眼的一位亲王，他不仅在沙场建功赫赫，更具备与其天潢贵胄身份相配的一切才艺。如此良材，更兼青春美质，令弗朗西斯之母、萨伏依的路易丝(Louise of Savoy)为之倾倒，她不顾二人年龄差距悬殊，欲与公爵配成鸾俦。提议遭拒后，她便设计构陷，要对公

---

① Guicciardini, lib. 14.

爵施展无情报复。这个女人生性虚伪狡诈、报复心重，心狠手辣，然而她凭借自身的超强才干，对儿子拥有绝对支配力，此乃法兰西的一大不幸。在她的挑唆下，弗朗西斯多次公开侮慢这位大元帅，151 种种情形令英雄豪杰忍无可忍。最后，他纵容路易丝对公爵发起控告，以一些鸡毛蒜皮的借口剥夺了后者的庞大家产，查理的身家性命岌岌乎殆哉。

　　这一切侮辱激怒了波旁公爵，他认定，如果有任何伤害足以构成一个人背叛君王和国家的理由，定然非此莫属，于是他暗中与皇帝和英王建立了联络。[1]弗朗西斯一心惦记收复米兰公国，制定了亲征意大利的计划。波旁公爵想要装病留在后方，只待国王翻越阿尔卑斯山，他就率领忠诚爱戴他的大批家臣发动叛乱，引外敌侵入王国心脏地带。弗朗西斯得到密报，但是他反应不够迅捷，没能控制住这个危险的敌人。[2]公爵逃出虎口，投入皇帝麾下效力，竭尽一身胆气和卓越军事天才，反对自己的母邦。

　　英王原指望弗朗西斯能够出师意大利，所以这一年里并未在皮卡第方面公开制造威胁，直到季节向晚，英军主帅萨福克公爵才 8月24日姗姗渡海抵达加莱。随同出征的有蒙塔丘特勋爵、赫伯特勋爵、费拉斯勋爵、莫尼勋爵、桑兹勋爵、伯克利勋爵、包沃斯勋爵，以及众多其他贵族士绅。[3]此番抵法的英军，加上从加来驻军中抽调的一 入侵部，总数约一万两千人；布伦伯爵又率领人数相当的佛兰德斯部队 法兰西前来会合，双方准备联手入侵法兰西。他们起初计划围攻勃洛涅，

---

　①　Memoires du Bellay, liv. 2.
　②　Belcarius, lib. 17.
　③　Herbert.

但这似乎是一块硬骨头，因此指挥部认为不如将该城留在身后更可取。皮卡第边境戍防薄弱，保卫该省的法军将领唯有不断骚扰行进中的英国和佛兰德斯联军，并迅速向各个受威胁的城镇增派兵力。联军沿索姆河岸前进，经过赫丁、蒙特勒伊、杜朗(Dourlens)，出现在布雷城下，此地只有少数驻军，扼守着索姆河上的一座桥梁。联军决定由此渡河，如有可能的话，在法国境内建立冬季营盘。然而法将克雷基临战进驻该城，似乎决心坚守。联军发动猛攻，取得胜利，当法军撤退过桥时，追击部队紧紧咬住，根本不容他们拆毁桥梁，就一股脑冲过桥，彻底击溃了敌人。接着，联军进抵蒙迪迪耶(Montdidier)，经过一段时间的围攻，该城有条件投降。联军长驱直入，行至瓦兹河(Oise)畔，距巴黎仅十一里格。巴黎合城震动。直至旺多姆公爵紧急率军来援，恐慌情绪方有所缓解。联军担心被围，在冬令时节陷入困境，认为还是以撤退为妙。他们放弃了蒙迪迪耶，两手空空地各自返回本国。

　　在其他几条战线上，法兰西的自卫同样轻松而幸运。弗斯滕伯格伯爵率一万两千德意志雇佣兵突入勃艮第边境，负责镇守边关的吉斯伯爵手上只有一些民兵和大约九百重甲骑兵可用。他安排民兵进驻有要塞的市镇，自己率领骑兵在野外作战，不断骚扰敌军，德意志人被搞得头痛不已，最后退入洛林(Lorraine)才算松了一口气。吉斯趁德意志人渡过默兹河(Meuse)时发动突然袭击，打得他们乱作一团，敌人后军大部被截断、消灭。

　　查理皇帝在纳瓦拉一线厉兵秣马。此地尽管有天险卫护，面对如此强敌却处境堪危。查理包围了丰特拉维亚(此地于几年前落入弗朗西斯手中)，吸引法将洛特雷克率部前来解围，这时他突

152

然撤围，转而出现在巴约讷城下。洛特雷克发现中计，遂奔进驻巴约讷城，奋勇投入防守，迫使西班牙人解除包围。皇帝不听众将劝说，执意折返丰特拉维亚，不顾时已入冬，正对那座壁垒坚固、守备力量强大的城池扎营。该城总督怯懦且指挥无方，几日后便率合城投降。倘非如此，皇帝再度遇挫，定然颜面无光，这条战线上的所有军事行动也将一无所获。克定此城后，皇帝收兵返回冬季营地。

弗朗西斯念念不忘远征意大利，尽管四面受敌，仍然决定亲率大军去征服米兰。波旁公爵谋反和出逃的消息传来，他只得暂且止步于里昂。他深恐那位势力强大、深受拥戴的公爵兴风作浪，闹出什么乱子，认为自己还是坐镇国内方为稳妥，遂派博尼韦将军率兵继续前行。米兰公国防务空虚，这本是敌方故意布设的一个陷阱，目的就是吸引法军前来进攻，为波旁公爵制造机会。博尼韦一过台芬河(Tefin)，反法联军就乱了阵脚，就连素以深谋远虑著称的总指挥官普罗斯佩·科隆纳(Prosper Colonna)将军也不知所措。他们商议好，如果博尼韦径直攻打米兰，这座全公国所倚靠的大城就不作抵抗、开门降敌。不过，博尼韦一路打了许多零碎小仗，浪费不少时间，让科隆纳得以趁机充实米兰防守，作好御敌准备。结果，博尼韦无法强攻，只得采取封锁战术，试图以饥馑攻克此城。进出米兰的各条道路上，所有要塞都被法军占领。但与此同时，反法联军也并没有闲着：他们积极封锁法军补给、骚扰法军驻地，以致法国人非但没能把米兰逼入绝境，自己反倒几乎饿死。疾病、疲惫和饥馁的折磨令法军衰弱不堪，已经作好撤围的打算，惟日日翘首盼望法王征募的大批瑞士援军赶到，这是他们唯一的指望。然

153

意大利战事

公元1524年

而，援军到来那日，当法军营地已经遥遥在望，这些瑞士山民一阵心血来潮，对法国人的憎恨突然泛起，居然停下了脚步，他们没有加入博尼韦的阵营，反而向法军营内的众多瑞士同胞下令，要他们立即随大队调头回乡。[1]被瑞士人抛弃后，博尼韦别无选择，只好 154 全速撤退，返回法国境内。

　　法国人被逐出意大利，教宗、威尼斯人和佛罗伦萨人满足于所获胜果，决定见好就收。所有各方——尤其是教宗克雷芒——一向对皇帝的野心抱有强烈的戒备；而当他们看到皇帝拒绝举行授封仪式，不肯把米兰公国作为帝国的一个采邑正式封给弗朗西斯·斯福尔扎(尽管他早已承认后者主掌该公国的权利，也曾支持其保卫领地)，这种怀疑就上升到了极点。[2]他们一致认定，皇帝打算自己占有那个重要公国，把整个意大利降为藩属。克雷芒出于猜忌，甚至向派驻伦敦的教廷使节发送旨令，让他设法调停，促成英法和解。然而，这一重大变局的时机尚未完全成熟。沃尔西虽然对皇帝颇为反感，但是受着虚荣心的驱使，决意把和平使者的殊荣留给自己，于是撺掇国王拒绝了教宗的调停。随后，亨利甚至又同查理皇帝签定了一份入侵法国的新盟约。按此条约，查理承诺为波旁公爵提供一支强大的军队，助他征服普罗旺斯和多菲内；亨利同意在战事启动首月为其提供十万克朗，此后要么每月提供同样数额的款项，要么指挥大军入侵皮卡第。波旁公爵占据这些省份后可自立为王，但须尊亨利为法兰西国王，自居其名

---

① Guicciardini, lib. 15. Memoires du Bellai, liv. 2.

② Guicciardini, lib. 15.

下封臣。勃艮第公国将划归查理，法兰西王国其他地区则归亨利所有。

这一空想的瓜分方案当即在最易执行的一个条款上遇到挫折：波旁公爵拒绝承认亨利为法兰西之主。不过，他出征普罗旺斯的计划仍然如期执行。他和佩斯卡拉（Pescara）侯爵统率着一支由皇帝的追随者组成的大军，对普罗旺斯发动攻势。他们包围了防守薄弱的马赛，指望很快拿下该城。然而马赛市民以极大的勇气顽强抵抗，令波旁和佩斯卡拉久攻不下，当他们闻知法国国王率领大军前来解围，只得放弃了围城。他们带领这支兵力受损、士气消沉的部队撤入意大利境内。

至此，弗朗西斯击退了所有来犯之敌，本可以安然坐享这份光荣，但他接到情报，得知英王前番征法无果，意气消沉，加上对查理皇帝不满，没有为二度进犯皮卡第进行任何战备活动，于是，旧日激情再度攫住了他的心，尽管季候已晚，他还是不顾驾前顾问们最明智的劝告，当即决定率兵亲征意大利。

他在蒙塞尼（Mount Cenis）山口翻越阿尔卑斯山，兵临皮埃蒙特，米兰顿时一片混乱。皇帝和斯福尔扎的部队都退往洛迪（Lodi），倘若弗朗西斯在幸运之神的指引下选择追击，他们定会弃洛迪而逃，终被完全击溃。[①] 然而，幸运之神并未眷顾弗朗西斯，反而引他去围攻帕维亚（Pavia），此城壁垒坚固，驻军力量强大，守将莱瓦（Leyva）是西班牙军中最勇敢的将领之一。法王为夺取这个战略要地，一次次发动进攻，始终徒劳无功。他下令用攻城锤撞击城墙，

法兰西
国王入侵
意大利

---

① Guicciardini, lib.15. Du Bellay, lib.2.

打开几个缺口，然而警觉的莱瓦总能立即在缺口后面筑起新的内线防御工事。法军又试图掘开流经帕维亚城郊、卫护着该城的提契诺河(Tesin)，让河水改道，但是一夜洪水，冲毁了他们积土堆成的新堤，将士们多日辛劳的成果尽付东流。疲惫和恶劣的天气(当时已入深冬)严重消耗着法军的战斗力。同时，皇帝麾下的将帅们并未游手好闲。佩斯卡拉侯爵和那不勒斯总督拉努瓦(Lannoy)从各地集结兵马；波旁公爵典当了自己的珠宝，凭着这笔钱和他个人的影响力，在德意志招募了一万两千雇佣兵，与皇帝的部队会合。这支大军开向帕维亚，前去解围。法军面对的形势日益严峻。

公元
1525年

在当时的欧洲，一来因为除了意大利和低地国家以外，其他地区工商业都有欠发达，二来因为各大君主国的民众依然享有广泛的权利，吝于对王室批授补助金，所以各国君主的收入普遍微薄，即使对平常保有的少量军队，也无法保证按时开饷。波旁、佩斯卡拉和拉努瓦麾下这支不到两万人的部队，乃是皇帝陛下手上仅有的军力(因为他从西班牙和佛兰德斯方面都没能招募到进攻法国的部队)，然而这位威势显赫的君主却是个穷光蛋，连这些将士的饷金都掏不出。唯有靠着击败法军、夺取战利品的指望，才能把他们牢拢在皇帝旗下，继续向前开进。倘若弗朗西斯在对手抵达前撤围退回米兰，这支部队肯定会当即解体，法方便能毫无风险、兵不血刃地赢得完胜。但是弗朗西斯偏偏生就一种固执，面前的困难越大，他就越不肯放弃。他曾经声言，要么拿下帕维亚，要么死在帕维亚城下。因此，他下定决心，宁可承受最大的艰险，也不违背自己的誓言。

帝国军队连续数日炮轰法军营地，最终发动总攻，突入法方的防御工事。莱瓦也从城内发起突击，更加剧了围城法军的混乱。瑞士步兵团一反常态，卑怯地临阵脱逃。弗朗西斯手下部队被击溃，他本人身陷重围，依然英勇搏斗，亲手斩杀七人，最终被迫投降。这支部队本来人才济济，有很多贵族和骁勇的军官，如今几乎全军覆没，不是死于敌人剑下，就是溺毙于河中。少数侥幸逃生者则沦为阶下囚。

信使潘那索拉（Pennalosa）持着被俘的法王签发的安全通行证，穿越法兰西赴皇帝驾前报捷。后者闻讯后，表现得十分温和克制，这种态度倘若发自真心，定会博得世人的敬意。他没有露出大喜之色，而是对弗朗西斯的厄运表示同情，感同身受地慨叹古往今来的雄主莫不面对的艰危命运。[1]他没有批准马德里市举行任何公开庆祝活动，表示自己要等到打击异教徒取得胜利之后，才能欢腾庆祝。他又传令边境驻军不得进犯法国，并声称要立即在合理条件下对法媾和。不过，这一切表面上的克制只是虚伪作态而已，由于心机深沉就越发富于危险性。此时他一心一意地谋划着如何从这个大事件中赚取最大的利益，满足自己贪婪的野心，迄今为止，他的一切所作所为都被这种野心所主导。

还是这位潘那索拉，他在穿越法国的中途，也替弗朗西斯捎了一封信给他的母后，她受弗朗西斯之托担任摄政，当时驻跸于里昂。信中只有寥寥几个字："兹禀母后陛下：一切尽失，惟荣誉尚存。"沉重的噩耗令太后极为震恸。眼看王国无主、部队尽折、没

2月24日帕维亚战役，弗朗西斯被俘

157

---

[1]　Vera, Hist. de Carl. V.

有将领、没有金钱,四顾皆是敌人的胜利之师,对法兰西虎视眈眈。在当前的困境中,她唯有寄希望于英国国王,或许他能同意对法讲和甚至施以援手,这是她内心最大的安慰。

假如英国国王参与对法战争是出于通盘性的政治谋划,那么帕维亚大捷和弗朗西斯被俘对于他显然是一种再好不过的结果,唯有如此,他的计划方能得以实现。如果战局始终有如温吞水一般持续下去,没有哪一方取得决定性优势,他或许能占领一些法国边境城镇,或者零星的小片领土,但若不花费远远超出其实际价值的金钱,终究无法保有这些地方。法兰西人衷心拥戴本国政府和王室,因此,只有在法兰西遭受致命重创以致国力尽失的情况下,他才有望占据这个强大王国的大片省份,或者将其肢解瓜分。但是,鉴于亨利很可能从未想得如此深远,所以这件大事令他极为震惊,顿生唇亡齿寒之感,他看到此后再无力量能与查理皇帝形成制衡,英格兰王国乃至整个欧洲都面临着威胁。因此,他非但没有利用弗朗西斯的困境占便宜,反而决定助其度过难关。由于扶助落败之敌的行为充满仁爱的光辉,且与他的政治利益不谋而合,更使他不费踌躇地选择了上述新举措。

亨利决定
联法

此前,亨利和查理皇帝之间还发生过一些不睦,而沃尔西和查理之间的龃龉则更深,那位权臣早想为自己的鸿图壮志屡遭挫折而复仇,只待一个合适的时机。查理在帕维亚大捷之后的表现,唤起了亨利的妒意和怀疑。皇帝起初佯装低调,行动上却露出了马脚,他对待亨利的态度已不同于以往:从前他总是亲笔写信给亨利,落款为"挚爱您的儿男"云云,现在却改为口授,由秘书执笔,信末只简单地签名"查理"。①沃尔西也觉察到，皇帝给他的信中不再像从前那样充满讨好和热情表白。查理因陶醉于胜利而行动失慎，相比之下，他对待后一位人物所犯之错对他自身利益的威胁或许更大一些。

亨利虽说当即下定决心改弦易辙，却小心翼翼做好表面的掩饰：他诏令全国各地为帕维亚大捷和俘获法王举行庆祝活动，又公开驱逐了法国使节——此前双方虽然处于交战状态，他却一直允许法国使节留驻于伦敦。②然而，当法兰西摄政低声下气恳请他出手相助时，他就应声重启了两国的交流，他不但保证向她提供自己的友谊和保护，还要求她许下诺言，永远不答应割让王国的任何一个省份作为儿子的赎身之价。而在面对皇帝时，他却做出一副雄心勃勃的样子。为了找借口与皇帝决裂，他派遣伦敦主教汤斯达尔出使马德里，提出大举攻法。他要求查理立即率大军入侵吉耶纳，为他拿下那个省份；他还要求皇帝偿还上次访问伦敦期间所借的巨款。他清楚，这两条要求皇帝全都做不到，皇帝也根本不想让他在西班牙边境一带据有这样一块要地。

汤斯达尔抵达马德里后，向主君汇报，查理对英格兰亦口出怨言，尤其是对亨利不满，因为在过去的一年里，亨利既没有遵照条约中的承诺按月为波旁公爵提供资助，也不曾率军入侵皮卡第。汤斯达尔还补充道，皇帝对将来玛丽公主长大后与之成婚一事避而不提，反而对迎娶他的侄女、葡萄牙公主伊莎贝拉的提议表示兴

159

---

① Guicciardini, lib. 16.

② DuBellay, liv. in. Stowe, p. 221. Baker, p. 273.

趣。此外，皇帝已经开始与弗朗西斯单独谈判，似乎打定主意要独吞幸运之神奉送给他的这份胜利果实。

8月30日　　　在上述所有动机驱使下，英王在穆尔(Moore)地方与法国摄政签约结盟，并设法帮助她以合理条件赎回儿子。[①]摄政在另一份条约中承认法国欠亨利一百八十万克朗，今后每半年向其偿付五万克朗。亨利自此可终身享受法国政府颁予的十万克朗年金。另外，摄政为感谢沃尔西的斡旋之功，也厚赠给他十万克朗，但名义上是他放弃图尔奈教区职俸所获津贴的欠付部分。

　　　与此同时，亨利预见到与法兰西的盟约可能在他与皇帝之间点燃战火，遂决定向本国臣民征税，以充实国库。议会对他的要求有些不情不愿，他便听从沃尔西的建议(据信这是沃尔西的主意)，决意单单凭借皇室特权来达到目的。他对全英各郡签发征税授权令，向神职人员每镑征收四先令，向平信徒每镑征收三先令四便士。英格兰人
的怨望他自以为天威无限，这次横征暴敛连半点遮掩工夫都没做，甚至没有像以往那样，打出借贷的幌子。但他不久便发现，自己过高地估计了臣民的屈从程度。民众不满于这一超乎当时通例的征敛，更反感这种非法的强征手段，一时间怨声鼎沸，征税特派员到处160遭到抵制。由于此邦民性桀骜不驯，眼看有激起普遍叛乱的危险。好在亨利拥有足够的谨慎，意识到前路危险，戛然止步。他致信全国各郡，称自己无意暴力强征，除了通过恩税途径之外，绝不想擅取于民。他自以为如此放低身段便可安抚民众，接下来，没有人敢于触犯王威，拒绝他以这种低姿态提出的任何索求。然而，敌对精

---

①　Du Tillet, Recueil des Traites de Leonard, tom. 2 Herbert.

神一旦被激起，就难以轻易平复。一位伦敦律师提出反对理由，称理查三世曾经颁布法令，永远废除恩税；对此，法院答复道：理查三世作为僭位之君，他所召集的议会亦属于宗派集团，因此，那一朝颁行的法令不能约束一位拥有绝对权力的合法君主，后者依据世袭继承权据有王位，无须讨好放肆的百姓。①法官们甚至放胆断言，国王有权签发征税授权令，随心所欲地向臣民征敛；御前枢密院也毫不犹豫地表态支持这一裁定——国民最宝贵的权利就此被抹杀，他们的其他一切权利也变得岌岌可危。有了王室特权和法律托词的强大权威撑腰，沃尔西便派人唤来伦敦市长，问他愿意为供应主上所需掏多少钱。市长称，自己表态之前，先得和市议会商量。但是枢机主教提出，市长和市议会所有成员须单独面见他本人，就恩税事宜交换意见。凭借这一着，沃尔西轻松化解了议员们结成反对同盟的风险。不过，乡村地区的情况就没有这么顺利了。有些地方的民众哗然生变，但是由于暴民群龙无首，所以萨福克伯爵和诺福克公爵（即原萨里伯爵）以恩威并施的手段，毫不费力地诱使一众叛乱头目放下武器、束手就擒。鉴于叛乱分子的行动深得人心，国王认为严惩他们会带来危险，遂违背自身暴烈、专横的秉性，决定开恩大赦。在定罪时，他审慎地绕开逆臣贼子的罪名，只说他们犯法是因贫穷所致。罪犯被押至星室法院受审，受到御前枢密院的严厉指控，随后，枢机主教发言道："尽管被告罪行严重，但国王陛下体恤他们的贫困景况，还是开恩给予宽赦，只要他们具保确认今后安分守己即可。"但几名被告回答，他们找不到保

161

---

① Herbert.Hall.

人。于是,枢机主教带头、诺福克公爵也随之表示自己愿意出面作保。就这样,这些人被当庭开释。[①]

国人出于莫须有的理由,把这些横征暴敛归咎于枢机主教的唆使,更加重了他所背负的骂名。而国王的宽赦则被视为对这种非法行径的某种补救,赢得万民感念。然而,沃尔西倚仗王权和教廷权威的强大后盾,继续肆无忌惮地践踏一切教会特权——在那个时代,教会特权的神圣性远远超出世俗权利。沃尔西使出非常手段,整顿了一批修道院之后,其他所有修道院慑于他的威势,听凭他说一不二。他倚仗教廷特使的身份,有权踏查各修道院,改革他们的各种做法、惩治违规行为。他照旧把这份权力交托给门下走卒艾伦具体行使。众修道院只得破财消灾,向枢机主教或其代理人奉上丰厚礼金,免得为这些或真实或捏造的罪名而遭到惩处。他们的压榨行径逾来逾过分,终于有一天传到了国王的耳朵里,虽说他对针对这位宠臣的怨言向来充耳不闻。沃尔西此前在汉普顿区修造了一座华丽宫室,他的本意可能是想留作己用,就像位于威斯敏斯特的那座约克宫一样。但是,由于害怕这份奢华增添旁人的嫉恨,又想安抚国王的怒气,他便将此宫室进献给国王,声称它起初就是为国王而建的。

国王手握绝对权力,对内无论是驾驭群臣还是统治百姓,统统易如反掌。只有对外事务需要他付出勤勉努力。纵观外部局势的发展,而今英国完全保持中立已经谈不上安全。皇帝伪装出来的温和低调并未保持多久,世人很快就清楚地看出,他名下的广袤疆

---

① Herbert.Hall.Stowe, p.525. Holingshed, p.891.

域远远满足不了他的野心，只是他扩张帝国版图所凭借的资本而已。他向被俘的法王提出的条件，势必永久性地摧毁法兰西的国力，破坏欧洲的总体均势。就在帕维亚战役结束后不久，他的手下将这些条件提交给被羁于皮齐盖托内（Pizzichitone）的弗朗西斯。弗朗西斯本来一直对皇帝的宽仁抱有一定幻想，此时大失所望，腾腾怒火顿时涌上心头。他表示，宁可在禁锢中死去，也绝不同意肢解自己的王国。就算他本人卑贱到接受这些条款，他的臣民们也绝不会容忍这些条款付诸实施。

当弗朗西斯闻知亨利对自己抱有同情、意大利诸强则因他此番兵败被俘顿生自危之感，精神颇受鼓舞，遂坚持要求较温和的条款。另一方面，与皇帝相隔遥远，这样谈判令他感到不安。于是，他提出迁往马德里（这个要求被接受了），希望与皇帝面对面会晤能对自己有利，他还指望着，查理一旦摆脱大臣们的影响，或许能表现出同自己一样的慷慨真诚。但他很快就看出，自己是大错特错了。由于缺乏锻炼、身体虚弱，又因景况凄凉而内心积郁，弗朗西斯一病不起，堪堪有性命之忧。查理见他病势沉重，深恐俘虏一死，自己原想从他身上谋求的全部利益就成了竹篮打水一场空。他赶到马德里城堡去探望弗朗西斯，当他走近后者的病榻时，那位病中的国王向他招呼道："陛下，您来探望您的俘虏吗？""不，"皇帝答道，"我来看望我的兄弟和朋友，他就要重获自由了。"他又说了很多类似的话，安慰那痛苦的人，收效颇佳，国王的病一天天好了起来，[1] 而且从那日起便开始积极地与皇帝手下

弗朗西斯
被送至马
德里

163

---

① Herbert, De Vera, Sandoval.

大臣们磋商协议条款。

公元
1526年
1月14日

最后，皇帝由于害怕各国结成反对他的大联盟，同意做出退让，把原本苛刻的态度略放温和些。双方签定了《马德里条约》，人们希望，这将最终平息几位雄主之间的纷争。条约的主要内容是：恢复弗朗西斯的自由；弗朗西斯将年龄居长的两个儿子交给皇帝作为人质，为割让勃艮第充作担保。弗朗西斯在协议中承诺，假如日后割让事宜遇阻，无论是由于法国国会反对还是勃艮第省议会作梗，他本人将在六个星期内重返牢房，直到条约得到彻底履行为止。这个著名的协议中还有许多其他条款，都对那位被俘的国王极为苛刻。由此明明可见，查理的意图就是要削弱意大利和法兰西，使这两个王国屈膝依附于自己。

查理驾前的众多大臣都预见到，无论此时从弗朗西斯口中索得何等庄严的宣誓、承诺和声明，后者却绝不可能履行这样一份对他本人、他的后裔和王国极其不利——或者毋宁说是极具毁灭性——的条约。向皇帝割让勃艮第，无异于将直捣法兰西心脏的门户拱手奉与强敌；牺牲意大利盟友，等于自断外援；倾尽这一富饶国度的全部力量和财富装备自己的压迫者，定会使之所向无敌。除上述重大利益考量之外，还要加上激情和仇恨这两个同样强大的动机——弗朗西斯身为堂堂一国之君，素以磊落高贵的品德而自豪，当他回想起被囚期间遭遇的诸般苛待，以及为了换取自由而被迫应承的所有苛刻条件，内心焉能无恨？他们同样料到，两位君主多年来一直相互比拼争胜，弗朗西斯必不甘心屈服于对手的优势，他会觉得查理一贯的所作所为根本配不上这份好运——而且查理的胜利也仅仅是出于运气罢了。弗朗西斯驾前的公卿，以及

164

他的朋友、臣民和盟友们肯定会众口一词地反复劝导他，君王的首要职责是维护子民，从私人角度，荣誉法则理当至高无上，超乎一切利益，而为君者则应把个人荣誉置于保证国家安全的重大责任之后。无法想象，弗朗西斯会出于强烈的骑士精神，坚守诚信、拒不听从这种本身不无道理的辩词，更何况这番话与他本人（无论作为君王还是个人）内心澎湃的激情又是如此合拍。

弗朗西斯在迈入本国边境的同时，将王长子和次子交付给西班牙人为质。随后，他跨上一匹土耳其骏马，策马飞奔。他挥舞着手臂，反复高喊："我还是国王！"王驾未几抵达巴约讷，摄政太后率整个宫廷在那里热烈欢迎他。弗朗西斯立即致信亨利表示感谢，称自己重获自由全靠后者居中斡旋。他还声称，今后凡与皇帝打交道，甘愿听从亨利指点。西班牙使节提出，法王既已完全恢复自由，应对《马德里条约》给予正式确认，却遭到弗朗西斯的拒绝，其借口是，必须首先召集法西兰国会和勃艮第省议会，取得这两个机构的批准。勃艮第省议会不久便召开了，宣布不承认该条约，因其包含将本省从母邦割裂的内容，他们表示，不惜动用武力，坚决反对实施这一毁灭性的、不公正的条款。皇帝手下的大臣们遂要求弗朗西斯遵照《马德里条约》的规定，重新返回狱中。法王非但拒不服从，反而昭告天下，拿出了不久前他与几国在科涅克（Cognac）秘密签定的一份盟约，反对皇帝野心勃勃的图谋和僭夺。[1]

教宗、威尼斯公国及意大利其他各邦一直对事态发展保持深

① Guicciardini, lib.17.

切关注，他们焦急地期待和忖度着弗朗西斯恢复自由后会做出什么决定。克雷芒七世更是迫不及待，他猜测法王绝对不肯执行这样一个严重破坏自身利益、甚至摧毁其独立的条约，便极其坦率地提出，可以颁授豁免状，解除他立下的一切誓言和约定。弗朗西斯毫不迟疑，当即加入教宗提议的联盟。缔约方包括法国国王、教宗、威尼斯人、瑞士人、佛罗伦萨人和米兰公爵。盟约规定，各方应齐心协力，迫使查理皇帝接受合理的赎金，交出两位年轻的法国王子，并将米兰归还给斯福尔扎，不附加任何额外条件或负担。英格兰国王受邀参加，不仅作为缔约国，而且以这个所谓"神圣同盟"的保护人身份出现。各方一致同意，一旦从皇帝手中夺回那不勒斯共和国，亨利有权在该邦享有一处岁入三万金币的封邑，另外，枢机主教沃尔西对基督教世界劳绩卓著，也将获得岁入一万金币的奖赏。

弗朗西斯希望，借着强大联盟的赫赫威势，能使皇帝的态度略为缓和，不再咄咄逼人地要求他履行《马德里条约》。他抱着这种指望，在战备方面便有所松懈，也未及时增援意大利盟友。波旁公爵此前已占领米兰公国全境（皇帝有意将此公国封授给他），他还在德意志招募了一支大军，令意大利所有君侯为之胆寒。尽管查理手头一如既往地缺钱，无力给他们发饷，但这支部队的威慑力依然不减。只是粮饷不继，军心不稳，哗变随时都有可能爆发，唯靠将士们对自己主帅的极端爱戴勉强维系着，才得以保持安定。为避免哗变，公爵率部向罗马进军，许诺任由部下劫掠这座繁华大城，发一笔横财。公爵本人在架设云梯攻城时阵亡，但将士们并没有丧失斗志，反而因悲愤力量倍增，他们奋勇攻上城头，手持刀剑冲

公元
1527年

5月16日

165

进城内，犯下了凡能想见的一切暴行：受害者的抵抗会激起军兵的狂暴本性，当抵抗停止，蔑视便成为屠杀的理由。罗马这座天下名城，曾因名声显赫而引来无数灾祸，但无论任何时代都不曾遭受这样的屈辱劫难，哪怕历史上的多番蛮族征服也不似今日这般恐怖。毫无约束的屠杀和劫掠一连持续数日，然而不幸的罗马人所承受的远远不止于此。①似乎凡是宗教所尊崇的谦卑、圣洁的象征，反而越发激起军兵们攻击侮辱的欲望。处女们或躲进父母怀抱，或投奔神的祭坛寻求庇护，然而就在当场遭到玷污；年迈的教会长老们遭到百般凌辱甚至折磨拷打后，被投入地牢，军兵们用最残酷的死法来威胁他们，逼迫他们供出藏匿财宝之处，或者支付高额赎金换取自由。克雷芒七世本人因坚信神圣身份的保护，没有及时逃走，结果被俘，他发现自己的高贵地位并未赢得西班牙士兵的尊敬，反而招来德意士人的侮辱嘲笑，他们普遍信奉路德派教义，乐得借着羞辱教宗来发泄内心的敌意。

当这一重大事件的消息传到皇帝耳中，这位惯于虚伪做作的年轻君主对己方的胜利表现出一副痛心疾首的样子。皇帝传旨，他本人连同整个宫廷都举行哀悼，并且停止为王子腓力庆生的活动。他深知哪怕再拙劣的表演，只要获得威权的支持，就能产生欺骗世人的功效，于是，他下令在各处教堂举行连续数月的祷告仪式，为教宗祈求自由，尽管人人都清楚，只要他一纸书信，教宗便可当即恢复自由。

亨利和弗朗西斯更为真诚地关切盟友的不幸。就在罗马遭劫

----

① Guicciardini, lib. 18. Bellay. Stowe, p. 527.

的前几天，这两位君主在威斯敏斯特签约，[①]除了重申前盟之外，双方还约定一同向查理遣使，要求他接受二百万克朗赎金释放两位法国王子，并且归还他向亨利的借款。两国君主命令负责宣布战争与和平的纹章官与大使们同行，倘若皇帝拒不接受上述条件，即当场向他宣战。双方约定，战争将在尼德兰展开，联军共投入三万步兵、一千五百名重骑兵，其中三分之二由弗朗西斯提供，其余的由亨利提供。为加强两国王室之间的纽带，条约规定，弗朗西斯或其子奥尔良公爵须迎娶亨利之女玛丽公主，具体安排待日后商定。两位君主一听说波旁公爵进攻罗马的消息，立即修改原计划，重新立约，把战争地点由尼德兰转到意大利。随后又传来教宗被俘的消息，越发刺激了他们，二王决心奋勇作战，拯救教宗。沃尔西亲自渡海，与弗朗西斯会晤，协调战争的各项安排。沃尔西依然尽情炫示他所醉心的盛大奢丽的排场，他的扈从队伍浩浩荡荡，多达千骑。洛林枢机主教和法国御前大臣阿朗松(Alançon)赶到博洛涅迎接，弗朗西斯本人不仅事先授权这位高傲的枢机主教可在其经过的任何地方开释一切囚犯，更不辞路远，御驾亲赴亚眠与之相见，甚至迎出该城好几英里，以示对来宾的礼敬。双方在亚眠商定，奥尔良公爵将与玛丽公主成婚；另外，鉴于皇帝似乎在筹备召开帝国议会，英法两国君主决定联手予以抵制；在教宗被俘期间，他们将各自统辖本国教会。沃尔西还做了一些小动作，尝试将其教宗特使的管辖权延伸到法国甚至德意志，但他发现这些努力全无效果，只好极不情

167

5月29日

7月11日

----

① 4月30日。

愿地放弃了上述野心勃勃的计划。①

　　时隔不久，两位君主又在伦敦订立新约，以期进一步巩固彼 9月18日
此的联盟。在这份盟约中，亨利最终同意放弃对法兰西王位的一
切权利主张——这种主张此时确已无异于妄想，但还时常被用作
借口，煽动国内愚众对法开战。作为回报，弗朗西斯承诺，他本人 英法结盟
及其继任者每年向亨利及其继任者支付五万克朗，此约永久有效。
为了使条约显得更为郑重，双方议定，两国议会和大贵族均应对条
约给予确认。法兰西元帅蒙特莫伦西(Montmorency)在众多显贵
陪同下，鲜衣怒马、渡海而来，参加条约确认仪式，在伦敦受到盛
大欢迎，与结盟的隆重氛围极尽相符。出于对皇帝强大威势的畏
惧，英法两国消弭了彼此间的世代冤仇。在此后的一个多世纪里，
西班牙虽与英伦相隔较远，却始终是英国人眼中的头号劲敌。

　　英法两国真诚结盟，虽然使双方共同派往皇帝驾前的大使更
有影响力，但终究没能说动皇帝完全接受联盟方面坚持的条件。
查理确实放弃了以勃艮第作为法国王子赎价的要求，但他提出，在
放归两位王子之前，弗朗西斯应当首先撤出热那亚、交出在意大利
占据的所有要塞。他还宣称要审判斯福尔扎，根据后者犯下的所
谓叛逆罪，没收其名下的米兰公国。于是，英法两国的纹章官按照
约定，齐齐向皇帝宣战，并当面对他发出挑战。查理对英国纹章官
以礼相待，对法国纹章官则报以厉色，斥责其主背信弃义，又重述
了他和弗朗西斯在马德里分别前私下交谈的内容，继而提出，要与
弗朗西斯单独决斗，以证明对后者的指责不虚。弗朗西斯接到挑

168

---

　　①　Burnet, book 3. coll. 12, 13.

战后，反讦查理说谎，他声称，在确保决斗场所安全的前提下，他愿意通过一对一决斗来维护己方的立场。然而，尽管两位君主皆为勇士无疑，这场拟议中的决斗却始终没有发生。

当时的法国人和西班牙人各执一词，激烈辩论究竟是哪位君主应当承担决斗违约的责任；然而，无论在何处，凡是冲和稳健之人无不慨叹命运的力量：只因一个不幸的偶然事件，便使那位品德更为正直、高贵而真诚的国王陷于如此残酷的境地，他唯有选择毁弃誓约来保护自己的人民，自此之后永远有口莫辩、永远被那个在荣誉和品德上都逊于自己的对手斥为背信之徒。

查理和弗朗西斯之间这场闻名于世的未遂决斗虽不曾对他们本人造成什么直接后果，却极大地改变了当时的世风。挑战和决斗曾经是古代蛮族司法审判制度的一部分，直到当时，这种做法在一些极具仪式感的场合依然留有遗风，偶尔也得到民事法官的认可；及至这个事件发生后，决斗之风劲吹，即使最微不足道的琐事也成了生死对决的因由。时人但凡遇到任何冒犯或伤害，就认为自己有权——甚至出于荣誉之必须——要求与对手一对一决斗、公开维护自己的权利，向敌人复仇。在此后长达两个多世纪里，这种被奉为高贵的荒谬原则，导致基督教世界里多少最高贵的鲜血徒然抛洒；直到今天，尽管有严厉的法律和理性的权威约束，但习俗的力量是如此强大，这种行为还远未完全杜绝。

第三十章　亨利八世(四)

国王婚姻合法性的疑点—国王的疑虑—安妮·博林—亨利向教宗提出离婚申请—教宗有意成全—皇帝威胁教宗—教宗两面敷衍—案件移交罗马审理—沃尔西倒台—英格兰宗教改革发轫—对外事务—沃尔西之死—召开议会—宗教改革推进—召开议会—国王与罗马决裂—议会召开

宗教改革之前，英格兰人对教廷权威恭顺有加，尽管如此，对于亨利迎娶兄长遗孀阿拉贡的凯瑟琳一事，民众却并非顺顺当当、毫无顾虑地欣然接受。国人出于成见，大体上倾向于反对如此至近的亲属通婚。先王虽说亲自为年仅十二岁的儿子订下这个婚约，但也不止一次明确透露了未来待适当时机废除此约的意图。① 他曾吩咐少年王子，一迈入法定年龄就发布异议声明，拒绝这桩婚事。② 他临终时，又在遗言中切切叮嘱儿子不要履行这个婚约，因其过于违背常情，难敌天下悠悠众口。亨利八世登基后，御前枢密院的部分成员，特别是沃勒姆大主教，声言反对国王与凯瑟琳完婚

公元
1527年

国王婚姻
合法性的
疑点

---

① Morison's Apomaxis, p.13.
② Morison, p.13. Heylin's Queen Mary, p.2.

的决定。此后一段时间里，亨利醉心于青春行乐，顾不得怀疑自己的婚姻选择，然而后来发生的一些事足以唤起他的注意，提醒他外界对这桩婚事的普遍看法。当初卡斯蒂尔议会反对查理皇帝迎娶亨利之女玛丽公主，依据的一条重要理由就是小公主出身不正。[①]后来，英国又与法兰西议婚，欲将公主嫁给法王弗朗西斯或奥尔良公爵，但法国大使塔布(Tarbe)主教旧调重弹，搬出同样的理由予以回绝。[②]这两件事自然在亨利的头脑中勾起了一些疑虑，然而，与此同时更有其他一些缘故大大加深了他的懊悔之情，令他的良心备感不安。

国王的疑虑

　　王后比国王年长六岁有余，虽然性格品行无可指摘，但已姿容渐衰，又有某些方面的病痛缠身，国王遂不愿再亲近她。她为亨利生过好几个孩子，但只有一个女儿活了下来，其余的都夭折于襁褓。这一不幸令亨利深受打击，因为摩西律法中明明写道，娶兄弟之妻者必遭无后的诅咒。[③]此外，不论任何时候，只要亨利婚姻的合法性遭到质疑，王位继承权的问题便会随之浮现在每个人心头。人们担心，玛丽公主只是一介女流，一旦其出身合法性问题与性别弱势相叠加，那么第二顺位继承人苏格兰国王很可能趁机起而图之，扰乱王国的安宁。不久前的内战和动乱正是肇端于继承权争议，国人心中创痛未消，因此普遍希望采取不拘任何方式避免这种无法弥补的祸患。如此，国王在私人情感和公心的共同驱使下，寻

172

---

①　Lord Herbert, Fiddes's life of Wolsey.

②　Rymer, vol. xiv. 192, 203. Heylin, p. 3.

③　"人若娶弟兄之妻，这本是污秽的事，羞辱了他的弟兄，二人必无子女。"出自《圣经·利未记》20:21。——译者

求摆脱厄运的笼罩——在他看来，就是要摆脱与凯瑟琳之间不合法的婚姻。

　　亨利后来申明，他的疑虑完全源于良心的自省；他也曾向自己的忏悔神父林肯主教请教，发现这位长老怀有同样的疑虑和困惑。国王本人既是一位了不起的决疑者和神学家，便在此后一段时间里，凭着自己的学识和钻研精神更细致地考察这个问题。他在托马斯·阿奎那的著作中寻求答案，结果发现，那位在教会中威望卓著、更被他本人尊为绝对权威的著名神学家曾经专门探讨过这个问题，并且明确宣称，此类婚姻是非法的。①托马斯·阿奎那指出，《圣经·利未记》中的诫命，包括这条不得娶兄弟之妻的禁令，是合乎道德、永恒不朽的，基于神的认可而立定。尽管教宗可以就教会法规颁授豁免令，但是神的律法不可由任何次级权威予以撤销。国王又向坎特伯雷大主教求助，并要求他向教内同道咨询。结果全英格兰的教会长老，除罗切斯特主教费舍尔（Fisher）一人之外，全部签字画押，声称他们认为国王的婚姻不合法。②沃尔西也推波助澜，加深了国王的疑虑：③这一方面是为了促使亨利彻底与凯瑟琳的侄子查理皇帝决裂；另一方面，他也希望亨利能与法王之妹阿朗松女公爵联姻，从而拉近英法两国的关系；他对王后本人的反感或许也是原因之一，因为他的某些不合身份礼法的放肆举动曾经遭到王后申斥。④这当中还有另一种力量在发挥作用，尽管亨利最

① 　Burnet, Fiddes.

② 　Burnet, vol.i.p.38. Stowe, p.548.

③ 　Le Grand, vol.iii, p.46, 166, 168. Saunders.Heylin, p.4.

④ 　Burnet, vol.i.p.38. Strype, vol.i.p.88.

初的行动或许并非由它挑起，但到后来它却形成一股分外强大的助推力，就连那位炙手可热的宠臣的怂恿也无法与之相比。

安妮·博林

安妮·博林(Anne Boleyn)于不久前现身于英格兰宫廷，担任王后的侍女，常有机会出现在亨利眼前，时时与陛下交谈，如今她已经令国王完全拜倒在自己的石榴裙下。这位年轻女士因其飞上枝头的烜赫与后来的悲惨命运而闻名于世。安妮的父亲托马斯·博林爵士(Sir Thomas Boleyn)曾为国王办理过几件重要差使，其家族跟国内各大高门贵族都攀得上关系：他的祖父杰弗里·博林爵士(Sir Geoffry Boleyn)曾任伦敦市长，与黑斯廷斯勋爵的女儿也是其共同继承人联姻，他的母亲是奥蒙德(Ormond)伯爵之女，他本人则娶了诺福克公爵之女为妻，生下安妮。[①]当年亨利的妹妹玛丽公主与法王路易十二成亲，豆蔻之年的安妮作为随嫁侍女被带到巴黎；路易十二驾崩，他的寡后返回英国，多才多艺、广受赞赏的少女安妮则被留下侍奉弗朗西斯的王后克洛德(Claude)。那位王后去世后，她又转到品德出众的阿朗松女公爵府上。她返回英格兰的确切时间已不可考，如果亨利后来的自述可资为凭的话，那是在国王对自己婚姻的合法性产生疑问之后。亨利出于内心的疑虑，已经与王后彻底断绝了夫妻之事，但出于礼节和友情，仍然与她保持联系，时常前去拜望，遂得便近睹安妮·博林的韶华芳姿和出众魅力。当他发现此女头脑敏慧不逊于其美貌，对她越发赞赏，甚至起意将她扶上后位；而后他又进一步发现，安妮的品性贞淑端庄，断绝了他以其他途径满足激情的一切指望，于是这个决心便越

---

① Camden's preface to the life of Elizabeth Burnet, vol.i.p.44.

发坚定了。如此,所有意愿和策略似乎不约而同地驱使国王渴望与凯瑟琳离婚,而成功的前景又如此诱人,促使他下定决心向教宗克雷芒提出离婚申请。为此,他派遣私人秘书奈特(Knight)赴罗马一行。

亨利向教宗提出离婚申请

174　　为了不触动罗马教宗骄矜的权利主张,亨利决定,这份离婚申请不对教宗特许近亲属通婚的权力提出任何一般性质疑,仅仅坚称当初儒略二世教宗(Julius II)批准亨利和凯瑟琳结婚的诏书所依据的特定理由无效。罗马教廷有一条原则:如果教宗在猝不及防之下被迫作出什么让步,或因受骗上当而颁授了任何恩赦,可于事后撤销相关诏令。每当在位教宗意欲撤销哪位前任的法旨,通常会搬出这个借口。不过,仔细审视之下,儒略二世的那份诏书充满此类瑕疵,任何一位偏向亨利的审判官都不愁找不到充分借口,为他的离婚申请放行。那份诏书的序言中说,教宗应亨利本人之请特颁此诏——但众所周知,当时亨利还不满十二岁。诏书中陈述的第二个理由是,出于维系和平的目的,使得两国王室联姻成为必要。然而可以确定的是,当时英国和西班牙之间不存在任何争端的理由或迹象。儒略二世法旨所依据的前提既是有误,似乎为克雷芒提供了足够的理由或者说借口撤销此诏、并向亨利颁授再婚特许状。[①]

尽管上述迁就英王的借口有些似是而非,然而教宗彼时的处境却令他抱有无比强烈的动机抓住每个机会讨好英王。他的人身自由被控制在查理皇帝手中,倘若没有亨利与弗朗西斯及意大利

教宗有意成全

---

① Collier, Eccles. Hist. vol. ii. p. 25. from the Cott. Lib. Vitel. p. 9.

列强联手对抗查理的野心,他就绝无希望以合理的条件讨还自由。因此,当英国使臣私下向教宗提出请求时,所获答复十分有利,教宗还允诺马上为其主君颁授再婚特许状。[①]不久,法国将军洛特雷克挥师进军意大利,皇帝的党羽被迫释放了克雷芒。重获自由的教宗退居于奥尔维耶托(Orvietto),英国使臣会同英王常驻罗马的代表格雷戈里·卡戈利爵士(Sir Gregory Caffali)再次向教宗提出申请。这一次,教宗仍然表现得对亨利满怀友爱、感激和温情,却没有如他们预期的那样当即批准亨利的请求。这是因为,查理皇帝获悉亨利向罗马提出离婚申请,便胁迫教宗立下承诺,在这件事上无论采取任何步骤,都必须事先知会帝国臣僚。这个承诺让克雷芒左右为难,相对而言,他更畏惧皇帝在意大利的军事力量,所以迟迟不肯对亨利做出让步。不过,他禁不住英国使臣的一再催逼,最终交给他们一份对沃尔西的委任状,授权后者以教宗特使的身份,会同坎特伯雷大主教及另外一位英国教会长老审核国王婚姻的合法性,以及儒略二世所颁诏书是否真实有效。[②]教宗又交给英国使臣一份临时豁免状,批准英王另娶他人。他还承诺颁布赦令,宣布亨利与凯瑟琳的婚姻无效。但是,他也向他们摆明了一旦这些让步被皇帝闻知,他本人必将大祸临头。他恳求道,在他的境遇好转,有能力确保自身的自由和独立之前,万望英方不要公布以上文件,或者进一步加以利用。他私下建议,一旦逢到适当时机,调查委员会务必力排一切异议,当即做出裁决,宣布亨利与凯瑟琳

① Burnet, vol. i. p. 47.
② Rymer, vol. xiv. 237.

的婚姻无效，并让亨利迅速另娶他人。他还说，形成既成事实之后，他再予以确认，并不比事先给予许可和授权的难度更大。①

亨利收到使臣带回的委任状和豁免状，又听取了教宗的建议，当即把整件事情摊开与众臣商议，向他们问计，在如此微妙的形势下当如何是好。顾问们考量了依照教宗建议而行的危险性：如果教宗拒不认可这种他有充分理由称为鲁莽而不合规的举动，又对自己私下提供的建议翻脸不认账，那么国王的第二次婚姻将完全丧失合法性，这次婚姻所诞育的子嗣也将被宣布为私生子，而他与凯瑟琳的婚姻将越发难以撼动。②亨利仔细思量这位教宗的性格和处境，深信上述假设很可能——甚或十有八九——会化为现实。

克雷芒生性怯懦之极，每当这怯懦无碍于其天赋才干和洞察力的充分发挥，他的判断力倒是相当卓越的。③前番他加入反对查理的联盟，结果被俘、饱受磨难，令其心志遭受严重打击，从此之后他再未热忱致力于任何公共举措，尤其是当皇帝的利益或倾向与他形成对立之时，他就表现得更加郁郁无为。当时，帝国在意大利驻有雄师，足能对罗马发起二度攻击——这座城市依然毫无防卫，只能坐以待毙，再次罹受同样的惨祸。除了上述危险之外，还有另一种更直接威胁到他本人及其尊位的风险，也令克雷芒为之悬心。

查理摸准了教宗的怯懦性格，遂不断以召开帝国议会来威胁他，称此举是出于改革教会之必要，非此不足以纠正罗马教廷的野

公元
1528年

皇帝威胁
教宗

---

①　Collier, from Cott.Lib.Vitel.B.10.
②　Burnet, vol.i.p.51.
③　Father Paul, lib.L Guicciardini.

176

心和贪婪在教会内部各层级造成的严重弊端。他声称有必要对教宗本人的权力设限；克雷芒个人的所作所为也多有过错，亟待匡正；甚至他获选教宗的资格也有理由遭到质疑。佛罗伦萨一直以来处于美第奇家族的统治之下，而克雷芒久被认为是朱利安·美第奇（Julian of Medicis）的私生子；尽管他的亲戚利奥十世根据一份假造的婚书宣布他是合法婚生子，但几乎无人相信该宣言具有正当依据和权威性。[①]教会法固然从未规定私生子不得当选教宗，然而不无危险的是，民众向来抱有一种强烈的先入之见，认定出身有污点的人不配占据圣座。此外，教会法明文规定，犯有买卖圣职罪者不得当选教宗。儒略二世也曾颁下严旨，增强了这条法令的约束力，其中宣称犯有买卖圣职罪者当选教宗，即使得到枢机主教会议追认，仍然视为无效。不幸的是，克雷芒曾经塞给科隆纳枢机主教一张便条，其中承诺倘若蒙其支持登上教宗大位，必当大力提携，以为回报。而科隆纳现今完全依附于皇帝，时刻威胁着要把这张便条公之于众。[②]

查理对教宗使出恫吓手段的同时，还诱之以希望，这一招的情感影响力也绝不亚于前者。当初帝国乱兵洗劫罗马，克雷芒被俘，佛罗伦萨人渴望恢复古老的自由，趁机揭竿而起，推翻了美第奇家族在佛罗伦萨的统治，重建民主制度。为了更好地捍卫自由，佛罗伦萨加入了法国、英国和威尼斯组成的反对皇帝的阵营。这样一来，克雷芒发现，自己的盟友们被束缚了手脚，无法助其家族

---

① Father Paul, lib.i.

② Ibid.

实现复辟，而家族复辟本是他心头的第一要务。他知道，只有皇帝
才能帮助他实现这个目标，因此，无论他如何表白对盟友的忠诚，
只要瞥见一丝希望，他总是欣然接纳与皇帝达成真正和解的每个
提议。①

　　英国方面也深谙教宗的想法和利益所系。他们早已料到，皇
帝必定设法阻挠亨利的离婚事宜，一来是要维护其姑母凯瑟琳的
荣誉和利益，二来是出于打击对手的明显动机。因此，英方认为贸
然采措重大行动，并指望教宗事后予以追认，危险性实在太大。克
雷芒性格奸滑，一向擅耍两面手腕，眼下又处在近乎完全失去自主
的境地，所以此人委实靠不住。为今之计，最稳妥的办法似乎是紧
紧抓住此前从他那里取得的承诺，令他无法反悔，再利用他现在含
混摇摆的态度，谋求尽可能多的让步。为此，枢机主教的秘书斯蒂
芬·加德纳(Stephen Gardiner)与国王驾前施赈官爱德华·福克
斯(Edward Fox)奉命出使罗马，他们肩负的使命是：要求教宗颁
下调查委任状，并且保证无论调查专员的裁决结果如何，都将给予
认可；此外，无论如何都要阻止教宗撤销委任，或将此案移送罗马
审理。②

　　然而，英王渴望获得上述让步的理由，恰恰坚定了教宗拒绝他
的决心。克雷芒仍然恪守向皇帝敞开和解之门的原则，为了换取
他认定对于自身安全及其家族显扬至关重要的一点利益，不惜牺
牲其他一切。因而，教宗发布了一份新的委任状，令枢机主教坎佩

2月10日

教宗两面
敷衍

178

---

　　① Father Paul.

　　② Lord Herbert.Burnet, vol.i.p.29.in the collect.Le Grand, vol.iii.p.28. Strype,
vol.i.p.93.with App.No.23, 24, &.c.

齐奥加入调查委员会,与沃尔西一起负责裁决国王的离婚案,但英国使臣们始终未能说服他在委任状中加入英方希望的条款。尽管教宗亲手交给加德纳一封信,信中承诺不会撤销当前的委任,但是仔细审视就会发现,这个承诺措辞极为含混,教宗仍可随心所欲地出尔反尔。[①]

坎佩齐奥曾经欠过英王一些人情,但他更深地依附于教宗,唯后者之命是从。他虽在四月里接到任命,却一直以各种借口迁延行期,直到十月才抵达英格兰。他的第一个举动就是规劝国王撤回离婚起诉,当他发现自己的建议触怒了国王,便解释道,他也打算劝王后发愿隐退修道院,但他认为应当首先尝试劝说双方友好解决分歧,这是自己的责任所在。[②]为了进一步安抚国王,他还向国王及沃尔西展示了一份裁决国王与凯瑟琳婚姻无效的教宗敕令。但是无论二人如何恳求,他都不肯让御前枢密院的其他成员参晓这个机密。[③]为了略微弥补自己的固执,他向国王和沃尔西表示:教宗深愿满足他们的一切合理要求,一个具体例证就是,他们要求裁撤更多修道院、改设教堂和主教教区的申请已经得到圣座应允。[④]

教宗及其特使这种模棱两可的表现,使得英格兰宫廷犹疑不决,国王也一直在耐心等待这个靠不住的委员会作出裁决。此时此际,命运为国王提供了一个契机,似乎有望更加迅速稳妥地摆脱

---

① Lord Herbert, p. 221. Burnet, p. 59.
② Herbert, p. 225.
③ Burnet, p. 58.
④ Rymer, vol. xiv. p. 270. Strype, vol. i. p. 110, 111. Append. No. 28.

当前困局。克雷芒重病，似有性命之忧，枢机主教团内部已经开始
为选举继任教宗而勾心斗角。沃尔西倚仗英、法两国的支持，希
求登上圣彼得的宝座；[1]看起来，只要教宗之位出缺，沃尔西就有
望成功攀上今生抱负的顶点。然而，教宗的病情几经反复，终得康
复。病好之后，教宗继续施展其惯用的狡诈伎俩，哄骗英国宫廷：
一方面，他仍以各种无比亲热的表现取悦于亨利，允诺要寻机以迅
雷不及掩耳之势帮他解决问题；另一方面，他还在继续与查理秘密
谈判，一如既往地决意不惜违背一切诺言、牺牲罗马教廷的所有利
益，以图光大家族门楣。坎佩齐奥完全领会主人的想法和意图，巧
施各种手段拖延裁决，为克雷芒留出充分时间跟皇帝协商和约的
每一项条款。

　　皇帝深知亨利为此事心急如焚，遂打定主意，此番定要迫使他
向自己屈膝，背弃与弗朗西斯的联盟——迄今为止，正是这个联盟
支持着法国王室风雨飘摇的统治，与超级强大的西班牙对抗。于
是，皇帝欣然倾听姑母凯瑟琳的申诉，承诺全力保护她，并劝告她
永远不要屈服于敌人的恶意和迫害。王后本是一副坚毅的性格，
如今受着一切动机的驱使，决意不屈不挠，与她自认为蒙受的不公
待遇抗争到底。乱伦婚姻的污名令她愤慨到无以复加；此事必将
导致她的女儿失去合法身份，又激起这位母亲最合理的忧虑；另
外，不甘心向夺走国王感情的对手低头认输，也是一个十分自然的
动机。事实上，在上述所有考虑的促动下，王后始终不曾停止向侄
子求助，并且迫切恳请将此案移送罗马审理，她相信，只有在那里

---

① Burnet, vol. i. p. 63.

才能指望讨还公道。皇帝在与教宗的所有谈判中,都把撤回对坎佩齐奥和沃尔西在英格兰的调查委任作为一个基本条件。[①]

与此同时,两位教廷特使在伦敦开庭审理国王离婚案,宣召国王与王后出庭。国王和王后均现身于法庭,在核验身份时,国王应声称到,但王后却没有回应法官的询问,而是从座位上起身,扑倒在国王脚前哀恳陈情,王后的美德、尊贵和不幸遭遇,使得这番诉说更加令人动容。她对国王说,在他的领土上,她是个外乡人,无人保护、无人相商、无人帮助,无遮无拦地面对敌人随心所欲的中伤、加害。她诉说道,自己当初背井离乡嫁至此地,除了丈夫和夫家之外,再无别的依凭,实指望得此庇护一世安稳有靠、免于祸殃,绝不曾想有朝一日遭到他们的伤害与欺凌。夫妻二十载,她在这里当面恳求他扪心自问,她的一片深情柔顺是否值得受到更好的对待,而不是像这样,多年情分只换来夫君如此羞辱。她说,她很清楚——他自己想必也能肯定——当初二人成婚之时,她还保持着处子的贞操,她与国王兄长的婚姻仅仅履行了仪式而已。双方的父王,一个是英格兰之主,一个是西班牙之主,皆为举世公认的睿智之君,当他们为儿女议订婚约的时候,想必也遵循了最明智的建议,然而现在这个婚姻却被指为最可怕的逆伦之罪。王后声明,她默然顺服双方父王的判断,而不愿接受一个明显受她敌人辖制的法庭的裁决,在这个法庭上,她永远无法指望获得任何公正合理的判决。[②]说罢,王后起身向国王深施一礼,便掉头离去,此后再

---

① Herbert, p. 225. Burnet, vol. i. p. 69.

② Burnet, vol. i. p. 73. Hall. Stowe, p. 543.

不曾在庭上露面。

王后走后，国王不失公道地承认，作为妻子，她一直忠实本分、有情有义，她的一举一动经得起最严格的正派守则和荣誉法则的检验。他只坚持自己内心关于这段婚姻合法性的疑问。接着，他解释了这些疑问如何起源、滋长和扎根，长期以来令他饱受痛苦的折磨。他声称，沃尔西枢机主教从来不曾助长过他的这些疑虑。他只求法庭能对此案做出公正裁决。

两位教廷特使再度传唤王后到庭未果，遂无视她已上诉于罗马的事实，宣布她犯有藐视法庭罪。接下来进入法庭调查环节。首先核查的一点是已故亚瑟王子与凯瑟琳确已同房的证据。必须承认，对于这样一桩时隔多年的旧事，庭上的论证可谓极其有力：亚瑟王子成婚时已经年满十五，身体健康；夫妇二人婚后长时间同居共处，王子也曾多次语涉此事。这一切情况都令人足有理由推测，国王所言不无道理。[1]当初亚瑟王子去世后，隔了一段时间才安排亨利王子承袭威尔士亲王的头衔，就是要确认凯瑟琳王妃没有身孕。西班牙大使为了确保凯瑟琳能以未亡人身份获得遗产，还特地把他们夫妇同房的证据送回西班牙。[2]儒略二世的那份诏书本身正是基于亚瑟或许已经与凯瑟琳公主圆房的推测而颁发的。在亨利娶凯瑟琳的婚约中，英国和西班牙双方均承认凯瑟琳前次嫁与亚瑟王子已经圆房。[3]这一切细节统统被列为呈堂证供，另外，诉方还就教宗的权限问题进行了大量论证，认为教宗无权赦

---

[1]　Herbert.
[2]　Burnert, vol.ii.p.35.
[3]　Rymer, vol.XI ii.p.81.

免近亲通婚。坎佩齐奥极不耐烦地聆听了这些理论阐释,尽管他内心抱定拖延庭审的主意,但在国王的御前顾问们坚持这些不愉快的话题时,还是忍不住经常打断他们,命其住嘴。法庭审理一直拖延到7月23日,始终由坎佩齐奥担任主导角色。沃尔西虽是资格更老的枢机主教,却任由前者主持审理,因为普遍认为由意大利籍枢机主教主持这样一场审判,要比国王的宠臣担任主审显得更加公正无偏。现在,庭审似乎临近结束,国王每天都在期待对他有利的判决,却蓦然惊闻坎佩齐奥以极其微不足道的借口① 突然宣布休庭至10月1日,事先毫无警告。几日后,教廷传令将此案移送罗马审理,就此彻底断绝了国王久久渴盼的胜诉指望。②

案件移交
罗马审理

　　教廷特使在伦敦开庭审理亨利的离婚案期间,皇帝派遣驾前臣僚坚决要求克雷芒将此案移送罗马,并且软硬兼施,招招针对教宗的野心或懦弱性格施加影响。另一方面,英国使臣会同法国方面也同样坚决地向教宗提出要求,敦促他命令特使早日审结此案;他们虽然同样诉诸软硬兼施的手段,但却拿不出像皇帝那么紧迫或者说直戳痛处的理由来打动教宗。③ 克雷芒也怕失去英格兰这个盟友,给路德派阵营增添一股强大的助力,但是与他个人的安危以及美第奇家族在佛罗伦萨复辟的强烈愿望相比,这样一种担心就无足轻重了。于是,一旦与皇帝商定了和约的所有条件,他便祭出主持公道的借口,声称必须重视王后的申诉,叫停了委派给教廷特使的使命,将此案收归罗马,由他亲审。坎佩奇奥事先已经接到

183

---

① Burnet, vol. i. p. 76, 77.

② Herbert, p. 254.

③ Burnet, vol. i. p. 75.

坎帕那(Campana)捎来的密令，焚毁他手上那份教宗敕令。

　　沃尔西早已预见到，教廷此举必定成为他本人覆灭的前兆。尽管他起初希望国王能够迎娶法国公主，而不是安妮·博林，但他仍然不遗余力地为此事奔走，努力争取一个令国王满意的结局。[1]故而，此事进展不顺本是克雷芒立场偏颇所致，不应责怪沃尔西。但是，他从亲身体验中深深了解亨利的性情极端躁烈，容不得半点违逆，经常不加查考、分辨，就追究大臣们办事不力的责任。另外，安妮·博林对沃尔西也抱有偏见，此番更因希望破灭而归咎于他。国王离婚案开庭期间，她出于体面考虑暂离宫廷，最近刚刚返回，对亨利的影响力自是平添三分，大大加深了国王对枢机主教的反感。[2]就连王后及其支持者也根据沃尔西平时扮演的角色来判断他，对他极度敌视。这些彼此势不两立的派系现在似乎联成一气来毁灭这位高傲的权臣。亨利原来特别看重枢机主教的办事能力，如今这也变成了促使其灭亡的一个因素：国王只道沃尔西居心险恶或缺乏忠忱，以致辱没使命，而非时运不济或者其他什么差错所致。不过，致命的打击并没有立即临到沃尔西头上。国王可能一时还没找到疏远这位昔日宠臣的合理口实，所以有一段时间似乎仍在举棋不定。他对沃尔西，即使不似过去那般亲厚，至少在表面上仍待之以信任和尊重。

　　然而，经验屡屡证明，极端的信任和宠遇一旦有所衰减，鲜有不沦为全然冷漠、甚至滑向另一个极端的。如今国王决心让枢机

沃尔西
倒台

---

[1]　Collier, vol.ii.p.45. Burnet, vol.i.p.53.

[2]　Cavendish, p.40.

主教身败名裂，行动突如其来，不亚于当初迅速提拔他的时候。诺
福克公爵和萨福克公爵奉王命向沃尔西索还国玺，后者称未见明
确圣旨，不愿从命，[①]亨利便修书一封，沃尔西见信交出国玺。国王
随即把国玺交托给托马斯·莫尔爵士掌管，此人不但文采斐然，更
有第一流的品德、节操和能力。

　　沃尔西被勒令搬离约克宫——这是他在伦敦修建的一处宫
室，尽管此宅实质上是约克大主教的官邸，却被亨利没收，后来
成了英王的一处行宫，称作"白厅"。沃尔西的家具盘盏也统统
被没收。这些家什富丽堂皇，气派更适于王室而非私产；整座宫
室的墙壁上都装饰着织金绣银的壁袱；他拥有满橱厚重的纯金餐
具；在他家中还搜出了一千匹精细亚麻布；其他的财货、家具什物
亦是同样豪奢。沃尔西之所以受到严酷迫害，这些财富可能是个不
小的诱因。

　　沃尔西奉旨退居阿舍(Asher)，那是他所辖的一个乡村教区，
位于汉普顿宫附近。当初他威严赫赫之时，世人卑躬屈膝地谄媚
他，如今他运蹇时乖，则被全世界所抛弃。他本人也因如此巨大的
落差而一蹶不振。得势之际的虚荣夸示与今日逆境中的颓丧，皆
是源自同样的心态，令这颓丧显得加倍沉重。[②]只消看到一丝丝君
心回转的表示，他就当即欣喜若狂，以致丑态毕现。有段时间，国
王似乎有心减轻对他的打击力度，对他施予恩庇，并保留其约克大
主教和温切斯特主教的职位。国王甚至写了一封言词亲切的短信，

---

① Cavendish, p. 41.

② Strype, vol. i. p. 114, 115. App. No 31, &c.

派人捎给他，随信附上一枚戒指，以示眷顾。沃尔西正在骑马赶路，一见信使，立即翻身下马，双膝跪在泥水中，以无比卑微的姿态承受君恩的信物。①

　　然而，他的众多敌人生怕他卷土重来，不断在国王耳边数说他的种种不是，安妮·博林在这方面尤其卖力，她勾结舅父诺福克公爵，扼杀了沃尔西再获重用的一切指望。沃尔西见大势已去，只得遣散了自己的众多亲随。他向来是个仁慈慷慨的主人，因此，主仆双方依依惜别，都不免泪洒当场。②国王的内心尽管也偶尔透射出几缕仁慈之光，但如今似已对这个旧日宠臣完全硬下心肠。他诏令将沃尔西交付星室法院审判、定罪。采取如此严厉的措施之后，国王意犹未尽，又在时隔很久之后再度召开的议会上，把沃尔西交由他们任意处置。上议院投票通过了一份长篇指控，内中罗列了沃尔西的四十四条罪状，同时上书国王，吁请惩处沃尔西、剥夺其一切职位。这份指控书在上议院几乎未遇任何异议，无人就其中任何内容要求提供证据；再者，由于这些罪名大多十分笼统，所以基本无需举证。③指控书又被转至下议院，托马斯·克伦威尔（Thomas Cromwel）挺身而出，为落魄的恩主抗声申辩（他原是枢机主教的仆人，于卑微中蒙沃尔西赏识提拔才有了今日），这份侠肝义胆和过人的勇气令他声名鹊起，也为日后国王对他的恩宠重用打下了基础。

　　沃尔西的政敌们发现，枢机主教的清白或谨慎使控告缺乏扎

11月

185

实的依据，遂采取了一种异乎寻常的攻击手段。他们起诉他违背理查二世颁布的《圣职授职法》(statute of provisors)，向罗马教宗申请法旨，特别是请求委任他为教宗特使，从而得以凭此权柄大肆作威作福。沃尔西自认有罪，但辩称不知有此法令，唯求国王开恩宽赦。他在位时或许不是没有机会查到相关法律条文，然而这项法令早已废用，再说，多年以来，他一直在国王的认可和支持下公开行使权力，也得到了议会和整个王国的默许，现在却来追究他的罪名，可谓苛酷不公之极。更不消说，他本人一向声称[1]持有完全正规的王室特许状，对此我们基本无可怀疑；若不是他意识到对抗亨利无法无天的意旨可能招致灭顶之灾，很可能在审判中援引此状为自己辩护。尽管如此，法庭仍然宣判他有罪。"他被剥夺了国王庇护令的保护，田地财产被罚没，他本人被拘押。"但是，对沃尔西的迫害到此便告一段落，并未继续发展。亨利甚至降旨赦免了他的所有罪行，发还了他的部分杯盘碗盏和家具，还不时做出一些善意和怜恤的表示。

英格兰宗教改革发轫　　自古以来，对神职人员僭权的不满在英国乃至欧洲大部分王国源远流长，如今这种不满已然成为街谈巷议的热门话题，从而为路德派教义的传播铺平了道路，也使民众在一定程度上不再对新异想法视若洪水猛兽。下议院趁此有利时机通过了几项法案，限制教会不合理的侵夺：第一项是遗产布施法案；第二项是禁止收取遗嘱认证费用的法案[2]；第三项法案禁止神职人员不居教区或兼领

---

①　Cavendish, p.72.

②　这种收费相当随心所欲，而且数额极高。一位议员称，他本人曾为此缴付了整整一千马克银币。Hall, fol.188, Strype, vol.i.p.73.

多份圣俸，并禁止神职人员包收地租。然而，教会面临的最大威胁，似乎是下议院对神职人员的严厉抨击，指责他们生活放荡、野心勃勃、贪得无厌，无止境地侵夺信众利益。这一谴责在下议院获得近乎全票支持。赫伯特勋爵[①]手上甚至存有某位绅士在格雷律师公会(Gray's-Inn)的一份演讲稿，可谓弥足珍贵，其中包含的一些话题令我们几乎难以置信竟然出自那个时代。这名律师公会会员强调指出：不同国家、不同时代的主流神学观念千差万别，各教派之间的纷争无止无休，极端繁复难解，任何人都不可能了解——更不用说精研——每个教派的教义和信条，普通民众就越发不具备这种能力。因而，无知是不可避免的，我们理应将这些教义纷争统统搁置一边。归根结底，人类唯一的宗教义务就是信仰那位至高无上的存在，即造物主；他们为讨神的喜悦和庇佑，务必恪守良好的道德。即使在当今时代，这种态度也会被视作自由主义，在公共集会场合仍不敢放胆纵言。不过，尽管关于教义纷争的讨论在最初兴起时可能鼓励少数天性好学的人士转向怀疑论，但是不久之后人们便以极大的热忱各自追随自己拥护的教派，从而在很长一段时间里令这种讨嫌的自由观念在现实中完全遭到摒除。

制约教会的法案在上议院遇到若干阻力，尤以罗切斯特主教费舍尔的反对声最高，他把下议院的这些措施归咎于缺乏信仰，声称这是他们基于异端和路德派教义，蓄意掠夺教会财产、颠覆国民宗教信仰的图谋。诺福克公爵严词驳斥费舍尔主教，甚至有些出言不逊。他正告主教，最伟大的教牧未见得都是最有智慧的人。

---

① P.293.

费舍尔答道,据他本人平生所见,没有一个傻瓜能够成为伟大的教牧。针对罗切斯特主教发言的异议还不止于此。下议院议长托马斯·奥德利爵士(Sir Thomas Audley)代表下议院向国王抗议这种责难。主教大人只得修改了自己的强硬措辞。[①]

亨利很乐于让罗马教廷和神职人员借此认清形势,看到他们在英格兰完全仰赖王权支持,只要他愿意支持议会的倾向,议会足有能力削夺教会的权力和特权。下议院还在另一重要事项上满足了国王的心愿:他们免除了亨利自登基以来欠下的所有债务。下议院通过这份招致众多怨声的法案,其借口是国王宵衣旰食操劳国事,而且经常把借得款项全数投入公共事务。国王的债主大部分是沃尔西的朋友,他们当初是在那位恩主的安排下为亨利提供资助的,现今当权的廷臣们无不幸灾乐祸地趁此机会掠夺他们。[②] 还有几位廷臣支持这种权宜手段,是希望这种不合常规、绕过议会寻求供应的招法从此名声扫地。

对外事务　此时国王沉浸于国内事务,无心他顾;外交事务在他心目中只居于次要地位。他此前已向查理皇帝宣战,不过,鉴于英国与低地诸国之间的贸易对双方都有利,他便对这些省份保持中立。除了出钱援助意大利战事之外,他实际上并未对任何一部分帝国疆土发起敌对行动。这年夏季,欧洲达成全面和平。奥地利的玛格丽特与萨伏依的路易丝在康布雷(Cambray)会晤,商定了法王与查理皇帝之间的和约条款。查理接受二百万克朗,将勃艮第交还法方,

188

---

①　Parliamentary History,vol.Ⅲ.p.59.Burnet,vol.ii.p.82.

②　Burnet,vol.ii.p.83.

并答应释放被他扣为人质的两位法国王子。值此之际，亨利对自己的朋友兼盟友弗朗西斯表现得极为仗义，慨然免除了后者欠他的近六十万克朗债务。弗朗西斯的一干意大利盟友对于《康布雷和约》的反应则不像英王这么高兴。他们几乎完全被抛弃，任凭皇帝欺凌，只能寄希望于查理内心尚存一丝公道与温和，此外毫无安全保障。佛罗伦萨在英勇抵抗之后，被帝国武装征服，最终移交给美第奇家族统治。威尼斯人所获待遇稍好，他们只是被迫交出了之前在那不勒斯沿海地区征服的部分土地。就连弗朗西斯·斯福尔扎也被正式封为米兰公国之主，既往一切过犯均获赦免。皇帝仪从赫然，御驾莅临意大利，在博洛尼亚(Bologna)接受教宗亲手加冕。此时他年仅二十九岁，已然凭着一身勇武和才干，在每一项事业中无往而不胜，先后将欧洲教俗两界最尊贵的两位君主俘为阶下囚，赢得举世瞩目。他的帝国蓬勃兴旺，在世人眼中前途未可限量。

189　　尽管查理似乎处处得志，他一直以来在财务上捉襟见肘的状况也因为对墨西哥和秘鲁的征服而开始有所缓解，然而他发现，自己在德意志地区遇到了威胁，他给予意大利王公如此温和的待遇，主要是为了腾出手来对付这边的麻烦。这时节，奥斯曼帝国有史以来最伟大、最有成就的君主苏莱曼大帝(Sultan Solyman)几乎攻占了匈牙利全境，维也纳也一度遭到围困。这次围攻虽被击退，但奥地利王室的祖传领地依然面临被征服的危险。信奉路德派教义的公侯们发现争取宗教信仰自由已经无望，遂在施马卡尔登(Smalcalde)缔结自卫同盟。由于他们抗议帝国议会投票通过的决议，因此被时人称作"抗议者"（即新教徒）。查理努力试图降服他们，他打着捍卫宗教纯洁性的旗号，制定了光大自己家族、将其统治扩展到整个德意志的通盘计划。

查理要想确保这个野心勃勃的图谋取得成功，赢得亨利的友谊是一个重要的前提条件，但他迄今尚未如愿。英王心里也明明知道，只要与皇帝合作，自己离婚之路上的一切困难就能立刻烟消云散，而离婚是他长期以来最热切的渴盼。他之所以迟迟未采取行动，一则是因为从王国利益考虑，对法联盟似乎很有必要，二则是因为他生性高傲，不愿屈从于强拗的友谊。他此前惯于接受来自最伟大君侯的殷勤、礼敬和恳请，而这种令人不快的关系似乎把他降卑到听命于人的地位，令他难以忍受。在焦灼不安的心境下，他时时按捺不住和罗马教廷断绝关系的冲动。尽管他自幼在遵奉教宗权威的迷信环境中被教养长大，但是一直以来没少领教克雷芒两面三刀的自私手腕，这种切身体验大约在很大程度上让他擦亮了眼睛。他看出，自己的君权在国内根基稳固，又发现民众普遍对教会僭权十分反感，倾向于支持削夺神职阶层的权力和特权。他知道，英国教牧们在他的离婚诉讼中一直真心实意地站在他这一边，眼见国王一贯忠心拥戴罗马教廷、为之效力甚多，却遭到如此忘恩负义的对待，莫不深感愤慨。安妮·博林自是竭尽全力，以各种含沙射影的方式怂恿国王与教宗决裂，因为这是她登上后位的一条捷径，此外，她早年在同情改革派的阿朗松公爵夫人府上耳濡目染，早已倾向于接受新教教义。然而，尽管有以上种种诱惑，亨利的内心仍然强烈企盼着与教宗达成妥协。他担心如此重大的革新会带来风险，害怕被斥为异端，也深恶与教廷势力的主要敌人路德派发生任何瓜葛。他曾经不遗余力地捍卫罗马大公教会，博得高度赞誉，因而耻于在激情驱使下收回先前的观点，在众目睽睽之下改弦易辙。这两方面相互抵触的动机折磨得国王寝食难安，恰在此时，有人提出一个权宜方案，似乎提供了解决一切问题的希望，亨利闻之大悦，欣然予以采纳。

托马斯·克兰默博士(Dr. Thomas Cranmer)是剑桥大学耶稣学院院士，此人学识出众，颇负名望，更以其直言不讳、公正无偏的个性而享誉校园。一天晚上，他在某个场合巧遇现已荣升国务大臣的加德纳和国王驾前的施赈官福克斯。当话题转到王室离婚案时，克兰默评论道，为今之计，无论是要安抚亨利的良心，还是想逼迫教宗签发离婚许可，最方便有效的一招是就此争议广泛问策于全欧洲各所大学：如果学者们支持国王与凯瑟琳之间的婚姻，那么陛下的懊悔自然会消解；如果他们持谴责态度，那么凭着国王的强大威势，加上整个基督教世界全体学者的支持，将对教宗构成难以抗拒的压力。[①]国王一听这个建议便绽现欢颜，脱口称赞克兰默的主意绝妙。他召见了这位神学家，一番对谈之后，国王对克兰默的人品和头脑十分欣赏，遂命其撰文为国王离婚案申辩，并当即着手实施克兰默的方案，派遣使者赴欧洲各大学征询学者们的裁断。

如果摒除迷信因素，单从通常的理性角度来考察亨利与凯瑟琳的婚姻问题，似乎并不存在太多难解之处。近亲通婚之所以被各国世俗法律禁止并遭受道德谴责，其自然的原因乃是人类力图维护世风纯洁的用心。因为可想而知，倘若近亲属之间的婚恋得

国王就离婚案征询各方学者的意见

191

---

① Fox, p. 1860, 2d edit. Burnet, vol. i. p. 79. Speed, p. 769. Heylin, p. 5.

到法律认可,那么近亲之间,尤其是近亲的少年男女之间亲密接触的机会太多,容易使社会风气趋于放荡堕落。但是,由于各国习俗差异很大,造成不同家族之间、或者同一家族几个支系之间或严或宽的通婚限制偶被打破的情形。我们发现,世界上各个时代、各个国家的道德尺度由于不同因由而有所变化,均或多或少地容有回旋余地,而从未造成任何不便。希腊人极度古板,不允许异性相互接触,除非是生活在同一屋顶下的男女。继母和继母所生女儿的居室,对丈夫前妻所生的儿子们照样紧闭门户,防范之严密不亚于对待陌生人和其他远亲。因此,在那一国中,男人不仅可以合法迎娶自己的侄女,还可以和自己同父异母的姐妹成亲。这种宽松度在罗马和其他国家简直闻所未闻,而在后一类国家两性间的合法交往则开放得多。依照此理而论,王室日常生活中的男女交往,既受着礼仪的重重约束,又时刻暴露在众多仆役眼前,几乎不可能逾矩,因此,一国之君娶寡嫂为妻并不至于引发什么不良后果,尤其是婚前还取得了教宗的豁免状,为这桩通常状态下可能招致谴责的婚姻取得了合法性,并且防止了这种情况被引为先例而泛滥成灾。再者,出于维护公共利益和国家安定的强烈动机,存在近亲关系的各国王室之间常有联姻的必要,因此,把辖制普通人的道德标准严格用于约束王室婚姻,并无充分的依据。[①]

公元
1530年
　　尽管有上述种种理由(以及更多尚待收集的理由)支持这桩婚姻的合法性,但亨利一方可以凭借习俗和先例与之抗衡,而世人的行为和意见几乎完全以后一种准则为主导。娶寡嫂为妻的情形极

────────────────

　　①　参见本卷卷末注释[G]。

其不同寻常，在任何一个基督教国家均史无前例。尽管历任教宗常就一些更重要的道德律令颁授豁免状，甚至批准其他有违礼法的近亲通婚（如叔叔迎娶侄女），但世人的头脑此时尚不能接受教廷在叔嫂通婚的特定问题上网开一面。因此，欧洲的一些大学毫不犹豫地表态支持英王，他们这么做并无一丝私利或回报。[1]包括巴黎大学、奥尔良大学、布尔日大学、图卢兹大学、昂热大学在内的众多法兰西高等学府也支持英王，他们的国王是亨利的盟友，人们或许认为是这位国王施加了影响。然而在意大利的威尼斯、费拉拉、帕多瓦，甚至克雷芒教宗直接管辖之下的博洛尼亚，各所大学也同样站在亨利一边。只有牛津大学[2]和剑桥大学[3]表现得有些踌躇，他们对路德派教义广泛扩散的势头心生警觉，害怕罗马圣座遭到背弃，因此瞻前顾后，不敢贸然支持一些可能带来危险后果的议题，唯恐对古老的宗教信仰造成致命打击。但是他们迫于催逼，最终还是给出了与欧洲其他大学一致的意见。亨利为了增加这些裁断的分量，又命驾前的贵族们致信教宗，劝谏圣父批准国王离婚，并发出威胁，倘若此案得不到公正裁决，后果将十分危险。[4]坎特伯雷和约克两教省的教牧代表会议也宣称国王与凯瑟琳的婚姻无效、不合法，违背神的律法，人世间的任何权力都不足以给予豁免。[5]但是，克雷芒依然深受皇帝势力的影响，他继续传唤英王本

---

[1] Herbert, Burnet.

[2] Wood, hist. and an. Ox. lib. i. p. 225.

[3] Burnet, vol. 1. p. 6.

[4] Rymer, vol. xiv. 405. Burnet, vol. i. p. 95

[5] Rymer, vol. xiv. p. 454, 472.

人或其代理人赴罗马出庭。英王心知根本无法在教宗的法庭上求得公正，遂拒绝出庭，甚至不承认教廷有权对他发出传唤，认为这是一种极大的侮辱，严重侵犯了他身为一国之君的特权。安妮·博林之父现已晋为威尔特郡伯爵，他奉英王之命出使罗马，向教宗陈述国王拒绝派代表出庭的理由。当教宗陛下仁慈地伸出御足让他行吻足礼时，这位使臣昂然表示拒绝，此乃英格兰人对圣父的首次大不敬之举。[①]

　　亨利针对教宗及整个教会体系的一系列决绝行动，自然与沃尔西枢机主教的立场相左。亨利可以预见到后者会有抗拒，或许正是由于这一点，他才重启对这位昔日宠臣的迫害。沃尔西在阿舍教区蛰居一段时间之后，获准搬回里士满宫，这是亨利当初赠给他的一处宫室，作为他进献汉普顿宫的回礼。不过，当权的众廷臣仍然怕他接近国王，便设法取得圣旨，命他搬到自己管辖的约克教省。枢机主教明白抗拒是徒劳的，便老老实实地在约克郡的卡伍德(Cawood)地方定居下来，并以亲切和蔼、殷勤好客的风范在当地乡邻中间深受欢迎。[②]然而，他的敌人仍然不容他长久安然隐居。诺森伯兰伯爵奉命以严重叛国罪将其逮捕，解赴伦敦审判，全不顾沃尔西的神职身份。在旅途劳顿和苦闷心情的双重折磨下，枢机主教先觉身体不适，继而加重成为痢症，勉强支持着抵达莱斯特修道院。该院院长率全体僧众恭谨迎候，沃尔西对他们说，自己此番是将这把骨头送来埋葬在此地的。他一迈进修道院便卧倒在床，

---

① Burnet, vol. i. p. 94.

② Cavendish Stowe, p. 554.

自此即告不起。沃尔西临终前，对负责看守他的伦敦塔戍卫长威廉·金斯顿爵士(Sir William Kingston)说道："求您代我向陛下表示衷心的敬意，并以我的名义恳求陛下从头追念我们之间发生的一切，特别是在他离婚一事上我的表现，那么陛下的良心自会告诉他，我在他面前是否有罪。 11月28日

"陛下外具人主威仪，内蕴王者之心。他宁肯坐视半个王国沦入危险，也断不容许自己的意志遭到丝毫违拗。

"实在告诉您，我过去常常在陛下面前长跪恳求，有时长达三个小时，试图劝他改变某个想法或心愿，竟无一次能够奏效。假如我能像事奉陛下一样勤谨地事奉上帝，想来上帝必不至于在我垂迈之年弃我于不顾。但我既是如此忽略了事奉神的责任，一心一意、孜孜矻矻为自己的主君效力，这正是我应得的下场。总之，请容我给阁下一点忠告：以您的智慧，足有资格跻身于御前重臣之列，待您高居显位之时，向陛下进言务必慎而又慎，因为这些念头一旦进入陛下的头脑，就休想把它们再取出来。"①

这位大名鼎鼎的枢机主教就这样告别了人世。他的性格恰如其跌宕起伏的命运一样，具有极其独特的多面性。国王性格中固执和暴躁的特点，或许在很大程度上可以为其宠臣广遭诟病的施政行为开脱。而且，鉴于亨利八世在此后阶段的统治中犯下的过错远远多于沃尔西参掌国务时期，我们不免倾向于怀疑那些史家们立场偏颇，极力诋毁这位大臣的身后名声。如果说沃尔西并非像他自诩的那样一心事主，而是在对外事务中时常利用自己对国 沃尔西之死

---

① Cavendish.

王的影响力来满足私欲，我们同时也不应忘记，他梦想中的目标是
教宗宝座，倘若他在有生之年能够如愿登上尊位，便有能力充分报
偿亨利待他的一切恩宠。这让人联想到法兰西人深深敬仰的昂布
瓦斯(Amboise)枢机主教，他的所作所为在某些方面与沃尔西颇为
相似，而且他也常用同样的借口为自己辩解。有理由认为，亨利对
其宠臣的意图心知肚明，乐于为他促成好事并且引以为荣。国王
得知沃尔西去世的消息时颇感惋惜，他经常以亲切的口吻提到与
沃尔西有关的往事，这足以证明，对沃尔西最后那番迫害更多地是
出于一时的火气，而不是一种理性选择，更不是由于发现了沃尔西
的什么逆谋。

公元
1531年
1月16日
召开议会

　　接着，召开了新一届议会及教牧代表会议。国王在会上的种
种表现，有力地证明了他无所不在的权威以及运用这种权威打压
神职阶层的意图。当初议会利用了一部几乎废弃的古代法令来摧
毁沃尔西，使其教宗特使的权力(尽管已经获得国王的首肯)成为
非法，如今他们又如法炮制，利用同一部法令来打击教会。议会声
称，凡是服从教宗特使法庭管辖的一切人等，也就是整个英国教
会，都违反了《圣职授职法》，由总检察长据此对他们提出起诉。[①]
参加教牧代表会议的教牧们心知，面对君主的强横意志，据理力
争、索求公正必定徒劳无益：他们如何能够辩称，沃尔西当上教宗
特使是靠着亨利的支持，他行使这份权力亦有王权在背后撑腰？
申说自己当时若敢不服，定然大祸临头？于是，他们选择恳求国王

---

① Antiq. Brit. Eccles. p. 325. Burnet, vol. i. p. 106

法外开恩，并答应支付十一万八千八百四十英镑来换取恩赦。[1]国王又以同样的招法，逼迫教牧们立下告白书，承认“英王为英格兰教会和教牧人员的保护者与最高元首”。不过部分教牧人员巧妙设法在宣言中插入“以基督的律法许可为前提”这样一个子句，足以推翻整篇宣言的效力。

下议院一见神职人员获得了恩赦，不由得开始为自己担心，唯恐国王借口他们也曾服从教宗特使法庭的管辖权，再来拿他们问罪，或以同样方式逼他们破财免灾，花钱换取恩赦。于是，下议院呈请国王对平信徒臣民颁布赦令，但被国王回绝。国王答复道，就算他真的选择赦免臣下的过犯，那也只能是主动开恩，而不能应他们的请求而发，否则会有胁迫之嫌。又隔了一段时间，当他们对获得赦免已经不抱希望之时，国王才欣然签署了一纸针对平信徒的赦令。下议院对主上这一仁慈之举感激涕零。[2]

英格兰严格执行《圣职授职法》，令罗马教廷的很大一部分利 公元1532年
益遭到削夺，其权力损失则更为严重。教宗与英格兰教会之间的联系也在一定程度上被解纽。在本届议会的第二次会议上，国王和议会一拍即合。议会通过一项法案，反对向教廷奉献初年圣俸 1月15日
196 或者叫“初熟果子”的例规，[3]罗马教廷规定，凡是新任命的主教都要缴纳这份贡俸，额度为圣职空缺教区一年的收益，算来数额相当庞大。自亨利七世即位第二年算起，仅在这个名目下英格兰王国向罗马输送的钱财就不下十六万镑。有鉴于此，议会此番立法将 宗教改革推进

① Hollingshed, p.923.

② Hall’s chronicle. Hollingshed, p.923. Baker, p.208.

③ Burnet, vol.i. Collect. No 41. Strype, vol.i.p.144.

进贡初年圣俸的额度削减为各教区主教全年收益的百分之五。为了进一步让教宗心存畏忌，议会还授权国王管理这笔款项，任其全权裁处是否实施本法案。议会投票决定，罗马教廷若因本法案之故发布任何惩戒令，英格兰王国将完全予以无视，一切弥撒照做、圣礼照行，如同该惩戒令根本不存在一般。

　　在这次会议上，下议院向国王呈递了一份长篇指控书，历数教会法院的种种滥权和迫害行径。正当他们着手立法匡正弊端之际，一场争端突起，致使本次会议匆匆闭幕，并未完成预定的全部议程。当时，人们在定立遗嘱处置地产的过程中采取欺骗手段已成通例，国王以及其他所有领主在监护、婚姻和领地继承贡金等诸多方面的利益都因此而蒙受损失。由于这种欺诈，国王作为最高领主的土地所有权及其从地产所有权让渡中应得的收益均有名存实亡之虞，而这笔收益本是王室岁入的一个重要源头。有鉴于此，亨利要求议会立法节制（而非杜绝）上述侵权行为。国王的要求不高，只要每个人能以这种变通方式自主处置个人地产的一半即可。他直截了当地告诉议会，"此番提出通情达理的方案，尔等若不接受，寡人便待启动严刑峻法，届时再无如此宽厚的条件"。上议院欣然接受了国王的条件，但下议院却予以否决。由此事件中，亨利应可看出，自己的权柄和王威虽则广大，却也并非无边无际。然而，下议院颇有理由为他们的这场胜利感到后悔。国王兑现了自己的威胁，他召集一批法官和最精干的律师，就此问题在大法官法庭展开激辩，法庭最终作出裁决：任何人通过遗嘱处置本人名下地产的任何部分，按律不得有偏私自己继承人的行径。①

公元
1532年
4月10日

197　　议会经过短暂休会之后，宣布复会。国王拿出现行主教就职仪式上分别对教宗和国王所立的两份誓词，着人读给议员们听，鉴于二者的内容似有对立，不免让人觉得这些主教涉嫌以一身事奉二主。②议会表态，打算废除对教宗的誓词，但这时威斯敏斯特一带突然暴发瘟疫，打断了议程，议会宣布休会。本次会议上有个插曲值得在此记上一笔：一位特姆瑟(Temse)先生提出，议会应当敦请国王迎回王后，停止离婚诉讼。国王因之召见了下议院议长奥德利，向他细陈长久以来自己内心背负的疑虑。国王称，这种疑虑并非源于声色之欲，它是在青春的激情消褪之后方才萌生，其合理性也得到全欧洲学界人士的一致认同。国王停了停，又补充道，除了在西班牙和葡萄牙，从来没听说过一个男人娶两姐妹为妻的事情；至于娶寡嫂为妻，他相信自己应当不幸算作基督徒当中的第一人了。③

　　议会休会后，时任御前大臣的托马斯·莫尔爵士因预见到国王和议会的所有措施无不导向与罗马教廷决裂和宗教信仰上的改弦易辙，而他的原则立场决不允许他迎合这种潮流，遂萌生退意，交还国玺，卸去高官显爵，反比在位时更觉一身轻松。此君品格端方、行为圣洁，却丝毫无损于他的温良，甚至不曾影响其活泼、欢悦的天性。无论命运如何跌宕起伏，他一概洒脱笑对。居高位而不骄，处穷巷而不卑，从无一刻为外物所役，丧失内心的宁静恬淡。

---

① Burnet, vol.i.p.116. Hall. Parliamentary history.

② Burnet, vol.i.p.123, 124.

③ Herbert. Hall, fol.205.

他辞职后,看到家人有点放不下已经习以为常的显赫光景,微露哀怨之色,便拿他们的苦恼打趣,让他们耻于为了些许不如意的际遇而失去哪怕片刻喜乐。国王一向敬重莫尔爵士品格高标,极不情愿地接受了他的辞呈。过后不久,国王任命托马斯·奥德利爵士掌管国玺。

面对英格兰国内各种削夺教宗和教廷权威的行动,罗马教廷并非全无焦虑。教廷大有理由担心完全丧失在英格兰的权柄——长久以来,在所有基督教王国中,英格兰一直最热忱地效忠于罗马圣座,也是后者最丰盛的收益来源。一些站在皇帝一边的枢机主教怂恿克雷芒采取极端手段惩治英王,另一部分相对温和公允者则对教宗有失体面的做法提出谏言,称亨利作为一代雄主,曾经以笔和剑捍卫教廷大业而名扬天下,其索求的恩惠既是理据充分,就不应予以拒绝,再说,历来凡有与英王身份相当的尊贵人物提出此类要求,几乎从无遭拒的先例。然而,罗马教廷不顾这些劝谏,仍然受理了凯瑟琳王后的申诉,传唤英王出庭。宗教法院举行了几次合议,审议二人婚姻的合法性。亨利下定决心不派代理人出庭申辩,只派遣爱德华·卡恩爵士(Sir Edward Karne)和邦纳博士(Dr. Bonner)以所谓"解释人"的身份赴罗马向教宗致歉,称他很抱歉无法遵从圣座的意旨。亨利表示,如果他容许本国臣民向教廷提出申诉,必将损及王室特权;此外,因为离婚问题关乎良心,非关权力或利益,故尔没有任何代理人能够真正代表他的立场,或是恰如其分地表达那种唯独由其本心才能发出的令人满意的理由。为了让自己的腰杆更硬一点,为计划中脱离罗马的行动增强安全保障,亨利主动与弗朗西斯接触,二人在博洛涅和加来两度会晤，再叙私交，并重申两国间的盟约，协调一切共同防务措施。英王甚至侃侃罗列种种论据，试图说服弗朗西斯效法自己的榜样，今后不再追随罗马教宗，摆脱对圣座的依赖，独立执掌教会事务，并且自认为已经成功。如今他既已拿定主意，并且下定决心准备承担一切后果，便与此前已经获封彭布罗克女侯爵的安妮·博林秘密举行了婚礼。婚礼由不久后荣升考文垂主教的罗兰德·李 (Rouland Lee) 主持。观礼嘉宾包括新后的舅父诺福克公爵，她的双亲和兄弟，以及克兰默博士。[①]婚后不久，安妮便怀上了身孕，此事令国王喜不自胜，举国民众也认为这有力地证明了王后在婚前行为端庄贞洁。

议会再度召开。亨利与王国最高议事机构联起手来，稳健而持续地逐步推进脱离罗马教廷的进程，遏制教廷的僭权。议会立法禁止国人就结婚、离婚、遗嘱等宗教法庭审理权限内的一应事宜向罗马教廷提起申诉。法案声称，将此类案件交付国外法庭审理，有伤王国的颜面，此外，对外申诉过程必然花费巨大，正义亦得不到及时申张，徒增许多麻烦。[②]亨利为了进一步表明对教宗的轻蔑，在新后即将临盆之际，对外公开承认了再婚的事实。并且，为了彻底消除世人对他第二次婚姻合法性的疑问，他又做好各种准备，要经法院正式判决，宣告他先前与凯瑟琳的婚姻无效——按理说，这个判决本该在他与安妮成婚前公之于世。[③]

一直以来，国王即便在对第一次婚姻深感疑虑懊悔之际，仍然

199

公元
1533年
2月4日
召开议会

4月12日

---

① Herbert, p. 340, 341.

② Hen. VIII. c. 12.

③ Collier, vol. ii. p. 31, and Records, No. 8.

对凯瑟琳礼敬有加。他用尽各种软化办法和说服手段，试图劝她
撤回对罗马的申诉，同意离婚。然而她始终顽固不化，坚称自己的
立场是正义的，国王便取消了对她的一切拜访和交往，命她在所有
皇家宫所中，随意选择一处地方别居。她起初在邓斯特布尔附近
的安普希尔(Amphill)居住了一段时间，国王指定大主教法庭在邓
5月10日 斯特布尔开庭，审裁国王与凯瑟琳婚姻的合法性问题，由克兰默担
任主审，他已在沃勒姆去世后被任命为坎特伯雷大主教[1]。之所以
选择在毗邻凯瑟琳居所的地点开庭，就是为了防止她以不知情为
借口提出抗辩。鉴于法庭传唤没得到凯瑟琳本人或其代理人的回
应，法庭宣判她犯有藐视法庭罪；接下来，大主教开始审理具体案 **200**
情。亚瑟王子与凯瑟琳婚后已经圆房的证据再度被呈上公堂，来
自各大学的裁断意见以及坎特伯雷和约克两教省教牧代表会议在
两年前做出的裁断也被当堂宣读。经过上述预备性步骤之后，克
兰默做出判决：国王与凯瑟琳的婚姻不合法且无效，法庭决定予以
撤消。继而他又宣布第二项判决，正式批准国王与安妮·博林的
婚姻。不久，安妮·博林便公开加冕为英格兰王后，加冕典礼极尽
隆重庄严。[2]这桩错综复杂、令人烦恼的事情至此终告结束，更让
9月7日 亨利称心如意的是，安妮·博林平安诞下一女，取名伊丽莎白，此
女日后执掌英格兰王杖，令王国威名赫赫、福运昌隆。这个孩子的
诞生让亨利喜悦万分，不久便封她为威尔士女亲王，[3]此举显得多
少有些不合规范，因为小公主还只能算是英格兰王位的推定继承

---

[1]   参见本卷卷末注释[H]。
[2]   Heylin, p. 6.
[3]   Burnet, vol. i. p. 134.

人，而非当然继承人。然而国王在上段婚姻中曾将这一头衔授予
玛丽公主，现在他拿定主意，要把同样的荣耀加给当前婚姻所出的
后代，同时排除长公主日后继承大位的一切希望。国王在婚后对
新王后的尊敬有增无减。这位女士论出身似与王室无缘，却能成
功登上后位，凭着她那套在严肃与迁就之间拿捏有度、收放自如的
手段，长期以来把个倔强难驯的亨利调理得千随百顺，所有人都预
计她日后必定势焰熏天。国王为了尽可能抹去第一次婚姻的印痕，
派蒙乔伊勋爵(Lord Mountjoy)前去通知那位不幸的废后，今后她
只能享受威尔士亲王遗孀的待遇，并以无数花言巧语劝诱她默从
这个决定。但是凯瑟琳仍然顽固坚称自己的婚姻合法有效，任何
人若不遵守觐见王后之礼，一概不许出现在她面前。亨利抛开向
来的宽宏态度，恫吓她身边那些仍然尊她为后的仆从，但始终无法
迫使她放弃自己的尊衔和权利。①

201　　当以上种种消息传到罗马，枢机主教团看到教廷的权威和声
誉受到如此严重的损害，不由得怒火上腾，皇帝一党的枢机主教们
合力敦促教宗对亨利给予终极制裁，施以精神上的雷霆打击。然
而克雷芒却表现得极为克制，仅仅宣告克兰默的判决和亨利的第
二次婚姻无效，并威胁道，如果亨利不在十一月一日之前把一切恢
复到原来的状态，就要对他处以绝罚。②这是因为，之前发生了一
个事件，让教宗从中看到以更友好的方式解决分歧的希望，便没有
对英王采取极端行动。

---

① Herbert, p.326. Burnet, vol.i.p.132.
② Le Grand, vol.iii.p.566.

教宗对费拉拉公爵领的雷焦(Reggio)和摩德纳(Modena)两地拥有领主权,[1]他把上述权利主张提交皇帝仲裁,不料皇帝却将两地判给了他的对手,他在惊愕、失望与愤怒之余,接受了弗朗西斯伸来的橄榄枝。当弗朗西斯为自己的次子奥尔良公爵向教宗的侄女凯瑟琳·美第奇求婚,克雷芒愉快地一口应下这桩给本家族带来无上荣耀的亲事。教宗和法王甚至约好不日在马赛会晤,弗朗西斯身为教宗和英王共同的朋友,准备居间斡旋,促成他的新朋友与英王握手言和。

如果法兰西王室与罗马教廷早几年建立亲善关系,那么调停亨利与教宗的争执想必毫无困难。英王的要求实际上再普通不过,教宗先前拥有充分权柄授予亨利赦免状迎娶凯瑟琳,凭此权柄同样可以毫不费力地取消这桩婚姻的效力。然而,随着争执的发展,双方的状况均已大不同于以往。如今在亨利心目中,早年濡染而来的对罗马圣座的敬畏已经消磨殆尽;而且他发现,英国各等级臣民都站在他这一边,愿意支持他摆脱对外依赖,他已初尝执掌精神权威的滋味,因此可以想见,他几乎不可能接受劝说,重新臣服于罗马教宗脚前。另一方面,教宗若是与英王和好,他的权威就有可能遭受明显侵害。因为事态发展至此,批准离婚已不单单是推翻儒略二世诏书的问题,而必被天下人视作教廷自认僭权的表现。可以预见,路德派肯定会抓住机会高张胜帜,更坚定地持守他们那一套主张。然而,尽管存在上述种种阻碍,弗朗西斯仍然没有放弃劝和的希望。他看到,英王亨利内心对大公教会尚存一丝好感,也

202

---

[1]　Burnet, vol. ii. p. 133. Guicciardini.

担心过于激进的革新可能引发不良后果。同时，克雷芒亦舍不得放弃英格兰这颗教宗法冠上最璀璨的宝石。他希望，双方从以上动机出发，终能达成妥协，令他的调停努力不致落空。

弗朗西斯首先说服教宗作出承诺，一旦英王派代表赴罗马，将离婚案提请圣座仲裁，教宗便指派特使前往康布雷，商定和谈程序，此后立即按照英王的要求，宣布准予离婚的裁决结果。接着，弗朗西斯又派巴黎主教贝莱(Bellay)出使伦敦，取得英王的承诺，只要皇帝一党的枢机主教们不参与审理，就把离婚案提交到罗马教宗法院。贝莱主教将英王的口头承诺转达给罗马方面，教宗答应，英王如能就此签署一份书面承诺，他的要求将得到充分的满足。教宗还指定日期，携带英王书面承诺的信使须在此之前返回罗马。至此，全欧洲都认为，这一给英格兰与罗马教廷造成决裂危险的事件即将以和解而告终。[①] 然而，一些至关重要的大事件时常取决于细枝末节。那位负责呈送英王书面承诺的使臣偏巧耽误了行程。有消息传到罗马，称英国发布了一份诋毁罗马教廷的文书，还编排了一出嘲弄教宗和枢机主教们的滑稽剧在御前上演。[②] 教宗和枢机主教们怒冲冲地开庭，匆忙作出判决，裁定亨利和凯瑟琳的婚姻有效，亨利若坚持离婚，将被教廷处以绝罚。两天后，英格兰信使抵达罗马。克雷芒此番背离自己一贯的审慎作风，行事失于草率，这时他尽管懊悔不迭，却也不便收回成命，事态到此已然无法挽回。

---

① Father Paul, lib. 1.

② Father Paul, lib. 1.

就算教宗一直保持向来的隐忍节制，也未见得有希望在亨利的有生之年恢复教廷在英格兰的权威和影响力。这位君王秉性冲动而又固执，他既已一步步甩脱教廷的控制，岂肯俯首帖耳重归其1月15日辖下？即便在与罗马商谈和解的同时，他仍然召开了一次议会，继议会召开续颁布了若干完全有损于教廷权威的法令，这或许是因为他对和谈成功不抱什么指望，又或许因为他对此事满不在乎。英格兰民心对这一巨变已经逐渐有所准备。在此前召开的每一届议会上，教廷的权柄和利益都会或多或少地遭到削夺。一些年来，上层一直在刻意教育国民，国家议事机构的权力远高于教宗的权柄。及至此时，圣保罗大教堂的主教则在每个礼拜日的布道中向信众们灌输：教宗的合法权柄不超出其直辖教区的边界。[①] 从议会的活动记录中可以看出，他们完全接纳了以上观念；而且，我们有理由相信，假如国王从罗马教廷取得了有利于他的判决，为他的第二次婚姻及由此所生后嗣的继承权赋予不容置疑的合法性，那么他确有可能对罗马教廷以礼相待，但永远不会就他本人认定的特权作出任何重大让步。早在罗马采取决绝行动的消息传到英格兰之前，本届议会就通过了这些重要法令，足以证明以上判断不虚。

本届议会的立法内容包括：凡向罗马教廷缴纳的捐贡，以及教廷的一切管理规定、敕令、特许状，一概予以废除；各修道院只接受国王的巡察监管；惩治异端的条令被放宽；若无两名合法证人，教区长不得仅凭怀疑监禁或审问任何人；法令明确宣称，出言反对 [204] 教宗权威不属于异端；当主教职位出现空缺时，由国王签发推选许

---

① Burnet, vol. i. p. 144.

可令（*congè d'elire*）进行提名推选，如果主教参事会拒绝推选，则由国王签发特许状予以任命，无须请求罗马教廷颁授披肩、敕令或圣职委任状。两位意籍主教坎佩齐奥和金努齐（Ghinucci）原来分别执掌索尔兹伯里教区和伍斯特教区，现被褫夺教职。[①]议会此前曾通过一项反对向教廷缴纳初年圣俸或者叫"初熟果子"的法令，但授权国王全权裁处是否确认实施，现在这项法令最终得以正式确立。两年前，英格兰教牧们曾在巨大的压力下万般不情愿地发誓效忠于王权，本届议会正式确认该誓词，将其列入法律。[②]教牧们在效忠誓词中承认，唯独国王拥有召集全国宗教会议的权柄，承诺不经国王同意不得颁布新的教规，并且同意由国王指派三十二名特派员，审查旧的教会法规，废除其中有碍于王权的条款。[③]另外，允许当事人就主教法庭审理的案件向国王驾前的大法官法庭提起申诉。

　　然而，本届议会通过的最重要的法案，是关乎王位继承事宜的。此法宣称国王与凯瑟琳的婚姻非法、无法律效力及实际效力，认可大主教法庭做出的撤销国王第一次婚姻的判决，并确认国王与安妮王后的婚姻合法有效。法律指定英格兰王位继承权归于国王此次婚姻所出子嗣，万世相传。法律同样责成国人发誓效忠于这一世系，违者将被处以监禁、没收全部动产，刑期长短依国王圣　　3月30日意而定。凡出言诋毁国王、王后及其所生子嗣者，将按严重叛国罪处以监禁。本届议会顺从王命完成上述程序之后，即告休会。英

---

①　Le Neve's Fasti Eccles Angl.

②　25 H 8 c 19.

③　Collier, vol. ii, p. 69, 70.

国议会通过这些对教宗极尽轻蔑、对其权威造成毁灭性打击的法令，不早不晚，恰恰是克雷芒草率宣布对英王不利判决的同时。亨利恼恨凯瑟琳王后顽固不化，进而迁怒于她所出的女儿，完全剥夺了后者继承王位的希望。他当初提起离婚诉讼，请求罗马教廷豁免他的第二次婚姻，完全不曾设想要走到这一步。 ₂₀₅

　　国王发现，自己治下的神职人员和普通百姓一样对君上无比恭顺。教牧代表会议下达教令，要求国内所有教堂须于大门上张贴禁止向罗马上诉的法令和关于王室诉讼不得再向教宗上诉，改由全国性的上诉委员会受理的规定。他们还投票通过一项决议，宣称根据神的律法，罗马教廷对英格兰的管辖权并不高于任何一位外国主教。罗马教廷及其历届前任对英格兰行使的权威仅仅源自僭取，亦是英格兰君主们宽容的结果。下议院就此决议进行投票时，仅有四人投反对票，另有一人弃权。上议院则以全票通过。主教们表现得如此百依百顺，以致主动请求国王就更多方面给予授权，他们明确承认自己拥有的一切精神管辖权和对教区的治权统统来源于世俗当局，端赖国王陛下美意玉成。①

　　王国上下普遍举行宣誓仪式，表态忠于法律规定的王位继承世系。在所有知名人士当中，只有罗切斯特主教费舍尔和托马斯·莫尔爵士两人对上述法律规定的义务心存疑虑。费舍尔主教此前由于行为不检以致名声扫地，但他似乎错在轻信，并非居心险恶。莫尔爵士则是举国景仰的高尚正直之士，当局认为他的威望可能对公众产生广泛影响，所以煞费苦心地多方劝说他认同宣誓

---

① Collier's Eccles. Hist. vol. ii.

仪式的合法性。莫尔爵士宣称，他对王位继承安排毫无异议，并且认为议会拥有充分权力做出以上安排。但他拒绝按照法律规定的标准誓词来发誓，因为其导言中声称国王与安妮的婚姻合法，从而暗示国王此前与凯瑟琳的婚姻违法且无效；他提出，可以由他自己撰写一份誓词，按此发誓，保证效忠于指定的王位继承人。克兰默大主教和现任国务大臣克伦威尔对莫尔爵士极为敬重和爱戴，这二人出面恳求他抛开疑虑，与拒绝宣誓将会招致的一切惩罚相比，他们发乎友情的苦苦劝说似乎更能打动莫尔的心。[1]但是，他始终坚持自己的立场，态度温和却毫不动摇。国王被他和费舍尔激怒，下旨对两人按律起诉，关入伦敦塔。

议会再度召开，授予国王"英格兰教会唯一元首"称号，因为 11月3日
他们之前已将与此相关的一切实际权力交付到他手上。在这部令人难忘的法案中，议会授予国王下列权力——或者毋宁说是确认了国王的下列既有权力："巡查、遏制、匡济、革新、命令、纠正、约束或改善凡属教会精神权威或司法管辖范围内的一切错误、异端、滥权、违法行为、藐视法律的行为及严重罪行。"[2]议会宣布，凡针对国王、王后及其子嗣的一切恶意企图、想象或言论，以及试图剥夺国王、王后及其子嗣的尊位或荣衔的行为，均属严重叛国罪。议会将先前归罗马教廷享有的初年圣俸和十一税的收益权一律转交给国王。他们批给国王一笔补助金和一份十五分之一税。他们以包庇严重叛国罪的罪名宣布褫夺莫尔和费舍尔的财产和公权。此

---

① Burnet, vol.i.p.156.

② 26 H 8 c 1.

外，他们还批准威尔士公国享受英格兰法律的一切益处，从而将威尔士与英格兰彻底联为一体。

就这样，教宗的权威如同一切逾分的权力一样，最终毁于自身的贪得无厌及其超出人类原则或先入观念所能容忍的限度、日益变本加厉的僭越主张。在以往的时代里，教廷也曾借着出售赎罪券的方法牟取暴利，但是后来流于公然腐败，终于在德意志激起了最初的骚动和反抗。教宗签发豁免状的特权在历史上也曾发挥重要作用，将众多欧洲君侯和高门贵族维系在教廷权威的周围，然而由于不幸的因缘际会，而今它却成了英格兰脱离罗马大公教会的肇端。认可国王的至高权威，大大简化了英王国的治理架构：将教权并入政权，可以避免二者的权力边界之争——在这两种彼此争竞的管辖权力之间，向来无法划定一个明确的界限。此举也是一种预备，迷信的淫威即将受到遏制，人类即将打破长久以来束缚自身理性、智谋和勤勉的枷锁。可想而知，国王身兼本国教、俗两界的至尊元首，虽然有时难免利用宗教权力来推动政府运转，却不至于像罗马教宗那样，有意识地追求教权的过度膨胀；除非是被自己的无知或偏执所蒙蔽，否则他定会将教权控制在可容忍的限度内，防备其滥权。总体说来，这次革新举措带来了许多有益的结果，尽管当时主导改革的众位人士可能从未预见或刻意寻求过这种结果。

亨利在国内推行宗教改革，一切井然有序、波澜不惊，他在英格兰的权威似已稳固无虞。正当此际，爱尔兰和苏格兰的局势出现波动，给他带来一些搅扰。

基尔代尔伯爵时任爱尔兰副总督，受爱尔兰总督、国王的私生子里奇蒙公爵节制。基尔代尔与奥索雷(Ossory)家族有世仇，被控以暴力侵害该家族，因而被传唤出庭接受质询。临行前，他交代其子代行副总督的职权，后者闻知父亲被投入监狱，性命难保，便当即起兵叛乱，会合奥尼尔(Oneale)、奥卡罗(Ocarrol)等一些爱尔兰贵族的家族武装，四出劫掠，杀害了都柏林大主教艾伦(Allen)，围攻都柏林城。在此期间，基尔代尔瘐死狱中，他的儿子继续造反，又向皇帝上诉，后者承诺为其提供援助。英王见此形势，出动部分兵力赴爱尔兰平乱，叛军无力抗拒，又见皇帝不肯践诺施援，基尔代尔之子只得向新任副总督、多塞特侯爵的弟弟伦纳德·格雷勋爵(Lord Leonard Gray)自缚请降。这位年青贵族与他的五位叔父一起被押赴英格兰，经审判定罪，随即公开处决，尽管其中两位叔父为了拯救家族血脉，曾经假意加入王军阵营。

在苏格兰，安格斯伯爵道格拉斯独掌国政，他把冲龄幼主控制在自己掌心，从而得以借助本家族的势力，稳稳把持朝纲。不过，苏格兰当今太后、他昔日的枕边人却酝酿着颠覆他的统治。她出于某些猜忌和厌憎之情，已经与伯爵仳离，改嫁另一高门贵胄斯图亚特。太后召聚所有不满安格斯统治的贵族，合力与之抗衡。幼主詹姆斯本人对这种傀儡处境也深怀不满，曾经先后秘密联络沃尔特·司各特(Walter Scot)和雷诺克斯伯爵，二人试图组织武装，从安格斯手上解救幼主，但两次行动均告失败。身陷樊笼的詹姆斯急不可耐，终于伺机出逃，来到其母后当时驻跸的斯特灵(Stirling)。他诏令全体贵族出兵勤王，一举推翻了道格拉斯家族的统治，安格斯及其兄弟被迫逃往英格兰，得到亨利的庇护。此时已届成年的苏格兰国王宣布亲政。他以充沛的精神和昂扬的勇

气，大力整治苏格兰国内宿仇争斗不休、暴力横流、混乱无序的状
况——但我们应当看到，这些弊端虽然有碍于社会公正的发展进
程，却在客观上维系了苏格兰人的尚武精神，对于保持民族独立大
有助益。詹姆斯国王十分渴望与法兰西王国再续旧盟，但他发现
弗朗西斯此时正与英国打得火热，对他的提议反应冷淡，便转而接
受了皇帝的示好，后者自是希望通过与苏格兰结盟，给英国制造一
些麻烦。皇帝为詹姆斯做媒，推荐了三位公主作为备选，她们都
是他的近亲，芳名都叫玛丽：第一位是皇帝之妹、已故匈牙利国王
的遗孀玛丽太后，第二位是皇帝的侄女、葡萄牙的玛丽公主，第三
位是皇帝的堂妹、英王亨利之女玛丽公主(然而皇帝却假装不知道
她的父亲是谁)。詹姆斯更中意最后一位，但经过认真考虑，发现
这个想法不现实。最后，他对法兰西天生的好感压倒了其他一切
考量，便定意与弗朗西斯结为姻亲，而这就意味着他必定要与英国
保持和平。尽管他的舅舅英王亨利向他发出邀请，提议双方在纽
卡斯尔会晤，共商两国携手压制教会势力、挣脱罗马教廷控制的措
施，但是詹姆斯始终不肯接受劝说，以身犯险，进入英王的掌控范
围。为了找借口拒绝与英王会晤，詹姆斯向教宗讨得一纸敕令，禁
止他与圣座的敌人进行任何个人交涉。由他的上述表现，亨利可
以轻易看出，这位外甥的友谊实在靠不住。不过，这对甥舅反目成
仇是一段时间以后的事。

209

第三十一章　亨利八世(五)

国民的信仰原则—国王的信仰原则—众臣的信仰原则—宗教改革深入推进—托马斯·莫尔爵士—肯特圣女—审判、处决罗切斯特主教费舍尔—审判、处决托马斯·莫尔爵士—国王遭绝罚—凯瑟琳王后去世—取缔小型修道院—召开议会—教牧代表会议—《圣经》的翻译—安妮王后失宠—安妮王后受审—安妮王后被处决—新议会召开—教牧代表会议—民间的不满情绪—叛乱—爱德华王子降生、简王后逝世 — 取缔大型修道院—枢机主教波尔

自古以来，英格兰教俗之间、本土教牧和罗马教廷之间的利益之争几乎从未停息，因而国人对于脱离教廷早有充分思想准备。此外，他们也擦亮了眼睛，足能看穿教廷的诸般滥权明明旨在扩充教廷的世俗利益，严重损害着英格兰人的利益。这些话题似乎完全符合人类的理解力，哪怕是普通百姓，但凡对切身利益有所感知者，均能看出贪图私利的教宗打着宗教幌子所搞的无数花样究竟意欲何为。然而，当改革派人士由此出发，开始深入探讨圣事的神秘本质、恩典运行之道、蒙神悦纳的条件等话题时，民众便陷入惊异和迷惑，有相当一段时间不知何去何从。在往昔的日子里，无论是神职人员还是平信徒都生活在一种深度蒙昧状态下，从不暴露

公元 1534年

国民的信仰原则

于什么神学争论，从而得以笃诚却是怠惰地默从于普遍接受的一套观念。民众拥护某种信仰原则，并不是理性论证的结果，也不是出于对敌手的偏见和憎恶——后一种因素对人心的影响力永远更为自然，而且更加强大。故而每当新见解被提出，又获得足以唤起民众注意的权威支持，他们便会感到这种探讨完全超乎自身的理解力，所以总是在对立双方之间摇摆不定。正是由于这个原因，民众的倾向常因受到外界鼓动，发生骤然而剧烈的变化，甚至从一个极端滑向另一极端。也是这个原因，令他们似乎毫无廉耻地屈服于当前权力而抛弃内心最神圣的信条。还是这个原因，使得某些新教义在一段时间内突飞猛进地发展，但时隔不久便突然止步。人们一旦在特定教派中扎下根来，并对那些被贴上"异教徒"标签的人养成习惯性的憎恶，便会更加顽固地持守本教派所灌输的原则，两个教派之间的边界从此立定，不可更改。

改革派人士宣称，一切宗教信条必须经由个人判断，号召每个人思考、审视那些从前被强制灌输到自己头脑中的信条，这极大地促进了宗教改革最初的进展。尽管民众完全没有能力完成这个任务，但他们却非常喜欢上述提法。他们以为，自己以一种有损于旧权威的方式，用一种偏见对抗另一种更为强大的偏见，就是在行使个人判断力。新教义本身的新异性，自认为在论争中获胜的欣喜，改革派布道者的热忱、坚忍，甚至在承受迫害、死亡和折磨时那种不无欣然的表现，对古老宗教约束的厌恶，以及教廷的暴虐统治和自私自利所激起的义愤——这一切动机已经在民间广泛扎根，那个时代的人们普遍受到上述念头的诱使，倾向于抛弃祖辈的宗教信条。

随着宗教信条服从于个人判断的做法日益深入人心，君主权利似乎在某些方面遭到威胁，世俗统治权威的主要基础即民众的绝对服从似有被摧毁之虞。人们担心，像罗马教会体制这样古老且根深蒂固的权威一旦动摇，就会构成先例，引来其他方面的变革。在改革者中间自然生发的共和精神也加剧了这种疑忌。在德意志，以闵采尔（Muncer）为首的再洗礼派（Anabaptists）掀起剧烈的民众骚乱，[1]也为公开非难宗教改革的一派提供了新的借口。我们这个时代的新教徒已被证明与其他任何教派中人一样，同属忠臣良民，但我们也不应据此得出结论，认为以上忧虑纯属妄语。尽管改革派教义已经授予信徒个人判断的自由，但事实上这自由并未被真正收讫。人们通常满足于在潜移默化中将任何新异的理论纳入自己早年接受的教育体系。

放眼欧洲，亨利享有的绝对权威没有任何一位君主可与之比肩。即使贵如教宗本人，且在自己的城国之内集教俗权力于一身，也不及亨利的赫赫威势。[2]无论何种教义，如若背负煽动叛乱之嫌，就基本上无望获得他的好感和支持。然而，在政治疑忌之外，还有另一重原因令这位骄横的王者对改革派人士心存反感：他在早年间曾经公开宣布反对路德，也曾卷入这方面的学术争论，赢得驾前众臣和神学家们的高调颂扬。国王因臆想中的胜利而得意洋洋，又被天性中的傲慢固执蒙蔽了双眼，极端自负于自己的博学；因此，凡事只要与他的意见有所抵触，他总是报以不耐烦和轻蔑的态

国王的
信仰原则

213

---

① Sleidan, lib. 4. & 5.

② 参见本卷卷末注释［I］。

度。路德也曾一时鲁莽，十分无礼地对待这位高贵的对手，虽说路
德后来极谦卑地向亨利认错，为当日的激烈言辞向他致歉，却始终
无法抹去亨利内心对此人及其教义所抱的仇视。异端的概念在这
位君主心中仍然显得可憎又可畏，他对罗马宗座的怨恨虽已纠正
了他早年所持的大部分偏见，但是他打定主意绝不放弃剩余的偏
见，并将这一点看得荣誉攸关。他割断了与大公教会及其首脑罗
马教宗的关系，却仍然自诩为正统教义的持守者，用火与剑捍卫该
教义在其臆想中的纯洁性。

众臣的
信仰原则
　　亨利驾前的朝臣和廷臣群体各色纷呈，如其主君的行为一
样复杂多样。终此一朝，他们似乎一直在新旧教义之间摇摆不
定。王后在利益和自身倾向驱使下，亲近改革派立场。克伦威尔
也站在同一阵营——他已被提升为国务大臣，国王对他的信任与
日俱增。由于他性格审慎，才具超群，因而能够十分有效却不显
山露水地推进迩来的改革。坎特伯雷大主教克兰默私下里接受
了新教教义，他凭着坦率真诚赢得了亨利的友谊，在那样一个饱
受党争纷扰和暴君压制的时代，他这份美德越发灿然夺目。另一
方面，诺福克公爵则坚守旧时信仰，此公地位尊贵，又是位文韬武
略兼备的能臣，在御前枢密院中享有崇高威望。新任温切斯特主
教加德纳也支持保守派，此人性格柔顺，手腕灵活，在本党中堪称
干将。

　　朝中群臣虽然立场针锋相对，但每个人都不得不掩饰己见，假
意举双手赞成主君的观点。克伦威尔和克兰默在表面上仍然遵奉
古老的思辨式教义，另一方面则巧妙利用亨利的怨忿情绪，扩大他
与罗马圣座之间的衅隙。诺福克和加德纳装作支持国王的至高权　214

力,赞成他与罗马教廷决裂,同时却积极助长他对天主教信仰的热
情,并怂恿他惩处那些胆敢抗拒其神学理念的异端分子。两派臣
僚都希望通过无条件的顺服,把国王争取到自己一边。而国王则
操纵着新教和天主教两派的均衡,坐享双方的殷勤,从而获取了无
边无际的权威。尽管他的一切行动无不出于其恣纵性情的驱使,
但他在无意间选取的路线却无比确定地通向专制权力,其效果远
远超乎哪怕是最深邃的政治权谋。在他当时的特定处境下,欺骗、
矫饰和虚情假意只能让两派心生警觉,让他们学会有保留地顺从
一位永远没有希望完全被拉拢的君主。然而,尽人皆知亨利生性
率真直爽,脾气火爆,所以两派臣僚都害怕失去君心而不敢对他稍
有违拗,他们自作聪明地认定,靠着盲目遵从他的意旨,终能让他
真诚而彻底地倒向本方阵营。

　　国王的举动意味含混,虽令众臣敬畏战兢,但总体而言鼓励
了臣民中间的新教倾向,更助长了向往革新的时代精神,使之昂
然勃兴,除非各派当权势力齐心合力,持续不断地施以严厉打压,
否则绝难遏制这股势头。廷代尔(Tindal)、乔伊(Joye)、康斯坦丁
(Constantine)等一批英国新教人士此前因惧怕王权迫害,逃亡到
安特卫普;[①] 在那里,他们得益于低地省份享有的极大特权,在一
段时间里得到了庇护。这些人勤勉地用英语著书立说,抨击罗
马教廷的腐败,反对偶像崇拜、圣髑崇拜和朝圣活动,激发世人去
探究那个至为重要的神学问题,即世人蒙神悦纳的条件究竟是什
么。他们的观点与路德派和其他新教人士一致,声称因信称义是

宗教改革
深入推进

---

① Burnet, vol.i.p.159.

承受救恩的唯一途径，而依靠善工则必定把人引向地狱，[1] 同理，他们认为一切道德义务、圣礼和修道院的诸般仪式同样无益于灵魂得救。另一方面，古老教义的捍卫者们则坚持善工的效用，尽管他们并未将社会美德排除在善工的范畴之外，但他们所颂扬和推崇的主要还是那些有益于教会的迷信。这些流亡人士的著作被偷运到英格兰后，王国各地涌现了大批皈依者；然而，被固有信条视作最大威胁的，则是由廷代尔翻译成英语的《圣经》。初版英译本存在太多不确之处，容易招致形形色色的非议。而廷代尔囊中羞涩，承受不起销毁大部分印本的损失，他亟盼能有机会修正已知的错讹。时任伦敦主教(不久后转任达勒姆主教)汤斯达尔是个非常温和的人，他希望以最柔和的方式阻遏改革，遂暗地吩咐手下在安特卫普市面上搜购所有英文版《圣经》，随后在伦敦的齐普赛街头公开将这些书付之一炬。殊不知这恰好为廷代尔提供了急需的经费，使经过修订的新版英文《圣经》得以顺利付梓；另一方面，此举也激起国人的极大愤慨，因为他竟敢焚毁神的话语。[2] 在沃尔西当权期间，改革派信徒并未遭受多少迫害，因为沃尔西虽然身为教牧，对教会却不甚热心，不足以成为其暴政的工具。当时甚

---

[1]　Sacrilegium est et impietas velle placere Deo per opera et non per solam fidem. (意为：希望凭借善工而不是惟靠信心来取悦于神是一种冒渎不虔的行为。)*Luther adversus regem*(路德《驳国王书》)。Ita vides quam dives sit homo christianus sive baptizatus, qui etiam volens not potest perdere salutem suam quantiscunque peccatis. Nulla enim peccata possunt eum damnare nisi incredulitas.(意为：看哪，一个领了洗的基督徒是何其富有！即令一个人犯了许多的罪，他仍不会丧失他的拯救，除非他不肯相信。因为除了不信以外，任何罪都不能将他定罪。) *Id. de captivitate Babylonica*(《教会被掳于巴比伦》)

[2]　Hall, fol.186. Fox, vol.i.p.138. Burnet, vol.i.p.159.

至有一篇非难沃尔西的文章，[1]指责他纵容鼓励了异端的发展，而且包庇、释放了一些著名的异端分子。继沃尔西之后被任命为御前大臣的托马斯·莫尔爵士，既是一位值得我们同情的人物，也是时人认知发展历程的一个代表例证。此君品格高致，深深浸淫于古人高贵的精神风范，眼界宽广、胸怀博大，他早年的观点十分前卫，甚至今日看来都未免有些过于恣纵，但随着时局的发展，派系论战令他焦躁不堪，转而执迷于旧信仰，极力迫害异端，其手段之酷烈，令历来的异端审判官们都无法望其项背。这位御前大臣一向以举止温良、品德正直纯全而深受爱戴，但也正是此人把反对异端的运动推向巅峰。他对圣殿骑士团成员詹姆斯·贝恩汉姆（James Bainham）的残酷迫害更是登峰造极。贝恩汉姆被控倾向新教，被带到莫尔府受审，因他不肯供出同伙，御前大臣便下令当场对他施以鞭刑，随即将其投入伦敦塔，百般折磨。那位不幸的绅士挨不住拷打，声明弃绝信仰，过后又为自己的背教行为痛悔万分，遂公开回归原来的信仰，甚至定意要追求殉道者的荣冕。他被定为屡教不改的顽固异端分子，处以火刑，在史密斯菲尔德（Smithfield）[2]执行。[3]

很多人被解往主教法院受审，他们的罪状看似琐细小事，却被视作异端的表现：有的是教子女用英语念主祷文，有的是阅读英文版《圣经·新约》，还有的是出言反对朝圣的做法。此外，庇护受迫害的传道人、无视教会斋期、抨击神职人员腐化堕落，都被列为

---

[1]　Articles of impeachment in Herbert. Burnet.
[2]　位于伦敦市中心的牲畜交易市场。——译者
[3]　Fox. Burnet, vol. i. p. 165.

重罪。有位名叫托马斯·标尼(Thomas Bilney)的教士，之前接受了新的教义，又慑于恐吓而声明弃教。但他随即陷入深深的痛悔，朋友们都担心他万念俱灰之下会有性命之忧。最后，他的心灵似乎终于摆脱了重负，但这外表的宁静实则只是源自他的决心：要公开坦承真正的信仰，为之献上自己的生命，以求补赎己过。他走遍诺福克郡，教导民众警惕拜偶像的罪，切勿将得救的指望寄托在朝圣、敬拜圣弗朗西斯的斗篷、祷告圣徒庇佑或崇拜偶像这类事上。他很快就被捕，在主教法院受审，被定为屡教屡犯的异端分子，朝廷签发令状，下令对他处以火刑。火刑柱上的标尼表现出无与伦比的忍耐、坚毅和虔诚，令看客们为之动容，不禁感到他身受的刑罚过于残酷。在场的一些托钵会修士唯恐公众将标尼殉难一事归咎于他们，日后难讨布施，便请求他公开申明[1]自己的死与他们无干。标尼欣然从命。这份谦柔态度赢得了群众更大的同情。还有另一位因反对圣体真在论而被判处火刑的殉道者，表现得更加视死如归，甚至面露极乐之色，温情拥抱火刑堆中的柴捆，将这刑器视作载他进入永恒安息的舟楫。简而言之，潮流逆转，举国民众倾向于新的教义，那些严刑峻法若在另一种人心态势下原本足以遏制革新势头，此时反倒促使新思想进一步扩散，民众因备受刺激，从而对暴虐的迫害者产生强烈反感。

亨利虽将新教视为异端，毫不留情地予以打压，然而他心里清楚，自己最可怕的对手是旧教义的狂热信徒，主要是那些修道士，他们直接依赖于罗马教宗，深恐后者在英格兰的权威一旦坍塌，必

---

[1]　Burnet, vol. i. p. 164.

定殃及他们自身。托钵会修士佩托(Peyto)在御前布道，放胆宣告：
"有众多假先知口出谎言欺骗王，而真先知则对王发出警告，狗必
舔你的血，如同它们当日舔亚哈的血。[①]"[②] 国王对此冒犯并不介
意，吩咐放那布道者安然离去。下次礼拜时，他钦点科林博士在御
前布道，后者力辩国王的举措正当合理，直斥佩托是叛徒、诽谤者、
狗、逆贼。另一位托钵会修士埃尔斯顿(Elston)打断了科林的布道，
称其正是佩托指出的假先知之一，试图以邪说诡道败坏法统世系；
他本人愿挺身与之论辩，捍卫佩托的一切主张。亨利命那暴躁的
修士噤声，他并未怒形于色，只命枢密院宣召佩托和埃尔斯顿，当
面申斥他们的过犯。[③] 两位修士面对枢密院依然表现得顽固傲慢，
但国王还是待以宽忍。枢密大臣埃塞克斯伯爵当场正告这二人，
他们犯下大不敬之罪，按律当被投入泰晤士河。埃尔斯顿应声答道：
无论水路或陆路，通往天堂的路程并无远近之分。[④]

　　但与此同时，几名修士因勾结谋逆被官方拿获，他们的阴谋
本来似乎严重威胁到国王，但事情败露后反倒给自身造成更为
致命的后果。肯特郡奥尔丁顿(Aldington)有位伊丽莎白·巴顿 肯特圣女
(Elizabeth Barton)，民间称其为"肯特圣女"，此女患有阵发性癔
症，每每全身怪异抽搐，相应伴有神志错乱，口作癔语，在发作当
时几乎意识不到自己说了什么，过后便完全遗忘。乡间的愚夫愚

---

①　典出《圣经·列王纪上》21章19节，先知以利亚正告以色列王亚哈，"'耶和华
如此说：你杀了人，又得他的产业吗？'又要对他说：'耶和华如此说：狗在何处舔拿伯的
血，也必在何处舔你的血。'"——译者

②　Strype, vol. i. p. 167.

③　Collier, vol. ii. p. 86. Burnet, vol. i. p. 151.

④　Stowe, p. 562.

妇们惊诧于这种情形,视之为超自然现象;该教区牧师理查德·马斯特斯(Richard Masters)极有心机,觉得大可借此做一番文章,从而名利双收。他觐见当时还在世的坎特伯雷大主教沃勒姆,提交了一份关于伊丽莎白口中"灵言"的记录,花言巧语劝得那位审慎然而迷信的大主教授命他跟踪观察此女的通灵状态,仔细记录她的一切言语。这女子得到如此尊贵的大人物重视,很快在乡间名气大盛。马斯特斯轻松说服当地民众和伊丽莎白本人,认定她的呓语乃是圣灵的启示。不脱旧例,妄想之后紧跟着便是欺诈。伊丽莎白学会了装神弄鬼,假装陷入通灵状态,用一种怪异的口音说话,仿佛在转述圣灵的言语。马斯特斯又勾结上了坎特伯雷大教堂的教士博金博士(Dr. Bocking),二人合谋造势,欲为马斯特斯辖下一座小教堂里的圣母像扬名,吸引大批朝圣者,如同那些闻名遐迩的圣像和圣髑一样。计划实施过程中,伊丽莎白假装获得圣灵启示,要她向圣母像祈求医治,当她被引至圣母像前,便在众目睽睽之下再次跌倒抽搐,四肢和面部痉挛了好一阵之后,装作获得圣母显灵医治,完全康复。[1]这个神迹很快盛传于海内外,两位教士一见骗局收效超乎预期,开始得寸进尺,着手筹备更重大的举措。他们教唆已经成为修女的玛格丽特攻击新教义为异端,反对教会体制改革,并且反对国王与凯瑟琳离婚的意向。她甚至宣称,国王若当真离婚,另娶他人,必于一个月内丧失王权,并于当时当刻被剥夺全能上帝的恩惠,如恶人般不得好死。英格兰各地的众多修道士都卷入了这一波妄想热潮,有的是出于愚蠢或欺骗动机,

219

---

① Stowe, p.570. Blanquet's Epitome of Chronicles.

也有的是受派性驱使，而后者又往往是前两者的并发症。有个名叫迪灵(Deering)的托钵会修士还出了一本专著，研究伊丽莎白的灵启和预言。[1]新的神迹日日加增，令人越发感到神奇；各地的布道坛上都在传颂这位新出现的女先知如何虔诚圣洁、充满灵启。女先知向凯瑟琳王后传递信息，奉劝后者不屈不挠地拒绝离婚。教宗使节对民众的轻信推波助澜，就连明智而又博学的罗切斯特主教费舍尔也受党派立场裹挟而顺应了这种大大有利于己方的观念。[2]最终，国王开始发觉此事不容小觑，下旨拘捕伊丽莎白一党，交付星室法院审判。在审判中，案犯们未曾受刑便干脆利落地坦白招供。这年年初适逢议会召开，会上针对这起谋逆欺诈案的部分涉案人员通过了一项褫夺私权法令，[3]伊丽莎白本人连同马斯特斯、博金、迪灵、里奇(Rich)、里斯比(Risby)、戈德(Gold)则被处死。罗切斯特主教、艾贝尔(Abel)、阿迪森(Addison)、劳伦斯(Lawrence)等人因未能明辨伊丽莎白言谈中流露的犯罪内容，被定为包庇谋逆、知情不举，[4]因而银铛入狱。为了更好地揭露这伙人的真面目，教育民众，女先知编造的许多神迹都被拆穿，就连她个人生活中卑污不堪的一面也被公之于众。当异性信徒们长期耳鬓厮磨亲密共处，自会潜移默化地滋生情爱，这种情形也发生在伊丽莎白和她的同伙之间。她卧室内有一道通往小教堂的门，据称是神迹开凿、方便她随时与天庭沟通的，然而调查发现，这门其实出自博金和马斯

---

① Strype, vol.i.p.181.

② Collier, vol.ii.p.87.

③ 25 Hen.VIII.c.12. Burnet, vol.i.p.149. Hall, fol.220.

④ Godwin's Annals, p.53.

特斯的设计，并且被用于不那么高尚的目的。

　　骗局被揭穿，伴随着如此之多令人作呕的情节，令神职人员、特别是修道士们的声誉一落千丈，也刺激着国王对他们施以报复。他下旨查封了三座严守派方济各会修道院，鉴于这一强权行动并未激起多大波澜，他便越发壮胆继续迫害其他修道院。与此同时，他还下手惩治了一批不顺眼的个人。议会此前已将企图剥夺国王尊号或荣衔的行为定为严重叛国罪，不久前又为他增添了一个"教会最高元首"的新尊号。由此可以推定，否认王权至尊就是逆贼，有许多神父和教士由于这个新罪名而丧命。人们仅仅因为表达政治观点就遭死罪加身——尤其是，这种观点无伤于国王的世俗权利，更未尝伴随外在行动——这无疑是暴政的确凿实例。议会在出台以上法律时，完全无视此邦已入文明境界、更罔顾享有自由的国民按理配得的一切治理原则。然而，整个教会治理制度如此突如其来地发生剧变，此前多少年被视作异端的观点如今却堂而皇之地上位，凡是反对者都被定为逆贼，这在世人眼中实在显得有些不同寻常。就连生性冷酷无情的亨利一开始也对这些血腥举措感到震惊。他甚至改变了平时的装束，以示内心为自己不得不采取如此极端的措施而深感悲伤。不过，在暴戾的性情驱使下，也为了在全体国人心里打下深刻的恐怖烙印，他仍然继续推行无法无天的暴政，先拿费舍尔和莫尔开刀，以儆效尤。

　　罗切斯特主教约翰·费舍尔在教会中德高望重，更因博学多识、品格卓越，久蒙国王厚爱而名动英伦。他因拒绝宣誓效忠于国王第二次婚姻所出子嗣，又对伊丽莎白·巴顿的叛逆言论知情不举而身陷囹圄，官府不仅褫夺了他的全部收入，甚至毫不体恤他已届风烛之年，剥夺他的所有衣物，他在狱中身裹破衫，几乎难以蔽体。[1]他就这样被关押了一年多。此时，教宗为了酬报这位忠心耿耿、备受折磨的追随者，授予他枢机主教之职，但费舍尔对这尊荣漠然以对，他宣称，即使紫袍就在脚下，他也不会弯腰拾取。教宗如此提拔一个人，只因他与王权作对，此事大大激怒了英王亨利，他决心让那无辜者尝尝触犯王威的后果。费舍尔被指控否认王权至尊，被审判、定罪，最终斩首。

处决这位长老，意在警告莫尔：由于他在国内外深受敬重，学识品格得到世人高度赞誉，所以国王殷切希望他能顺服。从个人角度，亨利也深深喜爱和敬重莫尔，因为他那专横、冲动的性情很容易被那样一个在各方面与其自身狂暴倾向抗衡的人所吸引。然而，莫尔绝对不肯接受说服，服从"国王为教会至尊元首"这样一种与其个人原则截然对立的观念。此外，尽管亨利已经成功迫使举国臣民屈服于自己的意志，但迄至此时，尚未出台任何强制国人为此目的宣誓的法律。副总检察长里奇受命前去与被囚的莫尔谈话，后者对王权至尊的话题谨慎地闭口不言，仅被诱出一句话：他表示，关于确立此种特权的法律，任何问题都不啻一柄双刃剑——这样回答要付出灵魂的代价，而那样回答则导致肉体的毁灭。然而要对他发出严重叛国罪的指控，这点证据就已足够。他的沉默被说成怀恨在心，也被列为罪状之一；他不小心漏出的这句话，则被解读成否认王权至尊。[2]在亨利八世一朝，审判无非是走过场而

6月22日
审判、处决
托马斯·莫
尔爵士

---

[1]　Fuller's Church Hist.book 5.p.203.

[2]　More's Life of Sir Thomas More.Herbert,p.393.

已。法官宣判莫尔有罪，莫尔对此早有逆料，他亦无需任何预备， 222
支撑自己坚强面对死的恐惧。他不仅镇定如常，保持着愉快的情绪，甚至一刻也没有失去平日的风趣诙谐。他以一贯的淡定态度舍生而取义，宛如对待平常小事。他登上断头台时，对旁边的人说："朋友，帮我上去。等到下来的时候，就任凭我自己吧。"刽子手请求他的宽恕，他欣然应允，又说："砍我这颗头，肯定没法为你赢得喝彩，因为我的脖子太短了。"接着，他把头伏在砧板上，吩咐刽子手少安毋躁，待他把胡须拂到一边再动手，"因为它可从没犯过叛逆罪"。这个充满荣耀的结局若说有什么遗憾，那就是他为之舍命的理由略显薄弱、不乏迷信色彩。然而，他顽强持守内心的原则和责任感，即便立场有所偏颇，单单这种坚贞不屈的节操也值得我们

7月6日为之肃然起敬。托马斯·莫尔爵士被斩首，时年五十三岁。

　　费舍尔和莫尔被处决的消息传到罗马，激起一片反对英王的怒潮，特别是刚被授予枢机主教荣衔的费舍尔之死，更令人人义愤填膺。意大利的智者和演说家们发表了无数谤文，把亨利比作卡利古拉、尼禄、图密善等等历史上最残暴的暴君。教宗克雷芒七世此前对亨利的离婚案作出判决，大约六个月后便驾崩了，由法纳斯(Farnese)继位，号保禄三世(Paul III)。这位新任教宗在担任枢机主教期间就一直偏向亨利，他曾经希望，那些个人夙怨能够随着前任教宗一起被埋葬，在他任上与英格兰达成和解也并非不可能。英王亨利本人也深愿缓和局势，他在稍早些时候与法王弗朗西斯会谈时，曾经请托后者在他和罗马教廷之间斡旋。然而，亨利向来惯于颐指气使，不会被动接受他人的条件，即使在磋商和平之际，也常本着一贯的蛮横作风做出种种冒犯对方的举动，把谈判逼上

绝路。费舍尔遭处决，被保禄三世视为最严重的伤害，他当即批准
了对英王的惩戒令，宣召英王亨利及其一应追随者在九十日内抵
达罗马，为其犯下的罪行应诉。以上人等如若违命不从，教宗将对
他们处以绝罚，并剥夺英王的王冕，对整个王国处以禁罚，宣布亨
利与安妮·博林所生后嗣为私生子女，解除大公教会辖下所有君
主与英王签定的一切盟约，将英格兰王国的主权转授给任何入侵
者，号令英国贵族拿起武器推翻亨利，解除英格兰臣民对亨利的一
切效忠誓言，斩断英格兰的对外贸易，宣布任何人都有权俘获英格
兰人为奴，夺取他们的财物充为己用。① 然而，尽管以上惩戒令已
经获批，却并未当即公开发布。教宗推迟了这一打击，意在等待与
英格兰的和谈完全破裂，此外，查理皇帝目前遭到土耳其人和德意
志新教君侯的势力挤压，无力执行教廷判决，教宗也在等待他的处
境缓解，再宣布对英王的惩戒令。

　　亨利料定，查理将来必然不遗余力地打击自己，因此，其外交
政策的首要目标就是削弱查理，使之无力向自己发泄怒火。② 他与
法王弗朗西斯再续盟约，启动谈判，欲将尚在襁褓的小女儿伊丽莎
白许配给弗朗西斯的第三子昂古莱姆公爵。在拉拢德意志新教同
盟方面，英法两位君主也取得了一定进展，这些君侯一向对皇帝
的野心不无畏忌，亨利不仅拨款资助他们，还派遣赫里福德主教
福克斯赴欧协商联盟事宜，弗朗西斯则委派兰利勋爵贝莱担当同
样使命。然而，此时正值宗教改革的第一波热潮高涨，邦国之间

8月30日

国王遭受
绝罚

223

---

① Sanders, p.148.
② Herbert, p.350, 351.

的友好交往须在利益同盟之外达成神学信条的契合。尽管弗朗西斯和亨利大力迎合诸位日耳曼新教君侯,仿佛有可能接受《奥格斯堡信纲》(confession of Augsbourg)①的样子,但他们在各自统治的国土上却采取极端严厉手段迫害新教教义的传播者,因而被视为毫无诚意。②亨利惺惺作态,尽管自诩为天下第一神学家,却不惜放下身段,向麦兰顿(Melancthon)、布塞珥(Bucer)、斯图尔姆(Sturmius)、德拉科(Draco)等德意志神学家发出邀请,欢迎他们到英国来讨论神学,自己也好向他们请教新教的基本教义。这些神学家如今被尊为世界级的重要人物,赢得万众礼赞和仰慕,就连古希腊时代备受景仰的诗人和哲学家也比不上这些拙劣的玄学辩论术士所享的待遇。德意志君侯们告诉英王,他们不会拱手让出自己的国宝。亨利本来也没希望能与这些狂热的争论者达成一致,又了解到德意志新教徒内部路德派与茨温利派不和(其实两派在所有方面并无分歧,仅就崇拜仪式的一些细节争执不下),加上此番发出的邀请遭拒,越发感觉无所谓。他还预见到,哪怕施马卡尔登同盟(league of Smalkalde)③的成员国不与自己联手,他们出于利益驱动亦会不懈地跟皇帝作对。而弗朗西斯与皇帝之间势不两立,他认定这两位君主当中必有一位能成为自己的真诚盟友。

224

1536年　　　各方谈判频仍,值此期间,英格兰发生了一件大事,使得种种争议仿佛有望获得更友好的解决,甚至似有可能为亨利和查理开

---

① 发表于1530年,被视作新教的基本信仰告白。——译者

② Sleldan, lib. 10.

③ 支持宗教改革的一些邦国为对抗教廷的军事威胁,于1531年2月结成的自卫同盟。——译者

辟一条和解之路。凯瑟琳王后久已缠绵病榻，终告不治。她死于 1月6日
亨廷顿郡的金博尔顿(Kimbolton)，享年五十岁。她在离世前，给 凯瑟琳
国王写了一封非常温柔的信，信中称他为"最亲爱的主人、国王和 王后去世
丈夫"。她说，如今自己大限将至，盼望抓住这最后的机会劝他认
识宗教义务的重要性，看破人间的一切荣华和享乐终为虚空。尽
管他热衷于这些易朽坏的福分，将她抛入重重苦难之中，也给他自
己带来诸多烦恼，但她仍然宽恕他往日所有的伤害，愿他在天堂也
同样得到赦免。她说，自己别无所求，唯求他照拂自己的女儿、他
们二人爱情的唯一结晶，并恳请他看顾她的侍女和仆人。信中最
后一句话是："我发誓，我的双眼渴盼你超过一切。"①凯瑟琳爱情
的最后证明令国王深感于心，以至于垂泪；但据说安妮王后因为情
敌之死表现得欣喜万状，超出了礼仪或人道所能容忍的底线。②

225　　皇帝以为，姑母既已亡故，他与亨利之间个人恩怨的基础就此
消弭，那么离间英法同盟、与亨利重续昔日曾令他大得其利的亲善
关系并非不可能。他提出与亨利重修旧好，前提是：③亨利与罗马
圣座和好、协助他与土耳其人作战，并且与他联手抵御正对米兰公
国虎视眈眈的法王弗朗西斯。亨利回复，自己乐于跟皇帝陛下保
持良好关系，只要陛下承认之前友谊破裂完全是他的责任。至于
那些条件，亨利答道：针对罗马教廷的一系列行动无比正当，并且
经英格兰议会充分认可，现在撤回已然不可能；一旦基督教君侯们
在本阵营内部达成和平共处，他必贡献与自己身份相称的一份力

---

① Herbert, p. 403.

② Burnet, vol. i. p. 192.

③ Du Bellay, liv. 5. Herbert. Burnet, vol. iii. in Coll. No 50.

量，抗击信仰的敌人；此外，待到与皇帝完全恢复亲善之后，他可以作为皇帝和弗朗西斯共同的朋友居间调停，要么促成双方握手言和，要么出面支持受损害的一方。

亨利早就领教过皇帝口是心非、虚情假意的一贯作风，又掌握了欧洲当前事务动向的情报，因而对皇帝的提议越发漠然置之。不久前米兰公爵弗朗西斯·斯福尔扎无嗣而终，查理皇帝坚称该公国既为日耳曼民族神圣罗马帝国下属封邑，理当归他这位帝国元首继承。不过，为了避免意大利诸邦不快，他声称有意将该公国授予某位各方均无异议的王公，甚至提议由法王弗朗西斯的第三子昂古莱姆公爵接手。法王则主张自己对米兰公国享有继承权，斯福尔扎一死，这份权利即自动生效。他提出由自己的次子奥尔良公爵替他统治米兰公国。皇帝假意答应了这个提议，但此承诺的唯一目的只是要争取时间、做好战争准备，以便聚集实力入侵弗朗西斯的领土。两位君主之间的宿怨再度爆发，彼此虚张声势、大搞人身侮辱，与二人的身份极不相称，更不是这等举世公认的勇士当有的举动。不久，查理亲率五万大军入侵普罗旺斯，但未占到任何便宜。他的部队因疾病、疲劳、饥荒和其他一些灾难而折损殆尽，他被迫解除对马赛的围攻，带领残部退入意大利。另一路帝国部队为数三万，兵强马壮，由尼德兰方面入侵法国，对佩隆（Peronne）形成包围，但也没能取得更大进展，他们见到一支法军逼近，便不战而退。于是亨利满意地看到，他的盟友弗朗西斯似乎无需外援便可以自卫，而欧陆各国的激烈争斗令他自身的安宁获得了充分保障。

如果说还有什么事情令英国宫廷心神不宁，就只有苏格兰局

226

势这一宗。苏格兰国王詹姆斯五世闻知盟友弗朗西斯处境危险，慨然出手相助，他征募一部分兵力，又雇用船只，将部队安全运抵法兰西。他甚至亲自渡海，一路疾行奔赴法王设在普罗旺斯的大营，与之共患难；行至里昂，正好遇见屏退帝国侵略军后班师回京的弗朗西斯。这友谊的证明如此暖心而又适时，为苏格兰国王追求法国公主玛德兰(Magdalen)提供了莫大便利。弗朗西斯并不反对这宗婚事，惟公主身体状况极差，似乎随时有性命之忧。然而公主对詹姆斯芳心既许、约以婚嫁，她的父王便不再阻拦女儿和朋友共同的心愿。二人就此成婚，未几扬帆返回苏格兰。不出所料，年轻的王后不久便去世了。然而，弗朗西斯把亨利也视作朋友，两人一向相处和睦，比大国君主之间通常的关系更亲密，他唯恐盟友亨利因为法国和苏格兰绕开英国结成亲密联盟而感到不快，遂派遣波默莱耶(Pommeraye)出使伦敦，为此事向亨利致歉。但是亨利以其一贯的直率放任，无遮无拦地表达不满，甚至把法国使臣晾在一边不予接见。弗朗西斯开始担心这位素来意气用事、不顾政治韬略的君主会不会与自己绝交。不过，亨利同时与教宗和皇帝为敌，在行动上不能不有所顾忌，因此并未对弗朗西斯不依不饶。最终，无论法兰西还是苏格兰均与英格兰相安无事。

　　由于宗教方面的剧烈变革，英格兰国内安宁似乎面临着更大的隐忧。可以肯定地说，值此危险关头，公众安宁的最大保障，莫过于国王不容置疑的权威及其凌驾于全体臣民的支配地位。那个时代的英国人深深忠诚于王室，不仅如此，亨利个人也博得臣民的崇高敬意，就连他那些令人人生畏的恐怖手段也并未引发太多仇恨。他坦率、真诚、心灵高尚、气度恢弘，这诸般美德抵消了人们对他暴力、冷酷和狂躁的负面印象。他凭着一腔血气而非娴熟的手腕在所有外交谈判中都居于显要地位，满足了国人的虚荣心，从而令他们更加甘心承受其对内的暴政。国王意识到自己的优势，开始得寸进尺地行使威权，迈出至为危险的一步：在若干铺垫措施之后，他终于下定决心，动手取缔多家修道院，将它们丰厚的收益攫为己有。

如果单从政治角度考虑，修道院大量增加似给大公教会造成极大不便，教会出现的其他所有问题，似乎都与这些宗教机构有着密不可分的关系——教廷的僭权行径、宗教裁判所的暴政、名目繁多的宗教节庆……这一切束缚人的自由和聪明才智的现象，最终都要归因于僧侣阶层的权威和潜在影响；事实证明，遍布各地的修道院就是一个个孵化散播愚昧迷信的温床。僧侣阶层对亨利极度敌视，认为在英格兰取缔教廷权威无异于打破了他们历来凭之抗拒王室和廷臣们恣意强取豪夺的唯一保护伞。现在，各修道院都被纳入国王巡视监察之下；罗马教宗的法旨失去了臆想中的神圣性；岛外宗教改革运动方兴未艾，各地的修道院纷纷遭到解散，令他们有理由担心同样的一幕也会出现在英格兰。炼狱涤罪说是大多数修道院得以建立和维持的基础，尽管国王目前仍然信奉这个教义，但是可以预见，随着宗教论争愈演愈烈，他会日益疏离古老的制度，并在自身政治利益吸引下，自然而然地贴近改革派教义。在上述考虑的驱使下，修道士们不遗余力地煽动民众反对国王的政府。亨利发现他们的安全已然与他自己的安全无法相容，于是下定决心抓住当前机遇，彻底打垮这些公开的敌人。

此前，国务大臣克伦威尔受命担任新设的宗教事务代理人一职，代表国王具体行使对教会的至高、绝对或者说无限制的权力。他任用莱顿(Layton)、伦敦(London)、普赖思(Price)、盖奇(Gage)、佩特里(Petre)、贝拉西斯(Bellasis)等人为专员，赴全国各地严察所有修道士的一举一动。每逢党争时期，尤其是涉及教派纷争的情况下，根本无法指望从敌人那里获得公平对待；此外，众所周知国王存心要通过巡视找借口取缔修道院，有鉴于这两点，我们自然可以得出结论，这些专员的报告很不可信。修道士们被鼓励互相告发，哪怕鸡毛蒜皮的证据都被记录在案，甚至改革派的同伙散布到海外的造谣中伤之语都被引为可靠证据。因此，据说调查发现多座修道院内部混乱不堪，不少女修道院被传为淫窝，还发现了许多堕胎、杀婴、同性淫乱等罪行的证据。或许，由于那个时代民众的盲信，修士修女们确有可能比现今罗马天主教国家的同行们更加肆意放浪。但尽管如此，论到以上遭谴责的现象，我们可以满有把握地将其归因于那些与修道制度本身和修道院生活存在天然联系的恶行。正如专员们所指出的，同被限制在四堵高墙之内的一群人，心胸狭隘、彼此记恨，又因被割断了一切自然的爱的关系，通常变得比一般人更自私、更冷酷无情，因此，他们之间残酷而根深蒂固的派系纷争是非常惨烈的。

由于修道院本身即以幻想、谎言和迷信作为其存在的基础，那么，他们打着宗教旗号、为了助长民众的虔信和多得布施而进行信仰欺诈便也成为必然。此外，修道士们被指责整日无所事事，他们的懒散和与之相伴而来的极度无知，同样是无可置疑的。尽管他们是以空想和吹毛求疵为特点的经院哲学真正的捍卫者和发明人，但是鉴于该群体受困于单调乏味的生活方式，被剥夺了一切竞逐的生机，没有任何赖以提升心灵、陶冶天赋的手段，因此在他们当中绝无希望诞生任何刚健或优雅的学问。

　　少数修道院被克伦威尔及其手下专员的严厉盘查吓破了胆，乖乖将收入拱手献给国王，修士们获得少量年金，作为其驯顺态度的回报。凡不满二十四岁的修士、修女一律被下令遣散，他们当初的誓愿也从此作废。即使超过规定年龄的修女，只要本人愿意，都可以自由离开修道院。不过，由于上述种种措施不足以充分达成国王的意旨，他还是拿起了惯用的权力工具——议会。为了预备人心，政府公开发表了各位专员的巡视报告，在有关方面的极力煽动下，举国为之哗然，反对修道院的声浪甚嚣尘上，尽管英格兰人祖祖辈辈对这些宗教机构敬重有加。

　　国王虽然决心在英格兰彻底铲除修道院，但他打算循序渐进地推进这个宏大计划。他指示议会，当前不宜操之过急，只取缔一些岁入低于二百镑的小型修道院即可。[1]据查，这类小修道院的腐败问题最严重，因为它们自身的廉操较差，所受监察亦相对松懈。[2]另外，当权者认为，先拿它们开刀，为计划中更大规模的改革铺路，此招最为稳妥。法令一出，三百七十六家修道院应声解散，它们的岁入被转授给国王，总计三百二十万镑，这些修道院名下的财物、动产和贵重器皿等物总价值达十万镑，也被收归国王所有。[3]这一

2月4日
议会召开

取缔小型
修道院

230

----

① 　27 Hen.Ⅷ.c.28.

② 　Burnet, vol.i.p.193.

③ 　据称，这次取缔小修道院的行动中共有一万名修士被遣散(参见Hollingshed, p.939)。如果此言不虚，那么其中大部分必定是托钵僧，因为这些修道院的岁入不足以养活那么多修士。而托钵僧们无疑仍会继续从事他们原来的行当。

重要法令似乎未遇任何阻力——亨利的权威已达到如此绝对的地步！议会继而新设了"增加国王岁入法庭"来管理这部分资金。根据上述情况，民众会自然地得出结论，认为亨利有心继续掠夺教会财产。①

议会曾经通过一部法案，授权国王指定三十二名专员制定教会法体系，该法案于这段时期得到重申，但事实上从未真正实施。亨利认为，教会法目前的混乱状况有助于增进自己的权威，令神职人员更多地依附于王权。

本届议会进一步完成了威尔士与英格兰的合并。一直以来，少数大贵族或称"边界领主"在边境地区享有独立司法权，妨碍了威尔士的司法公正，纵容劫盗横行，本届议会立法废止了他们的独立司法权，王室法院的权威自此扩展至全国。在英格兰，一些类似的司法权也同样被废止。②

下议院看到，国王此前要求维护王室监护权和地产所有权让渡收益时，他们拂逆上意并未捞到任何好处，于是这回变得俯首帖耳，在制定法律的问题上完全听命于国王。③下议院立法规定，对土地所有权的裁定，要依据土地使用者是谁、而非委托让渡给了什么人。

通过上述所有法令之后，国王下旨解散议会。本届议会不只 4月14日
231 引入了一系列重大改革措施，还因其会期格外长、休会次数格外多而令人印象深刻。亨利已经看出议会对自己唯命是从，在宗教思

---

①　Hen. VIII. c. 27.

②　27 Hen. VIII. c. 4.

③　27 Hen. VIII. c. 10.

潮纷纭激荡的形势下，他不想冒着风险选举新议会，而是在六年多的时间里一直保持这届议会的原班人马。在当时的英格兰，这种做法颇为罕见。

教牧代表
会议

与本届议会同期召开的教牧代表会议担负着一项极其重要的工作，即审议《圣经》的新译本。廷代尔的英译本虽经他本人修订后出了新版，但教士们仍然抱怨其内容不够准确忠实。现在，英王命令他们自己推出一个不会招致上述批评的译本。

改革派人士宣称，上帝为了普救世人，将有益的教义晓谕万国万邦，而人却违背上帝的意旨，将神的话语隐藏在生僻的语言当中，可谓荒谬至极。如果说这种行径不算十分荒谬，至少其手段之恶劣是显而易见的，足可证明教士们的传统解经和注释如何与至高者之灵默示的《圣经》原典背道而驰。长久以来，民众被一群为谋私利弄虚作假的人所蒙蔽，现在他们有必要亲眼观看，查验神职人员的权利主张是否真的建立在得到所有方面承认的神授特权之上。此外，鉴于人们的探索精神和好奇心现已有所复苏，又不得不在各教派相互矛盾的教义中做出选择，所以，极有必要为他们提供决策所需的适当材料，尤其是《圣经》，通过这种方式，将圣灵启示的、因语言嬗变而变得有些模糊不清的神的意旨再次向全人类显明。

另一方面，古老教义的维护者们坚称，"让人们亲眼察看"这个借口无非是欺人之语，其本身就是一个极端恶劣的诡计，新教义的传布者企图借此僭居民众导师的地位，引诱他们离弃由上帝亲自指定为世人的灵魂导航、得到法律和自古以来的制度所承认的牧者。他们声称，民众因其自身的无知、愚钝和无可避免的业余性，

232　完全不具备自主选择宗教信条的资格。把教义研习材料摆在他们面前，只是白费工夫，他们根本不懂得如何适当运用。即使在日常生活里、在关乎世俗利害的事务中，虽然人类理性能在这方面较好地发挥作用，但是法律仍在很大程度上剥夺了民众的个人判断权，为了维护他们自己的好处和公共利益，对他们的行为举动加以适当规制。神学问题奥妙高深，远远超乎大众的理解力水平；神职人员本身无论怎样受惠于良好的教育，博学通览、皓首穷经，仍然无法保证自己的判断没有偏颇，唯有倚靠《圣经》的应许：上帝永远与祂的教会同在，地狱之门无法胜过神的教会。那些最聪明的异教徒犯下的诸多严重错误已经证明，人类是何等不适于在这沉沉黑暗当中唯靠一己之力摸索前行。如果把《圣经》交付给个人判断，那么就连《圣经》的教导本身也无法弥补人类的错误，相反，还会大大加强那些致命的错误认知。保守派人士还指出，《圣经》的行文本身包含许多模糊费解、看似相互抵触的地方，倘若被交在轻浮无知的大众手上，就会成为一种最危险的武器。《圣经》中有很大一部分是诗体，充满隐喻和象征，从而造成语义的不确定性，同时足以点燃盲信的狂热，把文明社会投入最剧烈的骚动。那时将会涌现成千上万个不同教派，每个教派都声称自己的教义源自《圣经》，通过似是而非、甚至连似是而非的依据都没有的诡辩，引诱大批蠢妇和无知劳工接受那些荒谬至极的信条。这种危及国泰民安的混乱状态如能得到扭转，其必要前提就是设法使民众安静顺服于某个新的权威。如此看来，不争论、不质疑，让他们安静固守古老的、因而也是更可靠的制度，显然更有益处。

　　后一派的主张更合乎当时教会管理层的心意。倘若没有克兰默、拉蒂默(Latimer)以及其他几位主教权威发声,他们很有可能在教牧代表会议中占据上风,然而克兰默等人的意见据信代表了国王的立场。结果,全体与会者投票通过出版《圣经》新译本的决定,三年后,翻译工作最终完成,新版英译本在巴黎印行。改革派将此视作己方的一大胜果,也是宗教改革事业的重大进展。改革派凯歌高奏,进一步的突破似乎指日可待。

　　然而,正当新教义的拥护者们欢欣鼓舞之际,却迎面遭受一记屈辱的打击,他们的全部希望似乎都因此而破灭了:改革派的后台安妮·博林失宠了,不久即被激愤的国王处死。亨利在争取离婚的整整六年当中,始终对安妮·博林眷恋不衰;他在满足激情的道路上遇到的阻碍越多,为之付出的热情就越是执着。但是,在百般艰难处境中顽强存活并越发旺盛的爱情,当二人终于如愿以偿之后,却很快在安稳中陷入厌腻而失去了生机。国王的心明显疏远了王后。安妮的敌人不久便觑见了这个致命的变化。他们发现自己在一些微妙问题上挑拨离间并未引火烧身,就越发卖力地扩大帝后之间的裂痕。王后此前产下一个男性死胎,亨利狂热企盼男嗣的希望受挫,他在暴力和迷信参半的性情驱使下,倾向于把这一不幸怪罪到那位无辜的母亲头上。[1]不过,安妮的敌人用来激怒国王的主要手段,还是挑拨他的嫉妒心。

　　尽管安妮一向举止清白,甚至堪称贞洁,却是天性活泼,或许略显轻浮,待人接物不拘小节,缺乏一国之母应有的谨言慎行。早年接受的法式教育更使她养成自由随性的倾向,很难适应英国宫

----

① Burnet, vol. i. p. 196.

(左侧栏注)安妮王后失宠

廷严谨刻板的礼仪。她乐于看到自己的美貌对周围人的影响力，其中虚荣的成分多于骄傲；对那些往日与她同等地位的人，她随心所欲地待之以熟稔亲切的态度，遂使他们有借口声称享有王后的友谊和青睐。她这种平易近人的作派让亨利感到有失尊严。当初作为情人，他是完全盲目的；但身为人夫，却变得眼里不揉沙子。由于别有用心者的介入，王后无伤大雅的不拘小节遭到恶意解读。罗契福德(Rocheford)子爵夫人是王后的嫂子，姑嫂二人向来不睦，因此，子爵夫人分外恶毒地含沙射影、中伤王后，向国王心中注入最冷酷的猜疑。她本人生性放荡，在造谣诽谤时也丝毫不顾事实和人性。她声称自己的丈夫与其妹做出了丑恶勾当；这样诬陷还不算，她还把王后的一举一动都加以曲解，王后每次和悦地恩待任何一个人，都被说成私通的证据。宫廷侍从官亨利·诺里斯(Henry Norris)、国王的侍卫长官韦斯顿(Weston)和布里尔顿(Brereton)，以及内廷侍从官马克·斯梅顿(Mark Smeton)都被诬为与王后过从甚密、有关系不正常之嫌。这几人热忱而忠诚地效命于王后，虽说主要是出于感恩戴德，但是对于这样一位可爱的王后，内心也未免掺杂了几分柔情。国王的嫉妒心绝不肯放过任何蛛丝马迹，他找不到具体目标，就把怒火倾泻到身处打击范围内的所有人头上。

　　假如亨利的妒意是因爱而生，就算骤然间狂怒至极，过后自然有所懊悔和反复，最终只会令彼此的爱情基础更为牢固。然而这份嫉妒却完全发自虚荣心，其底色是严酷的。他的爱已转向另一个目标。王后的侍女简(Jane)年青且品貌出众，是约翰·西摩爵士(Sir John Seymour)之女，国王完全被她迷住了。他决心不惜一切代价满足新的欲望。世间君主大多把风流韵事看得很轻，认为追求宫廷侍女是抬举她们，而非一种侮辱。但亨利却不然，他不认同婚外恋，为了通过缔结合法婚姻避免犯下奸淫之罪，让爱情修成正果，他不惜经历更多艰难曲折、犯下比婚外恋更严重的罪过。他心心念念要把新情妇带上御榻并扶为王后，就更倾向于听信谗言，把污水泼向不幸的安妮·博林。

235

国王第一次公开表露妒意，是在格林威治的一次长矛比武大会上，当时王后碰巧丢落一块手帕，很可能是因为不小心，但国王却认定她在向情人卖弄风骚。[①]他当即转身退场，下旨将王后禁闭在她自己的房间里，逮捕诺里斯、布里尔顿、韦斯顿和斯梅顿，加上王后之兄罗契福德，将他们投入监狱。天威震怒，王后在震惊之余，以为亨利只是想试探自己，但随即发现他是认真的，再想到他那固执而又冷酷的脾气，她心里暗觉不妙，预感自己来日命运堪忧。次日，她被押赴伦敦塔。在路上，她才听说自己所谓的罪名，在此之前，她都一无所知。她郑重声辩自己清白无辜，迈进牢门的一刻，她双膝跪地向上帝祈求帮助，因为自己并没有犯下被指控的那些罪行。王后因震惊和困惑陷入歇斯底里，在这种状态下，她认为自证清白的最好办法就是把内心所有隐秘和盘托出。她自承有些举动轻浮失检——当初她做出这些事是出于天真，现在承认这些事也同样是出于天真。她承认，她曾经嘲笑诺里斯迟迟不肯成家，并且告诉他，等到自己什么时候成了寡妇，他或许才有盼头。她说，自己曾经责备韦斯顿只顾迷恋她的一位表亲，冷淡了夫人，但韦斯顿说她误会了，他所爱的是她本人。这番表白当即遭到她

5月1日

____

① Burnet, vol.i.p.198.

的斥责。[1]她一口咬定,斯梅顿只去过她的房间两次,都是为了演奏羽管键琴。不过她也承认,他有一次大胆表白说,只要能看到王后一眼,自己就心满意足。但是国王并未对她的真诚坦白感到满意,反而认定这些失检行为只是更严重的罪恶关系的前奏。

王后运道昌隆之时,性情和善慷慨,蒙她恩待者何其多也,现在竟无一人敢于出头,在暴怒的国王面前为她求情。昔日在万人簇拥和逢迎的笑脸中飞上枝头占尽风光的人儿,而今成了无人理会的弃妇。就连她的舅父诺福克公爵也以政治派系为重,翻脸不认亲情,变成她最危险的敌人。天主教的支持者都希望,她的死会结束国王与罗马的争执,令亨利恢复早年的自然倾向,与教廷保持亲密的合一关系。在王后的追随者当中,只有克兰默一如既往地视她为友,并在不触怒天威的前提下,尽可能地从旁规劝,缓和国王针对她的强烈成见。

囹圄中的王后给亨利写了一封亲笔信,字里行间充满最温柔的劝告,并无比热烈地申辩自己清白无辜。[2]但是亨利那颗冷硬的心毫无所动,定意要处死安妮·博林,为自己的下一段婚姻铺平道路。诺里斯、韦斯顿、布里尔顿和斯梅顿四人受到审判,但是控方拿不出任何合法证据。庭上出示的主要证据出自已故的温菲尔德夫人(lady Wingfield)之口,不过是一条传闻而已。斯梅顿求生心切,招认与王后发生过罪恶的关系。[3]不过,就连王后的敌人也不指望这份供词能为己方带来任何优势,因为他们一直不敢让斯梅

---

[1]　Strype, vol. i. p. 281.

[2]　参见本卷卷末注释[J]。

[3]　Burnet, vol. i. p. 202.

顿与王后对质，并立即将他处决。布里尔顿和韦斯顿也遭遇同样的命运。诺里斯一向深得圣宠，当权者许诺，只要他坦白认罪，并出面指控王后，就饶他不死。然而诺里斯高风亮节，回绝了这个提议，他表示，他凭良心相信王后清白无瑕，从他自己的角度，并无任何可以指控她的理由，他宁死千遍，也万万不能诬告好人。

安妮王后
受审

　　王后与其兄长在贵族陪审团面前出庭受审，陪审团成员包括萨福克公爵、埃克塞特侯爵、阿伦德尔伯爵及其他二十三位贵族。两位案犯的舅父诺福克公爵出任法庭高级执事。法庭究竟以什么证据或借口将乱伦的罪名栽到他们头上，我们不得而知，据说最主要的一条罪证不过是有人目睹罗契福德当着几位伙伴的面倚在王后的床上。她被指控曾经对几位宠臣说，自己从未真心爱过国王；237 并且分别对他们每一个人表示，她爱他超过任何一位——这就构成了"诋毁国王与她所生子女"的罪名。按照上述牵强的解释，她被裁定违反了本朝第二十五年颁布的制定法，其中规定，凡诋毁国王、王后或二人所生子女者罪在不赦。如此明明可见的荒谬判决，在当时居然得以通过，英格兰上议院凭此作为充分理由，牺牲无辜的王后，以满足暴君的残酷意志。尽管没有辩护律师相助，但王后在庭上镇定自若地自辩，令旁听群众不禁发声鼓噪，称她完全无罪。但是，法庭仍然裁决王后及罗契福德有罪，判处她火刑或斩首处决，听凭国王发落。听到这可怕的判决结果，王后并无惧色，只是举手向天，呼道："噢，父神啊！造物主！你是道路、真理和生命，你知道我罪不至此。"随后，她转身面对法官席，发表了一番动人心弦的无罪宣言。

　　如此残酷的报复仍不能让亨利满足，他决心彻底废除自己与安妮·博林的婚姻，宣布由她所出的子女不合法。他记起安妮·博林返回英国宫廷后不久，与当时还是皮尔西勋爵的诺森伯兰伯爵情投意合，公开交往过一段。于是，他向那位贵族发出质询。诺森伯兰对两位大主教发誓，他与安妮·博林绝无书面或口头婚约。他又当着诺福克公爵和枢密院其他成员的面，在神前立誓，以最郑重的方式声明自己所言绝对属实。① 但是，王后慑于威胁，害怕遭到最残酷的处决，当庭供认她与国王的婚姻存在某种法律障碍。②坐在法官席上的苦恼的大主教听了这番供词，认为自己只能据此宣判国王与安妮·博林的婚姻无效。亨利在盛怒之下，并未意识到他的诉讼完全不合逻辑：假如他与安妮·博林的婚姻从一开始就不合法，那么她的通奸罪名也就无法自圆其说了。

　　王后开始准备赴死。她给国王寄去临终遗言，感谢他一直以来的拔擢之恩：她原是个普普通通的小女子，承蒙国王陛下先封她为女侯爵，又扶她登上后位，如今她在世上的地位已再无可升，他便送她进天国成圣。随后，她再次申明自己无罪，又托付他照看自己的女儿。行刑当日，面对伦敦塔卫戍长和前来提押她的全体人员，她再次做出无罪宣告，随后的举止仍是一贯的从容镇定，甚至不无愉快。"我听说刽子手非常专业，"她对卫戍长说，"而我的脖子也很细。"说着，她以手抚颈，面露微笑。不过，被带上刑台时，她自陈无罪的语调有所软化：或许她回想起，当日凯瑟琳王后顽固不化，拒绝国王的意旨，造成玛丽公主被父王疏远；因此，在临终

安妮王后
被处死

5月19日

---

① Herbert, p. 384.

② Heylin, p. 94.

时刻,她顾不得不公不义的判决在她心中自然激起的愤怒,唯有对伊丽莎白的母爱占据了上风。她表示,她依法被判死刑,今日引颈受戮。她不责备任何人,对于自己被判刑的理由亦无话可说。她衷心为国王祈祷,称他是最仁慈高贵的君主,并承认他待自己一向温柔体恤。来日倘若有人愿意细查她的案子,唯愿此人能做出最好的判断。[①]这天行刑的是特地从加来请来的刽子手,因为他比英格兰的刽子手更专业。她的尸身被草草扔进一个装弓箭用的普通榆木柜子,埋在伦敦塔内。

毫无疑问,这位不幸的王后是清白无辜的。亨利本人只是一味暴怒,却指不出她究竟与谁有染。尽管他归罪于她的兄长和其他四人,但是拿不出她与任何人通奸的证据。她素日行事为人的作风完全不像国王指控书中暗示的那样放荡。如果她真的堕落到丝毫不顾审慎和廉耻的地步,不可能不留下蛛丝马迹,给敌人落下把柄。然而,就在她被处决的次日,国王便与简·西摩成婚,不啻为死者提供了最有力的辩护。[②]他急不可耐地要满足新的欲望,完全将体面抛诸脑后。他曾经长久眷恋的人儿血溅刑场,竟没有令他那冷酷的心肠发生片刻软化。

玛丽公主认为继母的死是个好机会,自己可以趁机跟父王和解。国王对她仍然心存嫌隙,主要是因为她从前站在母后的立场,与他作对。亨利起初并未接纳她的示好,而是逼她切实表现出更大程度的屈服和顺从。他要求这位年方二十的年轻公主接受他的

---

① Burnet, vol. i. p. 205.
② Ibidem, p. 297.

神学信条，承认他的至尊权威，弃绝教宗的权威，并且承认她母亲与国王的婚姻是不合法的乱伦关系。这些要求令公主难以接受，但是经过一段时间的拖延甚至拒斥之后，她终被说服，写信给父王，[1]答应了那些条件，这才重获恩宠。不过，国王虽然重新恩待第一次婚姻所出的女儿，却并未冷落伊丽莎白公主，性情异常温柔的新王后也对伊丽莎白爱抚有加。

　　审判、处决安妮王后，以及其后的一系列事件，使国王有必要召集新一届议会。他在议会致辞，称自己虽然两度婚姻受挫，但是为了天下万民的利益，还是不惜冒险踏入第三段婚姻，这都是人民给他的勇气。议长先生对这番表白报以合宜的感谢。他又借此机会盛赞国王仁慈天纵，富于真性情，称国王公正审慎堪比所罗门，孔武刚毅堪比参孙，丰姿美质堪比押沙龙。国王通过御前大臣之口谦逊地表示，议长此言过誉了，就算自己真的拥有如此天赋，也都是拜全能上帝所赐。亨利发现，本届议会不仅甜言蜜语谄媚于他，在行动上也同样奴颜婢膝，他们像上届议会一样，愿意毫无底线地迎合君上哪怕最无法无天的欲望。议会批准他与安妮·博林离婚；[2]安妮王后及所有同案犯均被褫夺私权、没收财产；国王前两次婚姻所出的女儿被宣布为私生，甚至为她们主张合法权利者都以严重叛国罪论处；凡是诋毁现任国王、王后或他们所生后嗣者，同样以严重叛国罪论处；未来王位归于简·西摩或继她之后

6 月 8 日
新议会
召开

240

---

①　Burnet, vol.i.p.207. Strype, vol.i.p.285.

②　本届议会裁定国王与安妮·博林的婚姻无效，给出的理由如下："国王陛下选择迎娶贤淑出众的简小姐，由于这位小姐正当妙龄、品貌超群、身心纯洁，家世纯正，如蒙上帝应允，可为陛下孕育子嗣。"

的新任王后为国王所生子嗣；假如国王无嗣而终，他有权通过遗嘱或特许状决定王冠归属。这个权柄实在巨大，特别是获得授权的君主性情如此暴烈又如此恣意妄为。全体国人被强令发誓遵守上述《王位继承法》的每个条款，不从者将以严重叛国罪论处；由此，某种形同宗教裁判所的政治迫害制度在王国内确立起来，被控严重叛国罪者数量激增，达到令人难以置信的程度。国王还被授权通过遗嘱或特许状，将任何城堡、荣衔、豁免权或特许权授予任何人；对这条法令内容的延伸解读有可能导致新立公国和独立管辖权，以致肢解王国。议会还出台另一项法令，规定未经国王许可迎娶与王座存在一级血缘关系的宗室公主构成严重叛国罪。制定该法的缘起是：据发现，诺福克公爵之弟托马斯·霍华德(Thomas Howard)策划迎娶苏格兰太后玛格丽特和安格斯伯爵之女、也就是国王的侄女玛格丽特·道格拉斯小姐(lady Margaret Douglas)。密谋败露，霍华德和那位年轻小姐都被关进伦敦塔。女方不久获释，而男方却瘐死狱中。本届议会通过了针对他的褫夺私 241 权令。

　　另一项法令同样起到了强化王权的作用：议会授权现任国王或他的任何继任者颁立特许状重申或撤销议会在国王年满二十四岁之前批准出台的任何一项制定法。议会立法规定，任何人以口头或书面形式继续遵奉罗马主教的权威，或以任何方式试图在英格兰恢复其权威，都犯有侵犯王权罪，将被褫夺财产、逐出法外。凡在教俗两界担负任何职务、或者领有国王授予的任何特权或特许状，却拒绝发誓弃绝教廷者，均被宣布犯有严重叛国罪。在声明脱离教廷的官方文告中，亨利国王在具名处呼求"上帝、众圣徒和神圣福音书作者,求帮助我！"。[①]教宗最初获悉安妮·博林失宠、遭处决的消息时,曾经希望对英和解之门就此敞开,也曾几番向亨利示好,然而英方的这些举动无异于给他泼了一盆冷水。如今亨利已变得对教廷的惩戒令满不在乎,他发现,跟罗马作对使他的权威和收入齐齐大涨,于是决心继续沿着这条路走下去。此外,与以往任何一届议会相比,本届议会更让他确信,自己作为万民敬畏之君,大有能力驾驭他们,并且依靠他们建立充足的自信。尽管本届议员选举十分匆促,事先全无准备,也没搞任何小动作,但是议员们对国王本人及其政府都表现得无限忠忱。[②]

与本届议会同期召开的教牧代表会议也是一片讨好之声,令亨利越发下定决心与罗马教廷彻底决裂。与会者的态度暗中分裂为对立两派:一方面,改革派在新近几次胜利的鼓舞下热情高涨,而另一方面,天主教徒则因恐惧和损失的刺激而大为恼怒。然而,迫于国王的强大权威,每个人都表现得恭顺而缄默。新奠立的王权至尊地位或曰特权,无人知晓其边界所在,就连宗教仇恨掀起的最汹涌的浪头也被它所遏制。克伦威尔以国王宗教事务代理人的身份主持本届宗教大会,天主教徒们本来希望,安妮王后倒台将大大挫伤克伦威尔的权势,结果却惊讶地发现,国王照样对他极尽宠信。追随在国王宗教事务代理人身边的长老们包括:克兰默大主教、伍斯特主教拉蒂默、索尔兹伯里主教沙克斯顿(Shaxton)、罗切斯特主教希尔赛(Hilsey)、赫里福德主教福克斯、圣戴维兹(St.

教牧代表
会议

242

---

① 28 Hen.VIII.c.10.
② Burnet,vol.i.p.212.

David's) 主教巴娄(Barlow)。对立一派的中坚人物包括约克大主教李(Lee)、伦敦主教史托克斯莱(Stokesley)、达勒姆主教汤斯达尔、温切斯特主教加德纳、林肯主教朗兰德(Longland)、奇切斯特主教舍伯恩(Sherbone)、诺威奇主教尼克斯(Nix)和卡莱尔主教凯特(Kite)。前一派以其反对教宗的立场,对国王的野心和权力欲构成支持;后一派坚持古老的神学信条,更符合国王凭思辨得出的信仰原则。两派争夺君心,轮流占据上风;亨利的倾向并不取决于任何一方的信仰精义,而是更多地视自己的心情而定。

　　教会在总体上是反对改革的;本届宗教大会的下院列举了一份他们所谓的谬见清单,总共包括六十七条,其中一部分是古代罗拉德派信徒的观念,另一部分是现代清教徒(他们有时被保守派讽刺地称为"独得真谛者")的信条。他们将上述"谬见"呈送上院审查,但在这份呈文的序言中,仍能看出支配着他们的奴性精神,其中写道:"他们奉国王为至尊元首,坚决服从王命,不愿有任何触犯圣意的行为或言语;弃绝教宗僭得的权威,连同教廷发布的所有教令与诡计现在一律作废、失效;他们全心全意依附于全能的神和神的律法,依附于国王及本王国制定的法律。"①

　　大会闭幕前,经过一番争论,确定了英格兰教会的信纲。信纲内容恰如参会者的成分一样驳杂——或者毋宁说,同国王的神学体系一样驳杂,而教牧们已经决心完全与之保持一致。他们决定,英格兰教会的信纲确立于《圣经》和使徒信经、尼西亚信经及亚他拿修信经这三大信经之上。这一条堪称改革派的重大胜利。私人

---

①　Collier, vol.ii.p.119.

243　告解和苦修赎罪在本次会议上得到承认，这一条比较投合天主教
信徒的胃口。但是，信纲规定的圣事并未提到婚礼、终傅礼、坚振
礼和圣轶礼，这体现了清教徒的影响。会议宣告圣体真在论，与古
老教义相符。又宣告世人得到赦免是藉着基督的救恩、神的怜悯
和恩慈，这一点又符合新教的教义。

至此，两派有平分秋色之势，各自主宰了几个条款。在下面
几个条款的制定中，双方似乎都掺入了自己的内容。天主教一派
声称使用圣像是得到《圣经》允许的，并就这一点占得上风；新
教徒们则告诫世人警惕偶像崇拜，切勿滥用这些诉诸感官的表现
形式。会议延袭古老的信仰习俗，为信众保留了向圣徒祷告的便
利；而最近引入的革新是取消了各行各业或特定活动的主保圣徒
之说。过去的崇拜仪式，圣水的使用，圣灰星期三、棕枝主日、耶
稣受难日及其他宗教节日的仪典仍然保持不变，但是本届宗教
大会也对相关教义进行了新的调整，弱化仪式的功用，否认它们
具有任何赦罪的直接效力，宣称它们的价值仅限于增进信徒的虔
诚之心。

然而，信纲中涉及炼狱的条款由于试图调和两派截然对立的
信条，以致充满最古怪晦涩的术语和模棱两可、犹疑不定的表述。
于是乎信纲中写道："根据众慈善修会、《马加比书》（Maccabees）
和多位古代作者的合宜阐释，为逝者的灵魂祷告是一种十分有益
且仁慈的做法，鉴于此举从教会初兴之际一直沿袭至今，那么所
有主教和教牧理当开导信众，不必为旧习难改而感到烦恼。既然
《圣经》中未曾明确指出亡魂进入天国之前滞留于何处，也没有说
明亡魂所承受的痛苦的性质，那么凡属此类问题便须留待上帝解

决——我们可以适宜而方便地将逝者交托在衪仁慈的手上,相信衪会垂听我们为逝者的祷告。"①

　　这些条款在教牧代表会议上拟定后、经国王修改,由全体与会者签字生效。然而,除了亨利本人以外,无论在教牧代表会议还是在整个王国范围内,能够真正不折不扣地接受其中信条和观念者恐怕连一个都找不到。因为,尽管以上信条本身没有自相矛盾之处,但是英格兰的情形和所有存在派系纷争的国家一样,各派固守自己的主张,互不相让,几乎没有中间立场可言;而这些派系中人尽是沉迷于玄理的空想家,罕有两个人能就同一条教义达成一致意见。所有新教徒都坚决反对罗马教廷,立场要比这个信纲激进得多;而天主教徒的态度则远未达到信纲所及的程度。国王从总体上把握着国人意见的微妙平衡,展现出无比强悍的专制力量,堪称前无古人。对于任何君主而言,要改变整个国家的宗教信仰,哪怕拥有某一党派的支持,都是一种危险之极的尝试,往往会伤及王权,酿成毁灭性后果。然而,亨利居然能在宗教改革的狂澜中稳稳架设自己的政治机器,并能规制甚至阻断改革进程。他有本事发号施令:到此为止,不准越线!他有本事让议会和教牧代表会议每次都看他的眼色投票表决,不仅符合他的利益和喜好,甚至迁就他最疯狂的心血来潮,更迎合他最高雅、最学究气的玄思。

　　以上两个同时召开的全国性会议,无疑增进了国王对全体国民的统驭力,将他抬升到一种绝对权威的地位,纵观历史,单纯君主制下的任何一位统治者,即便是借助武力都无法与之比肩。然

---

　　①　Collier, vol. ii. p. 122, & seq. Fuller. Burnet, vol. i. p. 215.

而，究竟有一些底线，人就算再奴颜婢膝也无法逾越。近来的一切革新举措，特别是解散小修道院的行动，令其他所有修道院感到危险迫在眉睫，[1]民间的怨望因之蕴蓄滋长，遂生叛乱之心。被逐出修道院的修士们在国内四处游荡，在鼓动敬虔的同时，也唤起百姓的同情。古老的宗教信仰自有其强大的原动力，符合大众的理解力，能够攫住他们的心，如今当它遇到显在的外部威胁时，亦能激发民众以最强烈的热忱来捍卫它。[2]不满情绪蔓延，甚至影响到一些贵族和绅士：那些修道院是他们的祖先创建的，一方面满足了家族的虚荣心，也能为家族幼子提供出路，从中收获某种实利。较迷信的一部分人关心先人的灵魂，相信这些亡灵多少年来一直在承受炼狱之苦，须靠弥撒来获得解脱。仅仅因为个别人的过失（无论这些劣迹是真是假）就取缔虔奉上帝的机构，似乎有失公正。就连最温和、理性的人也认为，修士们本是依照这一国通行的教俗两界的法律投身于修道院生活，如今蓦然被赶出自己的产业、未来生活无着，确实有失公平。当人们看到，奉命巡视各修道院的专员和其他人等大肆贪占和受贿，大部分被没收的教产都被他们截留，普遍的不满就被拨得更旺。[3]

不过，直到在俗教士与僧侣们的怨望汇成一股，民众才开始公然叛乱。神职阶层极端排斥克伦威尔这个人，他所行使的权柄是全新的，而且如此绝对、如此无边无际，令教会人士深感恨恶和战兢。克伦威尔不经议会和教牧代表会议批准，擅自以国王的名义

民间的不满情绪

----

[1]　参见本卷卷末注释［K］。
[2]　Strype, vol. i. p. 249.
[3]　Burnet, vol. i. p. 223.

发布条例,宣布废除许多古老的圣日,禁绝了若干令神职人员有利可图的迷信活动,如朝圣、圣像崇拜、圣髑崇拜等,甚至命令各教区领圣俸者拿出相当一部分收入用于本教区的修缮工程、资助领奖学金的学生和穷人。在俗教士们发现自己被逼入苦境,遂将内心郁积已久的不满发泄出来,向民众灌输。

叛乱　　　林肯郡率先揭竿而起。叛乱首领是巴林斯(Barlings)修道院院长马克洛博士(Dr. Mackrel),他化名科布勒上校(captain Cobler),假称自己是个普通工匠。这支乌合之众人数超过两万,[①]虽然声势浩大,但他们并没有反对国王的极端表现,似乎仍然畏服于王权。叛乱者承认国王为英格兰教会最高元首,但是他们抱怨当局打压修道院、朝廷奸佞当道、出身卑贱者飞黄腾达,此外,各教区教堂的珠宝和贵重器皿面临被侵吞的危险境地。他们上书祈请国王垂询王国贵族的意见,以期匡正弊端。[②]亨利根本不在乎动乱的危险,尤其是他视若草芥的群氓暴动。他委派萨福克公爵率兵前去平叛,又严厉答复叛乱者的请愿书。一些受裹挟加入叛乱阵10月6日营的绅士与萨福克暗有往来,他们告诉公爵,叛乱分子之所以拒不放下武器,主要是被国王严词激恼的缘故,如果给予好言安抚,叛乱有可能就此平息。亨利此时已在伦敦召集起一支大军,准备御驾亲征,既有雄兵在手,他觉得此时对叛乱者做出一点屈尊俯就的姿态,倒也无损于王威。他发布一份新公告,要求叛乱分子幡然改悔、重作顺民,并暗中许诺给予宽赦。此举一出便见显效:叛军随即瓦

246

---

① Ibid.p.227.Herbert.

② Herbert, p.410.

解星散。马克洛等一干叛乱首领落入国王之手，遭到处决。绝大部分乱民都乖顺地恢复了旧日营生，少数顽固分子亡命北方，加入当地的叛乱。

与林肯郡相比，北方的叛乱更加人多势众，也更具威胁性，一来因为当地民风悍勇，二来因为那片地区毗邻苏格兰，容易被邻国乘虚而入。叛军首领是个名叫阿斯克(Aske)的绅士，此人颇有些统驭群氓的手腕。叛军打着"求恩巡礼"(*Pilgrimage of Grace*)的旗号，发动了一场进军。一些教士手持十字架，按照教会惯例走在队伍的最前列。叛军的旗帜上绣着十字架，还绘有圣杯和基督五伤①的图案。②他们各人的袖口上也佩戴徽记，上有五伤图案，环绕着耶稣的圣名。叛乱者全体发誓，他们参加求恩巡礼别无所图，只是出于对上帝的爱，对国王本人及其后嗣的关切，希望净化贵族队伍，驱逐国王身边出身卑贱的奸佞，复兴教会，遏制异端。民众被这些冠冕堂皇的借口所吸引，他们从约克郡、达勒姆郡、兰开斯特郡和其他北部郡县蜂拥到叛军旗下，总数约有四万。如此浩大的规模，加上参与者高涨的热忱，令朝廷不能不心生畏忌。

什鲁斯伯里伯爵热心王事，虽然起初未奉王命，仍然积极招兵买马，准备平叛。叛军进攻昆伯兰伯爵的斯基普顿(Skipton)城堡，被伯爵击退。拉尔夫·埃弗斯爵士(Sir Ralph Evers)也击退叛军，守住了斯卡伯勒(Scarborow)城堡。③国王的堂弟埃克塞特侯爵考特尼奉了朝廷之命募兵平叛，亨廷顿伯爵、德比伯爵和拉特兰伯

① 耶稣基督受难时身上的五处伤口。——译者
② Fox, vol. ii. p. 992.
③ Stowe, p. 574. Baker, p. 258.

爵纷纷起而效之。然而，叛军来势汹汹，攻占赫尔(Hull)和约克两地，又包围了约克大主教和达西勋爵(lord Darcy)避难的庞弗雷特(Pomfret)城堡。不久，庞弗雷特城堡守军投降，约克大主教和达西勋爵原本就暗中同情叛乱，此时似乎迫于暴力威胁，双双加入叛乱阵营。

诺福克公爵受命担任王军统帅，出兵北方平叛。由于他在朝中乃是支持古老教义的党派首脑，因此有人怀疑他有同情叛党之嫌。然而，公爵谨言慎行，没留下任何把柄可抓，似乎撇清了自身的嫌疑。他率军进抵邓卡斯特(Doncaster)附近，与什鲁斯伯里伯爵合兵一处，扎营于此。公爵苦于手下人马太少，只有五千出头，于是选取一处临河地点，准备在一段涉水可渡的浅滩迎击来犯的叛军。叛军原定于次日凌晨发动攻势，但是当晚天降暴雨，河水猛涨，根本无法渡过。诺福克公爵明智地抓住机会与叛军议和。为了开启谈判之门，公爵派遣使节赴敌营洽谈。

阿斯克大模大样地接待了来使——他本人神气活现地居中而坐，约克大主教和达西勋爵则分坐两旁。双方商定，派两位绅士前去觐见王驾，呈上叛乱分子的陈情书。亨利故意迟迟不予答复，诱使叛乱者们相信己方能够如愿以偿，实则指望叛军很快将给养不继，被迫作鸟兽散。此计果然生效，国王接到情报后，发布圣旨昭告所有叛乱分子立即放下武器，乞求宽赦。他宣布天恩浩荡，除了钦点六名首恶，且保留指名惩办另外四人的权力之外，对其他参与叛乱者一概赦免。尽管叛乱分子因缺乏给养大半四散回家，但是他们临行前都曾郑重发誓，一旦国王的回复不能令人满意，他们定会重返阵营。因此，诺福克公爵不久便发现，自己又面临着和从

248

前一样的难题，遂与叛军首领重启谈判。他让对方派出一个多达三百人的代表团，携和解方案赴邓卡斯特协商。公爵希望通过施展阴谋手段，并借助利益分歧，在他们当中挑拨离间。阿斯克本人有意亲任代表，遂要求对方提供人质，确保他的安全。而当朝臣就此事向国王请旨，国王却答道，他想不出有哪位绅士或其他人可以受此辱慢，给这么个恶棍充当人质。由于叛乱分子提出的价码过高，遭到诺福克公爵的拒绝，双方重新准备在战场一较高下。叛军依旧人多势众、士气高涨，其势可畏。虽然他们与王师之间有一条小河阻隔，但是诺福克仍然大有理由害怕敌人凶猛的攻势。然而，就在叛军准备涉过浅滩之际，又一场滂沱大雨突降，导致河水暴涨，破坏了他们的渡河计划。叛军一方面困于粮秣不继，另一方面又被迷信的念头攫住，认为两次行动均遭天阻，于是乎全军遽尔溃散。诺福克公爵先前已经受命于王，于此关头宣布大赦，更加剧了 12月9日 叛军的崩溃。国王也恩准了这一宽仁举动。不过，他发布了一篇针对叛乱分子的公开宣言，以回应他们的怨言。宣言的行文风格倨傲之极，与这位君主的骄横性格十分相符。他正告反叛者，国家大事不劳他们指手画脚，他们在这方面硬充评判，无异于瞎子妄议色彩。他又补充道："朕与御前所有枢密大臣均以为，尔等无非愚鲁群氓、无知草民，竟然自认有权指点朝政，决定何人有资格位列朝班，实乃咄咄怪事！"

鉴于眼下的和平局面难以久持，诺福克接到命令，不得遣散麾下部队，继续率军深入王国北部地区，全面绥定局面。达西勋爵和阿斯克二人接到法庭传唤，前者因拒绝出庭或迟迟不肯到庭而被投入监狱。到处弥漫着猜忌和怨望。又一场叛乱爆发，叛军以马斯格雷夫(Musgrave)和提尔比(Tilby)为首，以八千兵力包围了卡莱尔，被守城军民击退，又在撤退途中遭到诺福克公爵截击，大溃，除了马斯格雷夫一人逃出生天以外，全体军官都成了公爵的阶下囚。公爵当即按军法将这七十名被俘者统统处死。弗朗西斯·比戈特爵士(Sir Francis Bigot)和哈拉姆(Halam)率一支叛军试图奇袭赫尔，同样以失败告终。另外几场暴动也被机警的诺福克公爵镇压下去。暴动此起彼伏，国王因之大怒，决定不再遵守先前发布的大赦令；他那一贯的狠戾复被引动，罚罪过甚以致殃及无辜。诺福克奉旨高张王室大旗，凡所到之处尽可凭己意召开军事法庭，惩处罪犯。除了首次叛乱的首领阿斯克以外，被投入监狱的还有罗伯特·康斯特布尔爵士(Sir Robert Constable)、约翰·布尔默爵士(Sir John Bulmer)、托马斯·皮尔西爵士(Sir Thomas Piercy)、斯蒂芬·汉密尔顿爵士(Sir Stephen Hamilton)、尼古拉斯·坦贝斯特(Nicholas Tempest)、威廉·拉姆利(William Lumley)等许多人，他们大多数都被判有罪并被处决。赫西勋爵(Lord Hussey)被定为林肯郡暴动的同谋，在林肯被处决。达西勋爵虽然自称受到胁迫，并乞请国王看在他多年为王驱驰的份上给予恩赦，但是仍被斩首于伦敦塔山。临刑前，他指控诺福克曾经暗中鼓动反叛分子，但亨利要么是了解诺福克的所作所为、坚信他的忠诚，要么是害怕触怒这位大权在握的实力派，并不听达西的指控。国王逞心快意地惩处了叛党之后，再度发布大赦令，并予以忠实遵守。[①]他又颁布特许状，在约克城设立法院，裁断北方各郡的法律事务。这本是

---

① Herbert, p.428.

叛乱分子先前提出的要求之一。

　　此番大胜之后不久，另一喜事降临，令亨利喜悦到无以复加：他得了个儿子，受洗时取名爱德华。这幸福来得并非完美无缺：王后于两天后去世了。[①]然而，亨利一心祈盼子嗣盼了那么久，而且，在他立法宣称两位公主身份不合法之后，一位王子的降生对于防止王位传承争议已经如此必不可少，因此，国王丧偶的苦恼完全被狂喜掩盖，此时此际他表现得极为开心。出生不到六天的小王子被封为威尔士亲王、康沃尔公爵暨切斯特伯爵。王后的兄弟爱德华·西摩爵士(Sir Edward Seymour)原受封为博尚勋爵(Lord Beauchamp)，现被晋为赫特福德伯爵(earl of Hertford)；海军事务大臣(high admiral)威廉·菲茨威廉姆斯爵士(Sir William Fitz Williams)受封为南安普顿伯爵(earl of Southampton)；威廉·保莱爵士(Sir William Paulet)受封为圣约翰勋爵(Lord St. John)；约翰·拉塞尔爵士(Sir John Russel)受封为拉塞尔勋爵。

10月12日
爱德华
王子降生
简王后
逝世

　　绥定叛乱、小王子诞生，稳固了亨利在国内的权威，也提高了他在外国君侯中间的声望，各派势力争相寻求与他结盟。然而亨利始终在查理和弗朗西斯之间稳守中立——这两位君主之间战事频仍，彼此互有胜负却没有哪一方取得决定性胜利。相比之下，亨利虽然更多地倾向于弗朗西斯，但他拿定主意，倘无必要绝不涉险或浪掷金钱。值此前后，两位雄主签定停战协议，后来停战期又延长了十年，完全免去了亨利在这方面的担心，欧洲得以重建和平。

公元
1538年

　　亨利继续谋求与德意志新教徒缔结稳固的同盟。为此，他派

---

① Strype, vol. ii. p. 5.

克里斯托弗·芒特(Christopher Mount)前往布伦瑞克(Brunswick)，到该地召开的新教国家代表大会上活动。但那位大臣在磋商中并未取得多少进展。新教君侯们想知道，自己的哪一条信仰告白令亨利反感；他们派了一批新的使臣赴英觐见亨利，嘱其担负谈判和辩论两项使命。使臣们极力试图说服英王，他所规定的独一无二的圣餐礼形式、允许私人弥撒，以及要求神职人员谨守独身制，都是错误的。[①]亨利绝不肯承认这些具体细节有任何错误；而且，这些人居然自认有权向如此伟大的一位君主和神学家指手画脚制定规矩，令他颇为不悦。他能找到足够的论据和诡辩方法为自己的立场辩护，但终究没辩出个结果，就把那些使臣打发走了。亨利也有些不安，唯恐自己的臣民会变得精通神学，起来质疑他的宗教信条，因此，同年新版英文《圣经》译成、准备印行之际，亨利加了极大的小心。他只批准在部分教区教堂里存放一本，用铁链拴住。他又特地发布公告，晓谕全民："朕许尔等此项自由实非出于义务，而是本着善待天下子民的宽仁之心而为之；尔等须用之得法，研经以修美德，不可龃龉争执。"他又颁下诏令："任何人不得在神父做弥撒时大声朗读经文，干扰仪典进行；对于有疑义的段落，须向饱学之士请教，不得擅自阐释。"他的这些措施以及其他相关政令，始终是在天主教和新教之间执行着一条中间路线。

亨利只在一个举措上显得极其坚定果断，那就是彻底取缔修道院——因为此事背后的动力是他本人的贪婪，或者更确切地说，是他那无止境的强取豪夺的欲望，而这又是他大肆铺张挥霍造成

取缔大型修道院

———

[①]　Collier, vol. ii. p. 145. 源自 Cott. Lib. Cleopatra, E. 5. fol. 173。

的结果。此时国内叛乱绥定，王权巩固、势力高张，推行这一重大举措似乎正值良机。此外，由于一些修道院染有支持叛乱、勾结乱党的嫌疑，越发激起了国王的憎恶。国王指派专员，对英格兰所有修道院启动新一轮巡视，针对修道院的打压行动呼之欲出，只欠一个借口，而对于一位手握无限权力、而今又得到绝大多数国民拥护的君主来说，找到或编造一个借口简直易如反掌。各修道院的住持和僧侣们心知大难临头，此前取缔小修道院的先例已经告诉他们，国王的意志无法抗拒。他们中大多数人接受劝诱，自愿交出产业，以换取较好的待遇；许愿劝诱不起作用的，便遭到威吓甚至被施以极端的暴力。自从英廷与罗马决裂以来，有几家修道院的院长人选一直是由朝廷任命的，为的就是在此际发挥作用，因此，国王的意旨应声得到了贯彻。还有一些修士早就在暗地里接受了改革派信条，现在很高兴能解除自己当初进入修道院时所发的誓愿。总体而言，国王的行动计划大获成功，不到两年时间，全国所有修道院的岁入统统落入国王手中。

在一些地方，尤其是牛津郡，有人大力呼吁保留部分女修道院，因为这些修女的生活方式绝对无可指摘，按理说应当为她们保留一席存身之地。[1]此外，修女的情况和男修士似乎大不相同，时人对女修道院制度持肯定态度，而男修道院制度则饱受非议。无论哪个阶层的男性，只要生性勤勉，都可以服务于公众，不愁找不到适合自己身份和能力的就业途径。而贵族出身的女性，如果没能通过婚姻安顿下来（这种情况在有地位的女性中较之低等级女

----

[1]　Burnet, vol. i. p. 328.

性中更常见)，实际上就不具备适当的社会身份，进修道院对她们而言是一条体面而令人愉快的退路，可以避开这种境况下无聊无益的生活和常见的窘况。然而国王下定决心要废除一切名目的修道院，他或许觉得，倘若这种古老的机构在王国境内被彻底抹去，无论何种形式，不留半点痕迹，它们就会更快地消失在人们的记忆里。

为了让民众更好地适应大举维新的措施，官方构织散布了许多传言，揭露多所修道院僧侣们令人不齿的丑闻，特别着意诋毁朝廷决意要毁灭的一众人物。此外，那些长期以来一直广受膜拜的圣髑和其他迷信把戏也都被拆穿，遭到万人嗤笑。此时，宗教精神在官方的倡导下转向新的方向，不再像昔日那么强调外在的虔诚、崇拜可感知的实物。为免冗赘，我们无需在此历数所有细节；而新教史家们在述及这一点时，洋洋得意地向人展示各修道院圣器储藏室里的发现：包括从圣埃德蒙的鞋尖上削下来的几块碎片；烧死圣劳伦斯的火堆中的几块煤炭；分别有十一条圣母玛丽亚的腰带收藏在不同地方的修道院；圣厄休拉的头颅也有两三个之多；此外还有兰开斯特的圣托马斯的毯子，号称是治头疼病的万灵药；一幅坎特伯雷的圣托马斯的衬衫布，是孕妇们顶礼膜拜的圣物；有的圣髑据说有防雨之奇效；还有的能去除农田里的杂草。然而，鉴于此类愚行无论在哪一时代、哪个国家都存在，即使最典雅的上古时期也不例外，所以不应对天主教信仰格外苛责，加以猛烈攻讦。

在一些修道院里，还发现了——或者据称发现了——性质更恶劣的欺诈行径。在格洛斯特郡的黑尔斯修道院，僧侣们一直对外展示从耶路撒冷带来的基督宝血，已经历时数代——不难想见，这样的圣物会激起何等巨大的敬拜热忱。此外，这件奇妙的圣物还自有一宗神奇之处：任何身陷大罪之人都无法看见这宝血，哪怕是放在他眼前；直等到他所做的善工足以抵赎其罪时，宝血才会仁慈地对他显现。这所修道院被捣毁之际，其中的机关大白于天下。原来这所谓的宝血不过是鸭血而已，由两个参与这件秘密勾当的修士负责采集，每星期更换新血。他们把血灌入一只小瓶，这瓶的一侧是薄而透明的水晶，而另一侧瓶壁则厚而不透明。每当富有的朝圣者来到，他们总是把不透明的一侧瓶壁朝向他，撺掇那人在弥撒和奉献上大笔破财，以赎己罪，等到对方的金钱、耐心和虔诚消耗殆尽，他们再把瓶子转过来，让他欣喜一下。[1]

肯特郡的博克斯利(Boxley)修道院藏有一件神奇的基督受难十字架，称作"恩典十字架"(*Rood of Grace*)。每当有信徒走近十架，那圣像的嘴唇、双眼和头部就会随之转动。罗切斯特主教希尔赛在伦敦圣保罗大教堂的十架讲坛前亲手打碎了这个圣物，向全体民众展示里面隐藏的驱动弹簧和齿轮。威尔士人敬拜的一座庞大的木头偶像，人称"达沃加特林"(Darvel Gatherin)，也被带到伦敦，劈成碎片。出于一种精致的残忍复仇构想，这些碎木头被用作烧死弗雷斯特神父(friar Forest)的燃料，[2]这位神父因拒绝承认王权至尊，以及其他一些所谓的异端言论，被判处火刑。又有一家女修道院，以院藏圣物——一根用银箔镶裹的圣安德鲁斯的手指——作为质押，向人借款四十镑，但是国王的特派专员不批准院

---

① Herbert, p.431, 432. Stowe, p.575.
② Goodwin's Annals. Stowe, p.575. Herbert. Baker, p.286.

方偿还这笔钱，于是民众便乐不可支地看到，那位可怜的债权人怎样收下现已归他所有的那份当头。

　　所有被古老迷信利用的工具都在劫难逃，但是，态度最狂热激进者要数捣毁供奉托马斯·贝克特(通常被尊称为"坎特伯雷的圣托马斯")圣龛的行动。托马斯·贝克特当初被封圣，是因为他热情捍卫教会特权；而僧侣们之所以不遗余力地鼓励朝圣者虔诚参拜其墓地，并宣扬这位圣徒的圣髑给信徒们带来庇佑的无数神迹奇事，也是由于这个原因。他们每年将他的遗骨迎出坟墓一次，举行该仪式的日子成了一个普遍的节日，被称作"圣托马斯升天节"。每隔五十年，有一个纪念这位圣人的禧年，届时会举行为期十五天的庆祝活动。凡在节期内参拜圣托马斯坟墓的人全体获得赦罪，有一次，总共有一万名朝圣者在坎特伯雷同时被记入赦罪名册。在当地，对圣托马斯的崇拜已经在很大程度上盖过了对上帝、甚至对圣母玛利亚的崇拜。比如，有一年耶和华的祭坛收到奉献款三镑二先令六便士；圣母玛利亚的祭坛收到奉献款六十三镑五先令六便士；而圣托马斯的祭坛前则多达八百三十二镑十二先令三便士。及至次年，三者间的差距变得更大：耶和华的祭坛前空无一文；圣母玛利亚的祭坛前只有四镑一先令六便士；而圣托马斯却得到了九百五十四镑六先令三便士。[1] 法王路易七世曾经亲身前来朝拜这个充满神迹奇事的墓地，并在圣龛前献上一枚珠宝，堪称整个基督教世界的绝顶奇珍。显而易见，这样一位圣人在亨利眼中是何等讨嫌，又与他贬抑罗马教廷权威的全盘计划多么背道而

---

　　[1]　Burnet, vol.i.p.244.

驰。他不仅劫掠了圣托马斯圣龛前的大量财宝，还传唤那位圣徒本人出庭受审，宣判其为叛贼。他下旨将圣托马斯的名字从日历上抹去，将圣托马斯升天节从所有祈祷书上删掉，并焚其骨、扬其灰。

255　　　　总地算来，国王在前后几轮打压修道院的运动中，总共取缔了六百四十五所修道院，其中二十八所修道院的院长在议会中占据议席。各郡被取缔的学院共计九十所，被拆毁的附属教堂和不属于正统教会的小教堂计两千三百七十座、医院一百一十所。这些机构的岁入总和为十六万一千一百镑。①值得一提的是，就在稍早些时候，全英格兰的土地、财产和岁入总和被估算为每年四百万镑。也就是说，修道院的岁入，哪怕把所有小修道院也计算在内，仍然不超过全国收入总额的二十分之一。这个数目远远低于一般的估计。修道院名下的土地通常对外租价极低，以致承租农户已然自视为某种特殊类型的业主，他们总是很注意在租约到期前签好续租手续。②

　　　　上述暴力行径在全国各地激起极大的怨言。人们质疑：神父和僧侣们只是教会财产的受托人或终身租赁者，他们无论多么心甘情愿，恐怕也无权凭着一纸契据向国王转让自己掌控的全部产业。为了让民众顺应这一重大变革，当局宣传说，国王此后再也不需要向他们征税了，靠着从修道院没收的地产，尽可足额供应政府在战争年代及和平时期的一应开支。③亨利一面用这种话安抚民心，一面采取实际步骤收买贵族和士绅阶层，确保政策的顺利实

①　Lord Herbert, Camden, Speed.
②　参见本卷卷末注释［L］。
③　Coke's 4th Inst. fol. 44.

施。[①]他要么把修道院岁入无偿赐给手下宠臣和廷臣，要么廉价卖给他们，或者以极优惠的条款跟他们交换土地。国王的恩赏极其慷慨，据说有一次，一位妇人烹制的布丁让他大快朵颐，他就把一所修道院的收益全部赐给她作为酬劳。[②]他还参考各修道院住持和神父们的既往收入水平或功劳大小，按比例为他们规定了固定年金；对于普通修士，每人颁发八马克年金。他新设了六个主教领，分别是威斯敏斯特、牛津、彼得伯勒（Peterborow）[③]、布里斯托尔、切斯特和格洛斯特，其中五个至今尚存。国王以上述种种方式大手笔散财，因此他从没收教会产业中攫取的实利远远低于一般人的想象。由于取缔修道院的行动早在若干年前已有风声，僧侣们已经提前藏匿了大部分资金、家私和器皿，所以，与小修道院当初的损失相比，大型修道院被搜缴的财物可以说不值一提。

除了修道院名下的地产收益之外，全英格兰的圣俸中也有很大比例归修士们享有，此外还要加上划拨给他们的什一税。这些收益此番也都划归国王名下，从教会转而落入俗人之手。在许多热忱的教会人士看来，这种僭越行径乃是莫大的渎神之罪。英格兰的僧侣们从前过得颇为自在，所享收入超过议会规定的一般水准。据文献记载，萨里郡的彻特西（Chertsey）修道院在册僧侣只有十四名，而岁入高达七百四十四镑。林肯郡的弗尼斯（Furnese）修道院只有三十名僧侣，岁入九百六十镑。[④]为了花掉这些钱，也为

①　Dugdale's Warwickshire, p.800.
②　Fuller.
③　又拼为Peterborough.——译者
④　Burner, vol.i.p.237.

了维持修道院的人气，僧侣们过着殷勤好客的生活：一些贫民靠着他们指缝中漏下的残渣碎屑维生，还有不少穷困潦倒的绅士，一辈子在各家修道院之间浪游，专门仰仗僧侣们的款待过活。由于这种好客的传统，以及他们本身怠惰的生活方式，使得修道院变成了滋生懒散的温床。但国王不想因过于突兀的变革而招忌，遂要求新获得修道院地产的业主仍按旧例款待来宾。然而这个规定仅在极少数地方得到落实，而且只维持了很短一段时间。

不难想见，这一切横暴举动的消息传到罗马，激起了多大的义愤；而一向靠着冠冕堂皇的高调和神圣的咒诅令整个基督教世界俯首听命的教廷司铎们又会如何逞其口舌之利，恶毒攻击亨利的人品和所作所为。

教宗在众口撺掇之下，终于发布了先前已获通过的那份针对英王的惩戒令。教宗当众宣布弃绝亨利的灵魂，任其为魔鬼所掳；将其名下王国转授给第一个踏上该岛的入侵者。宗教法庭的指控书到处传播，其中将他比作史上最残暴的迫害者，甚至比那些家伙更坏。亨利的罪状包括：向连异教徒都敬仰有加的一位亡者宣战；公然与上帝为敌；公开声称仇视全体圣徒和天使。尤其是，他常被指责与绰号"叛教者"的罗马皇帝尤里安如出一辙，人们说他和那位皇帝同样博学、也同样背叛了信仰，但在道德方面却不及后者。亨利从部分指控书的文风以及其中蕴蓄的敌意当中，可以看到英格兰宗室子弟波尔的影子。经过此番刺激之后，他便怀恨在心，千方百计寻机向那位大名鼎鼎的枢机主教发泄满腔的怒火。

雷金纳德·德·拉·波尔（Reginald de la Pole），又称雷金纳德·波尔（Reginald Pole），他本是英格兰王室后裔，为克拉伦斯公

枢机主教波尔

爵之女索尔兹伯里伯爵夫人的第四子。少年的他早早显露出天资灵秀、气度高贵的迹象,后来他的整个一生都因此而佼然出众。亨利对这少年钟爱有加,有心培养他跻身教会最高层。作为来日恩宠的预表,他授予波尔埃克塞特郡教长之职,作为他求学的财力后盾。①波尔在巴黎大学深造期间,国王为离婚一事争取该校学者的支持,英国使臣请波尔为王出力,但后者却一口回绝,不想与此事发生任何干系。亨利虽然生性暴躁,却对波尔的不敬表现得十分容忍,他似乎不愿为此与这位年轻人闹翻,还希望有朝一日此人的懿德和才干能够为他所用,为他的宫廷和王国增光添彩。他仍然保留了波尔在埃克塞特郡的职位,并批准他赴帕多瓦(Padua)大学完成学业。为了笼络波尔,亨利甚至在一定程度上对他殷勤示好:亨利写信说,希望他在帕多瓦大学能就英国近来废除教廷权威的做法畅所欲言。此时,波尔已经与意大利所有地位尊贵、学养出众的顶尖人物结为密友,包括萨多雷托(Sadolet)、本博(Bembo)等真正品位和学识的复兴者。波尔受着这些交情的影响,加上宗教热忱的驱动,以致在某些方面忘记了自己对于亨利这位恩主和君王应尽的义务。为回应国王的来信,他撰写了一部论著,题为《论教会的合一》,猛烈批驳王权至尊、抨击国王的离婚之举以及他的第二次婚姻;他甚至奉劝皇帝为了亨利对皇室和天主教事业造成的伤害向其实施报复。面对如此侮辱,亨利虽然怒不可遏,却掩饰内心的忿恨,给波尔捎信,望其返回英格兰,以便解释书中的某些段落,因为他发现这些地方有些晦涩难懂。对于这个笑里藏刀

---

① Goodwin's Annals.

的邀请，波尔保持了警觉，他决定留在意大利，在那里他受到普遍的爱戴。

教宗和皇帝觉得，像波尔这样一位卓越而尊贵的人物，为支持己方事业不惜完全捐弃了在母邦的大好前程，他们自有义务给予提携。波尔被任命为枢机主教，尽管他只愿接受助祭的圣秩，但还是被指派为教宗特使，于1536年前后出使佛兰德斯。[①]亨利心知，波尔之所以选择接受这份差使，主要意图是煽动英格兰天主教徒叛乱；亨利向摄理低地诸国的匈牙利王后发出强烈抗议，后者因此拒绝接受波尔履职，将他打发走了。亨利对波尔的敌意此时已经完全公开而且炽烈。那位枢机主教反对亨利的阴谋手段也是无所不用其极。甚至有怀疑称，他意图通过与玛丽公主联姻而图谋大位。那位流亡者与国内同谋书信往还，相关情报传到国王手上，令他的警觉逐日提升。参与阴谋者包括埃克塞特侯爵考特尼，阿伯加文尼勋爵之弟爱德华·内维尔爵士(Sir Edward Nevil)，王室御马官、嘉德骑士尼古拉斯·卡鲁爵士(Sir Nicholas Carew)，以及枢机主教的两位兄弟蒙塔古勋爵亨利·德·拉·波尔(Henry de la Pole)和杰弗里·德·拉·波尔爵士(Sir Geoffrey de la Pole)。以上几人被起诉、审判和定罪，奥德利勋爵(lord Audley)以上议院特别刑事审判长的身份主持开庭；所有人犯均被处决，只有杰弗里·德·拉·波尔爵士一人被赦免——他获得法外开恩，乃因其最早向国王告密而将功折罪。关于对这些人的判决公正与否，我们掌握的材料甚少，只知道那个时代单凭法庭对一个人的起

---

① Herbert.

诉和判决结果并不足以断定此人有罪；然而，关于此案，并无哪一 259
位可信的史家述及任何为被告鸣冤叫屈的情形，那么我们不妨假
定，庭上确实出示了充分证据，证明埃克塞特侯爵及其同党有罪。①

---

① Herbert in Kennet, p. 216.

第三十二章　亨利八世(六)

与兰伯特论战—议会召开—六项条文法案—王室公告等同于法律—定品秩—国王议婚—国王迎娶安妮·克莱夫斯—新娘遭厌弃—议会召开—克伦威尔倒台—克伦威尔被处决—国王与安妮·克莱夫斯离婚—国王再娶凯瑟琳·霍华德—苏格兰局势—王后淫行败露—议会召开—宗教事务

亨利摧枯拉朽，破除了古老迷信加诸英格兰王国的重重桎梏，手段之粗暴似乎与其目标恰恰相宜。如今教宗至高无上的权力已被否定、大小修道院也被平毁，改革的大多数政治目的已经达成，尽管如此，却几乎没有人认为他会就此收手。普遍的看法是，他将在敌对精神的驱使之下，把反对罗马教会的行动推向极致，向那个强大统治集团的全套教义、崇拜仪式和宗教戒律公开宣战。亨利先前因不服教宗裁决，要上诉于大公会议，而此时新一届大公会议在曼图阿(Mantua)召开，他却于会前宣布绝不服从其权威，因为本届会议是由教宗召集的，完全听命于那个僭位的属灵领袖。亨利又授意追随他的教牧们发布同样的宣言，还做出许多违背古老教义和行为方式的规定，要求本国神职人员遵守。克兰默抓住一切机会劝诱主上坚定不移地贯彻这条路线。倾

公元
1538年

向于改革派的简王后在世时，克兰默借助王后明里暗里的影响，在这方面做得颇有成效。简王后驾崩后，原驻法大使加德纳卸任返英，对国王施加影响，使后者的态度发生了动摇；加德纳假意无条件服从国王的意旨，却常能巧妙引导国王按他自己的小算盘行事。赫里福德主教福克斯一向站在克兰默一边，支持他把改革推向纵深的计划，但福克斯此时已经去世，继任者邦纳尽管表面上狂热抵制罗马教廷，实则一心追求现世利益，不惜牺牲任何原则，他早已加入加德纳一党，和旧信仰的支持者暗通款曲。普遍相信，加德纳本人已经加入教宗的阴谋策划、甚至与皇帝勾结，试图与这些势力协同努力，尽可能地在英伦保存古老的信仰和崇拜。

亨利受着自身激情的主宰，与罗马势同水火，但是另外一些方面的激情又打断了他与罗马作对的进程，并为他提供了新的仇恨对象。自从他对自己的第一次婚姻心生疑问以来，他已经逐渐改变了自幼接受的那一套神学体系中的诸多教义，尽管如此，对于剩下的一小部分教义，他却依然积极而顽固地恪守不渝，有如整个体系依然完好无损一般。虽说他在信仰观念上可谓孤家寡人一个，但是众臣的谄媚奉迎助长了骄横君主的傲慢心态，使之自以为有权按照自己的特殊标准来规范整个国家的宗教信仰。他的那一整套正统观念，以圣体真在论作为主要支点——在迷信战胜常识所取得的无数胜利当中，这个信条的得胜可以说最引人注目、也最令人震惊。亨利认定，凡背离这一信条者都是可憎的异端。他认为，自己虽与罗马教宗彻底划清了界限，却仍在这一核心要义上捍卫纯正的天主教信仰，乃是一种无上光荣的高贵之举。

　　有个名叫兰伯特的人，[1]本是伦敦的一位小学校长，曾因思想不端的罪名被沃勒姆大主教下令调查、收监；沃勒姆死后，随着朝中人事变迁，他也得以获释。出狱后他无惧危险，继续宣扬自己的观点。他听说后来担任林肯主教的泰勒博士(Dr. Taylor)在布道中捍卫圣体真在论，忍不住向后者表示，自己对此无法苟同，并将反对意见付诸文字，归纳为十条。泰勒把这篇文章拿给巴恩斯博士(Dr. Barnes)看了，此人刚巧是路德派，认为圣餐礼中的面包和酒虽然始终为物质，但基督的圣体和宝血也以某种神秘方式真实临在，与物质元素合为一体。按照当时的法律和做法，巴恩斯面临的危险并不比兰伯特少，而在当时的狂热迫害风气之下，他竟然决定出首，好让兰伯特得到应有的惩罚，因为他们固然同样背离了古老的信仰，但兰伯特居然胆敢比他自己往前多迈了一步！他拉着泰勒一起向克兰默和拉蒂默告发兰伯特，这两位教长无论私下里怎样认为，但表面上必须与亨利钦定的正统信条保持一致。克兰默和拉蒂默传唤了兰伯特，苦口婆心地劝他声明悔过，然而令他们吃惊的是，后者不但态度死硬，竟还斗胆向国王提出申诉。

　　国王见有机会一展其至尊地位和渊博学识，不无称意地受理了申诉。他决定以一种十分有欠公正的方式，将地方法官和申诉人召聚于一堂。朝廷布告天下，称国王欲与那位小学校长展开论战。威斯敏斯特大厅里搭起了看台，为观众提供席位。亨利摆足人君威仪，昂然登上宝座，众臣工分列两厢：右手是教会显要，左手是世俗贵族，诸位法官和最有名的大律师被安排站在主教们身

---

[1]　Fox, vol.ii.p.396.

后，品秩最高的廷臣立于贵族们身后。不幸的兰伯特被带上来，他必须面对满堂赫赫阵仗，舌战国王，捍卫自己的观点。[1]

奇切斯特主教宣布开庭，他陈述道：兰伯特被控为异端，他从主教法庭上诉于国王，似乎指望借此争取更多宽大，还幻想能说服国王开恩保护异端分子。一段时间以来，国王陛下与僭权的罗马教廷分道扬镳，取缔修道院、遣散了一批游手好闲的僧侣，查禁拜偶像的恶俗，出版钦定本英文《圣经》以教诲全体臣民，又实行了多项人人称许的较细微的改革措施——尽管如此，陛下始终抱定决心，捍卫大公教会信仰的纯正性、以最严厉的手段惩处一切离经叛道者。陛下愿意利用这个机会，当着众位学识精深、态度郑重的旁听者，亲口说服兰伯特认识自己的过错，而后者倘若冥顽不化，必将面临应有的惩罚。[2]

这番不太鼓舞人心的开场白过后，国王陛下面色严厉地问兰伯特，关于圣餐礼上基督圣体真实临在的问题，他持何种看法？兰伯特在回话时，先对国王献上赞美，被国王满含轻蔑和愤慨地直接回绝。随后，国王援引《圣经》和多位学者的著述，扬扬洒洒展开论证，其势凌厉，直逼对手。国王强有力的推理和渊博学识赢得满堂喝彩。克兰默提出几点新的论据，佐证国王的观点；加德纳也加入论战，为克兰默助阵；汤斯达尔接续加德纳的话题，补充发言；史托克斯莱又为汤斯达尔提供了新的支持；接下来，又有六位主教轮番上阵，这场辩论——如果可以称作辩论的话——持续了整整

---

① Fox, vol. ii. p. 426.

② Goodwin's Annals.

五个小时，兰伯特精疲力竭，晕头转向，因恫吓而战兢、因羞辱而窘迫，终于缄口不言。国王随即亲自发动总攻，问他是否心服口服？归根结底，国王只问他一个有趣的问题：究竟要死还是要活？兰伯特凭其固执秉性中自来的一股勇气回答，全凭陛下恩裁。国王正告他，自己绝不做异端的保护伞；如果这就是他最后的答复，那么他只能等待身受火刑。继而，克伦威尔以国王宗教事务代理人的身份宣布对兰伯特的终审判决。①

兰伯特并未被恐怖的刑罚吓倒，或许，面对如此隆重的公开场面，他是靠着虚荣心的支撑才坚持到底。刽子手们刻意对付这个当面与国王作对的人，尽可能让他多遭罪。他被文火慢炙，小腿和大腿已成烧焦的残桩，人却仍未断气。漫长的折磨似乎永无尽头，这时，几个比其他人略有仁心的卫兵用戟把他挑起，抛入火焰，他才被烧死。在他们玉成此事的同时，只听那受难者反复喊道："唯独耶稣！唯独耶稣！"他口中喃喃念着此语，直到咽气。②

就在兰伯特被处决的前几天，三男一女共四名尼德兰再洗礼派信徒背缚柴捆，在圣保罗十字架前被烧死。同时，另有来自同一国家、同一教派的一男一女也被烧死在史密斯菲尔德。③

那个时代英格兰人背负的不幸命运就是如此：无论他们遭受何种压迫不公，都别想指望议会为自己作主。相反，他们有理由担心，议会每一次召集，都会使某项暴政披上法律外衣，而且变本加厉，生出一些独裁君主及其手下众臣迄今尚未想到，或者觉得亲自

---

① 参见本卷卷末注释 [M]。
② Fox's Acts and Monuments, p.427. Burnet.
③ Stowe, p.556.

执行有所不妥的法子来。这份奴颜婢膝、谄媚王权的姿态，在国王

议会召开
4月28日

召集的新一届议会上表露无余。其实，只要国王陛下有意，本届议
会完全可能成为英格兰的最后一届议会。不过，他觉得他们实在
是顺手的统治工具，从未想过完全取消议会。

　　本届议会开幕伊始，御前大臣告知上议院，国王陛下衷心希望 265
在王国内消除一切宗教分歧。陛下承认，此事关系重大且任务艰
巨，因此希望议会推选一个委员会，拟出若干条信纲，提交给议会。
于是，上议院提名已被晋封为贵族的国王宗教事务代理人克伦威
尔、坎特伯雷大主教、约克大主教、达勒姆主教、卡莱尔主教、伍斯
特主教、巴斯暨韦尔斯主教、班格尔主教和伊利主教入选委员会。
上议院完全预料得到，委员会究竟有几成希望完成使命——这个
小小的委员会本身就因见解各异而吵得不可开交，根本拿不出什
么结论。继而诺福克公爵对上议院提出，既然不能指望委员会拿
出方案，不如干脆将拟议中的信纲缩减为六条，并指定一个新的委
员会起草相关法案。与会者心知这位贵族所传的是国王的意旨，
当即附和通过。短暂的休会期过后，"六项条文法案"（新教徒十
分恰当地称之为"血腥法案"）正式出笼，在上、下议院得到通过，
并获国王御准。

　　该法案正式将真在论定为正统信条，肯定圣餐合质说，并确

六项条文
法案

定了守贞誓言的永久效力、私人弥撒的功效、圣职者独身制，以及
私下忏悔的必要性。凡否认第一条即关于真在论的信条者，当处
以火刑，并比照严重叛国罪剥夺其公权、财产，公开悔过亦不得豁
免。如此严厉的态度在史上闻所未闻，就连宗教裁判所也不曾有
过。拒不承认其他五项条款者，即使公开悔过也要被罚没全部动

产,判处监禁,刑期视国王陛下意愿而定。顽固不化或重蹈旧辙的异端分子将被课以重罪,判处死刑。神职人员结婚将受同样惩处。神职人员与妇人苟和,初犯者罚没财产、投入监牢;再犯即处以死刑。凡逃避忏悔,或者不在规定时间领圣餐者,将被课以罚金,并 266 视国王陛下意愿处以监禁。倘若异端分子在定罪后拒不改悔,则比照重罪犯处以死刑、剥夺公权。[①]国王将钦点特派员查访此类异端案和违规行为,一经查出,便将案犯交付法庭审理。

国王授意制定这项法案,同时对新、旧两派构成逼迫:就连天主教徒也有理由抱怨,因为先前被逐出修道院的修士和修女们竟也被蛮横地要求守贞。[②]不过,由于该法案严酷的矛头主要指向新教徒,按照党派之争的常律,古老宗教的信徒们便把对手的不幸当成了己方的昌旺和胜利。克兰默有勇气在议会声言反对该法案,尽管国王要求他退席,他却怎么都不肯俯首听命。[③]亨利已经习惯了克兰默的真诚率性,一旦确信其意图端正无伪,就在此事上格外宽容他,不容任何人搬弄口舌。不过,克兰默大主教此时也不得不服从法案规定,与妻子分手,她是纽伦堡著名神学家奥西安德(Osiander)的侄女。[④]亨利对这一顺服表现大为满意,重新对他施以青眼,恩宠一如既往。拉蒂默和沙克斯顿二人因为这项法案丢了主教职位,身陷囹圄。

本届议会如此这般地放弃了自身的全部宗教自由之后,又将

王室公告
等同于
法律

---

① 31 Hen. VIII. c. 14. Herbert in Kennet, p. 219
② 参见本卷卷末注释［N］。
③ Burnet, vol. i. p. 249, 270. Fox, vol. ii. p. 1037.
④ Herbert in Kennet, p. 219.

世俗自由献于强权脚下，他们没有一丝犹疑、不加任何考虑，就以一部法案彻底颠覆了英格兰宪制。法案规定，王室公告的效力等同于议会制定法。更恶劣的是，该法案在议会通过时，名义上却只是一部说明性法规，旨在解释王权的自然边界。该法案前言称，国王于此前发布了若干公告，而心怀恶意者故意轻慢待之，全不考虑此乃为君者正常行使权力之举。此等放纵不仅会鼓励悖逆之徒违抗全能上帝的律法，还将辱及国王陛下的尊贵荣名，"陛下对此断断无法容忍"。国事纷扰，时有紧急事件突发，要求迅速予以解决，不能等待缓缓召集议会商讨对策。尽管国王按照上帝所授之权柄，在国事处理上以公众利益为念，然而遇有顽梗刁民执意作对，也会被逼无奈而诉诸极端措施和暴力。有鉴于此，议会为消除一切引发疑问之情形，特颁布本法令，对国王陛下的权力予以确认：国王陛下有权参考御前枢密院的建议发布王室公告，责成臣民服从，相关刑罚视国王陛下意愿而定。上述王室公告具有永久法律效力。[①]

　　议会在颁布此法之后，居然还声称对国家大政保持某些制约，这等装模作样不是出于愚蠢，就是故作眼瞎。议会颁布法令，规定不得凭借任何公告剥夺任何尚未犯下违背普通法或本王国良俗之罪错者的合法财产、自由、继承权、特权和特许权。然而他们没有考虑到，凡是对违反公告者的惩处，莫不对臣民某些方面的自由或财产权构成侵犯；王室被赋予颁立新法的权力，加上既已掌握的豁免权，就等于执掌了全部立法权。的确，英格兰历代国王一直习惯于凭借自身权威发布公告，并强制臣民服从，而这种特权无疑是专

267

---

① 　31 Hen. VIII. c. 8.

制统治的一个明显症状。尽管如此，这样一种在特定紧急情况下行使、必须以当下的权宜之计或必要性为之开脱的权力，终究不同于经制定法明确授权的、从此不受任何制约或限制的权力。

如果说还有什么法律比这一部更违背自由精神，恐怕唯有本届议会制定的另一法案堪当此名。议会通过了一份褫夺私权法案，不仅针对埃克塞特侯爵、蒙塔古、达西、赫西等一干已被依法审判、定罪的贵族，还把一批根本未经指控、审判和定罪的高门显贵纳入网罗。亨利疯狂仇视波尔枢机主教，进而殃及波尔的所有亲朋，尤以其母索尔兹伯里伯爵夫人为最。这位伯爵夫人还被指控利用其领主权威，拦阻佃户阅读《圣经》的新译本；又说她从罗马取得了多份教宗谕旨，据说有人亲眼见过这些诏书，就藏在她的考德莱（Coudray）乡间宅邸；她被控告的第三条罪状是，与其子波尔枢机主教保持通信。然而亨利发现，这些罪名不是查无实据，就是依法够不上自己想要加给这位夫人的严厉惩罚。于是，他决定采取一种更简率、也更专横的法子。为此，他派了对他百依百顺的克伦威尔去垂询众位法官：对于一个财产已被扣押的人，议会可否在不经任何审判、也不传唤其本人的情况下，褫夺他的公权和财产？[①]法官们答道，这是个危险的问题，议会行使其司法职能，理当依法诉讼，为下级法院树立表率。既然没有任何一家下级法院可以如此任意妄为，那么他们以为议会也断不可做出这等事。国王要求更明确的答复，法官们在压力之下回曰：倘若以此方式褫夺一个人的公权和财产，必须保证此案日后永远不受质疑，永无翻案之可能。

---

①　Coke's 4th Inst. p. 37, 38.

亨利由此结论悉知,这种诉讼方式尽管全然违背一切公正准则,却具有可操作性,而他急欲了解的正是这一点。于是,他决心用此手段来对付索尔兹伯里伯爵夫人。克伦威尔向上议院出示了一面旗帜,上绣基督五伤图案,那是北方叛乱分子的徽记。克伦威尔断言,该旗是在伯爵夫人府中发现的。①除此之外,再无任何其他证据可以给她定罪。上议院未经进一步质询,就通过了针对她的褫夺私权法案。在同一份法案中,同样没有任何更可信的证据,埃克塞特侯爵夫人格特鲁德(Gertrude)、阿德里安·福蒂斯丘爵士(Sir Adrian Fortescue)和托马斯·丁利爵士(Sir Thomas Dingley)都被牵连受罚。那两位绅士遭到处决。侯爵夫人被赦免,活得比国王更久;伯爵夫人则获得缓刑。

本届议会只通过了一项有益的法令,核准了修道院捐献产业之举合法有效,即便如此,这部法令仍然充满谎言和横暴,倘若不以一切私权必须服从公众利益作为衡量标准,那么这部法令同样充满不公不义。不难想见,为了让各修道院住持主动捐献修道院产业所施的种种手段,内中包含诸多令人反感的细节,各种花招无所不用其极,足以触发人性弱点的一切动机都被摆在他们面前。这些尊贵的修士大多认为,放弃教产等于毁掉自身利益,此举本身就是亵渎上帝、其罪甚重;为迫使他们低头让步,朝廷颇费了一番苦功。②科尔切斯特、里丁(Reading)和格拉斯滕伯里(Glastenbury)这三所修道院的住持比同辈表现得更有骨气,为了惩罚他们悖逆

269

---

① Rymer, vol.xiv.p.652.
② Collier, vol.ii.p.158.& seq.

抗命，同时起到杀一儆百之效，当局想方设法给他们扣上谋逆的罪名，结果三人命丧法场，三所修道院的财产统统被抄没。[①]此外，早在上述暴行发生之前，国王已有成算，知道那些住持们只是修道院产业的终身保有人，他们的捐献根本经不起推究，于是，他决定采取惯用手段，通过议会立法确保稳妥。在该法案前言中，议会宣称，各位修道院住持所做捐献"未受强制、出于自愿，符合普通法的适当法律程序"。因此，议会两院核准其捐献行为有效，确认相关修道院产业永远归国王及其继承人所有。[②]值得一提的是，当时凡拥有主教职衔的修道院住持仍在上议院踞有席位，他们当中无一人对这个不公正的法案表示任何抗议。

本届议会确定了王国全体要员的品秩。克伦威尔作为国王宗教事务代理人，位列满朝臣工之上。他不过是个铁匠的儿子——事实如此——却能跻身于贵胄公卿之列、地位仅次于王室；其本人全无学者风度，却被任命为王国教会的首脑，足令时人称奇。

六项条文法案甫一通过，天主教徒们便异常活跃起来举报违规者，被捕入狱者转眼就达到五百之多。克伦威尔之前没有兴趣阻挠该法案出笼，但现在却有能力巧妙干扰法案的执行。他在萨福克公爵、御前大臣奥德利和克兰默的支持下，劝谏国王一下子惩处这么多人犯未免显得残酷，随即获准释放他们。国王的性情反复无常，行事忽左忽右，使得对立两派有机会轮流占据上风。这个法案的出台似乎重创了改革派，然而国王不久又下诏准许各家各

---

① 31 Hen.VIII.c.10.

② 31 Hen.VIII.c.13.

户藏有新译版《圣经》。改革派把上述许可视作一个重大胜利。

　　不过，明眼人已经看出，亨利在历任妻子尚未失宠前很受她们左右，有鉴于此，两派最终谁胜谁负，似乎在很大程度上取决于未来王后的人选。他最爱的妻子简·西摩刚一去世，他便开始考虑再婚了。他先把眼光投向皇帝的侄女、孀居的米兰公爵夫人，提议与之联姻，但遇到了阻碍。随后，出于对弗朗西斯的交情，他又考虑迎娶一位法国公主。他看中了洛林家族的一位公主，她是吉斯公爵之女、已故隆格维尔公爵的遗孀，但弗朗西斯告诉他，那位夫人已经与苏格兰国王缔有婚约。亨利国王不肯就此罢休——他特别憧憬这段姻缘，之前从各种消息渠道知悉这位公爵夫人才貌双全，已然暗自倾心；他又私下派了莫提斯（Meautys）赴法，亲睹佳人风采，确切了解其行事为人，密使的汇报更激起了他的欲望。他得知那位夫人身形高大，就更觉两人十分般配，因为他本人这时已经有些发福了。此外，若能借此让那个他向来讨厌的外甥蒙羞，也会令他舒心畅意——这种动机促使着他越发执意求娶那位夫人。他坚持要求，弗朗西斯应当给他优先待遇，超过苏格兰国王。弗朗西斯尽管知道英法联盟对他的利益更为重要，却不愿公然侮辱自己的朋友暨同盟。为了避免英王继续纠缠，他当即派人把公爵夫人送往苏格兰完婚。不过，为了安抚亨利的情绪，弗朗西斯给他介绍了旺多姆公爵之女玛丽·波旁（Mary of Bourbon）。但亨利听说这位玛丽公主曾被苏格兰国王詹姆斯拒婚，便一口回绝了这门亲事。随后，弗朗西斯又建议他在苏格兰王后的两个妹妹中间挑选一位，并且保证说，不管是论才德、论身材，她们都丝毫不逊于长姊，其中一位甚至更加貌美。亨利国王在择偶方面万分仔细，仿

271

佛他那颗心真能体会细腻的情感一般；在这个重要事项上，他信不过任何一个关系人，就连画像也不信。他向弗朗西斯提出，双方以公务为由在加来会晤，届时请法王把吉斯公爵府上的两位千金和法兰西最出众的名门闺秀都带来，让他从中挑选。颇有骑士精神的弗朗西斯闻听此言惊诧万分。他表示，自己对女性抱着极大尊重，实在不能如此对待贵族小姐们，把她们当成待售牲畜带进市场，任由买主挑挑拣拣。①亨利根本不在乎这许多讲究，依然坚持这个要求；结果，弗朗西斯虽然满心愿意帮他觅得佳偶，还是拒绝了他的要求。

　　亨利的心思随即转向与德意志诸邦结盟。鉴于施马卡尔登同盟的公侯们对皇帝的宗教迫害行径深恶痛绝，因此，亨利希望通过与其中一个家族联姻，与这些国家重续亲善关系，这将大大有利于他本人。克伦威尔高兴地支持这个意向，他向国王推荐了安妮·克莱夫斯(Anne of Cleves)，她的父亲克莱夫斯公爵在路德派公侯当中极有影响力，而她的姐姐西比拉嫁给了新教同盟首领萨克森选帝侯。汉斯·霍尔本(Hans Holben)为公主绘制了一幅小像(画师大大美化了她本人)，亨利看过之后，决定向她父亲提亲。经过一番磋商，双方不顾萨克森选帝侯的反对缔定了婚约，安妮公主被送至英格兰。国王迫不及待想要亲见新娘芳姿，遂悄然驾临罗切斯特，终得一睹真容。他发现，她的确身材丰硕高大，完全如他所愿，但全无美貌，也不优雅，跟肖像以及人们介绍的判若两人。他发誓，那就是一匹大块头佛兰德斯母马，宣称自己永远不可能对她

国王迎娶安妮·克莱夫斯

---

① Le Grand, vol.iii.p.638.

有什么感情。更糟的是，他发现她只会说尼德兰话，而他自己却对这门语言一窍不通，此外她的谈吐风度也不足以弥补品貌的平庸。亨利满腹郁闷地返回格林维治，向克伦威尔、拉塞尔勋爵(Lord Russel)、安东尼·布朗爵士和安东尼·德尼爵士(Sir Anthony Denny)大吐苦水，痛诉命运不公。德尼爵士安慰其主说，这种不幸是古今所有君王的通例，为君者无法像普通百姓那样自主择偶，只能依据他人的判断和想象被动接受王后人选。

新娘遭厌弃

关于事到如今还能不能解除婚约、把公主送回本国的问题，国王的枢密大臣们陷入争论。就外交时局而言，亨利此时正处在一个非常关键的节点上。皇帝和法兰西国王签定为期十年的休战协议后，普遍认为这两位对立的雄主之间已经达成了谅解，种种迹象表明二者似有结盟之势，令英格兰宫廷深感不安。皇帝深知弗朗西斯品格贵重有义气，因此非常信任他，甚至达到大国君主之间极为罕见的程度。根特人在低地诸国发动叛乱，形势危急。当时驻跸西班牙的查理皇帝决定亲征平叛，可是御驾如何前往该地却成了个问题。经过意、德的路线迢远劳顿，走英吉利海峡又有英国海军的威胁。于是，皇帝请求弗朗西斯的许可，意欲假道法国，如此便等于把自家性命交在素日的死敌手上。法兰西国王在巴黎大摆仪式，隆重而热情地接待了皇帝；尽管内心的复仇欲和利益盘算催动他抓住有利时机对皇帝下手，他的情妇和身边宠臣也都这样劝说，但他还是将皇帝安全礼送出境，而且，皇帝在法期间，弗朗西斯对其绝口不提政事，唯恐自己提出的要求有胁迫这位贵宾之嫌。

这一切细节传到亨利耳中，他认为那两位雄主现已完全和睦

273

同心，说不定会因着宗教热情的驱使，联手出兵英格兰。[①]因此，当前为保自身利益和安全，似乎比以往任何时候更有必要与德意志诸侯结盟。他知道，如果送回克莱夫斯公主，她的朋友和家人蒙受这等侮辱，必然义愤填膺。于是他做出决定，强忍厌恶与这位公主入洞房。他对克伦威尔表示，事已至此，自己不得不引颈受轭了。克伦威尔知道，此事结果如何极大地关乎自己的利益，因此在次日一早急忙向国王打听，对新娘的印象是否有所好转。国王明言，他厌恶她比以往任何时候更甚，亲近接触之下，这女人越发令人作呕。他决心从此再不与她发生任何瓜葛，甚至怀疑她伪装处女——对于这一点，他的心态极为敏感。不过，他此后一直彬彬有礼地对待安妮王后，对克伦威尔似乎也恢复了原有的信任；然而，在外表的极力克制之下，他内心始终潜藏着不满，只待第一个合适的机会就要喷薄而出。

公元
1540年
1月6日

　　新一届议会于此际召开，这一次所有修道院住持都被剥夺了列席上议院的资格。国王通过御前大臣之口向议会抱怨，王国臣民的宗教信仰迄今仍然存在巨大分歧。他坚定地宣告，鉴于英文版《圣经》已经出版，理当成为全人类的信仰标准，因此，如今更没有理由继续忍受这种糟糕的状况。国王又说，他已经钦点几位主教和神学家起草一部全民共遵的教义纲领。他确信，基督、基督的教义和真理必将得胜。较之英文版《圣经》的发行，国王似乎对他下属学者们的这部新著抱有更大期待，认为此书能够更有效地阐明真理。克伦威尔作为国王宗教事务代理人，也代表国王对上

公元
1540年
4月12日

议会召开

274

---

① Stowe, p.579.

议院发表演说，换来贵族们一派恭维之声，甚至有人夸他功高盖世，足有资格代理全宇宙的宗教事务。这位权臣似乎在他主人面前也同样备受恩宠，本届议会闭幕后不久，他就被晋为埃塞克斯伯爵，受封嘉德骑士。

这时，英格兰硕果仅存的一个修会团体就是耶路撒冷圣约翰骑士团，通常也称作"马耳他骑士团"。这个半宗教、半军事化团体，曾经凭着一腔英勇，为捍卫基督教世界立下莫大功勋，在耶路撒冷、罗德岛和马耳他等地，有效阻遏了迅速扩张的蛮族势力。在全英格兰大规模捐献教产的风潮中，该教团鼓足勇气顽强抗命，不肯将收入拱手让给国王。亨利绝不容忍治下仍有任何听命于教宗的团体存在，因此决定假手议会解散马耳他骑士团。这个教团的收入极丰，与国王此前鲸吞的大量产业比起来，仍是一块值得垂涎的肥肉。国王虽说借着掠夺教产获得了巨额收入，却不善经营，其挥霍靡费的速度总是比贪婪攫取的速度更快。本届议会吃惊地发现，国王要求他们授予王室十分之四的征税权，以及每镑征收一先令的补助金，为期两年。百姓们原指望修道院产业归了国王，自己就永远无需纳税了，如今这份期待完全落了空。下议院虽然毫不吝惜地舍弃自由、随意抛洒其他臣民的鲜血，对自己的钱袋却是严防死守。就连亨利这位说一不二、令人畏惧的专横君主，索得这笔小小的补助金也是不无困难。本届议会批准国王每镑征收四先令，为期两年。其借口是，亨利为巩固国防，沿海岸线大举修筑要塞并装备海军，花费甚巨。由于亨利目前在欧陆没有一个值得信赖的盟友，唯有依靠本国的军事实力，因此他不得不大笔投资于国防，防范外敌入侵。

国王对克伦威尔的宠信，他在与安妮·克莱夫斯婚姻中的隐忍，全是骗人的假象。他内心对王后的厌弃与日俱增，终于有一天忍无可忍、彻底爆发，他要立即解除这段令他憎恨的婚姻，同时把这段婚姻无辜的始作俑者、那位御前重臣打翻在地。还有另外一些因素促成了克伦威尔的覆灭。他是全体贵族仇视的对象：一个出身贫贱者，不仅凭着国王宗教事务代理人的身份凌驾于他们之上，更霸占了其他许多御前要职。作为国王宗教事务代理人，他对全体教牧乃至平信徒都拥有极高的、几近于绝对的权威，不仅如此，他还执掌着王玺，兼任宫务大臣、王室监护法庭法官。他还获封嘉德骑士——众贵族痛感这份殊荣被一介贱民所玷污，因为该勋位历来只颁给高门显贵。民众仇视克伦威尔，将他认作暴虐欺压修道院的罪魁祸首，而这些机构依然深得百姓的敬重和热爱。天主教徒认定克伦威尔是危害其信仰的隐蔽敌人；新教徒们见他表面上赞同针对他们的一切迫害，也对他绝无好感，即便不骂他背叛信仰，至少也谴责他怯懦无用。国王发现四面八方指责朝政的呼声鼎沸，倒也乐见公众把仇恨都倾泄到克伦威尔身上，希望借着抛出这只现成的替罪羊，赢回臣民的爱戴。

此外，还有一重原因突然激活以上所有动机，引发了一场出乎意料的朝政剧变。国王爱上了诺福克公爵的侄女凯瑟琳·霍华德（Catherine Howard），决意飨足这份新的激情，而除了与现在的配偶离婚，抬举凯瑟琳登上龙床和后位以外，他找不到别的办法。诺福克公爵与克伦威尔早有仇隙，如今又像先前利用安妮·博林搬倒沃尔西时那样，设法通过凯瑟琳进谗言诋毁这位大臣。待到一切阴谋部署妥当，公爵取得国王的一道圣旨，在枢密院上以严重叛

275

克伦威尔
倒台

国罪将克伦威尔当场逮捕，投入伦敦塔。紧接着，针对克伦威尔的褫夺私权法案出笼，上议院认为不经审判、调查或举证就把一个人定为死罪并无不妥，而不过短短数日前，他们还恭维此人有资格担当全宇宙的宗教事务代理人。该法案在下议院遇到一些阻力，但最终获得通过。克伦威尔被指控为异端和卖国贼，但是关于他叛国罪行的证据却完全令人难以置信，甚至荒谬绝伦。[①] 纵观他的一切所作所为，唯一堪此下场的举动恐怕就是甘当国王暴政的工具，在上届议会上炮制了同样不公不义的法案迫害索尔兹伯里伯爵夫人等一干人。

　　克伦威尔低声下气、哀哀乞求，试图软化国王的心，但全无效果。这位君主素来的行事风格，绝不给他要毁掉的大臣或宠嬖留下半条命。有一次，那位不幸的囚徒写来的信如此哀恳动人，令他不禁对信垂泪，但他最后还是硬起心肠，克服一切怜悯倾向，拒绝赦免此人。克伦威尔在信末写道："我这可悲的囚徒已经做好一死的准备，如果这是上帝和陛下的心意。然而软弱的肉身却唆使我呼求您的慈悲怜悯，求开恩饶恕我的罪过。陛下手下最悲惨的囚徒和最可怜的奴隶托马斯·克伦威尔，以沉重的心、颤抖的手，书于伦敦塔。"稍下位置又有一行"最仁慈的君王，我向您呼求慈悲，慈悲，慈悲！"[②] 被押赴刑场之际，克伦威尔缄口不愿自辩清白，亦不抱怨判决不公。他知道，任何不恭不顺的迹象都会使亨利迁怒于他的儿子，那么他本人的死也无法终止亨利的报复行动。克伦

276

7月28日
克伦威尔
被处死

---

① Burnet, vol. i. p. 278.

② Burnet, vol. i. p. 281, 282.

威尔其人审慎、勤奋而又能干，理应遇到一位更好的主人、享受更好的命运。他虽出身卑贱，而后飞黄腾达站上权力的顶峰，却从无傲睨得志之态。对于自己寒微之时从任何人受过的点滴恩惠，他都念念不忘。意大利战争期间，他当过一段私人卫兵，有位吕克大公国(Lucquese)的商人曾经帮他调停过一件事，过后便忘了他这个人以及为他帮过的忙。克伦威尔发迹后，在伦敦偶然瞥见这位恩人如今已经落魄潦倒。克伦威尔立即派人将他请来，重叙旧情，并且知恩图报，帮助他恢复往日的富裕景况。①

议会炮制针对克伦威尔的褫夺私权法案的同时，亨利与安妮·克莱夫斯的离婚程序也在同步推进。议会两院联名向国王呈递请求状，请陛下恩准审查他与安妮·克莱夫斯的婚姻。国王立即颁旨，将此事提交教牧代表会议审查。安妮曾由其父作主与洛林公爵订婚，但那时她和那位公爵均未成年，后来，经双方一致同意，婚约解除。此时亨利国王却以这份旧婚约为借口，要求与安妮离婚。他还补充了两条理由，听起来颇有些离奇：他声称，自己与安妮结婚时，"愿意"二字并非自真心；夫妻圆房时也颇感不妥。教牧代表会议认定上述理由十足充分，继而庄严宣告国王与现任王后的婚姻无效。议会对教牧代表们的决议给予确认。②不久后，该判决便正式传达给王后。

所幸安妮性格中有股天生的麻木不仁，甚至在女性最敏感的问题上亦是如此。无论是国王对她的反感，还是他发起的离婚诉

国王与安妮·克莱夫斯离婚

---

①　Burnet, vol.i.p.172.
②　参见本卷卷末注释[O]。

讼，都不曾带给她丝毫烦扰。她甘心乐意地听从他定下的离婚条款——认她为姐妹、给予她仅次于王后和他亲生女儿的地位，以及三千镑年金的赡养费。她接受了这些条件，同意离婚。[①]她甚至写信给自己的兄长（这时她父亲已经过世），称自己在英格兰受到很好的对待，希望兄长不要与英王为难。她的自尊心只在一件事上有所表露，那就是不肯背负羞辱返回母邦，此后终身客居、老死在英格兰。

尽管安妮本人态度恬淡，但这桩离婚案仍使英王与德意志诸侯的关系进入冰期。不过，此时欧洲局势已经大为改观，更让亨利有底气漠然无视他们的愤慨。弗朗西斯和查理之间的亲密交情只维持了很短一段时间，两者人品上的差异未几便重新勾起彼此的猜忌和宿仇，而且势头前所未有地猛烈。查理到访巴黎期间，弗朗西斯出于坦率的天性和愉快的心境——高贵的心灵会自然而然地由慷慨举动中获得愉悦——向这位自私的君主轻率吐露了一些不无危险的信息。他对这位昔日对头已经全无提防之心，因此表示，希望彼此相互支持，尽可无视其他联盟。他不仅把自己与苏莱曼大帝及威尼斯人谈判的进展情况向来客合盘端出，还透露了英格兰宫廷邀他联手对抗皇帝的事情。[②]查理一踏上自家领土，立即暴露出他根本配不上法王的善意款待。他一口拒绝履行承诺，不肯把米兰交给奥尔良公爵。他告诉苏莱曼和威尼斯元老院，他们的法兰西盟友是怎样对待他们的。他尤其刻意地让亨利了解，弗朗

---

① 　Herbert, p.458, 459.

② 　Pere Daniel, Du Tület.

西斯如何随随便便抛弃对他恩重如山的老朋友，以牺牲亨利向新
盟友邀好。他甚至添油加醋，把毫无戒心的法王透露给他的一些
事实加以篡改歪曲。假如亨利拥有真正的辨识力和宽广的心胸，
那么单凭此事便足以认清该选择与谁结盟。然而，在骄傲这一主
导性格因素驱使下，他当即与弗朗西斯绝交，因为他无论如何没想
到，后者居然弃他而选择结交皇帝。查理随即向他抛出重启旧盟
的橄榄枝，他欣然接受。与皇帝结盟后，他自以为安全无虞，更看
淡了与法兰西和德意志诸侯的关系。

　　亨利在外交上的大转弯令英国臣民中的天主教徒欢欣鼓舞。
既然这个转变或许从某一方面促成了克伦威尔的倒台，不免令他
们由此萌生彻底击败对手的希望。国王与安妮·克莱夫斯离婚后，
很快便娶了凯瑟琳·霍华德，在天主教徒看来，这也是一个好的迹
象。接下来的一连串事件正应了他们的预期。诺福克和加德纳此
时把持着御前枢密院，发动了针对新教徒的狂热迫害。六项条文
法案被严格付诸实施。当日举报兰伯特致其命丧火刑堆的那位巴
恩斯博士，如今也尝到了宗教迫害的残酷。根据议会的一纸法案，
他未经审判就被判处火刑，同上刑场的还有杰罗姆（Jerome）和吉
拉德（Gerrard）。他被缚火刑柱之际还在讨论神学问题，与治安官
辩论，当话题转到圣徒的祈祷时，他表示，他怀疑众圣徒是否能为
凡人祈求，如果能够的话，他希望半小时后自己就能为这位治安官
和在场的所有看客祈祷。接着，他恳请治安官向国王陛下转达他
的临终请求，天真地想象这会对那位把他送上火刑柱的君主有所
影响。其请求的大意是，希望亨利在取缔迷信仪式之外，还要格外

8月8日

279

国王再娶
凯瑟琳·霍
华德

注意防范淫乱和指着上帝之名起誓。[1]

亨利在暴力逼迫新教徒的同时，对那些不承认他至尊地位的天主教徒也毫不手软。当时有位侨居英伦的外国人有根有据地评论道：反对教宗的人要被烧死，拥护教宗的人则被绞死。[2]国王甚至以一种招摇的方式显示其暴政的不偏不倚，以期同时慑服两派，把恐惧注入每个人心里。巴恩斯、杰拉德和杰罗姆分别乘坐三辆囚车进入法场，每人身边都被安排一名同乘的天主教徒，也是犯了信仰罪的待决犯。这三人分别是艾贝尔、费瑟斯顿(Fetherstone)和鲍威尔(Powel)，他们宣称，受刑不要紧，和如此罪大恶极的异端分子一起赴死才是最痛苦的。[3]

尽管国人的意气似已完全被亨利的淫威压服，但仍有零星不满的躁动。约克郡爆发了一场小规模叛乱，以约翰·内维尔爵士(Sir John Nevil)为首，叛乱不久即被镇压，内维尔和另外几个叛乱头目一道被处决。这场叛乱据信是由枢机主教波尔阴谋煽动的，因此国王当即决定向此前被判处死缓的索尔兹伯里伯爵夫人报复，让她为儿子的所作所为付出代价。国王下令将她押赴法场。面对如此悲惨的境遇，这位可敬的老夫人依然不失其列祖列宗血脉传承下来的王者气概。[4]她拒绝将头放在砧板上，也拒不服从不经庭审的判决。她对刽子手说，想要她的脑袋，就得自己来取。于是，她晃动着可敬的满头灰白卷发，绕断头台而奔。刽子手举着斧头追

5月27日

280

---

[1] Burnet, vol. i. p. 298. Fox.
[2] Fox, vol. ii. p. 529.
[3] Saunders, de Schism. Angl.
[4] Herbert, p. 468.

赶，几次挥斧砍向她的颈部都落了空，最后终于一击致命。金雀花王朝的世系至此断绝。这个家族统治英伦三百年，曾经创造伟大的荣耀，却也伴随着更大的罪孽与不幸。伦纳德·格雷勋爵(Lord Leonard Grey)紧随索尔兹伯里伯爵夫人之后以严重叛国罪被斩首，此人曾为王室服务，关于他获罪的依据，我们几乎一无所知。

　　北方叛乱涌动，亨利决定亲临该地区绥定民心，使之顺服当局，另一方面也是为了取缔当地人深深浸淫的古老迷信。国王此行还有一重目的，那就是与他的外甥苏格兰国王在约克一晤，尽可能与苏格兰缔定牢不可破的紧密联盟。

公元
1541年

　　席卷欧洲的宗教改革之风此前就已吹到了苏格兰，并在那里引发了同样的戒备、恐惧和迫害。大约在1527年前后，有位名叫帕特里克·汉密尔顿(Patric Hamilton)的贵族青年被任命为费尔纳(Ferne)修道院院长，而后被派往海外深造。他与改革派人士过从甚密，归国时已对所属的教会深怀敌意，尽管他满可以凭借出身和个人才干在其中谋得荣华显贵。青春的激情和求新的热忱令他无法掩藏内心的情感，被多明我会的一位隐修会长坎贝尔(Campbel)觑出端倪，此人伪装成志同道合的朋友，诱他吐露心迹，随即向圣安德鲁斯大主教比顿(Beaton)举报了他。汉密尔顿被邀至圣安德鲁斯，与一批教牧就称义、自由意志、原罪等有争议的观点展开论战，经过一番激烈辩论，教牧会议最终做出裁决：汉密尔顿崇信异端邪说，当处以火刑。这位青年既不受俗世野心的诱惑，更不惧死亡的威胁。他所追求的，乃是为真道做见证的荣光，以及作为殉道士在天堂即刻获得的报偿。民众惋惜他的青春韶华、皓皓品德和高贵出身，莫不为他坚贞赴死的节操扼腕叹息。稍后发

苏格兰
局势

生的另一件事，越发坚定了他们对他的景仰之情。在刑场上，汉密尔顿向依然出言侮辱自己的坎贝尔发出挑战，称其必将在基督的审判台前承担应有的罪责。那位迫害者或是出于惊惧，或是被悔恨压倒，抑或仅仅是偶然染病，不久便精神失常并发起高烧，就此一命呜呼。汉密尔顿由此被民众视作先知和殉道士。[①]

在汉密尔顿的追随者当中有位弗雷斯特修士(friar Forrest)，成了新教义的热忱传播者。他虽未公开表明立场，但已经被怀疑倾向于新教观念。他所在教区的邓克尔主教(Dunkel)吩咐他，遇到有利于光大圣教会权利的好的使徒书信或福音信息就广为传讲，其余部分可避而不提。弗雷斯特答道，遍阅《圣经》旧约和新约，他还没发现任何一处不好的使徒书信和福音。当时，极度忠于《圣经》被视作异端的一个确切标志，于是，弗雷斯特不久就被送上被告席，被判处火刑。当神父们讨论行刑场地时，一位旁听者建议，不如在地窖里烧死他，因为那位帕特里克·汉密尔顿先生受刑时，烟雾吹到谁身上，谁就受到异端思想的感染。[②]

当时，不仅苏格兰教牧陷入极大的困境，纵观全欧洲普遍如此。由于改革派指斥旧的教会体制拜偶像、不虔而可憎，意欲彻底加以颠覆，隶属旧体制的神职人员发现自己的尊荣和产业都面临险境，因此他们认为有权不择手段地抗击危险的入侵者，这是一个简单的公义原则，正如普通人出于自卫杀死海盗或劫匪而不获罪一样，他们处决异端分子也同样毫无过错。他们声称，宽恕之道自

① Spotswood's Hist.church of Scotland, p.62.

② Spotswood, p.65.

可适用于其他情况(尽管事实上他们从未接受此道)，然而当教会的根基几欲被动摇，现有神职人员的财产、甚至生命安全都受到威胁时，再谈什么宽恕之道就显得荒唐可笑了。不过，尽管教会在政策方针和情感倾向的驱动下点燃了宗教迫害的火焰，却发现这种匡正手段收效极不确定，并且观察到，改革者的信仰热忱在迫害下变得越发炽烈，极易传染给对他们心怀同情的围观群众。在周遭的重重危险之中，新教义却秘密传播到四面八方，国人的思想逐渐倾向于宗教改革。

而对于苏格兰教会人士而言，最危险的迹象来自国内贵族阶层，他们效法英格兰的先例，把贪婪的目光投向教会收益，希望借着改革掠夺教产而自肥。詹姆斯本人囊中羞涩，又喜好富丽堂皇，特别是在建筑风格方面，因此上述考虑令他十分动心，并且开始用邻国神职人员的命运来敲打威胁本国教牧。亨利也不停怂恿外甥效法他的榜样。他一方面出于骄志要在信仰上劝化对方，另一方面考虑到若与苏格兰结成紧密联盟，无疑将增进王国的安全前景，故力邀苏格兰国王在约克一晤，并取得了后者的承诺。

283　　詹姆斯的这个决定令国内教牧顿生警觉，他们想尽办法阻挠计划的实施，向国王力陈革新的危险，指出已然庞大的贵族势力进一步扩张，后果堪忧；再者，英国是苏格兰的宿敌，国王不应冒险把自己交在英国人手里，如果投靠英国，则势必失去法兰西和所有海外盟友的友谊。在上述理由之外，他们还动之以实利——因为他们发现，国王的心思颇受眼前利益支配。他们当下便赠予国王五万镑，并作出承诺，教会随时乐于供应他的需要。他们向国王指出,抄没异端分子的产业来充实国库,可为王室增添十万镑岁入。①
詹姆斯新娶的王后年轻貌美、风度超群,令夫君言听计从,她支持
教牧们提出的理由,明里暗里向国王施加影响。结果,詹姆斯先是
推迟了行程,随后又送信给先期抵达约克、准备与他会晤的英王,
以一堆借口推脱见面。②

　　亨利因失望而气恼,为了所受的侮慢暴跳如雷,发誓要报复外
甥。他开始将威胁付诸实施,纵容海盗陆匪袭扰苏格兰。然而此
后不久他便在自己的家庭内部遭到另一侮辱,这次更严重地伤及
他的自尊,而且触及他一向极度敏感的地方。他与凯瑟琳成婚后,
一直自认为幸福美满,新妇的容貌性情都讨人喜欢,令亨利深深钟
情;他毫不隐晦地将这份眷恋表露于外,甚至在他的私人小教堂内
公开为上天赐予他的琴瑟和谐之福向神郑重称谢,还吩咐林肯主

王后淫行败露

教专门为此撰写了一篇祷文。然而,王后的所作所为却完全配不
上这份柔情。有个名叫拉塞尔斯(Lascelles)的人(他妹妹曾在老诺
福克公爵夫人府上为仆),他向克兰默密报王后有失检点,并细述
凯瑟琳受教于老公爵夫人驾前时的放荡行迹。老公爵夫人的两个
男仆德勒姆和马诺克都曾与她有染,她甚至全不在乎府内其他仆
人知道自己的丑事。大主教闻言大惊,感觉此事不论隐瞒或是揭
发都同样危险,遂与赫特福德伯爵及御前大臣商量。三人一致同
意,这种事无论如何不能隐瞒不报,而大主教本人似乎是最适合向

284

---

① Buchanan, lib. xiv. Drummond in ja. 5. Pitscotie, ibid. Knox.

② 有一次,亨利遣使给外甥送去一批装潢华丽的书籍,詹姆斯一看书名,就知道
其内容是为新教教义张目的,遂当着来使的面把书扔进火里。他还补充道,与其让这些
书把他毁掉,不如自己先下手为强,把它们毁掉。参见 Epist. Reginald. Pole. part i. p. 172.

国王透露此事的人选。克兰默不愿当面谈及隐私，便将事件的前后情况写了一份报告，呈予亨利。亨利闻知消息，无比震惊。一开始，他坚信王后的贞德，对举报的消息根本不信，分别对掌玺大臣、拉塞尔勋爵、海军大臣、安东尼·布朗爵士和赖奥斯利表示，他认为这一切是个骗局。克兰默如今处境尴尬，倘若找不到充分的证据，他注定大祸临头。不过，国王在急躁和妒意驱使下，决计要将此事查个水落石出。掌玺大臣受命盘问拉塞尔斯，后者坚称自己提供的信息无误，始终要求他妹妹出来作证。那位贵族以行猎为名，专门去此女现住的萨塞克斯调查一番，结果发现：她仍然一口咬定以前的说法，特别是具体事实部分。于是，所有人只能沉痛地接受这种可能性。与此同时，德勒姆和马诺克被拘押起来，接受御前大臣的讯问，他们的供述令王后的罪过完全坐实，还揭发了一些更不体面的细节。老公爵夫人府上有三个侍女被凯瑟琳引为心腹，有的还曾与她和她的情夫共度春宵。所有调查报告摆在国王面前，令他深深震撼，良久说不出话，最后终于忍不住泪流满面。他吃惊地发现，他一向自诩精通鉴别真正的处女（与安妮·克莱夫斯离婚时他还曾为此大肆吹嘘），在这次婚姻中却当了冤大头。接下来轮到质询王后，她矢口否认有罪，但是当被告知一切均已败露，她便坦白了婚前的不贞行为，唯独一口咬定婚后从未背叛过国王。然而有证据表明，她婚后曾与一个名叫科尔佩珀的人单独过夜，又曾找来老情人德勒姆为她服务，因此，她赌咒发誓的声明似乎并不足信。再者，国王根本没有心情区别她的罪行是轻是重。

　　亨利发现，这次就连议会这个他施行暴政的惯用工具也不足以助他畅快淋漓地发泄内心的复仇欲。议会两院在接到王后的供

公元
1542年
1月6日

词后向国王致辞，劝慰他休要烦恼，世上男人都难免碰到这种不幸变故，请主上静思人性的脆弱，世间事如烟云变幻，如此默想当可从中寻得稍许安慰。他们请求先行退下，以便讨论通过一项针对王后及其同案犯的褫夺私权法案，又请国王不要亲自批准该法案，以免重新触动肝火，伤及御体，只要指派特使完成这项任务即可。此外，由于现行法律规定，诋毁王后及国王者以严重叛国罪论处，故而上下两院伏惟乞请天恩，在当前情况下，如果他们中有人触犯了该法案中的任何条款，万望陛下宽赦。

国王对以上所有请求给以亲切回复，议会继而表决通过了一项针对王后和为她充当淫媒的罗契福德子爵夫人的褫夺私权法案。该法案还规定了对科尔佩珀和德勒姆二人的惩治。同时，议会又通过一项法案，以包庇严重叛国罪的罪名对凯瑟琳的祖母老诺福克公爵夫人、她的叔叔威廉·霍华德勋爵和勋爵夫人、布里奇沃德伯爵夫人及另外九人褫夺私权，因为他们明知王后婚前品行不端，却为之隐瞒。这反映了亨利一贯的霸道作风，要求为人父母者完全抛开天伦，不顾羞耻和体面，向他自揭最隐秘的家丑。后来，他自己似乎也觉出此举过于残酷，因此赦免了老诺福克公爵夫人和被判包庇严重叛国罪的大部分涉案人。

无论如何，为了给自己和后世君主提供安全保障，杜绝这种致命丑闻，亨利授意议会通过了一项颇不寻常的法令。其中规定，任何人若知晓或强烈怀疑王后有什么罪错，在二十天内向国王或御前枢密院告发，可免受此前颁布各项法令中关于诋毁王后之罪的处罚。该法令同时禁止任何人将此消息传播到海外，甚至不准私传闲话。此外，国王所娶之女子婚前倘有不贞，又冒充处女而不先行向国王坦白，将构成严重叛国罪。国人纷纷拿这条法令打趣，说国王今后再婚只能从寡妇当中挑选了，因为再没有哪个名声清白的女子胆敢触犯这条法令。[①]上述诸项法令出台后，王后和罗契福德夫人被斩首于伦敦塔山。两人临刑的表现与其一生的放荡行迹很相符。众所周知罗契福德夫人是陷害安妮·博林的马前卒，所以她此番丧命无人同情。这个女人的罪行大白于天下，更让人确信当年同情惋惜那位不幸的王后并没有错。

国王没有向本届议会要求任何补助金，但他另外寻到了一条财路。他进一步采取措施，解散大学、医院和诸如此类的机构。他手下的廷臣们一直都在给这些大学校长和机构负责人施压，逼他们把岁入交给国王，并在八个目标上成功得手。但是接下来便遇到阻碍：大多数此类机构都受地方法规所限，倘无全体会员一致投票通过，任何负责人或部分会员（无论人数多少）都无权做出转让岁入的决定，而征得全票通过是相当困难的。本届议会废止了所有此类法规，从而使上述机构的岁入失去保障，任由国王及其宠臣们贪婪攫取。长期以来，教会一直是他们掠食的对象，以致任何新的侵夺都无人感到惊奇。亨利原是逼迫僧侣即戒律教士，如今又把手伸向在俗教士群体。在他的逼索下，许多主教将教会名下地产献给国王，他用这种手段从坎特伯雷、约克和伦敦等主教领劫掠财富，打赏给自己手下那批贪婪的寄生虫和马屁精们。[②]

教牧人员在关注教会世俗利益之外，通常还幸运地兼具持守 <small>宗教事务</small>

---

① Burnet, vol. i p. 314.

② 参见本卷卷末注释［P］。

正统信条的警觉性。在无知而迷信的民众眼里，这两方面的激情都是其宗教热忱的明证。然而现在强横且刚愎自用的亨利却拆散了这两个目标。他掠夺教会以飨自身贪欲，又通过迫害异端满足内心的偏执和骄傲。尽管他促使议会减轻了对触犯《六项条文法案》的惩处力度，比如在神职人员结婚一事上，现在的处罚仅限于没收全部动产及终身土地使用权，但是他同样不遗余力地严格维护某些教理原则的纯洁性。亨利曾钦命坎特伯雷大主教和约克大主教及两教省的数位主教，会同大批神学博士组成一个委员会，他凭借自己对英格兰教会的至尊权柄，命令该委员会负责为英国民众择定宗教信条。不等委员会就这一艰巨任务取得任何进展，议会便于1541年通过一项法案，批准了众位神学家未来经国王认可而确立的任何信条。他们恬不知耻地公然宣称，自己的宗教信仰以信为根基，无论在灵里还是世俗问题上，唯独遵行本国君主的专断意志，除此别无准则。这部法案中只有一个条款乍看起来似乎略具一丝自由精神，其中规定，神学委员会确立的任何信条不得违背英王国的法律法规。然而实际上这一限制性条款是国王本人插入法案文本的，旨在服务于其个人目的。他在法律法规内容当中设置模糊和矛盾之处，借以更牢固地掌控每个臣民的生命和财产权利。由于教会自古享有的独立地位始终是他心头一忌，所以他很高兴借着这个法律条款的幌子，把上诉到教会法庭的案件转至世俗法庭审理。由于同样的原因，他永远都不会颁行教会法；而且在所有情况下都鼓励世俗法官插手教会案件，只要他们认为此案跟涉及王室特权的法律沾边即可。一个可喜的创新，尽管最初是为了服务于专制目的而发明出来的！

国王凭着议会权威的支持，或者毋宁说是他自以为王权固有的、经议会认可的精神至尊地位，授命宗教委员会择定了一套本国臣民应一致赞同并信奉的教义信条。不久，薄薄一本《基督徒之建造》(Institution of a Christian Man)出版，被教牧代表会议认可、投票通过，定为全民信仰正典。书中对称义、信德、自由意志、善工、恩典等所有敏感论题均给予定义，总体上倾向于改革派观点。几年前制定的英格兰教会信纲中只规定了三种圣事，现在则扩展到七种，抚慰了天主教徒的感情。全书从头到尾都透出国王那天马行空般的风格，实际上人们公认此书出自国王笔下。因为，亨利虽将一己之见定为举国遵守的准则，但他自己却绝不肯受任何约束，无论任何典章、权威，甚至他本人以往确立的任何章程，都不放在眼里。

此后不久，国人又进一步见识了国王的反复无常。他很快就对自己的《基督徒之建造》不再满意，诏令再撰写一部新书，名为《基督徒之素养》(Erudition of a Christian Man)。这次无需请求教牧代表会议认可，他凭着自己的权威出版此书，又通过议会将其定为新的信仰正典。这本书的内容不同于《基督徒之建造》，[①]但国王对新信纲的推崇却毫不亚于前次。他要求全体国人的信仰随着他的指挥棒转向。在这两本书里，他都特别注重反复灌输被动服从的教义，也同样注重约束国人在实践中奉行这一条。

国王在本国臣民中间大力推广自己的著作，至于该如何对待[289]《圣经》，他似乎极端困惑，教牧们也是一样。在审议《圣经》新译

---

① 　Collier, vol.n.p.190.

本的宗教会议上,加德纳提出,不必从头到尾一概采用英译,而应保留若干拉丁词语,因为据他声称,这些拉丁词语包含奇异的大能和意蕴,在大众语汇中根本没有对应的表达方式,[1] 其中包括教会(eclesia),悔改(poenitentia),大祭司/教宗(pontifex),破坏(contritus),燔祭(holocausta),圣礼(sacramentum),原质(elementa),仪典(ceremonia),奥秘(mysterium),长老(presbyter),祭物(sacrificium),谦卑(humilitas),弥赎(satisfactio),罪(peccutum)[2],恩典(gratia),祭牲(hostia),神的爱(charitae)[3],等等。不过,鉴于这种芜杂的行文会显得极不规范,显然意在促使民众保持古老的愚昧状态,因此该建议遭到驳回。然而,民众的智识——至少是那种好争辩的劲头——似乎是个更危险的麻烦,就在英译本《圣经》出版后不久,国王暨议会[4]便撤回了原来的许可,禁止除绅士和商人以外的任何百姓阅读《圣经》。[5] 即使这点可怜的自由,给的也并非痛痛快快,而显然是万分踌躇,唯恐造成不良后果。这两类人获准阅读《圣经》,以保证"安静守分"。该法案前言中指出,"之前许多煽动者和无识愚民滥用赐予他们读经的自由,曲解经文精义以致歧见丛生,彼此为敌,造成严重的骚乱和分裂[6]"。看来,国王的大一统模式和民众研习经文的自由是一对很难调和的冤家对头。

---

① Burnet, vol.i.p.315.

② 疑为"peccatum"之讹。——译者

③ 应为"caritas"。——译者

④ 本届议会于公元1543年1月22日召开。

⑤ 33 Hen.VIII.c.i. 然而,当时英格兰民众当中识字者极少,《圣经》的阅读不可能产生多大影响。钦定本《圣经》第一版只印了五百册,而今天在英王国内已多达数百万册。

⑥ Parliamentary history, vol.iii.p.113.

《弥撒书》也经过国王的审订，但几乎没有改动，只抹去了教宗的名字，删除了一些身份存疑或虚构的圣徒。英格兰国内印行的每一本新书乃至市面上在售的旧书，也都经过了这道关口。"教宗"一词被仔细删除或涂掉，[①] 仿佛这样就能把这个词逐出人类语言，又仿佛浑然不知这种迫害反而会使该词更鲜明地烙印在人们的记忆中。

大约值此前后，国王用心致力于驱除另一种不知不觉混入教会的陋习。当时，教堂里经常上演各种嘲讽旧时迷信的戏剧、幕间节目和滑稽剧，结果，民众对古老教义和敬拜形式的敬意在欢娱中逐渐消解。我们未尝听闻天主教尝试利用这一强大武器来回击对手，或者采取类似手段来揭露改革派身上似常流露的那种强迫症般的狂热精神。这或许是因为，人们一般不倾向于嘲弄这个方面，又或许是新教徒更简朴、在灵里更为抽象的敬拜方式较难被抓住讽刺的把柄，而讽刺通常是针对可感知的外在表现构建起来的。因此，国王打压宗教喜剧，可以说是他对天主教群体的一次极和悦的让步。

就这样，亨利凭借论辩、制定信纲、颁布刑律等手段，持之以恒地努力将臣民的宗教意识纳入统一范式。不过，由于他本人以极大的热忱投入那些学术争论，实则为民众树立了榜样，引得国人纷纷效法他致力于神学研究。结果，纵然他们的口与笔一时被恐惧所封，但也无法指望他们此后能够心悦诚服地接纳任何一套硬性规定的信条或观念。

---

① Burnet, vol.i.p.318.

第三十三章　亨利八世（七）

对苏格兰开战—索尔威大捷—詹姆斯五世驾崩—与苏格兰签定和约—冲突再起—英法断交—召开议会—苏格兰事务—召开议会—在法战事—召开议会—对法兰西及苏格兰议和—迫害—萨里伯爵被处决—诺福克公爵被褫夺私权—国王驾崩—国王的性格—本朝花絮辑录

公元
1542年

亨利对苏格兰国王示好却遭轻慢，于是怀恨在心，决意报复。为实现计划，他想从议会取得一笔资助，但他出于谨慎，还不想暴露自己的打算，只能委婉暗示，而议会本着一贯的悭吝原则，只作不懂，令国王的希望落了空。而他仍然埋头备战，一俟认为发动

对法兰西开战

侵略的条件成熟，便抛出一篇讨伐檄文，为开战寻找正当理由。他谴责詹姆斯言而无信、托词爽约，这本是造成纠纷的真正原因，[①] 但是为了师出有名，他又历数外甥对自己的更多伤害，称其为一些英国叛贼和逃亡者提供庇护，还长期霸占本属于英格兰的国土。他甚至重提古老的宗主权要求，宣召詹姆斯前来向主君俯首称臣，行效忠之礼。他派诺福克公爵挂帅讨伐苏格兰，赐号"苏格

---

① Buchanan, lib. 14. Drummond in James the Fifth.

兰之鞭"。尽管詹姆斯派遣阿伯丁主教和詹姆斯·利尔蒙特·达赛爵士(Sir James Learmont of Darsay)赴英安抚舅舅，但亨利却拒不听取任何和谈条件。正当诺福克公爵在纽卡斯尔集结大军的同时，罗伯特·鲍斯爵士(Sir Robert Bowes)已在拉尔夫·萨德勒爵士(Sir Ralph Sadler)、拉尔夫·埃弗斯爵士、布瑞安·拉图恩爵士(Sir Brian Latoun)等人襄助下阑入苏格兰边界，直逼杰德堡(Jedburgh)，意欲劫掠并摧毁这座城镇。多年流亡在外、依靠亨利接济施舍的安格斯伯爵及其兄弟乔治·道格拉斯这次也随英军一起入侵故国。鲍斯旗下兵力总共有四千多人。詹姆斯也毫不懈怠地加紧备战，派亨特利伯爵率领一支大军镇守边陲。霍姆勋爵率手下家臣赶去增援亨特利，半途与英军遭遇，战斗爆发。交战中，8月24日亨特利的部队遥遥赶到，英军害怕被两股敌人合力围歼，转身溃逃，苏格兰人奋力追杀。结果，埃弗斯、拉图恩和其他几位贵族在此役中被俘。只有几个不太知名的小人物在交战中丧生。[①]

　　与此同时，诺福克公爵开始从纽卡斯尔大营出动，在什鲁斯伯里伯爵、德比伯爵、坎伯兰伯爵、萨里伯爵、赫特福德伯爵、拉德兰伯爵及众多贵族的簇拥下，进抵苏格兰边境。诺福克麾下人马超过两万，苏格兰人必须竭尽全力来抵御如此强大的一支劲敌。詹姆斯在法拉(Fala)和索特雷(Sautrey)两地集结了本国全部兵力，随时准备迎击诺福克的进犯。英军在贝里克渡过特威德河，沿河开进，直至凯尔索；但是获悉詹姆斯已经集结了将近三万

---

①　Buchanan, lib. 14.

人马，他们便在凯尔索返身渡河，撤回本国境内。[1]苏格兰国王出于追求军事荣名的渴望，要对侵略者以牙还牙，下令追歼敌人，把战争带入英格兰的土地。但他吃惊地发现，手下众贵族因他宠信教会人士而普遍不满，此时一致反对他的决定，拒绝随驾进军英格兰。詹姆斯被贵族们的叛逆激怒，叱责他们怯懦无用，威胁来日与他们算账。他坚持率领忠于他的部众杀入敌境，对英国人还以颜色。詹姆斯派一万人马奔赴西部边境，在索尔威湾攻入英格兰，他本人率部与前队拉开少许距离行进，一旦有事随时便于合兵一处。然而，由于恼恨贵族们桀骜不驯，他传旨到军中，将统帅马克斯韦尔勋爵(lord Maxwel)撤职，换上自己的宠臣、一个无官无职的绅士奥利弗·辛克莱(Oliver Sinclair)。将士们对此极度不满，纷纷躁动欲去。这时，达克雷和马斯格雷夫率领一队英军出现，人数不足五百。苏格兰军被恐慌攫住，当即四散奔逃，被敌军追赶，溃不成军。此战并无真正交手，因此丧生者极少，但苏格兰方被俘者甚众，其中有不少显贵。卡西利斯伯爵(earl Cassilis)、格兰肯伯爵(earl Glencairn)、马克斯韦尔勋爵、弗莱明勋爵(lord Fleming)、萨默维尔勋爵(lord Somerville)、奥利芬特勋爵(lord Oliphant)、格雷勋爵(lord Grey)均被押赴伦敦，分别交由不同的贵族看管。

　　苏格兰国王闻知惨败的消息，震惊不已。他原本性情阴郁，兼以心高气傲，遭此打击后完全丧失了自控。他认定贵族们都背叛了自己，气愤难抑，又深深耻于败在如此微不足道的小股敌人之

9月24日
索尔威
大捷

---

[1]　Buchanan, lib.14.

294 手，追悔往事、忧惧未来，所有情绪交织在一起击垮了他，他不肯接受任何安慰，完全陷于绝望而不能自拔。詹姆斯变得身心交瘁，人们甚至担心他性命难保。他还没有子嗣，当王后安全分娩的消息传来，他在病榻上询问孩子是男是女，侍臣禀告说王后诞下一位公主，他听后翻了个身，自言自语道："王位得之于女人，也将失之于女人。这个不幸的王国啊，有多少苦难在等着你！亨利总会把它据为己有，无论是借助武力，还是通过联姻。"几天后，詹姆斯驾崩，死时正值盛年。这位国王堪称德才出众，机警且有勇气，足有能力平靖国内当时的严重乱象。他执法公正严明，但是由于他支持平民和教会抵制贵族的肆意侵夺，不可避免地遭到那个等级的仇视。此外，由于宗教歧见，新教徒们也极力诋毁他的身后名声，却并未坐实他有过什么严重罪咎。①

12月14日
詹姆斯五世
驾崩

正如詹姆斯生前所料，亨利一收到捷报和外甥去世的消息，立即着手策划让爱德华王子与襁褓中的苏格兰女继承人联姻，从而吞并苏格兰。②他召集被俘的苏格兰众贵族，先是严词叱责他们所谓的背信弃义，继而放缓语气提出一个解决之道，并表示希望能由此防止未来对两国同样有害的混乱局面。他提出不收任何赎金放还他们，只要他们答应支持威尔士亲王与本国小公主的婚约。这个建议看起来如此自然，并且对两国都有益，所以苏格兰贵族们毫不费力就被说服了。他们被送到纽卡斯尔，向诺福克公爵交付人质换取自由，这是为防备拟议中的婚约没能缔成所做的第二手准

公元
1543年

---

①　参见本卷卷末注释［Q］。
②　Stowe, p.584. Herbert, Burnet, Buchanan.

备。随后,他们从纽卡斯尔启程回国,却发现国内局势颇有些混乱。

教宗发现新教义的广泛传播业已威胁到自己在苏格兰的权威,便晋封苏格兰主教长比顿大主教为枢机主教,以便对其施加更大影响。长期以来,这位大主教一直被视为詹姆斯驾前的首辅重臣,又是天主教阵营的领军人物,积极捍卫神职阶层自古相沿的特权和产业。国王驾崩之际,他担心本派系和他自己失势落败,想尽办法维护手中的权力,批评者称他为达到目的做出过一个极其鲁莽的举动。据说他伪造国王遗嘱,指定他本人和另外三名贵族在小公主成年之前摄理王国政务。[1]事实究竟如何,各路史家并无一致见解,但至少有一点是明确无误的:他曾给詹姆斯读过一份这样的文件,后者在弥留之际的谵语中也似曾允准,但这种允准却是值得存疑的。[2]比顿凭着这份遗嘱把持了朝纲,继而与太后结成利益联盟,又设法征得国会赞同,驳回了艾伦伯爵对大权的觊觎。

艾伦伯爵詹姆斯·汉密尔顿的祖母是詹姆斯三世之女,由此成为苏格兰王位的第二顺位继承人。凭着这一身份,他似乎最有资格坐上被枢机主教捷足先登的那个尊位。此外,公主稚幼,他并非没有希望继承大统,这一点亦为他招揽了许多党羽。尽管以性格而言,他的意志力、行动力和雄心都嫌薄弱,但他对新教观念的同情却博得改革派的热诚拥戴。凭着这些拥趸者和本家族附庸的支持,他才得以与枢机主教的势力形成抗衡。此时,比顿因涉嫌伪

---

[1] Sadler's Letters, p.161. Spotswood, p.71. Buchanan, lib.15.

[2] John Knox, History of the Reformation.

造先王遗嘱而声名受损，众多被俘贵族自英格兰回归，再加上伦敦的金钱输送，使得权力天平向艾伦伯爵一方倾斜。安格斯伯爵兄弟也趁机重返故国，他们动员本家族的强大势力，不遗余力地反对枢机主教。苏格兰国会成员大部分见风使舵，抛弃原来得势的一派，倒向对立阵营。国会宣布艾伦出任监国，比顿枢机主教被拘押，交由西顿勋爵（lord Seton）看管。苏格兰方面开始与英国大使拉尔夫·萨德勒爵士磋商小公主与威尔士亲王的婚事。双方很快议定下述条款：第一，未来的苏格兰女主幼年时可留在苏格兰，待年满十岁时将赴英格兰接受教养；第二，苏格兰立即遣送六名贵族至亨利驾前为质；第三，苏格兰王国虽与英格兰合并，但仍保持本国固有的法律和特权。[①]通过这些公平条款，威胁苏格兰的战争灾难仿佛已经消弭，两个王国似有希望从此息止兵戈，永久敦睦。

与苏格兰签定和约

然而，比顿枢机主教先是说服西顿勋爵私放了他，又施展阴谋诡计，成功扰乱了上述一整套貌似协调有序的安排。他召集教会中的头面人物，力陈他们的收益和特权正面临迫在眉睫的危险，游说他们私下向神职人员募集一大笔款项，交给他执掌调度，用以挫败敌人的计谋。[②]除了花钱收买同党之外，他还极力煽动天主教徒的宗教热忱，声称与英格兰合并必将成为教会和古老宗教信仰覆灭的先声。苏格兰人对南方邻邦固有的民族仇恨也是枢机主教鼓动民众的可靠法宝。尽管苏格兰人面对亨利强大的武力威压毫无抗拒之力，只得暂且接受小女主的婚约及王国合并方案，但是国

① Sir Ralph Sadler's Letters.
② Buchanan, lib. 15.

民出于积习定见却对这些举措抱有强烈反感。在枢机主教唆使下，苏格兰人多番冒犯英国大使及其随员，试图以暴力打破和平局面。但萨德勒爵士保持审慎，一次次化解矛盾，耐心等到双方议定的遣送人质的日期，这才提请摄政按约履行这一重要条款。然而摄政答复道：自己的权威摇摇欲坠，国人的倾向亦今非昔比，他没有能力强迫任何一位贵族前往英国为质。萨德勒预见到这一拒绝的严重后果，遂对当初被俘的所有苏格兰贵族发出传唤，要求他们遵守诺言，重返英伦为囚。结果，除了卡西利斯伯爵以外，这些人均未表现出重诺守信的荣誉感。亨利对卡西利斯的行为十分赞赏，不仅和悦地以礼相待，还馈赠他许多礼物，还他自由，礼送伯爵及其留在英国为质的两个弟弟返回苏格兰。①

冲突再起　　　尽管大多数苏格兰贵族的表现反映出这个民族不守信义的毛病，大主教对此却不无满意。他预见到，这些人如今出于私心，定会坚持仇英反英的立场。对英战争一触即发，大主教认为有必要立即向法国求援，恳请旧日盟友搭救苏格兰于水火。尽管法兰西国王完全明白，支持苏格兰是他的利益所在，但在这个节骨眼上，苏格兰人的求援来得实在不是时候。由于他对米兰公国的主权要求，以及对查理的敌意，引发了一场战争，迄今为止，他在战事中投入巨大却收获寥寥，此时只能勉强保卫本国疆土，更无余力给苏格兰提供任何援助。当时，苏格兰名门之后、年轻的雷诺克斯伯爵马修·斯图亚特(Matthew Stuart, earl of Lenox)正在法兰西宫廷，弗朗西斯了解到，其家族与汉密尔顿家族世代为仇，伯爵的父亲就

①　Buchanan, lib. 15.

死在汉密尔顿家族手上，遂派他渡海返乡，襄助枢机主教和苏格兰太后。弗朗西斯承诺，如有需要，来自法国的金援乃至军事援助随后即至。苏格兰监国艾伦眼见所有这些筹谋都针对自己，遂与友朋共谋，试图夺取小女主的监护权，但行动未遂，他只得与政敌妥协，把这一重要职责委托给四位中立人士，即格雷汉姆(Grahams)、阿雷斯金(Areskines)、林赛(Lindseys)和莱文斯通(Levingstones)四大家族的族长。此时此际，雷诺克斯自海外归来，令朝中亲法派压倒亲英派的势头，无可置疑地占据了上风。①

　　苏格兰亲法派施展阴谋手段阻挠亨利的计划，激起亨利的愤慨，越发坚定了他对法断交、与皇帝结盟的决心。他对法兰西国王还有其他不满，虽说不甚重要，却是新近的创伤，故能与查理皇帝以往造成的严重伤害相抵。亨利声称，弗朗西斯曾经承诺步其后尘与罗马宗座决裂，结果却自食其言。而且，他的外甥苏格兰国王詹姆斯五世得到法王厚待，先后两次婚姻分别娶到法国公主玛格德琳和吉斯公爵的长女，也令他十分不满，认为这两次联姻实为一种保证，表明弗朗西斯支持苏格兰对抗英国强权的意愿。②此外，法王嘲讽他历次婚姻的一些俏皮话也传到他的耳中。他恼恨弗朗西斯受过他那么多恩惠，却向皇帝出卖他，还把他的隐私当作朋友间的闲话轻率透露给那位自私狡诈的君主。他还抱怨，法国方面从不按约足额支付应当给他的年金和欠款。在以上种种动机驱使下，亨利疏远了弗朗西斯这位旧日知交和盟友，与

298

英法断交

---

　①　Buchanan, lib. 15. Drummond.
　②　Pere Daniel.

极力讨好他的皇帝携起手来。新盟约中除了协同互保条款之外，还包括联手入侵法兰西的计划。两位君主商定各派 25,000 人马组成联军，入侵弗朗西斯的国土，迫使后者支付所欠亨利的全部款项，并交出博洛涅(Boulogne)、蒙特勒伊(Montreuil)、泰鲁阿讷(Terouenne) 和阿德尔，作为今后按时支付英王年金的质押。两位君主约定，倘若法方拒绝以上条件，就为亨利要求法国王位，如不成功则为亨利要求诺曼底、阿基坦和吉耶纳三个公爵领，为查理要求勃艮第公爵领及其他几处领土。①为了寻找勒索的借口，他们捎信给弗朗西斯，要求他弃绝与苏莱曼苏丹的联盟，并赔偿这一逆情悖理的联盟给基督教世界造成的一切损害。一收到法兰西国王的拒绝，联盟当即对法宣战。可以这么说，在亲法人士眼中，查理与英格兰国王这个异端分子结盟同样令人反感，并不亚于弗朗西斯与苏莱曼结盟。他们指出，查理曾对教宗克雷芒七世郑重承诺，绝不与英国媾和或结盟，而他现在的举动完全违背了当初的誓言。

1月22日
召开议会　　亨利一面与皇帝商谈结盟之事，一面召开了新一届议会，为拟议中的对法战争寻求资助。议会授予他一笔补助金，分三年支付。这笔款项以特别方式征收，但对任何人均不得超过每镑三先令的限度。②教牧代表会议批准国王按每镑六先令的标准向神职人员

---

① Rymer, vol.xiv.p.768.vol.xv.p.2.

② 拥有动产价值二十先令到五镑者，每镑缴纳四便士；动产价值五镑到十镑者，每镑缴纳八便士；动产价值十镑到二十镑者，每镑缴纳十六便士；动产价值二十镑以上者，每镑缴纳二先令。拥有地产、教区职位及年金价值二十先令到五镑者，每镑缴纳八便士；以上各项价值五镑到十镑者，每镑缴纳十六便士；以上各项价值十镑到二十镑者，每镑缴纳二先令；以上各项价值二十镑以上者，每镑缴纳三先令。

征税，连征三年。即使在天主教会统治时期，对神职人员的征敛额度也总是高于平信徒。正因如此，查理皇帝在听说亨利解散修道院、出售教产打赏手下贵族和廷臣的时候不禁评论道，亨利此举无异于宰杀下金蛋的母鸡。[1]

本届议会还进一步促进了此前关于"王室公告的效力等同于制定法"的法令付诸实施。议会规定，御前枢密院的任意九名成员可组成法庭，惩处所有不服从王室公告的行为。这部极其反常的法令似乎必然导致以下结果：国王可以随心所欲地在刑事审判中完全摒除陪审团及议会的参与。他可以签署公告，就任何一条刑法的执行发布命令，随后绕开惩治违法的角度，以不服从王室公告的名目来审判罪犯。值得注意的是，蒙乔伊勋爵在本届议会上申言反对该法令，同样值得注意的是，终亨利八世一朝，议员反对公共法案的情形唯此一次。[2]

本届议会立法规定，[3]任何神职人员的布道或训诲若违背国王那本《基督徒之素养》中的教义，或违背国王今后颁布的任何教义，初犯可获得一次公开悔过的机会，再犯则须背负柴捆以示羞辱，如果拒绝领罚或第三次重犯，当以火刑惩处。而平信徒三次触犯此律，只罚没全部动产，并有可能处以终身监禁。该法令规定，应在犯罪行为发生的一年内对人犯提起控告，并允许人犯援引证人证词为自己辩白。与以往针对否认基督真在论者的处罚相比，上述惩处显然轻得多。然而这部法令在补充条款中规定，《六项条文法

---

[1]　Collier，vol.ii.p.176.

[2]　Burnet，p.322

[3]　34 and 35 Hen.VIII.c.1.

案》仍然有效。不过,为了使国王更完全地主宰英国臣民,该法令又规定,国王今后可以随意修改本法令或其中的任何条款。在此规定之下,国内两大宗教派系都沦于受支配的地位。在王国内凡涉及宗教的领域,国王得到最充分的授权,成为唯一的立法权威。举国臣民在严刑峻法之下,显然只能默然接受他想要推行的任何教义。

改革派人士开始抱有幻想,希望利用这种王权独大的局面占据上风。国王再婚,娶了拉蒂默勋爵内维尔的遗孀凯瑟琳·帕尔(Catherine Par),应验了当初坊间关于国王日后只能娶个寡妇的趣语。新后品行端淑,或多或少地倾向于新教教义。另一方面,国王与皇帝结盟,同样使天主教一派欢欣鼓舞,从而使两大宗教阵营大体上保持均势。

亨利与查理强强联盟,于此时此际赢得了难以估量的巨大优势。欧陆烽烟再起,法王弗朗西斯的盟友克莱夫斯公爵旗开得胜,击败皇帝的军队。[①]弗朗西斯本人早早亲临战阵,挥师横扫卢森堡公国,势如破竹,继而攻取朗德勒西(Landrecy),在那里加筑了几处要塞。隔了很久,查理才慢吞吞地集结起一支大军,出现在低地国家。查理几乎攻破了克莱夫斯公国的所有要塞,迫使公爵签定城下之盟。随后,查理又得到六千英军增援,驻马朗德勒西城下,以四万余兵力对该城形成合围。两位敌对的雄主临军对垒,人人都在等待一场大事件,然而法王却想出办法,巧妙地把援军送进朗德勒西,得手之后复又巧妙地撤退。查理见时节已晚,不再抱得胜

301

---

① 　 Memoires du Bellay, lib. 10.

的指望，只得退回冬季营地。

亨利能在欧陆一显身手，虚荣心大获满足。然而相比较而言，还是苏格兰事务与其本国利益休戚相关。苏格兰监国艾伦生性疏懒，全无野心，当初若非受到一众朋友和追随者的撺掇，他根本不愿插手政务。当他发现太后、枢机主教和雷诺克斯伯爵结成一党占据了优势，便心甘情愿地拱手伏低，接受任何屈辱的妥协条件。他甚至公开弃绝改革派教义，加入斯特灵圣方济会教堂的天主教信众群体，以表诚意。这种软弱、无节操的表现使他在国人心目中名誉扫地，新教人士此前还是他的主要拥护者，如今转而视他为死敌。枢机主教完全掌控了国政，太后对他盲目信任，监国也只能任他予取予求。现在，只有雷诺克斯妨碍他任意而行，对他形成些许牵制。

302

雷诺克斯和艾伦二人因家族夙仇而势不两立。枢机主教和亲法派为了拉拢雷诺克斯，一直百般挑动他的奢望，让他梦想着有朝一日继幼主之后登上王位，这就越发激起了汉密尔顿家族的仇恨。此外，雷诺克斯还受到鼓励，期望与太后联姻，为其出任摄政王增添一重理据。由于雷诺克斯以本党派的大功臣自居，变得越来越傲慢不逊，枢机主教看出，既然必须在雷诺克斯和艾伦之间选择一个来合作，那么后者更容易支配，又有监国的权柄在手，从各方面讲都是更好的人选。雷诺克斯发现无望娶到太后，而艾伦在枢机主教的支持下已经占尽上风，便避往丹巴顿郡，那儿的郡长死心塌地效忠于他。雷诺克斯暗地里与英国宫廷取得联络，继而召集家臣和党羽筹备起事。凡是倾向于新教的人，或者因任何缘由对枢机主教的统治心存不满者，都把雷诺克斯推为旗帜，甘愿为他效命。没多久，雷诺克斯麾下便聚集了一万兵马，锋芒所指，大有顷刻击垮对手之势。枢机主教手中兵力不足以相抗，但是头脑精明，他预见到雷诺克斯无力长期供养如此庞大的军队，便借着与雷诺克斯展开和谈，极力争取时间。枢机主教施展各种手腕，诱惑拉拢雷诺克斯的部下，又说服道格拉斯家族改变立场，同时向全国民众大力宣传内战和动乱的危险后果。最后，雷诺克斯眼看自己大势已去，只好放下武器，接受了监国和枢机主教的和解条件。王国暂时重归和平，但两派之间毫无互信。雷诺克斯抓紧加固城堡，采取防御姿态，等待英国援军到来，因为只有英国人出兵相助，他才有希望战胜对手。

303

公元
1544年
1月14日
召开议会

　　亨利的军事行动因冬季到来而延迟，于是他召集了新一届议会。本届议会根据他的授意，通过了一项关于王位传承的法案。在法案中，议会首先宣告威尔士亲王或国王的任何男性后嗣为第一顺位直接王位继承人，继而宣布恢复玛丽和伊丽莎白两位公主的王位继承权。这似乎是一件合理的正义之举，匡正了国王先前的横暴所造成的乱局，然而亨利所做的每一件事，无论多么值得赞赏，无不以某种方式流露出他一贯的霸道和任性。尽管他为两位公主敞开了通向王座之路，却不准议会推翻此前宣布她们为私生女的旧法案。他从议会取得授权，如果两位公主拒不服从任何一项他随意施加的条款，他仍可剥夺她们的继承权。他命议会立法规定，在他绝嗣的情况下，他可以通过遗嘱或任命状随意处置王位。他或许不曾预见到，他贬低议会，将其打造成迎合自己横暴而反复无常的意愿的被动工具，就等于引导民众把议会法案看作废纸一张，从而妨害施政，即便是他热衷于实现的目标也会落空。

　　议会颁布一项法案,宣布国王陛下的通用尊号为"英格兰、法兰西及爱尔兰国王,基督教信仰捍卫者,英格兰与爱尔兰教会在地上的至尊元首"。这里似乎存在一个明显的自相矛盾之处:保留了罗马教廷因他维护传统教义、反对路德而授予他的"信仰捍卫者"称号,却又为他添加了"教会至尊元首"的头衔,与教廷争夺普世教会的最高权力。

　　另一项法案豁免了国王最近向民间普遍借贷所欠的债务。根据此前通过的同类法案的内容,我们不难想见,这次借贷民众也并非完全自愿。[①]而伴随着这项法案的出台,又发生了一件咄咄怪事,这样的主意除了亨利以外谁也想不出来——他要求所有已获还款的人,无论是全额偿付还是部分偿付,都应把到手的款项返还国库。

　　亨利为确保其教会模式安稳无虞而强加于臣民的誓词,同这位君主的其他举措一样蛮不讲理。王国各等级臣民均已被迫否认教宗的至高权威,但是国王对誓言条款仍不完全满意,又颁行了另一份誓词,并且补充规定,凡已按旧版誓词发誓者一律视为已经接受了新版誓词。[②]何其怪异的思路! 竟以人们从未立过的誓言来约束他们。本届议会批准的多部法案中,最值得称道者要算减轻《六项条文法案》严苛程度的一部。其中规定,除非有12名证人在专司特派员面前发誓作证,否则不得以违反那部血腥法案的罪名对任何人提起审判;不经起诉,不得以上述任何罪名对任何人处以

① 　35 Hen. VIII. c. 12.

② 　35 Hen. VIII. c 1.

拘禁或监控。指控任何教牧人员的布道内容违反《六项条文法案》，必须在四十天内提起诉讼。

国王每次向议会索要资助，无论多么温和适度，总是痛感受制于人。这一次，他干脆不提此事，以免遭到回绝。不过，由于对法兰西和苏格兰两面开战，加上他一贯大手大脚，开支甚巨，只有从其他途径补充进项。虽经议会批准取得债务豁免，他又提出了再次向臣民借贷的新要求。他又将每盎司金价由四十五先令提高到四十八先令，把每盎司银价从三先令九便士提高到四先令。发布这项新规的借口是防止货币外流，仿佛此举真能收到这种效果一般。他甚至铸造了一批低成色的钱币，强令投入流通。他钦点特派员征收恩税，通过这一手段勒索钱款约七万镑。年事已高的伦敦市府参事里德（Read）①拒绝缴纳此税，或是缴纳额没达到特派员的要求，就被派往苏格兰前线充当步卒，在那里被俘。同样强项的罗奇（Roach）则被关进监狱，交了一大笔和解赔偿金才重获自由。②国王拥有这些强大的特权（在时人心目中毋庸置疑），可以强制任何人为王室提供任何役务，并且随心所欲把任何人投入监牢，勒索借贷就更不在话下，如此，君主在某种意义上便成为每个人人身和财产的绝对主宰。

这年年初，国王派出海、陆部队进犯苏格兰。英国舰队共有战船约两百艘，搭载将士万人。这次出征的海路统帅是莱尔勋爵达德利（Dudley, lord Lisle），陆路统帅是赫特福德伯爵。英军在利思

---

① Herbert. Stowe, p. 588. Baker, p. 292.

② Goodwin's Annals. Stowe, p. 588.

(Leith)附近登陆,击溃了一小股抵抗的苏格兰部队,兵不血刃占领利思镇,随即向爱丁堡挺进。爱丁堡城门很快被攻破(因为守军几乎全无抵抗),英军先在城内大肆劫掠,然后放火焚城。苏格兰监国和枢机主教缺乏准备,无力抵抗强敌,双双逃到斯特灵避难。赫特福德挥师东进,与东部边区民防长官埃弗斯率领的一股生力军会合,将苏格兰全境化作一片荒场,继而焚毁哈丁顿(Haddington)和邓巴(Dunbar)两城,然后撤回英格兰。此番出征,英军只折损四十人。艾伦伯爵召募了一批人马,却发现英军已经离境,便转而用这支武装讨伐通敌嫌疑确凿的雷诺克斯。后者抵抗了一阵后,被迫逃入英格兰避难,受到厚待。亨利赐给他一笔年金,甚至把自己的侄女玛格丽特·道格拉斯小姐许配给他。雷诺克斯投桃报李,对亨利做出许多保证,倘若有朝一日他的保证真获兑现,必定令其母邦彻底沦落为奴。①

　　这场侵略遽起遽收,手段狂暴,朝野对亨利的政策颇有微词,因其点燃了苏格兰人的怒火,却未能摧垮他们的精神。普遍的论调是:如果旨在收服盟友,那么此举便属过当,如果旨在征服,则力度还嫌不足。②不过,亨利这么快就决定收兵,是因为急欲调动举国兵力,实施攻法计划。他和皇帝商定了一个方案,将使法兰西面临覆国的危险,但也势必为英伦招致毁灭。两位君主协议联手进犯法国,总兵力达十万以上。亨利从加来出兵,查理则从低地国家发动攻势。他们约定不打围城战,先绕开边境城镇,长驱直入挺

---

①　Rymer, vol.xv. p.23, 29.

②　Herbert. Burnet.

进巴黎城下，在那里合兵一处，扫荡整个法兰西。面对大军压境，弗朗西斯的实力有限，只要来犯之敌超过四万他就难以抵挡。

7月14日
在法战事

　　亨利指派王后于其离国期间摄政，他自己亲率三万人马渡海抵达加来，随驾出征的包括诺福克公爵、萨福克公爵、阿伦代尔伯爵菲茨艾伦(Fitzalan)、牛津伯爵维尔(Vere)、萨里伯爵、圣约翰勋爵保莱、费雷尔·德·查特利勋爵(lord Ferrers of Chartley)、蒙乔伊勋爵、格雷·德·威尔顿勋爵(lord Grey of Wilton)、安东尼·布朗爵士(Sir Anthony Brown)、弗朗西斯·布赖恩爵士(Sir Francis Bryan)，以及国内贵族士绅当中的精英人物。佛兰德斯海军上将布伦伯爵率领一万步兵、四千骑兵很快赶到，与英军会师，军力更为强大，在这一带边境地区无可抵挡。法军主力已经先期被调往另一侧的香槟地区，去迎战皇帝的部队。

　　皇帝率领近六万雄兵，先于亨利投入战场。他不想徒然等待盟军，白白浪费时间，遂屯兵卢森堡城下，该公国望风而降。随后，皇帝进逼默兹河上的科梅尔西(Commercy on the Meuse)，轻取该城。林尼城(Ligny)也遭遇同样的命运。接着，他包围了马恩河上的圣·迪西尔(St. Disier on the Marne)，此城守军虽然薄弱，但在总督桑塞尔伯爵(count of Sancerre)的指挥下英勇抵抗，令皇帝久攻不克，超乎所有人的预料。

　　英军在皮卡第地区集结完毕，而此时皇帝的兵力却被拖在圣迪西尔城下。亨利要么是因为看到法国边境兵力空虚而心痒难耐，要么是认为皇帝首先破坏协议开展围城战，抑或终于预见到了彻底征服法兰西的危险后果，总之，他没有直接进军巴黎，而是选择屯兵于蒙特勒伊和博洛涅城下。威胁蒙特勒伊的英军将领是诺福克公爵，国王本人在博洛涅城下坐镇指挥。博洛涅总督维尔温(Vervin)麾下有一勇敢的老兵，名叫菲利普·科西(Philip Corse)，他激励守军誓死抗击英军。后来，科西在守城前线阵亡，维尔温贪生怕死，立即向亨利献城投降。后来，维尔温因这一耻辱　9月14日
行径被斩首。

　　亨利围攻博洛涅期间，查理拿下了圣迪西尔。他见时节已晚，征服法国的计划很可能以流产告终，遂有心与弗朗西斯议和。为了寻找背弃盟友的借口，他派信使赴英军大营，要求亨利立即践约，进军巴黎城下与他会师。亨利答复道，自己在博洛涅城下劳师日久，必须攻克此城，此事关乎他的荣誉，再说，是皇帝首先违约，围攻圣·迪西尔城的。查理把这个答复视作弃友的充分理由，遂与弗朗西斯在克雷皮(Crepy)签定和约，其中没有一字提及英国。　9月18日
他将女儿许配给弗朗西斯的次子奥尔良公爵，并保证把佛兰德斯作为公主的嫁妆并入法国。作为回报，弗朗西斯承诺从皮埃蒙特和萨伏依撤军，并收回对米兰、那不勒斯和意大利境内另外几个地区的主权要求。这份和约对弗朗西斯极其有利，之所以如此，一部分原因在于战事初起时安古耶伯爵(count of Anguyen)率领法军在皮埃蒙特的瑟里索尔(Cerisolles)击败帝国部队，取得决定性胜利；另一部分原因是，皇帝急于移师攻打德意志新教君侯。皇帝命令皮卡第的帝国部队脱离英军回撤，亨利因而不得不从博洛涅撤
308　军，返回英格兰。国内民众将这场战争视作伟大胜利，但有识之士　9月30日
无不认为，像之前所有军事行动一样，国王此番出征依然代价高昂，却所获甚微。

　　与此同时，对苏格兰的战事有气无力地延续着，并或多或少

取得了一些胜果。现已晋为埃弗斯勋爵的拉尔夫·埃弗斯爵士会同布赖恩·拉托恩爵士(Sir Bryan Latoun)阑入苏格兰边境，将提维奥代尔(Tiviotdale)和默西两郡夷为荒场，又进抵科尔丁厄姆修道院(abbey of Coldingham)，占据该地，在那里筑垒设防。苏格兰监国艾伦召聚八千兵马，试图把他们逐出该据点，然而，战阵刚刚摆开，艾伦突然被一阵恐慌攫住，抛下军队逃往邓巴。他事后抱怨手下军兵哗变，说自己之所以逃走，是怕被叛军交给英国人。然而朝野普遍认为，艾伦可耻的临阵脱逃主因在于他本人怯懦畏战。主将弃阵，苏格兰全军登时大乱，若不是安格斯伯爵率几位亲随抢出大炮，在后掩护撤退，他们肯定会被英军杀得落花流水。获胜的埃弗斯得意洋洋，向亨利吹嘘道，他已经征服了福斯(Forth)以南的苏格兰全境，并为此大功向亨利邀赏。诺福克公爵深知面对勇武好战的对手，这种征服是多么难以维持，于是向国王建议，就将埃弗斯大肆吹嘘的征服成果赏赐给他。英军再次入侵苏格兰的过程，分明暴露了埃弗斯的指望只是白日梦而已。埃弗斯率领约五千人马阑入提维奥代尔郡，正在纵兵劫掠之际，闻报一股苏格兰军队出现在梅尔罗斯修道院附近。苏格兰方面，监国艾伦在安格斯伯爵激励下振作起来，朝廷颁布公告，集结周边各郡的武装，重新组织起一支强大的军队，投入抗敌。罗斯伯爵(earl of Rothes)之子诺曼·莱斯利(Norman Lesly)也带领一批志愿者由法夫(Fife)赶来投军。他们的加入壮大了苏格兰军的声势，加上莱斯利本人英勇无畏的风范，令全军斗志为之一振。苏格兰将领命令全体骑兵下马步战，以利于全军稳固防守，他们定下方略：占据安克拉姆(Ancram)附近的几处高岗，严阵以待。英军自诩常胜，

公元
1545年

2月17日

309　根本没把对手放在眼里，他们望见苏格兰人将马匹牵出战场，以为敌军全线撤退，连忙发动进攻。苏格兰军占据地利，镇定有序迎战；而英军遇到出乎意料的抵抗来不及反应，很快败下阵来，被苏格兰军赶杀，伤亡惨重。埃弗斯和拉托恩双双殒命，被俘者逾千。此后不久，弗朗西斯派洛尔热勋爵蒙哥马利（Montgomery, lord of Lorges）率三千五百人马渡海而来，为苏格兰提供援助。[1]监国艾伦得到增援，遂于哈丁顿集结十五万大军，出兵英格兰东部边境地区大肆掳掠，所过之处尽成荒场。英方始终没有像样的抵抗，艾伦最后撤回本国，解散了部众。赫特福德伯爵为了报复苏格兰人，率兵蹂躏苏格兰中西部边境地区。这场战争无论从哪一方而言，都仅仅体现在敌方造成的严重创伤，而没有获得任何值得一提的战果。

这一年里，英法战争也同样平平淡淡。弗朗西斯装备了一支舰队，包括二百多艘战舰，以及帆桨战船若干。该舰队奉命运载一批陆军，启航去攻打英格兰。[2]法国舰队行至怀特岛海域，发现英国舰队驻泊于圣海伦港。英方舰船不到百艘，因此英国海军上将认为最佳策略是固守港内不出，希望把法国舰队引入礁石密布又不熟悉的狭窄水道。英法舰队一连两天相互炮击，英方最大的一艘战舰玛丽罗斯号被击沉，除此之外双方均无重大损失。

弗朗西斯之所以装备如此庞大的一支舰队，为的是防止英方出兵增援博洛涅，破坏他围攻此城的部署。他下令在博洛涅城外

---

[1]　Buchanan, lib.15. Drummond.

[2]　Beleair. Memoires du Bellay.

修筑一座堡垒,掐断此城与港口间的交通。但是,耗费大量时间和
金钱之后,堡垒却修得不成样子,弗朗西斯只得放弃筑堡计划。尽 310
管他在这一带边境集结了近四万大军,却没能发动任何重要攻势。
亨利先前为了保住在法攻占的地盘,招募了一千四百日耳曼雇佣
兵,这支队伍开到列日(Liege)主教领的弗勒里内(Fleurines)地方
时,却无法继续前进了,因为皇帝不准他们借道帝国领土。他们又
接到消息,法军已集结优势兵力,在另一侧的法国边境恭候他们。
雇佣兵们无事可做又得不到饷银,不久滋生哗变。他们劫持英国
代表当作索要欠饷的人质,动身撤回本国。看来亨利当初花重金
装备这支部队很有些缺乏远见。

11月23日
召开议会 　　这两场战争开销巨大,亨利不得不再次召开议会,索取资助。
下议院授予他一项补助金,以两年为期,按土地价值每镑征税二先
令。[①]神职人员投票同意每镑缴纳六先令。但是议会唯恐国王进
一步勒索他们,竭力慷他人之慨,以图自保:他们投票决定,把国
内各大学、附属礼拜堂、独立小教堂[②]和医院的全部收入统统划归
国王所有。亨利对这一让步很满意,因为这又扩充了他的权力。但他
无意剥夺学术界获得的所有捐赠,时隔不久便特意通知各大学,他无
意触动他们的收入。因此,这些历史悠久的著名机构得以生存下来,
应当归功于国王的慷慨,而不是靠着奴颜媚骨的议会保护。

---

　　①　凡拥有动产或资金价值在五镑以上、十镑以下者,每镑缴纳八便士;拥有动产
或资金超过十镑者,每镑缴纳一先令。

　　②　附属礼拜堂是附属于大教堂的小型教堂、礼拜堂或特殊祭坛,被授予一定数
量的土地或其他收入,供养一个或几个教牧人员,平日为捐建者或其指定的其他人做弥
撒或者其他圣事。独立小教堂不附属于任何教堂,所得供养的用途基本上与前者相同。
Jacob's Law Dict. x 37 Hen. VIII. c. 17.

本届议会颁布的一部制定法的序文越发体现了他们的奴性。[1]

他们在其中确认，根据神的话，国王始终是英格兰教会的最高元首，确认众位大主教、主教和其他神职人员除非经国王授权不具备任何司法管辖权。他们声称，唯独国王及其指定的人拥有上帝赋予的全部权柄和权威，可聆讼并裁断各种教会事务，纠正一切形式的异端、谬误、恶行和任何罪过，完全没有提到需要取得王国宗教大会甚至议会的赞同。这部法令实质上确认了王室公告不仅具有法律效力，还具有灵启的权威，国王可以凭借手中王权规范国民的行为、控制他们的言论，甚至指导他们内心的情感和观念。

国王趁宣布休会之机，亲自向议会致辞：他首先感谢众位议员的一片忠忱，称这份爱戴之情不逊于他们的祖先对英格兰历史上任何一位国王的拥戴。接着，他抱怨他们在宗教信仰上的异见、纷争和敌对表现。他痛陈各处教会讲坛已成了相互攻击的炮台，一个教牧把另一个教牧斥为异端和再洗礼派，后者则发起反击，辱骂前者是教宗走狗、伪君子。国王指出，他允许臣民使用《圣经》，不是为了给他们提供相互争执谩骂的材料，而是要引领他们的良知，让他们以此教导儿女和家人。他痛心地发现，这份无价之宝被糟蹋误用，随便在哪个酒馆客栈里被人胡说乱引，用作诋毁属灵的合法牧者的借口。他遗憾地看到，他们虽然如此热切地钻研神的话语，却几乎完全没有行出来，徒然积攒虚妄的知识，仁爱之心却日见衰退。[2] 国王的劝导固然不错，但他本人所树立的榜样，却是重

---

[1]　37 Hen. VIII. c. 17.

[2]　Hall, fol. 261. Herbert, p. 534.

研习、好辩驳，全不适于促进他所提倡的温良顺服之道。

亨利用议会授予他的钱款积极备战，他派遣赫特福德伯爵和海军上将莱尔勋爵率九千人马赴加来，其中三分之二是外国雇佣兵。接着，英法之间发生了若干小规模冲突，双方均无望取得什么重大进展。亨利对弗朗西斯并无深仇大恨，短期交战便足以泄愤了。此外，他发觉自己身子日益沉重，体力衰退得厉害，心知来日无多，所以希望结束这场争斗，以免日后幼主当政时期令王国陷入险境。弗朗西斯也同样不反对与英国议和，因为不久前他的儿子奥尔良公爵去世后，他重新对米兰公国提起主权要求，并且预见到，自己和皇帝之间必定很快再起争端。于是，英法谈判代表在阿德尔和吉讷之间的小城坎佩(Campe)会晤，很快商定协议条款并签定和约。和约主要条款包括：亨利可据有博洛涅八年，或到弗朗西斯付清对亨利的所有债务和欠款为止。债款数额定为两百万里弗，此外还有五十万里弗的争议项，留待日后磋商决定。在弗朗西斯的格外强调之下，苏格兰也被纳入和约。如此，亨利在这场战争中投入超过一百三十四万英镑，[1]却只换得一份不值钱且有可能带来负担的担保物，其价值还抵不上战争费用的三分之一。

国王摆脱对外战争的负累之后，方有余暇关注国内事务，特别是他急切追求的统一国民思想的大业。尽管他已批准将《圣经》译为英文，但一直谨慎地保持着用拉丁文做弥撒的传统。最后，他终于被说服，允许使用通俗语言诵读弥撒仪式中十分重要的连祷

6月7日
对法兰西
和苏格兰
议和

---

① Herbert. Stowe.

文①。国内改革派此前在严酷的《六项条文法案》打击下心气渐馁，这项革新令他们重燃希望。新版连祷文中包含这样一条内容："救我等脱离罗马主教的僭政，免遭其一切可憎暴行之害。"克兰默利用亨利对他的信任，巧妙诱导亨利推进革新。当时加德纳奉命出使皇帝的宫廷，克兰默趁此良机越发加紧游说主上。然而身在远方的加德纳致信国王，称查理皇帝威胁道，亨利若将反对天主教义的行动推向极端，皇帝便要与他绝交。由于他的干扰，致使克兰默的计划迟迟未能成功。这一年，克兰默失去了他在朝中最真诚、最有势力的盟友——萨福克公爵查理·布兰顿。公爵夫人即前法兰西寡后玛丽·都铎先于丈夫几年去世。亨利对这位爵爷的友谊持久而真诚，可以作为一个例证，说明他并非绝对没有长情。萨福克似乎也完全配得上这份自青葱时代直到坟墓的厚爱。萨福克去世的消息传来，国王正在主持御前会议，于是借此场合发表演说，表达内心的悲痛，称颂死者的美德。他说，在两人亲密交往的这些年间，他的妹婿从来不曾试图伤害哪位对手，也从来不曾在他耳边说任何人的坏话。"诸位大人，你们中间可有一位当得起这句话吗？"国王环顾满座权贵抛出最后一问，目光所触，尽是因良心有愧而自然流露的复杂神情。②

克兰默本人失去得力支助，越发暴露于众廷臣的明枪暗箭之下——党争加上宗教信仰分歧，以及通常的利益纠纷，使得亨利驾

---

① 意为连续呼求天主及天上诸圣的祈祷方式。经天主教会批准应用于公开圣事的共有七则，即圣母祷文、耶稣圣名祷文、耶稣圣心祷文、圣人祷文、耶稣宝血祷文、圣若瑟祷文及临终祷文等。——译者

② Coke's Inst.cap.99.

前群臣和顾问们频频相互攻讦。天主教一派利用亨利维护正统的热忱牢拢君心,他们在亨利耳旁进言,说他弘扬信仰正道精神可嘉却收效甚微,根子全在大主教身上,此人无论实际行动或立场倾向,均在暗地里支持异端。亨利窥破他们的意图,遂假意听从谗言,吩咐御前顾问会调查克兰默的所作所为,承诺一旦发现克兰默有罪,就将他投入监牢,给以应有的惩处。此时,人人都以为大主教要垮台了,旧日朋友出于利益算计,敌人出于仇恨,都选择落井下石,开始怠慢轻侮他。大主教被拦在御前顾问会门外,被迫在仆从堆里站了好几个小时才获准进入;一进门,他就被告知,御前顾问会已经做出决议,将他押赴伦敦塔。克兰默声称要向国王本人申诉,却无人理会;于是,他出示了一枚戒指,为亨利所赠信物,代表国君始终不渝的宠信和保护。御前顾问们乱了方寸,他们觐见国王,遭到无比严厉的叱责。亨利正告他们,他深知克兰默品行高贵,更清楚他们恶毒忌妒的心肠。但是,鉴于温言敦劝对他们不起作用,他决定巧施顺水推舟之计,彻底粉碎他们的阴谋,给他们一个最严厉的教训,让他们从此学会谨守本分,诸臣和合为君效力。克兰默的首要政敌诺福克公爵代表御前顾问们为自己的行为道歉,声称他们只想通过公开审判,将大主教的清白显于人前。亨利命令他们一一拥抱大主教,以示衷心和解。克兰默是个性情温和的人,在这场强迫和解中,他这一方的表现较此类和解中通常的情形显得更有诚意。①

迫害　　　虽然亨利对克兰默宠信不疑,令针对后者的一切指控都落了

---

① Burnet, vol. i. p. 343, 344. Antiq. Brit. in vita Cranm.

314

空，然而随着国王身体渐衰，其性情变得越发骄横乖戾，对所有胆敢抱有异见的臣民施以加倍严酷的惩罚，在涉及真在论这一重要信条时更是绝不宽容。安妮·阿斯丘(Anne Ascue)是位才貌双全的年轻女士，^①与王后本人和宫中最高品秩的贵妇们关系密切，有人指控她在上述敏感问题上妄作论断。亨利非但未曾因她的性别和年龄而产生半点怜惜之心，反被大大激怒——一个小女子怎敢质疑他的神学思想！迫于邦纳的威胁，阿斯丘做了表面上的悔过，但她在悔过书中有所保留，无法令那位狂热的主教满意。她被投入监牢，在狱中笔耕不辍，写下大量祷文和布道篇章，越发坚定了心志：宁可承受最严酷的摧残，绝不放弃自己的宗教信条。她甚至致信国王，告诉他：关于圣餐，她相信基督的亲口教诲，相信天主教会所规定的神圣原则，却无法认同国王的阐释。这样的声明没给她带来任何好处，反被视作新的冒犯。接替奥德利勋爵担任大法官的奥赖斯利(Wriothesely)高度倾向于天主教一党，他奉命审讯此案，追查阿斯丘在宫中的后台以及与她往来密切的命妇。但这位女士对朋友忠心耿耿，始终守口如瓶。即使最野蛮的严刑拷打，也无法撬开她的嘴。一些史书作者^②描写了极其可怕的一幕：大法官在刑讯现场命令伦敦塔成卫长继续加力折磨拉肢架上的女囚，但成卫长拒绝服从。大法官发出威胁，再次被拒。大法官(此人在其他方面堪称品行出色，只是被宗教热狂冲昏了头脑)一怒之

---

① Bale, Speed, 780.

② Fox, vol.ii.p.578. Speed, p.780. Baker, p.299. 但是Burnet质疑此处描述的真实性，Fox则转引了她本人关于此事的记述。在这里，我必须为国王说句公道话：他并不赞成奥赖斯利的做法，还夸奖了那位成卫长。

下，亲手操纵拉肢架，猛下力气，受刑者被拉得几乎散了架。而迫害者的野蛮始终无法战胜她的坚贞，他们用尽手段，仍然一无所获。最后，她被判处活活烧死。她的身体从拉肢架上被解下的时候，已是筋断骨离，无法站立，被放在一张椅子上抬到火刑柱旁。与她一道受刑的还有教士尼古拉斯·贝利尼安(Nicholas Belenian)，内廷侍者约翰·拉塞尔斯(John Lassels)和裁缝约翰·亚当姆斯(John Adams)，这三人被控以同样的罪名，面临同样的死法。几人都被缚于火刑柱上，在这悲惨的情境下，大法官派人告诉他们，赦书已经备好、用印，只要他们表示悔过，便可当场颁给他们。但他们只把这个建议看作殉道者冠冕上新添的一份荣耀装饰，惟平静地注视着刽子手点燃吞噬他们身体的火焰。奥赖斯利全未想到，如此众目睽睽之下的邀迫，只能更强烈地激发他们的荣誉感，令他们更加坚定不移。

　　尽管忠心的安妮·阿斯丘一直缄口不言，保护了王后免遭祸殃，但没过多久，王后又陷入新的险境，命悬一线，好不容易堪堪躲过一劫。国王腿部痈疽破裂，由于他的身体极度肥胖，体质很差，这一病几乎要了他的性命，也加剧了他的坏脾气，令他比平时更加暴躁易怒。王后无比温柔尽心地为丈夫侍疾，想方设法安慰他，百依百顺，极力平息他那来去无常的怒气。神学是国王最喜爱的话题，而凯瑟琳王后头脑聪慧，在任何话题上都有能力与陛下对话，因此经常参与讨论；她内心暗暗同情改革派信条，于言语间不慎流露了太多真实想法。亨利发现她竟敢违逆自己的见解，大为恼怒，遂向加德纳抱怨王后执拗不驯，后者乐于抓住机会煽风点火，挑拨帝后不和。他称颂国王在全体臣民中间切切维护正统教义的热忱，并且进言称，陛下为此目的而惩戒的对象地位越尊贵、与陛下关系越近，就越能令国人畏惧，以儆效尤，而他的这份牺牲在子孙后代眼中会越发显得伟大。御前大臣接到国王垂询时，也在宗教狂热的驱使下支持加德纳的论调。于是，亨利出于自身鲁莽的性情，加上两位重臣的怂恿，竟然下令草拟针对王后的弹劾状。奥赖斯利奉命行事，很快就将弹劾状呈至御前，只待国王签字用印——因为法律规定诋毁王后构成叛国重罪，倘若不经这道手续，奥赖斯利本人很可能因行动莽撞反遭指控。这份文件阴差阳错地落入王后的一位朋友之手，他立即向王后通风报信。她意识到处境危殆，却并不丧胆，深信凭着自己的审慎和随机应变的能力，仍能挽回局面，避开对手的打击。她照常觐见国王，发现他比自己预料的平静得多。交谈中，国王又提起那个熟悉的话题，有意无意间似乎挑动她进行一番神学论辩。她态度温和地谢绝争论，表示身为一介女流，探讨如此高深的奥义实不相宜。她说，上帝造人时就设定了女性从属于男性，男人是按照神的形象造的，而女人是按男人的形象造的。丈夫有权为妻子选择信条，妻子的义务就是在任何情况下默然顺服丈夫的意见。至于她本人，更应谨守这份义务，因为上帝恩赐给她这样一位出色的夫君，他凭着自身高超的判断力和学识，不仅足有能力为自己的家庭、更能为天下万国最明智博学的人选择信条。国王回答："不不不！我以圣母玛利亚的名义起誓，你现在都成了神学家了，凯特，你更适合教导人，而不是接受教导。"王后谦卑地回复道，她深知自己实在不配接受这样的称赞。尽管平时陛下提起任何高深的神学话题时，她通常不会拒绝谈上一谈，但她心里非常清楚，自己的想法无非是供陛下片刻解颐而已，因为她发现，与人交谈若是没有反对意见的刺激，就会流于平淡乏味，于是她有时故意假作对立面，好让他享受驳倒她的乐趣。此外，她也想通过这种无伤大雅的小手腕，引他开口谈论一些话题，因为她时常切身体会到，这样的教诲令自己受益匪浅。"原来是这样啊，亲爱的，"国王答道，"那我们就和好如初了。"他满怀爱意地拥抱王后，保证以恩慈庇护她，然后打发她离去。王后的敌人对形势的突然逆转毫不知情，次日依然准备按照国王签发的拘捕令，将王后关入伦敦塔。当御前大臣带着四十名随从气势汹汹地出现时，国王和王后正在花园中亲密交谈。国王避开王后，在一段距离以外对御前大臣训话，似乎声色俱厉地斥责后者，甚至有"无赖""蠢货""禽兽"的骂声隐隐传来，国王劈头盖脸地把那位司法长官训斥一通，命令他从自己眼前消失。过后，王后温言劝说国王息怒，他对她说："可怜的人儿！你哪里晓得，这家伙根本不值得你为他说情。"王后险险逃脱一场灭顶之灾，自此便加倍小心，绝不违逆触怒亨利。而在帝后之间恶意挑拨离间的加德纳，此后再也没能赢回国王的宠信和好感。①

　　然而，亨利的暴虐性情在病痛刺激下越发恶化，不久便勃然爆发，在这场风暴中被毁灭的，是一位地位远高于加德纳的大人物。诺福克公爵及其父亲自本朝初立至今，一直被视为王国内最尊贵的臣工，对王室功勋卓著，这对父子的荣耀甚至可以上溯至前朝的部分时间。公爵本人年轻时在海上建功，赢得赫赫荣名；英军在弗

----

① 　Burnet, vol.i.p.344. Herbert, p.560. Speed, p.780. Fox's Acts and Monuments, vol.ii.p.58.

洛登战役中得以力克苏格兰人，在很大程度上要归功于他；他率军平定了北方的一场危险叛乱，又在讨伐法兰西的历次征战中忠诚履行自己的一份义务，无愧于职守。命运的垂青与他自身的努力相辅相成，共同将他送上显荣尊位。国王的恩宠厚赐使他积聚了庞大的产业。国王先后娶过他的两位侄女做王后，国王的私生子里奇蒙公爵则成了他的女婿。论家世，诺福克公爵是古老的穆布雷家族的后裔，也正是凭着这一点，他才有资格与王室联姻；他的妻子是白金汉公爵的女儿，白金汉公爵一脉源自爱德华三世的一位女性后裔。据信他一直暗中持守古老的宗教信条，因此，他在国内外都被视作天主教一派的首领。然而，这一切令公爵声望昌隆的因素，却在同样程度上激起了亨利的疑忌。他预见到，未来幼主执政时期，强臣当道必将对公共安宁和新建立的宗教体系构成威胁。但最让诺福克在亨利眼中招忌的，乃是他的儿子萨里伯爵。

萨里伯爵是一代贵族青年中的翘楚，在学术、朝政和军事等各个领域均造诣不凡，前途不可限量。凡时人所需具备的各项军事技能，他都出类拔萃；他热心赞助并亲力亲为，鼓励艺术发展；他在诗歌创作上小试牛刀，成绩斐然；他深深浸淫于那个时代流行的浪漫骑士精神，在每一次化装舞会上和比武大会中，分别用手中的笔和长矛为自己的爱人增光添彩。年轻的伯爵心高志大，与他的天赋和才能相当，而且他并不总是如其地位所要求的那样谨言慎行。亨利当初占领博洛涅，在撤回英伦之际，命萨里伯爵留守该城。萨里伯爵个人的勇武虽然无可置疑，可惜时运不济，与法国人几番交手都落于下风。国王对他的表现颇为不满，改派赫特福德前去接掌军权。萨里伯爵不堪羞辱，鲁莽地对朝中大臣们口出威胁之语。他还拒绝与赫特福特之女联姻，甚至对所有提亲一概不理。亨利猜测，他可能妄想与玛丽公主成亲，于是当即决定用最严厉的手段戳破这一危险的企图。

在上述种种动机驱使下，亨利发出秘令拘捕诺福克公爵和萨里伯爵——这当中或许也有旧怨的影响——因为凯瑟琳·霍华德的丑行令他对整个霍华德家族心生厌恶。同日，诺福克父子被投入伦敦塔。萨里伯爵是下议院议员，对他的审判来得更加迅疾。至于证据，在整个亨利八世一朝，只要涉及王室讼诉，无论是议会两院还是陪审团似乎都毫不在意什么证据。萨里被指控在府上款待几个有间谍嫌疑的意大利人，他的一个仆人在意大利时曾经拜访波尔枢机主教，因此，法庭怀疑他与那位可憎的教会长老一直暗中往来。他还将信士爱德华国王的纹章并入自己的纹章，因此被怀疑觊觎王位，尽管伯爵及其先祖们多少年来一直公开使用这样的纹章，而且得到历任纹章官的权威认定。尽管伯爵在庭上慷慨陈词，滔滔不绝地为自己申辩，但是陪审团仍然判他犯有叛国重罪，宣判后不久，萨里伯爵即被正法。

假如可以比较的话，那么诺福克公爵的清白比其子更加显而易见，他为王室立下的功勋也更大。公爵与夫人关系一向不睦，她卑鄙地将自己所知的一切于公爵不利的信息透露给他的政敌；公爵的一位情妇伊丽莎白·霍华德同样卑顺地配合法庭对他的构陷。然而，尽管占据如许优势，指控者们却只发现他说过一句大逆不道的话，称国王病势沉重，大约支撑不了太久，待国王死后，整个王国可能因教义纷争而陷入混乱。除此之外，他们再没拿到任何更严重的罪证。公爵上书国王，哀哀求恳，求国王念他往日忠心事主，

12月12日
公元
1547年
萨里伯爵
被处决

诺福克公
爵被褫夺
私权

洗他不白之冤。此后不久，他采取了一种更适当的权宜方法来讨好亨利，无论政敌怎样要求，他一概顺服、招认。然而君心冷硬似铁，什么都无法软化他的心肠。他再次召集议会，这是他最可靠、最便捷的暴政工具。上议院没有审讯那位囚徒，也未经庭审、举证，便通过了针对公爵的褫夺私权法案，直接下发到下议院。克兰默大主教虽然多年来与诺福克分处对立营垒，也曾多次遭受后者的严重伤害，却不愿意参与如此不公不义的迫害，遂退隐到他在克罗伊登(Croydon)的宅邸闭门不出。① 国王的身体此时已是朝不保夕，他担心自己走后诺福克逃过一劫，便传信给下议院，要他们加快审议法案，借口是：诺福克身负王室典礼官的荣衔，而爱德华王子受封威尔士亲王的典礼举行在即，需要尽快任命新的典礼官，以便主持大典。下议院一味谄媚奉迎，尽管国王的借口极其无谓，他们依然唯命是从。国王派遣特使对法案给予御准，随后颁旨，拟于1月29日早晨处决诺福克。但就在这天夜里，有消息传到伦敦塔：国王已于当晚驾崩。伦敦塔卫戍长闻讯推迟了行刑。御前顾问会认为新朝初立，依据如此有失公正的暴虐判决诛杀国内最显要的贵族实不可取，公爵遂保得一条性命。

　　国王的身体日渐不济，到临终前那几日，他变得极度乖僻，身边所有人虽然分明看出他大限将至，却无一人胆敢向他道出实情：本朝曾有数人因预言国王之死而身负严重叛国罪名，② 故而人人都害怕国王坏脾气爆发时，会把好心提醒者当作逆贼杀掉。最后，安

---

① Burnet, vol.i.p.348.Fox.
② Lanquet's Epitome of Chronicles in the year 1541.

东尼·德尼爵士冒死向亨利挑明真相，恳请他预备迎接前方的命运。国王表示无奈地顺服天命，并着人去请克兰默。但是未等大主教赶到，他便说不出话了，不过似乎仍有意识。克兰默希望他作出某种临终信靠基督的表示，他把大主教的手紧紧一握，即刻咽了气。亨利国王驾崩时，享年五十六岁，在位三十七年九个月。

国王在去世前不到一个月写下遗嘱，向议会确认他关于王位传承次序的决定：第一顺位继承人为爱德华王子，其次为玛丽公主，再次为伊丽莎白公主。他在遗嘱中委托御前顾问会辅弼幼主；两位公主若不经御前顾问会首肯而成婚，将被剥夺王位继承资格。排在他亲生儿女之后的，首先是御妹法兰西王后的长女、多塞特女侯爵弗朗西斯·布兰顿（Frances Brandon），继而是御妹法兰西王后的次女、坎伯兰女伯爵埃莉诺·布兰顿（Eleanor Brandon）。亨利运用从议会获得的授权，在继承权安排中跳过御姐苏格兰王后的后嗣。不过，由于遗嘱中还有一个补充条款，规定在法兰西王后的后嗣断绝的情况下，王位将传给下一顺位法定继承人，因此，关于此条款是否适用于苏格兰一脉，在后来便成为一个疑问。时人认为，苏格兰一脉的天然继承顺位排在萨福克家族一脉之前而不在其后，因此条款中的"下一顺位法定继承人"并不是指他们；亨利遗嘱中采取这种表述方式，旨在完全排除他们的王位继承权。苏格兰人此前对他的伤害令他极度恼恨厥邦，始终耿耿于怀，这种狂暴而任性的性格特点在他一生中体现得无比鲜明，至死未改。遗嘱中的另一条款同样反映出亨利性情与行为中奇特的自相矛盾之处：他留下一笔钱，请教会做弥撒超度他的亡魂脱离炼狱。尽管他亲手摧毁了自己的祖先和其他人为谋求灵魂福

国王驾崩

祉而设立的那些宗教机构，甚至在他晚年发表的所有信仰文章中把炼狱说归为一种可疑的说法，然而，在死到临头之际，他还是决定，至少要为未来自己亡灵的安憩做好安排，选择一种更稳妥的立场。①

　　关于这位君王的性格，我们很难做出恰当的总结。他在位不同时期的表现简直判若两人，赫伯特勋爵说得好，他毕生的经历最好地描述了他的性格。他在国内所保持的不受制约的绝对权威，以及在国外赢得的尊重，使他在一定程度上堪称一代雄主；而其暴虐和野蛮则将他排除在仁君之外。他的确拥有超级强大的头脑，使他足有资格治人，此外还具有高度的勇气、无畏、警觉和坚定不移的意志。尽管这些品质有时缺乏可靠而扎实的判断力的指导，却有出众的个人才华和广泛的能力与之相伴。人人都畏惧与这样一个人成为对手：从不妥协、永不饶恕，在每一场争竞中，都抱定你死我活的决心。如果要历数他的缺点，恐怕人性中许多最糟糕的品性都会赫然在列：暴力、残忍、挥霍无度、贪婪、不公正、顽固、傲慢、偏执、专横、任意妄为……不过，他的这些恶德哪一宗也没有走到极端；而且人们也能时时看到，他并不是完全不具美德。他为人真诚、坦率、勇敢、开明，至少有能力短暂地付出友谊和挚爱。不幸的是，他在位期间的种种事件令他的缺点充分暴露在世人眼前：来自罗马教廷的对待刺激着他走向暴力；迷信臣民群起叛乱的危险局势又似乎要求他采取极端严厉的镇压手段。但我们同时也必须承认，他的境遇往往能给他性格中恢弘伟岸的一面增添更多

国王的性格

---

① 遗嘱内容参见Fuller, Heylin, and Rymer, p.110, 并无合理依据怀疑其真实性。

光彩。皇帝和法兰西国王相争，他虽然常有失策之举，但是他与谁联盟都令整个欧洲为之震动。他的特权漫无边际，而议会的态度即使称不上"奴颜媚骨"，也是一味顺服，使他得以更容易地攫取和维持其绝对统治地位，这一特色令他这一朝在整个英国历史画卷中显得格外醒目。

有个现象似乎略显离奇，这位君主尽管残忍、巧取豪夺、横暴、专制，却赢得了臣民的尊敬，而且从来不曾遭到他们的憎恨。他甚至在一定程度上博得了他们的爱戴，直到最终。[1]他的样貌出众，很适于俘虏民众的心。他威仪堂堂、气度勇武，在百姓眼中光彩夺目。实在而论，那个时代的英格兰人如此彻底地臣服于他，以致如同东方的奴隶一样，倾向于崇拜统治者的诸般暴行和暴政，虽然这些暴政统统落在他们头上，迫使他们付出代价。

在对外事务上，亨利似乎在很长一段时间里乐于跟弗朗西斯交好，双方真诚无私的程度超出了邻邦君主之间通常的友谊。二人对查理皇帝共同的戒备，以及性格中的某些相似之处(尽管相较之下，法兰西国王显然优秀得多)，成为相互间亲善关系的强化剂。据说弗朗西斯闻知英王驾崩，大大为之伤悼，他本人的身体也垮了下去。他预言道，自己不会比老朋友多活太久。[2]大约两个月后，他便追随亨利而去。

本朝花絮辑录　　　亨利八世一朝共召集了十届议会，召开过二十三次会议。在他漫长的统治期间，历届议会的会期加在一起，总共不超过三年

---

① Strype, vol. i. p. 389.
② LeThou.

半。在他临朝的前二十年间，议会会期总计不超过一年。此后，出于宗教革新的需要，国王不得不更频繁地召集议会。然而，尽管这些是有史以来议会管辖范围中最重大的事务，但是议会成员们忠诚顺服亨利的意愿，又急切渴望着尽早返回自己的乡村宅邸，总是迅速审议法案，因此每次会期都很短。事实上，议会对国王一切异想天开的旨意都盲目服从，全不顾及王国臣民的安全和自由。除了对他任意冠以异端之名的人和事施加暴力迫害，亨利还大大扩展了对严重叛国罪的法律界定，远超过之前的一切先例。就连对国王、王后或王室后嗣的轻蔑之语也构成严重叛国罪。这些严苛法令在制定时十分草率，以致包含许多自相矛盾之处，倘若严格付诸执行，那么人人都将无一例外地被判犯有严重叛国罪。例如，有一部法令宣称，[①]凡承认国王与阿拉贡的凯瑟琳或安妮·博林的婚姻合法有效者应以严重叛国罪论处。另一部法令则规定，[②]任何轻视或诋毁玛丽公主和伊丽莎白公主者应以严重叛国罪论处，而说她们出身不正无疑将被视同于诋毁公主。即使对这些敏感问题保持意味深长的沉默，也无法拯救一个人免于此罪。因为前一部法令还规定，任何人倘若拒绝就法案中任何一个问题宣誓作答，也同样构成严重叛国罪。因此，国王只消随便问哪个人怎样看待他之前某一次婚姻的合法性，此人便在劫难逃：他若默不作声，就依法构成严重叛国罪；他若回答，无论肯定还是否定，也照样被扣上叛国逆贼的帽子。这些法令如此荒谬地自相矛盾，都源于国王狂躁

[①]　28 Hen. VIII. c. 7.

[②]　34, 35 Hen VIII. c. 1.

的气血冲动和议会卑屈的百依百顺。很难说这些矛盾之处究竟是亨利的轻率造成的，还是为施行暴政的刻意设计。

在此概述本朝立法中一些值得注意的事件，无论关乎国家治理还是商贸，大约没有突兀之嫌。了解一个时代精神的最好方式，莫过于纵览当时的法律法规。

废止古代宗教制度，大大有助于执法常规化。在天主教迷信环境下，法律根本无从惩治神职人员犯罪。教会不允许地方法官审判神职人员的罪行，教会本身也不能对他们进行任何民事处罚。但亨利对这种有害的豁免权给以制约：规定凡品级在副助祭以下者犯有轻叛逆罪、谋杀罪和各种重罪，不受神职人员特权保护。[1] 然而天主教迷信不仅为神职人员犯罪提供了保护伞，各处教堂和圣所也成为平信徒犯罪后躲避法律制裁的避难所。本朝议会压缩了上述特权。议会首先宣布，任何避难所不得庇护重叛逆罪；[2] 接着，又将此规定扩展至谋杀罪、重罪、强奸罪、盗窃罪和轻叛逆罪，[3] 并在其他细节上对该特权加以限制。[4] 随着改革推向深入，神职人员和其他臣民之间的差别完全消除，宗教避难的特权也完全被废止。教会法受到忽视，以上种种结果也是题中应有之义。

本朝只采取了一项旨在倡扬武风的举措，即恢复和扩展了某些鼓励箭术的旧法，因为据信王国防务在很大程度上依靠这项军

³²⁵

---

① 23 Hen.Ⅷ.c.1.

② 26 Hen.Ⅷ.c.13.

③ 32 Hen.Ⅷ.c.12.

④ 22 Hen.Ⅷ.c.14.

事技能。法律规定每个男丁均须备弓，[①]各个教区必须竖立靶垛，[②]制弓匠人奉命，每造一张紫杉木弓，必须另外造两张供普通百姓用的榆木弓或硬杂木弓。[③]禁止使用十字弓和手铳。[④]英国弓手都随身配戟，必要时有能力与敌近战，从而越发令人胆寒。[⑤]即使在和平时期，也经常召聚民众举行检阅和操演。凡家境殷实者都必须备有全套甲胄。[⑥]彼时英格兰人充满尚武精神，认为这样的预防措施足以保卫家邦，此外，国王拥有绝对指挥权，可以征召全体臣民入伍，因此逢到危急关头，他有能力即刻委任新的军官，招募军团，想要组织多少部队尽可随心所欲。如果国内民心团结，没有分裂和党争，任何外国势力都休想侵入英格兰。单单伦敦一城就能征募一万五千兵员。[⑦]然而，这些部队十分缺乏训练。不过，驻守加来的英军部队可谓军官成长的摇篮，此外前有图尔奈、[⑧]后有博洛涅，都锻炼培养出了众多优秀军官。凡是在海外服役的军人，均可转让自己名下的土地，免缴任何规费。[⑨]根据一项一般性授权令，国民可以通过遗嘱转让土地。[⑩]议会极不注意维护自身特权（当时议会拥有的那些特权也实在不太值得维护）。例如，有个名叫斯特

---

① 3 Hen.VIII.c.3.

② Ibid.

③ Ibid.

④ 3 Hen.VIII.c.13.

⑤ Herbert.

⑥ Hall, fol.234. Stowe, p.515. Hollingshed, p.947.

⑦ Hall, fol.235. Hollingshed, p.547. Stowe, p.577.

⑧ Hall, fol.68.

⑨ 14 and 15 Hen.VIII.c.15.

⑩ 34 and 35 Hen.VIII.c.5.

洛德(Strode)的人在下议院提出一项关于锡业的提案,结果遭到康沃尔郡锡矿区法院的严厉惩处。斯特洛德被课以巨额罚金,他拒绝支付,就被镣铐加身、投入地牢,被折磨得九死一生。然而,议会对于如此暴行的反应——哪怕面对这样一个微不足道的小法院——仅仅是颁布一条法令,规定今后任何人在议会的举动一概不受追究。[①] 而这项禁令的效力想必只能达到一些级别较低的法院而已,因为国王、枢密院和星室法庭几乎不受任何法律的制约。

本朝的一项桶酒税和磅税法令足以显明,议会关于自身特权和君主权利的认识十分模糊。[②] 自亨利四世时代以降,每一任君主都经议会投票获得此项税收的终身征税权。然而亨利八世却未经任何法律程序就获得了征税六年的权利,这期间议会虽然四度召开,却全不在意是否要给他正当授权或禁止他继续征收此税。最后,议会终于决定批准国王享有这一进益,但即使在权利让与的同时,他们显然也并未厘清这究竟是一项主动授权,还是国王固有的权利。议会宣称此项征税权限于先王在世期间,不可延续;但同时却指责那些未向现任国王缴纳此税的商人。他们一方面指出桶酒税和磅税法令已经过期失效,另一方面却毫不踌躇地称之为国王分内的收益。他们断言,一直以来,由于奸滑刁民偷税漏税,令国王承受了多方面的巨大损失,为弥补这种损失,议会投票批准授予国王桶酒税和磅税的终身征税权,不可延续。值得注意的是,尽管有最后一条的限制,但是亨利八世过世后的百多年来,历任国王都

---

① 4 Hen.Ⅷ.c.8.

② 6 Hen.Ⅷ.c.14.

进行着这种不合法的征敛。倘说这种举动不合法，却得到举国默许，并未招致任何非议，然而到了查理一世时代，世道人心殊变，这位国王试图按照历代认可的旧例征税，结果激起一场愤怒的狂澜。众多史家出于偏见或是无知，仍将这位倒霉国王的征税之举称作极端恶劣、史无前例的横征暴敛。

国王获准为威尔士制定法律，无须征得议会同意。[①]他们已经忘记，无论在威尔士还是英格兰，此前已有立法规定王命的效力等同于法律，因此议会对国王制定法律的限制已经不复存在。

327　　　这一时期，英格兰的外贸活动主要局限于对尼德兰的贸易。低地国家居民购买英国货，并转卖到欧洲其他地区。因此，两国相互依赖，一旦关系破裂，对双方都将是极大的损失。尽管国王通常与弗朗西斯交情较深，而低地国家向来依附于皇帝，但无论政治局势如何复杂多变，两国君主一直尽量避免彼此间的矛盾发展到极端。

1528年，英格兰和低地国家开战，结果双方很快就感到不便。由于佛兰德斯政府不准本国商人购买英国出产的呢绒，英国商人停止向国内作坊采购呢绒，作坊主只得遣散工人，失业工人无以糊口，开始制造骚乱。大主教为安抚工人，召集众商人，命令他们照常采购呢绒。但商人们告诉他，现在呢绒根本卖不掉，不管大主教如何威逼，商人们只有这一个回答。[②]最后，两国达成协议，双方即使处于交战状态，但贸易仍然持续。

---

① 　34 Hen. VIII.
② 　Hall, folio 174.

直到本朝末期，英格兰还不能种植莴苣、胡萝卜、芜菁等一切食用块根作物。国内消费的少量块根类菜蔬向来是从尼德兰和佛兰德斯进口。[①] 当初凯瑟琳王后想吃莴苣时，只能派专人到欧陆采买。啤酒花的使用和种植方法，大约是在本朝初期或前朝末年从佛兰德斯传入的。

普遍而言，外国工匠在技艺、勤勉和节俭等方面都大大优于他们的英国同行。因此，本土匠人在许多场合都对外来者表现出强烈敌意。他们言之凿凿地抱怨，自己的客户都被外国人抢走了。1517年，有个贝莱博士(Dr. Bele)在布道中大力煽动排外，又经掮客林肯阴谋策划，掀起了一场工匠暴乱。在伦敦，大批学徒工和贫民冲击监狱，放出因侮辱外国人而被关押的囚犯。接着，暴民们冲向他们痛恨的法国人梅塔斯的家，猖狂作乱，杀死梅塔斯的几名家仆，将财货抢劫一空。伦敦市长镇不住局面，新上任的代理治安官托马斯·莫尔爵士虽然颇受市民尊敬，也同样制止不了他们。暴民们还叫嚣威胁沃尔西枢机主教，沃尔西只得设垒保卫家院，严加戒备。暴民们最后闹腾够了，渐渐散去。什鲁斯伯里伯爵和萨里伯爵随即逮捕了一些人。官府发布通令，禁止妇女聚集到一起东拉西扯，并要求所有男人看住妻子不准外出。次日，诺福克公爵率一千三百甲兵开进伦敦城，调查骚乱的前因后果。贝莱、林肯等若干人犯被关进伦敦塔，被判犯有叛逆罪。林肯及另外十三人被处决。剩下的罪犯——总数多达四百名——被带到国王面前，他们颈上系着绳索，双膝跪倒，哭求国王开恩饶命。当时亨利还懂得宽

---

① Anderson, vol. i. p. 338.

恕之道，他下令释放了这些人，并未进一步加以惩处。[1]

伦敦城内的外国工匠极多。由于佛兰德斯人拥戴凯瑟琳王后，惹起亨利的猜忌，国王指使枢密院下令，一次便驱逐了至少一万五千名佛兰德斯人。[2]在一份与其他制定法一同刊印的星室法庭布告中，亨利本人直言不讳地说，外国人抢了本土居民的饭碗，使他们成为无业游民，只能靠盗窃、杀人和其他罪行维持生计。[3]他还声称，外国人为数众多，抬高了谷物和面包的价格。[4]为了遏制这一弊端，英政府规定外国工匠家中容留的外国雇工和学徒不得超过两名。同样，针对外国商人的敌意也日益高涨。为了缓和局面，政府颁布法令，规定凡加于外国人的税项，本国居民也须同样缴纳。[5]其实议会本可以鼓励更多外国商人和工匠移民英格兰，如此可以刺激本国人参与竞争，从而提高本土工艺水平。据一份议会法案记载，当时整个王国内因债务和犯罪被收监者总数有六万多名，[6]这个数字颇不可信。哈里森(Harrison)曾经声称，本朝处决的盗窃犯和抢劫犯共计七万两千名，如果平均算来，每年处决人数近两千名。他还补充道，在伊丽莎白时代晚期，每年处决的人犯不到四百名。如今，全英格兰每年因上述罪名遭处决的人犯似乎不足五十名。假如以上所列确为事实，足能说明英国人的道德水准自亨利八世一朝以来大有提升。而这一进步应主要归功于工

---

[1] Stowe, 505. Hollingshed, 840.

[2] Le Grand, vol. iii. p. 232.

[3] 21 Hen. VIII.

[4] Ibid.

[5] 22 Hen. VIII. c. 8.

[6] 3 Hen. VIII. c. 15.

业和技术水平的发展，令底层民众衣食无虞，同样重要的是，为他们提供了正当营生。

　　本朝初年颁布的一部法令中有个引人注目的条款，[①]我们从中似能推断，英格兰已经不像前几朝那样繁盛兴旺，在经济上严重败落了。爱德华二世时代曾经立法规定，任何城镇或自治市执掌巡回审判权的地方行政长官，一律不得在任期内以批发或零售方式出售任何酒类或食品。这个法令旨在防止法官在断案中徇私枉法，看来颇为公正，却在亨利八世一朝被废止，其理由是"自该法令出台至今，英格兰王国境内许多乃至大部分城市、自治市镇和地区均已凋敝，不复往日兴盛，商人和富户均已迁离，如今这些城镇和自治市内居住者，几乎尽是面包师、酿酒商、鱼贩之辈，有资格担任地方行政长官者寥寥无几"。鉴于人们通常具有严重的厚古薄今倾向，因此，如果没有进一步证据支持就对议会的论证信以为真，似乎不无危险。对于同一现象的观察视角各各不同，一些人由上述事实或能得出全然相反的推论。亨利八世时代建立的治安体系更加正规、执法严明，超过此前任何一朝，这个优越性吸引着地产所有者离开城镇，安居乡间。沃尔西枢机主教曾在议会发言称，关税收入的提升足以证明国民财富的增长。[②]

　　即便英格兰的商贸、工业和人口稠密程度确有衰退，但在本朝立法当中除了取缔修道院、减少节日和重要纪念日的一系列法规之外，却看不到其他救济时弊的努力。议会曾经试图立法固定

---

① 3 Hen.VIII.c.8.

② Hall, folio 110.

工匠的薪资;①还几次三番立法禁止奢丽服饰,②但是很可能并不见
效。御前大臣和其他一些朝臣获得授权,固定家禽、乳酪和黄油的
价格。③议会甚至通过法令固定牛肉、猪肉、羊肉和小牛肉的价格。④
按规定,牛肉和家禽售价为每磅半便士;羊肉和小牛肉售价为每磅
半便士零半法寻(均为当时币值)。该法令前言中指出,这四种市
贩肉类是供应穷人的食品。此法后来被废止。⑤

乡村人口持续减少,抛荒耕地改作牧场的做法仍在继续,⑥因
为我们看到每隔一段时间就有新法出台,禁止上述行为。国王获
得授权,对任何任由村舍荒废的土地扣减一半租金。⑦田产所有者
无法靠种地获利,可能是因为当时农耕技术过于粗糙。有法令规
定,一群羊的数量不得超过两千只,⑧同一法令中指出,有时一个业
主或农户饲养的羊群会达到两万四千只。值得注意的是,议会把
羊肉涨价的原因归于养羊规模的扩大,声称一宗商品被垄断在少
数人手中,就会造成任意涨价。⑨其实,这种现象更有可能是货币
流通量日益增加的结果,因为对于羊肉这一类商品,实现垄断似乎
几近不可能。

331　　1544年时,剑桥郡一英亩良田的租价为一先令,约合现在的

---

① 6 Hen.VIII.c.3.
② 1 Hen.VIII.c.14. 6 Hen.VIII.c.1. 7 Hen.VIII.c.7.
③ 25 Hen.VIII.c.2.
④ 24 Hen.VIII.c 3.
⑤ Hen.VIII.c.11.
⑥ Strype,vol.i.p.392.
⑦ 6 Hen.VIII.c.5. 7 Hen.VIII.c.1.
⑧ 25 Hen.VIII.c.13.
⑨ 25 Hen.VIII.c.13.

十五便士，^①比今天的一般租价便宜十倍。然而，当时的商品价格较今只便宜不到四倍。由此可见，那个时代的农耕技术实在很差。

本朝制定了若干关于行乞者和流浪汉的法律。^②在这个问题上，仁慈的立法者会受到人道精神的强烈感召，进行一些政策调整乍看起来似乎也很容易，然而，最终却极难达成初衷而无损于勤劳的世风。从前，修道院会为穷人提供接济，但同时也在无形中助长了懒惰和行乞之风。

1546年，议会立法规定借贷利率不得超过百分之十。这是英格兰有史以来头一次规定法定借贷利率。此前，这一类借贷行为统统被视作高利贷。就在这部法令的前言中，还将贷款取息称作违法犯罪活动。针对借贷行为的偏见仍然如此强大，这部允许赚取利息的法令在下一朝便被废止。

亨利八世一朝，像之前乃至后来的许多朝代一样，存在林林总总的特许专卖法律，规定特定产业专由特定城镇垄断，其他地区不得染指。^③此类不合情理的现象至今尚有大量遗痕。之前曾有旨在破除垄断的法令出台，一些垄断团体不得不开放门户，允许其他商人参与进来，但一俟改朝换代，议会一纸法令颁布，垄断之门再次关闭，特定团体之外的人又被剥夺了参与商贸的权利。^④

亨利本人颇有学术才华，因而积极鼓励他人进行学术研究。

---

① Anderson, vol.1.p.374.

② 22 Hen.VIII.c.12. 22 Hen.VIII.c.5.

③ 21 Hen.VIII.c.12. 25 Hen.VIII.c.18. 3&4 Edw.VI.c.20. 5&6 Edw.VI.c.24.

④ 3&4 Edw.VI.c.20.

他创建了剑桥大学三一学院，并给予丰富的捐赠。沃尔西在牛津创建了基督堂学院，还打算将其更名为"枢机主教学院"，但他的计划未及实现，他本人便倒了台，所有资产都落入国王手中。据说，国王的这一横暴行径令沃尔西痛彻心扉，有甚于他所遭遇的其他一切打击。[1]不过，亨利后来归还了该学院的资产，只改了个名字。沃尔西还在牛津大学设立了第一个希腊文讲席，这一标新立异之举使整个牛津大学分裂为激烈对立的派别，争执经常引发互殴。两派学生以希腊人和特洛伊人的名字自冠，彼此视若寇仇，有时打斗之凶丝毫不逊于古人。后来，由于一套新的、更准确的希腊文发音方法被引入，希腊派又分裂为多个派别，据称天主教徒偏爱旧式发音法，而新教徒则支持新式发音法。在这个问题上，加德纳借助国王和枢密院的权威，压制革新，强令保持旧式希腊语字母表的发音方法。在那个时代，任何形式的自由都受到如此严格的禁锢！对采用新式发音法的人，处罚措施以鞭刑、降级和开除为底线，那位主教大人公开宣称，与其坐视希腊语字母表的读音被改变，他宁可在全国各大学彻底取消这种语言。牛津大学引入希腊语课程，剑桥大学也不甘落后。[2]沃尔西曾有一个打算，想复制梵蒂冈所藏的一切手稿文献，充实他在牛津设立的学院图书馆。[3]亨利八世及其手下大臣们热心于学术，促使英格兰学风盛行。伊拉斯谟（Erasmus）曾经大为满意地提到，英国贵族和绅士阶层普遍对

---

[1]　Strype, vol. i. p. 117.

[2]　Wood's Hist. & Antiq. Oxon. lib. i. p. 245.

[3]　Ibid. 249.

学者给予礼敬。[1] 我们无需细数亨利八世一朝及前朝涌现的作者，那个时代没有一个人有资格列入我们的经典。托马斯·莫尔爵士虽以拉丁文写作，但他在同时代人当中似乎最接近于经典作家的品格。

---

① Epist. ad Banisium. Also epist, p. 368.

第三十四章　爱德华六世(一)

摄政状态—摄政班子新举措—赫特福德任护国公—宗教改革完成—加德纳反对改革—外交事务—苏格兰宗教改革进展—比顿枢机主教遇刺—对苏格兰开战—平基战役—议会召开—改革继续推进—苏格兰局势—苏格兰小女王赴法—西摩勋爵的阴谋集团—沃里克伯爵达得利—议会召开—西摩勋爵被褫夺私权—西摩勋爵被处决—教会事务

先王驾崩前苦心谋划，为幼主临朝制定种种规矩、又为王位继承设置若干限制条款，以为身后事尽在掌握。他料想这班臣僚于他生前唯唯诺诺，谅也不敢在主君驾崩后偏离其既定方针。他规定王子年满十八岁算作成年，而此时爱德华才九岁零几个月；于是他委任了十六位摄政大臣，于爱德华成年之前监护幼主和英格兰王国。这十六人是：坎特伯雷大主教克兰默，御前大臣奥赖斯利勋爵，王室监护法院主事官圣约翰勋爵，王玺掌管人拉塞尔勋爵，宫廷大臣赫特福德伯爵，海军上将莱尔子爵，达勒姆主教汤斯达尔，御马官安东尼·布朗爵士，国务大臣威廉·佩吉特爵士(Sir William Paget)，籍没法院大法官爱德华·诺斯爵士(Sir Edward North)，皇家民事法庭首席法官爱德华·蒙塔古爵士(Sir

Edward Montague), 布罗姆利法官(judge Bromley), 安东尼·德尼爵士, 枢密院首席侍卫威廉·赫伯特爵士(Sir William Herbert), 加来司库爱德华·沃顿爵士(Sir Edward Wotton), 以及坎特伯雷教长沃顿博士(Dr. Wotton)。亨利委托这十六位摄政大臣全权摄理国政, 并为他们指定了十二位顾问, 顾问们没有直接权柄, 只能就诸般事务给摄政大臣提建议、做参谋。顾问团成员包括阿伦代尔伯爵、埃塞克斯伯爵、内廷司库托马斯·切尼爵士、审计长约翰·盖奇爵士, 副宫务大臣安东尼·温菲尔德爵士(Sir Anthony Wingfield), 国务大臣威廉·皮特(Sir William Petre),[①] 理查德·里奇爵士(Sir Richard Rich), 约翰·贝克爵士(Sir John Baker), 拉尔夫·萨德勒爵士, 托马斯·西摩爵士(Sir Thomas Seymour), 理查德·索思韦尔爵士(Sir Richard Southwel), 埃德蒙·佩卡姆爵士(Sir Edmund Peckham)。[②] 亨利一贯的率性也在这份名单中有所体现: 摄政大臣当中有好几位出身低微, 而地位显赫的阿伦代尔伯爵和当今幼主的亲舅舅托马斯·西摩爵士却只跻身于顾问之列。

摄政班子
新举措

　　然而, 摄政大臣和顾问们甫一上任, 头一个举措就背离了先王白纸黑字的遗命。在第一次全体会议上就有人提出, 群龙无首的政府有失尊严, 英王国需要一位首脑人物, 代表尊贵的王室接受外国使节觐见, 接收驻外使臣发回的报告, 签署政府通令和公告。鉴于先王遗嘱在这一点上似有疏漏, 为弥补缺憾, 有必要推举一位

---

① 亨利八世时代, 国务大臣增至两名。——译者
② Strype's Memor. vol. ii. p.457.

护国公。此公对外享有全部王室尊荣，然而在行使权力方面，事事都要遵从摄政大臣班子的意见。[1]这个动议在御前大臣奥赖斯利勋爵听来很不入耳。这位大法官积极能干、雄心勃勃，自以为凭着他的职位，有资格在摄政班子里居尊，地位仅次于大主教。他知道大主教素无理政之才，也没有这方面的兴趣，遂暗怀期待，觉得国家政务的大部分领导权无疑会落入自己手中。因此，他站出来反对推举护国公的提案，指出此举标新立异，有违先王遗命：先王的遗嘱经议会立法确认，应在各方面成为国人谨遵之法，除立法者之外，任何人无权更改。但他的反对意见似乎无人响应。大多数摄政大臣和顾问团成员都是亨利一手提拔的宠臣，不是什么高门显贵，没有雄厚的家族势力作为后盾，先王在世时，他们已经惯于俯首听命，现在也并不挺身要求秉政掌权，倒是更乐于支持这个在设计上似乎有益于维护和睦安宁局面的提案。于是，推举护国公的提案获得通过，至于护国公人选自然非赫特福德伯爵莫属，因他作为国王的舅舅，自是极度关切国王的安全，再者，他没有王位继承权，故而绝对不会生出异心，危及爱德华六世的人身安全和王位。[2]政府发布公告，向国民告知朝中变化，又向各国宫廷派遣使臣通报这一消息。所有官员都卸去旧的委任，接受幼主重新任命。主教们也被迫做出同样的顺服表示，新颁委任状中特意插入一条，规定他们的任期听凭国王陛下圣意。[3]委任状中还明确指出，一切教俗

赫里福德任护国公

---

[1] Burnet, vol. ii. p. 5.

[2] Heylin, Hist. Ref. Edw. VI.

[3] Collier, vol. ii. p. 218. Burnet, vol. ii. p. 6. Strype's Mem. Of Cranm, p. 141.

权力和司法管辖权无不得自君授。[1]

　　摄政大臣们的下一个举措比较遵从先王遗嘱，因为这与他们中许多人的切身利益攸关。先王临终时，曾经有意加封一批贵族，以填补此前因褫夺私权和家族绝嗣而造成的空缺。为了让新受封者拥有足够实力维持自身尊荣，他还决定给他们加赐产业或晋封官职。他甚至已经将这个决定告知他们本人，并在遗嘱中委托摄政大臣们兑现他的所有承诺。[2]为了准确核实先王的意图，摄政委员会传唤先王生前常与之亲密交谈的三位廷臣威廉·帕吉特爵士、安东尼·德尼爵士和威廉·赫伯特爵士前来作证，三人各自陈述了他们所了解的情况，上述证言得到采信，摄政大臣们遂着手实际履行这些承诺。赫特福德受封萨默塞特公爵、王室典礼官暨财政大臣，奥赖斯利受封南安普顿伯爵，埃塞克斯伯爵受封北安普顿侯爵，莱尔子爵受封沃里克伯爵，托马斯·西摩爵士受封萨德莱的西摩勋爵及海军上将头衔，理查德·里奇、威廉·威洛比和爱德华·谢菲尔德三位爵士则受封勋爵。[3]有几位同被授予爵位的人拒绝了这个荣耀，因为先王关于给新晋贵族赐产业的那部分承诺被延期履行，"权待合宜时机"。不过，包括护国公萨默塞特在内的一部分人同时被授予教会中的肥缺、教区管辖权和牧俸。在其他林林总总侵夺教会特权和教产的行径之外，这种将神职人员的圣俸授予俗人的违规举动自此开始大行其道。

　　南安普顿伯爵与萨默塞特素来不睦。即便在亨利的铁腕统

（左侧边注：336）

（左侧边注：2月17日）

---

① Strype's Mem of Cranm, p. 141.

② Fuller, Heylin, and Rymer.

③ Stowe's Annals, p. 594.

治下，朝臣之间的党争依然暗流涌动，而幼主临朝通常羁勒乏力，朋党乱象更难收拾。南安普顿伯爵为了腾出更多时间处理政务，擅自将由他执掌的国玺委托给索斯韦尔(Southwell)、特里戈内尔(Tregonel)、奥利维尔(Oliver)和贝拉西斯四位律师保管，并授权四人于他本人不在时代行御前大臣职权。此举极其惹人非议，更有甚者，由于这四人当中有两位宗教法规专家，惹起律师界猜忌，觉得御前大臣任用他们，意在败坏普通法的权威。针对此事的诉状呈至护国公把持下的枢密院，后者很高兴抓住这个机会打击南安普顿。他们就这个不同寻常的案件征询数位法官的意见，得到的回答是：该委任不合法，御前大臣越职授权，理应剥夺其掌玺权，甚至给予进一步惩处。枢密院传唤南安普顿伯爵，后者坚称自己出任此职乃奉先王遗命、经议会立法批准，不经议会审裁不可罢免；如果他先前做出的授权被判定不合法，现在大可取消，此举造成一切不良后果都很容易匡正；若因这点小错将他罢免，今后任何摆布臣工的新招便有了先例可援。然而枢密院不理会这些自辩理由，宣布剥夺他的掌玺权，并处以罚金，将南安普顿伯爵无限期软禁在自己府中，听候国王发落。①

南安普顿伯爵一倒，护国公的权势为之大涨，摄政班子内部的党争也得以缓解。然而萨默塞特并不满足于此，在野心的驱使下，他还想攫取更大的权力。他借口自己由摄政大臣投票推举担任护国公，掌权理据不够充分，从幼主处索得一纸特许状，从而彻底推翻了亨利八世的遗嘱，令政府完全改头换面，甚至可以说颠覆了王

---

① Hollingshed, p.979.

3月12日 国的全部法律。他任命自己为全权摄政护国公，又任命枢密院成员，包括之前除南安普顿以外的全体摄政大臣和顾问。此外，他为自己保留了今后随意提名任何人加入枢密院的权力。他有权只向自己认为适当的人选征求意见。护国公及其手下枢密院亦得到授权，可任意裁夺、执行任何他们认为符合公益的措施，免受任何法律、法规、公告及条例规定的刑罚和财产处罚。[1] 即使这份特许状中的权力让与幅度较小，且由亨利指定的摄政大臣作主颁发，其合法性也同样面临合理质疑，因为此类性质的委托，关键似乎在于由受托人亲自履行受托义务，不容许转给他人代理。然而，鉴于特许状的誊本中根本没提到摄政大臣，因此，此状显系从幼主处私下取得，故萨默塞特的护国公头衔纯属僭取，任何辩解都无法为之正名。不过，摄政大臣们当时对新摄政班子纵容、默许的态度，令国人普遍选择了顺从。再者，少年国王非常依恋舅父，而后者大体而言是个温和正直的人，因此他的炫赫权力和头衔并未引起什么异议。凡是有识之士都看到，对立派系的宗教狂热已在国人当中制造了严重分裂，因而一致认为，此时更有必要将王国政事交托于一人之手，他可以遏制过度党争、维护公共安宁。尽管该特许状中的某些条款隐约带有正式颠覆有限政府原则的意味，但时人在这方面全无戒备之心，对于这种赤裸裸的权力宣示或声明，从来没有一位手握君权者提出过异议。只有现实中统治者的专制行径，才会偶尔在国人中间激起些许怨声，而且这种专制行径必得一再发作，表现得十分暴虐、明目张胆、极其不得人心，才会有此效果。

---

① Burnet, vol. 6. Records, No. 6.

亨利凭其无所不在的权威和专横性情，压服两大对立宗教派系对他俯首听命，但他一朝归天，新教徒的希望和天主教徒的恐惧便开始复苏，宗教狂热引发的冲突和敌意随处可见，这通常兆示着更致命的分裂。护国公久被视作改革派的秘密拥趸者，如今他摆脱了一切羁束，便毫无顾忌地摆明意图：要纠正古老教义中的一切弊端，将宗教改革推向深入。他精心为幼主挑选老师，确保施教者信仰一致。随着那少年对各种学问，尤其是神学表现出远远超出其年龄的热忱，所有人都预见到，在他这一朝，英格兰将完全弃绝天主教信仰。于是人们开始争相投靠，宣称自己拥护这种很可能终获全胜的教义。南安普顿倒台后，枢密院里似乎再没有什么人与天主教有牵连，大多数枢密甚至对推进改革的前景表示乐观。他们大多从劫掠教产中分得了一杯羹，在利益的驱使下，支持扩大英格兰与罗马之间的裂罅，通过确立与思辨式教义相反的观念体系、教会规程和敬拜方式，使得英格兰教会完全不可能与母教会保持一体。[1] 此外，他们的改革热情主要源自贪婪，此前他们已经掠夺了修道院僧侣，如今掠夺在俗教士的前景又令这贪念蠢动起来。他们知道，不彻底破除旧的教义和国人对传统教会的敬意，他们的计划就休想成功。

罗马教会迷信冗多，令人不胜其烦，许多改革派人士出于叛逆精神，一心投入灵修，他们狂热地认定一切仪式仪典、排场、祭礼和外在仪规均有碍于虔心向主，妨碍人在灵里与神直接相交，因此统统予以禁止。多种因素协同作用，引燃了这股奔突的激情：包

① Goodwm's Annals. Heylin.

括改革派教义本身的新异性、劝化改宗事业的成功、改革派面临的严酷迫害、他们与古老教条和做法作对的立场，以及通过摧毁教阶制度、把夺取的教产与民众分肥等手段博取平信徒支持的必要性。无论在哪里，只要改革浪潮压倒世俗政权的抗拒，这种宗教精神就会发扬到极致，并且伴随着诸多后果，虽然不像古老迷信的后果那么持久，但危险性有时并不稍低。不过，由于英格兰的宗教改革是由执政府牵头展开的，过渡不那么急剧，古老宗教的许多内容得以存留下来，教会内部仍保有适当程度的等级隶属关系，公共敬拜中也保留了一些旧式的排场、祭礼和仪典。

护国公为推进改革制定方略，时常问计于克兰默，后者秉性温和审慎，反对一切疾风暴雨式的剧变，决意通过潜移默化的渐变，引导民众接受一种他认为最纯正而完美的教义和教会体系。他可能还预见到，小心回避过激改革举措的体系或许最能持久：纯粹属灵的虔诚只适于新教派初兴的激情勃发阶段，待到热情逐渐松懈，自然抵不住迷信的侵蚀。因此，他似乎有意建立某种教阶制度，能够顺应强大稳固的政府，充当抵御罗马的永固壁垒，即使民众的宗教热忱消退乃至完全丧失，也仍能令他们保持崇敬之心。

在阻挠改革的反对派当中，位高权重者首推温切斯特主教加德纳。当初，他因为开罪于亨利国王，没能跻身于摄政大臣班子，但他凭着年龄、经验和能力，在本党派内部深孚众望。这位教长一直极力颂扬先王的伟大智慧和学识(在这方面，亨利确实受到国人普遍而真诚的景仰)，加德纳据此坚称：至少在幼主成年之前，保持那位雄主亲手确立的教会模式不失为审慎之道。新教人士公开斥责圣像崇拜，而加德纳为这种做法辩护，称圣像的使用

340

加德纳反对改革

有助于目不识丁的民众保持宗教情感。①他甚至屈尊撰文为圣水辩护，因为雷德利主教(bishop Ridley)稍早时候在布道中攻击圣水的使用。加德纳在此文中坚称，藉着全能上帝的大能，圣水完全可以成为行善的工具，如同圣彼得的影子、基督的衣摆，或者抹在瞎子眼睛上的唾沫和泥一样。②更重要的是，法律必须得到遵从，宪法断乎不容侵犯，以君主意志推翻议会法令是一种危险的举动。③

　　然而，尽管当时英格兰人头脑中已经有了法律和宪法的观念，至少足以在民众对当前权力行使有所不满时构成争论话题，但在这件事上，加德纳凭此立论却几乎全无说服力。议会已经颁布法令授予国王立法权，王室公告具有正式法律效力，即使国王尚未成年也同样如此。护国公一见有了议会法令作为后盾，便决心运用手中权威支持改革派。他先是在过渡期间暂时叫停主教们的管辖权，继而指派专员对英格兰所有教区进行大巡查。④巡查团包括教俗两界人士，总共奉命进行了六轮巡查。他们的主要使命，除了纠正教牧人员的伤风败俗及不法行径，更要破除旧的迷信，引导信众亲近改革派教会的教规和敬拜方式。在这一敏感事件中，萨默塞特和克兰默的温和节制体现得十分明显。巡查专员们接到吩咐，对所有不涉及偶像崇拜的圣像应暂予保留，要教育民众不可轻视尚未废除的仪典，只要警惕某些特定的迷信行为，比如以圣水洒

---

① Fox, vol.ii.p.712.

② Ibid.p.724.

③ Collier, vol.ii.p.228. Fox, vol.ii.

④ Mem.Cranm.p.146, 147, &.c.

床、摇铃或点燃经过祝圣的蜡烛来驱魔。[①]

　　然而,最需要当局出手匡正的问题是,此时全英格兰教牧普遍滥用讲坛捍卫旧的宗教习俗和古老的迷信。当初解散修道院时,籍没法院为减少国库付给僧侣们的年金,通常把他们安置在有职缺的教会。这些人出于利益和情感倾向,支持那一套旨在为神职阶层谋利的教义原则。有鉴于这种状况,政府颁令限制教牧人员的布道题目,出版了一套(十二篇)布道集,命令全体教牧向信众宣读。并规定教牧们未获明令许可,不得在本教区教堂以外的任何地方布道。上述禁令的目的在于限制天主教牧者,新教牧者则可凭着政府颁发的特别许可,享有不受限制的自由。

　　邦纳对这些政策提出一些异议,但不久便选择了退缩默从。加德纳则表现出更昂扬的勇气和坚定的立场。他指出无止境创新的危险性,以及持守某些制度的必要性:"在此类探索当中,过度的自由不无危险。你若凿破旧渠,渠水定会漫流到设想的界限之外。倘若一味纵容创新精神,民众的要求就会无法遏止,并且任意妄为,难以管束。"在另一场合,他又说,"至于我个人,我所关心的只是体面演好今生的最后一场戏,然后潇洒谢幕。只要能保证这一点,别的我一概不放在心上。我已年迈,势必要死,这个判决无人能赦,也没有缓刑。以我口说我心、凭良心行事,这两样自由我永远不会背离。言语真诚、行为纯全,乃是令人愉快的品质,一个人哪怕失去一切,它们仍将存留;我无论如何绝不放弃这两样。最让人高兴的是,只要我不主动放弃,无人能以强力夺走它们。而我

342

[①] Burnet, vol. ii. p. 28.

若选择放弃，则是自毁己身，丧失所有位分亦属罪有应得。"[1]加德纳的抵制令枢密院大为光火，他被关进舰队街监狱，饱受折磨。

加德纳极力反对新版布道集的一个要点是，布道集中以超自然的精确定义了恩典和因信称义的信条，加德纳认为，这些教义之奥妙任何人都无法精确参详，也必定大大超乎平民百姓的理解力。一位有名的殉道史家因此斥责加德纳是"麻木不仁的蠢货，在称义问题上对圣灵迟钝无感"[2]。那时候，新教徒中哪怕最平庸者都自认为已经参透一切玄妙的教义，发自心底地蔑视那些最富学识和智慧、却承认自己不识其中堂奥的旧宗教中人。确实可以肯定，改革派十分幸运地确立了因信称义的信条，我们也能大胆预言，这一信条必将战胜罗马天主教会的所有仪典、华丽场面和迷信。改革派教义高举基督和他的受难，弃绝为己身功德而夸口，目的就在于广得人心，又恰与一般宗教中常见的颂神和自我贬抑的信条相符。

达勒姆主教汤斯达尔和加德纳一样，对政府的宗教新规提出一些异议，结果被逐出枢密院，但暂时没遭到更严酷的迫害。这位主教为人极其温柔谦和，堪称整个英格兰王国最无可挑剔的好人。

萨默塞特在宗教热忱的驱使下，在国内推进改革，同时密切关注国际动向：此时此际新教徒的利益正面临迫在眉睫的危险。罗马教宗在长期耽延之后，终于极不情愿地颁旨召开新一届大公会议，开会地点设在特伦特（Trent），旨在匡正教会弊端、确定信纲。皇帝为了打压罗马教廷的势力，拉拢新教徒，大力强调前一个目

外交事务

---

[1] Collier, vol.ii.p.228. 引自 MS.Col.C.C.Cantab.Bibliotheca Britannica, article GARDINER.

[2] Fox, vol.ii.

标；而教宗发现此事深深关乎自己的神圣地位，因此更希望与会者把重点放在后一议题上。他指示主持会议的教廷特使延长讨论时间，挑动神学家们就事先提交给他们的九大信纲要点展开探讨、辩驳和争论。这个策略落实得无比容易，教廷特使们不久便发现，有必要插手调停，平息神学家们彼此的敌意，最终达成某种形式的议决。[①] 他们还有一项更艰巨的任务，就是缓和或转移与会者的改革热忱，压制高级教牧们企图在教宗圣座的废墟上高扬主教权威的野心。当教廷特使们发现支持改革的意见占了上风，便借口特伦特当地暴发瘟疫，突然将会址迁往博洛尼亚，希望此举更利于发挥教宗的主导权。

查理五世皇帝早已学会利用宗教服务于自己的野心和策略，其精熟毫不亚于教宗。他决定采取扣帽子战术，以异端污名压服新教众君侯，遏制德意志自由派；但他发现，必须巧施手段掩藏自己的意图，以防对手们联合起来。他挑拨王权伯爵勃兰登堡选帝侯脱离了新教联盟，继而出兵攻打萨克森选帝侯和黑森伯爵领主，在战场上幸运地俘获了前一位对手，又对后一位施以诡诈，撕毁先前签发的安全通行证，将其扣押。这位皇帝似乎已经攀上了野心的极顶，威震德意志，正值此际，亨利八世和弗朗西斯一世先后驾崩的消息传来，德意志君侯们失去了每遇危难时的援手，越发意气消沉。[②]

法兰西继位国王亨利二世是个勇武有能的王者，但不像弗朗西斯那么轻率决断，对查理皇帝也没有那么炽烈的竞争和仇视心

344

---

① Father Paul, lib. 2.
② Sleidan.

理。尽管他向施马卡尔登同盟的君侯们派遣使臣，承诺庇护他们，却不愿在新朝初立之际匆忙投入战争，与强大的皇帝开战；在他眼里，新教同盟是一种随时可供取用的可靠资源。[①]他驾前的吉斯公爵和洛林枢机主教颇能左右圣意，亨利二世听从二人的建议，当前宁肯选择扶助苏格兰这个旧盟友——苏格兰一直大声呼求法王的保护，甚至亨利八世在世时就是如此。

在苏格兰，新旧宗教阵营之间的仇恨一天比一天激化，由于苏格兰主教长比顿枢机主教决意以最严酷的手段惩治改革派信徒，推动着事态迅速走向决定性时刻。当时有位名叫威沙特(Wishart)的绅士，他凭着满腔热忱四处布道，反对古老的迷信，引起教会人士的警觉：他们看到某些致命性的宗教改革措施的危险，满有理由胆战心惊。威沙特素以品格纯全、学识渊博而闻名，不过这些赞誉未见得多么可靠，因为我们晓得，改革派人士往往以生活方式的朴素替代多种美德，而时人普遍愚昧无知，以致大多数苏格兰神职人员竟以为《新约》出自路德笔下，进而断言唯独《旧约》才是神的话语。[②]但无论传说中威沙特那些难能可贵的品质究竟如何，他无疑对宗教改革抱着强烈热忱，也拥有成为广受欢迎的布道家的才能，善于攫住大众的注意力、赢得他们的心。他在邓迪(Dundee)布道，影响力大张，引起地方行政当局的不安，他们不能或不愿严厉惩处威沙特，只剥夺了他在当地布道的自由，并将他逐出辖区。威沙特见他们竟敢驱逐他本人、拒斥神的话语，在义愤之下效法古

（苏格兰宗教改革进展）

---

① Pere Daniel.
② 参见本卷卷末注释[R]。

代先知，向他们发出大祸临头的预言。他退居西部乡村，受他感召
转投新教的人数日日都在加增。与此同时，一场瘟疫在邓迪爆发，
引来众声鼎沸，说该镇驱逐虔诚的布道者，招至天谴，他们若不弥
赎此罪，疫情就不会停止。威沙特一听说那地方人心回转，立刻回
到他们中间，吸纳新的追随者。不过，为防止人群密集导致传染，
他把讲坛搭在一处大门顶上，让病人站在门内，其他人站在门外。
在此情况下，布道者自是不失时机，利用眼下实实在在的恐惧，强
力推进自己的福音使命。[①]

　　威沙特勤勉布道、大获成功，引来比顿枢机主教的注意。他
决意杀一儆百，严惩这位大名鼎鼎的传道人，以恐怖震慑其他改革
派。他指使博思韦尔伯爵拘捕威沙特，并交到他手上，尽管伯爵曾
对那个不幸的人承诺不会把他交出去。猎物一旦入彀，比顿立即
下令，将他火速押赴圣安德鲁斯审判，定为异端、判处火刑。监国
艾伦性格优柔，虽被枢机主教拉入自己的阵营，但在定罪、处决威
沙特一事上却不愿配合。于是，枢机主教决定抛开世俗政府，独力
惩治这个异端。他从自己宅邸的窗口亲自观刑，目睹了那阴惨的
一幕。威沙特以一向的坚忍承受苦难，但忍不住以言语还击气焰
嚣张的施虐者。他发出预言：不出几日，就在同一地点，那施虐者
将要躺倒在地，他现在背离真虔诚和真信仰被举得有多高、到那日
就躺得有多低。[②]

比顿枢机
主教遇刺　　这个预言可能直接引发了它所预言的事件。殉道者的惨死令

346

---

①　Knox's Hist. of Ref. p. 44. Spotswood.

②　Spotswood, Buchanan.

其门徒义愤填膺，他们暗中策划铲除枢机主教，并设法将诺曼·莱斯利拉入伙，后者由于一些私人恩怨对比顿怀恨在心。密谋进行得极其隐秘而成功。一天清晨，刺客们潜入戒备森严的枢机主教宅院，尽管只有十六人，却趁敌不备分别拘住了一百名工匠和五十名仆役，把他们撵出宅院，随即关紧大门，严密按计划行动。枢机主教在城堡内听见异声，心生警觉，封堵了居室的门。但他发现对方准备放火开道，据说又取得了留他一条性命的承诺，便选择开门。他提醒来者自己的圣职身份，哀求饶命。两个刺客拔剑冲向他，但第三个刺客詹姆斯·麦尔维尔(James Melvil)在行事过程中头脑更冷静、考虑周全，他拦住两个同伴，劝他们想一想，这次血祭是神的工作和裁决，理应更慎重、更庄严地执行。他剑指比顿，喝道："忏悔吧，你这邪恶的大主教，为你一切的罪和不义，尤其是你杀害威沙特的罪行——他是神使用的器皿，要使这一国悔改归向神。如今他的死向你发出复仇的呼号。我们奉上主的派遣，让你得到应有的惩罚。我在此当着全能的神宣告，我杀你不为个人怨仇、不是贪爱你的钱财、也不畏惧你的权势，我取你性命，仅仅因为你此前一直、现在仍然顽固地与基督耶稣和他的神圣福音为敌。"说罢，不待比顿按他的指令完成忏悔，一剑将其刺透，枢机主教的尸身倒在他脚下。[①]这桩谋杀发生于1546年5月28日。刺客们得到同伴

---

① 苏格兰著名宗教改革家约翰·诺克斯(John Knox)称(p.65)詹姆斯·麦尔维尔为人极其温文谦逊。当我们想到这位史家描述这桩刺杀事件时那种喜悦、得意又欢畅的语气，颇觉毛骨悚然，同时又感到有趣。值得注意的是，该书第一版在页边印有：詹姆斯·麦尔维尔敬虔的行为和话语，但后续版本中删除了。诺克斯本人没有参与刺杀比顿，但后来加入行刺者的队伍，协助他们坚守城堡。参见Keith's Hist. of the Ref. of Scotland, p.43。

的增援，人数达到一百四十。他们做好据守城堡的准备，并向伦敦派遣信使，请求亨利国王出手相助。亨利不顾英法和约已将苏格兰包含在内，决计不放过扰乱敌国政府的机会，一口答应将他们纳入保护。

苏格兰王国时乖运舛，短命王朝继之以长期幼主当国的情况接连发生了五次，而当幼主长成亲政之际，权贵人物的阴谋、党争和仇隙又不断干扰王国大政的正常运行。更严重的是，除了这些经久难治的痼疾以外，此时又出现了一个新的动乱之源，即神学分歧和争议，这种问题足以令最稳固的政府苦无宁日。值此关头，富于能力和胆识的枢机主教遇刺身亡，更似大大削弱了政府的执行力。不过，苏格兰太后是位才德非凡的女人，她倾尽全力支持政府，弥补监国艾伦的软弱——就她所处的境遇而言，这些行动并不出人意料。

英格兰方面，护国公一俟国内局面初定，立即着手筹备攻打苏格兰。他决心尽一切可能争取实现通过联姻合并两个王国的既定方案，先王在世时对此心心念念，直到临终还切切嘱托摄政大臣们完成使命。他征募了一支一万八千人的部队，装备了六十艘舰船，其中半数为战舰，余者用于装载给养和弹药。他任命克林顿勋爵(lord Clinton)为舰队司令，陆军由他本人亲自挂帅，以沃里克伯爵为副将。英方此番开战的借口是，报复苏格兰人在边境地区的骚扰掳掠。此外，萨默塞特还重提英国王室对苏格兰古老的宗主权，他表示拒绝一切和谈条件，除非年轻的苏格兰女王嫁给爱德华六世。

开战之前，护国公发布一份宣言，力陈此番出师的全部理由。

对苏格兰开战

348

他声称，此岛归于一统王国，显然是造化设计的本意：大自然安排大海环抱、护卫不列颠岛，使之天然隔绝于周遭列邦，借此向本岛居民指出了一条通往幸福安全之路。他说，岛内民众的教育状况和习俗也与大自然的意旨相符，他们被赋予相同的语言、法律和风俗，正是要他们彻底合并、联为一体的邀约。如今，命运最终挪除了通向联合的所有阻碍，并且准备了一条捷径，融两国为一邦，而不致滋生任何敌对国家之间自会形成的荣誉或利益方面的猜忌。苏格兰王位传到女性继承人手中，英格兰王位则由男性继承，两位君主的身份、年龄恰恰般配，实为佳偶天成。两国之间因旧日伤害造成的普遍敌意，经由长久稳固的和平建立起互信之后，将会很快泯灭，昔年的苦难记忆虽然今日仍能煽起彼此的仇恨，但真正实现融合之后，只会使民众加倍热情地珍惜历代祖先未曾经历过的幸福和安宁。两国息止兵戈后，苏格兰贵族不必再像今天这样，终日枕戈备战，他们将学习各种和平的技艺，软化心灵，爱上燕居的秩序和驯服。这个结果对两国都相宜，对苏格兰尤其如此，厥邦连年内忧外患，苦难深重，时刻惧怕遭受更富强的外族攻击，丧失自身独立。这份宣言中还说，尽管英格兰对苏格兰享有宗主权，但出于未来的和平考虑，英方愿意放弃这一切权利主张，希望双方的联合在完全平等的条件下缔成，从而更加牢不可破。除了提出上述理由，英方还积极采取行动，争取实现联姻；英王国以本国荣誉和信用立下承诺，必定履行这个自身利益和安全迫切呼求的盟约。①

　　萨默塞特很快看出，他的呼吁不会产生任何影响。由于苏格

① Sir John Haywood in Kennet, p.279. Heylin, p.42.

兰太后严重亲法、忠于天主教，因此关于联姻的所有磋商终究会归于徒劳。他只有尝试动用武力，逼得苏格兰人走投无路，才会屈服于这种似乎令他们深恶痛绝的解决方案。护国公挥师在贝里克突入苏格兰境内，向爱丁堡挺进，一连数日未遇任何抵抗，沿途一些小城堡于护国公兵锋指处皆无条件投降。只有一处小城堡的总督和守军自不量力，竟在实力如此悬殊的情况下试图顽抗，护国公恼怒之下欲予严惩，但他们只求宽限几小时行刑，容他们准备赴死，几小时后，护国公怒气逐消，也听得进乞求开恩的言语了，这些人便得以保全性命。①

　　苏格兰方面，监国艾伦集结全国兵马，人数两倍于英军，在距离爱丁堡四英里、艾斯克河(Eske)岸拱卫之处占据有利地形，严阵以待。英军由法西德(Faside)方向遥遥进入视野。双方骑兵首先发生小规模交锋，苏格兰人落败，霍姆勋爵受重伤。萨默塞特预备发动总攻，但与沃里克勋爵一同观察敌阵之后，他认为此时行动并无必胜的把握。于是，他再次致书艾伦，提出英军可以撤出苏格兰，并赔偿造成的一切损失，只要苏格兰承诺不把女王嫁给其他外国君主，让她留在国内，直到可以自主选择夫婿的年纪。如此温和的要求却被苏格兰人拒绝，原因恰恰在于它太温和，反令苏格兰人觉得，护国公肯定身陷困境，或是被恐惧压倒，才收敛了之前的嚣张气焰。此前有许多教士络绎来到军中，在他们蛊惑下，苏格兰人将英国人视作可憎的异端，为神所弃，必遭天罚，英军此番必败无疑。当他们看到护国公的部队开始向海边移动，上述的自负幻想似已

---

① 　Haywood.Patten.

得到确证；他们毫不怀疑护国公打算乘船逃跑，因为英方舰船也于同时开进海湾，朝着陆军的方向驶来。①苏格兰人决定截断英军退路，于是拔营而起，渡过艾斯克河，进入平原地带。苏格兰军分为三路：安格斯统领前锋，艾伦执掌主力，亨特利负责殿后。苏格兰军中只有轻骑兵，部署在左翼，由一队爱尔兰弓兵相辅，他们是阿盖尔从爱尔兰带过来的，专为辅助轻骑兵之用。

9月10日

　　萨默塞特看到苏格兰军的动向很是称心，鉴于英军每逢激战一贯占据上风，他认为此战得胜大有指望。他把前锋部署在左翼离海最远一侧的高岗上，命令该部稳踞阵地，等待敌军迫近。他将英军主力和后卫部队放在右翼，又命格雷勋爵率重骑兵驻于前锋阵地之外，准备从侧面攻击苏格兰前锋，但必须等到两军前锋部队近距离交锋时再发动突击。

平基战役

351

　　苏格兰军在平原上前进，一路遭到英国军舰的炮火轰击。格雷厄姆勋爵的长子中炮身亡。爱尔兰弓兵乱作一团，其余各部也开始动摇。格雷勋爵见此情形，一心要抢功，不顾护国公的命令，率领所部重骑兵冲出阵地，向苏格兰步兵发动攻势。冲到半路，遇到一片泥沼和壕沟，后面是敌方的长矛兵，而脚下沟沟坎坎的休耕地又对英军重骑兵的行动构成严重阻碍。这一切偶然因素令这支骑兵的冲击力大打折扣，由于苏格兰步兵的长矛比英国骑兵所使的矛枪更长，进攻者瞬间就被刺穿、掀翻、一败涂地。格雷本人身负重伤，护国公之子爱德华·西摩勋爵的坐骑被杀。英方军旗险些不保。倘若苏格兰人拥有一支强大的骑兵，定能乘机扩大战果，

---

①　Hollingshed, p. 985.

英军就有全军覆没的危险。[①]

此时,护国公在拉尔夫·萨德勒爵士和拉尔夫·韦恩爵士(Sir Ralph Vane)的协助下,极力重整骑兵。沃里克无比镇定地稳固步兵阵列,不让败退回来的战马冲乱阵脚。他下令火枪步兵队长彼得·梅塔斯和指挥意大利和西班牙火枪骑兵队的彼得·刚波亚率部前进,向苏格兰步兵开火。火枪兵们一直推进到沼泽地,给予敌人迎面痛击。英国军舰发射的炮弹从侧面砸向敌阵。高地上的火炮则从正面发射。英国弓兵飞矢如雨,落在敌人头上。高岗上的英军前锋部队列阵而下,从容不迫地向敌军逼近。苏格兰前锋在多重打击下惊慌失措,开始后撤。撤退不久就变成溃逃,带头逃跑的还是爱尔兰弓兵。前军惊溃,震动主力部队,又传至后队,整个战场一片混乱,苏格兰大军惊惶奔溃。英军居高临下望见苏格兰军的状况,扬声呐喊,发动追击,更令落败之敌魂飞胆丧。英方骑兵急于洗雪前耻,对逃敌猛杀猛砍,场面之血腥前所未有。当天的战场距爱丁堡五英里,沿途尸横遍野。英军对教士下手最狠,对修道士也不轻饶,竟至杀人取乐,这些神职人员在极端宗教狂热和仇恨催动下投入与其身份全然不符的活动,结果纷纷成为刀下之鬼。英军此战以极小的代价一举奠定胜局,战果辉煌为历代战史所罕见。战后盘点,英方折损不到二百人,而根据最温和的统计,苏格兰方面伤亡人数超过一万,被俘者约一千五百人。这场战役因邻近的一处贵族领地而得名平基战役(battle of Pinkey)。

苏格兰太后和艾伦逃到斯特灵,勉强集结起一支武装,凭之抵

挡小股英军的进攻。大约与此同时，雷诺克斯伯爵和沃顿勋爵率五千人马侵入西部边区，攻占并洗劫了安嫩城(Annan)，周边各郡被蹂躏得残破不堪。[①]假如萨默塞特乘胜进击，定能迫使苏格兰接受他强加的任何条件。但他急欲返回英国，因为有消息传来，一些枢密阴谋串连要夺他的权，就连他的亲兄弟、海军上将西摩勋爵也在其中。护国公攻取了霍姆、邓格拉斯、艾茅斯、法斯特堡、罗克斯堡等几座重要城堡和其他一些小地方，接了几个边境郡县的降书，便撤出苏格兰。英国舰队捣毁了苏格兰沿海的所有船只，占领扼守泰湾(Frith of Tay)的布劳蒂(Broughty)，在那里修筑工事，分兵驻防。艾伦提出双方遣使和谈，萨默塞特将谈判地点定在贝里克，又任命沃里克为全权议和代表，留驻苏格兰。但苏格兰方面的特使始终不曾出现，他们之前的提议只不过是要手腕，争取时间以待法国援军。

353 护国公驾返英格兰，立即召集议会。护国公此番出征苏格兰 11月4日 战功赫赫，不免得意，从外甥那里索得一纸特许状：准其于朝堂之上在御座右边专设一凳，与国王并肩而坐，尊荣与特权等同于历朝宗室亲王或王叔。在这份特许状中，国王运用其特免权，悬置了前朝颁布的"枢密院院长法"。[②]话又说回来，即便萨默塞特僭取尊荣有过，但他在本届议会上主持通过的各项法律还是大大值得称道的，这些法律缓和了前朝制定法的苛酷，在一定程度上保障了 议会召开 宪政自由。关于严重叛国罪，本届议会规定以爱德华三世在位第

---

① Hollingshed, p.992.
② Rymer, vol. xv. p.164.

二十五年颁布的制定法为准，凡超出此限的法条均告作废；[①]凡前朝对重罪予以扩张解释的法律、此前所有为迫害罗拉德派和异端分子而出台的法律，以及六项条文法案，一律被撤销。任何人的言论出口超过一个月，就不再因之获罪。本届议会决议废除了几部英格兰有史以来最严苛的法律，世俗和宗教领域都绽露出一丝自由的曙光。但在普通法中，异端罪仍被列为死罪，应处火刑；只是法律并未就异端罪的定义给出精确判定标准，这种情形是增进抑或危害公共安全，全在乎审判者对宽严尺度的拿捏分寸。

本届议会还废除了那部践踏一切法律、宣布王室公告效力等同于议会制定法的法令。[②]议会还放宽了另一部法令，该法原来授权国王年满24岁时可废除此前出台的任何制定法，现改为国王届时可叫停这些法律的实施，但不得撤销既往生效的结果。[③]

本届议会还立法规定，凡否认王权至尊或主张教宗至尊权力者，初犯没收一切动产、判处无期徒刑；再犯以蔑视王权罪论处；第三次则以严重叛国罪处以极刑。自来年3月1日起，任何人试图通过撰写、印刷文字内容或以外在行为否认国王的主权、尊衔、特别是国王的至尊地位，或试图将这些归诸其他任何人，将被判处严重叛国罪。任何一位王权继承人倘若僭夺其他王权继承人的权利，或试图打破继承顺序，他/她本人及其协助者和教唆者都将身负严重叛国罪。以上就是本届议会通过的几部最重要的法律。总体而言，与会者对宗教话题态度淡然，热心推动宗教改革者只是极

354

---

①　Edw.Ⅵ.c.12.

②　Edw.Ⅵ.c.2

③　Ibid.

少数，另一部分人暗地强烈支持天主教，但绝大多数议员则如墙头草，可以随从利益、权势或主流倾向倒向任何一边。①

教牧代表会议与议会同期召开。一开始，教牧们慑于六项条文法案的淫威，在讨论中个个三缄其口，国王豁免他们于议会废除该法之前不受该法约束。②该会议下院申请自由列席议会下院的特权，并提出，如果议会拒不授予他们此项自古以来的权利，则希望议会出台任何涉及宗教事务的法案前，必须先行取得他们的首肯和批准。然而，当前的主导原则是重世俗权力轻教会权力，教牧们的要求被一口回绝。护国公原本同意废除那部将王室公告效力等同于议会制定法的法令，但他并不想放弃英格兰君主长期僭取的、借着发布王室公告独断专行的权力，这种权力很难与全权立法权精确区分。他甚至在时人眼中一些极重要的事项上继续行使这种权力。枢密院下令，国人在圣烛节期间不得秉烛、圣灰星期三不得涂灰、棕枝主日不得举棕枝庆祝。③这些古老的宗教活动如今被冠以迷信之名，尽管迷信向着如此单纯无害的方向发展，可谓人类之幸。行事作风严厉是一切改革派共通的自然倾向，枢密院在此倾向支配下，取缔了一些浮华炫赫的古老宗教仪式。④

枢密院还下令彻底清除各地教堂中的圣像。这是改革派翘首企盼的革新举措，对于大众而言，此举本身对固有信仰的影响几乎

公元
1548年

改革继续
推进

355

---

①　Heylin, p.48.

②　Antiq. Britan. p. 339.

③　Burnet, vol. ii. p. 59. Collier, vol. ii. p. 241. Heylin, p. 55.

④　Burnet, vol. ii.

是颠覆性的。[1]在执行中，也曾尝试将圣像的正常使用和滥用、礼敬圣像和拜偶像区别开来，但事实证明这种设想极难落实，甚至完全没有可操作性。

由于私人弥撒被立法禁止，因而有必要设计一套新的圣餐仪式。枢密院在前述政令的序言中，甚至大胆宣称告解圣事无关紧要。[2]这是完全取缔该项圣事的前奏，这项发明本是教会贬抑平信徒地位、使神职者作为灵性导师完全凌驾于他们之上的一种最有力的手段。有充足理由认为，告解过程中神父给予的赦免虽能在一定程度上安抚软弱的心灵，纾解眼前因迷信的恐惧造成的痛苦，但其结果只能更加强化迷信本身，为日后心灵重新坠入更剧烈的失序状态作铺垫。

对立的两派各自宣扬一套教义，令民众深感无所适从。由于他们完全没有能力判断两派提出的理据，自然认为在教会中听到的一切说法都具有同等权威，这种不确定性造成了极大的混乱和震荡。枢密院起初努力纠正这种令人头疼的状况，对布道内容施加限制，但发现此举并不见效，遂针对布道者实行彻底禁言，立时终结了布道坛上的所有论争。[3]然而就事物的本性来看，这种封堵手段只能收效于一时。因为，随着公共崇拜仪式及其种种表演和外在仪典被改革派渐次删砍，民众越发热衷于听道，这是他们排遣空闲或者说获得娱乐的唯一渠道。旧的宗教让信众忙于外在活动，为他们免除了思考的麻烦；当时布道活动仅限于一些大教堂，以及

356

---

① Burnet, vol. ii. p. 60. Collier, vol. ii. p. 241. Heylin, p. 55.

② Burnet, vol. ii.

③ Fuller, Heylin, Burnet.

特定的斋期和节庆时进行；面向大众的强力说教如果使用过头，极易催生派系、煽动骚乱，在旧时代里，这种做法的规模和影响力都非常有限。

英格兰宗教改革的进展越是深入，护国公彻底吞并苏格兰的指望就越是渺茫。苏格兰太后和神职阶层越来越憎恶以任何形式与一个深深背离古老教义的国家联合。萨默塞特此前已经攻取哈丁顿，命格雷勋爵加固壁垒、以重兵驻防。他又下令在劳德(Lauder)地方修筑防御工事。希望凭借这两处据点，加上英军占领下的布劳蒂和另外几个较小的要塞，足以控制苏格兰局势，为他提供一条直插该国心脏的便利通路。

苏格兰局势

艾伦几番尝试攻打布劳蒂无果，遂将收复失地的希望主要寄托在法国援军身上。终于，法方派出的六千援军抵达泰湾，其中半数为德意志人；他们的总指挥官是德塞(Dessé)，副将为安德洛(Andelot)、斯特罗齐(Strozzi)、梅勒赖耶(Meilleraye)和莱因格拉夫伯爵(count Rhingrave)。当时，苏格兰人饱受挫折而意气消沉，英方只消五百骑兵就能横扫整个苏格兰，如入无人之境，直逼该国首都的大门。[1]然而，法国援军的到来令苏格兰人多少鼓起一些勇气，他们纷纷赶来参战，开始围攻哈丁顿。[2]如果单靠苏格兰人的力量，根本无法攻克此城，即便有法国援军，他们还是主要寄希望于长期封锁，把英国守军困死、饿死。几次劳而无功的正规攻城战之后，哈丁顿被团团围住，守军数番突围均被击退，且不无死伤。

---

[1]　Beagué, hist. of the Campagnes 1548 and 1549, p. 6.

[2]　Hollingshed, p. 993.

先王亨利八世和护国公一次次对苏格兰动武,却时断时续、时缓时急,从未竭尽全力战斗到底,结果只是刺激了对手,让苏格兰人无比憎恨以如此强横手段逼行的联合。就连那些有意对英结盟的苏格兰人也反感这种凭武力强加的"亲善",特别是亨特利伯爵,他曾经语气轻快地表示,自己并不讨厌婚事本身,只是厌恶这种求婚方式。[①]苏格兰太后注意到这股普遍情绪,遂于哈丁顿附近的一处修道院召开国会。会上有人提出,为了更好地保障小女王的安全,应当把她送到法国,由老盟友监护。一些人出言反对,认为这是孤注一掷的险棋,万一出现闪失,就绝了后路;此举且有可能使苏格兰遭受外邦辖制,卷入对英格兰无止无休的战争,再也无计谋求那个强大邻国的友谊。但另一派答道,女王留在国内,正是英格兰发动侵略的原因,一旦他们发现强迫联姻的前景化作泡影,就会断了念头;法王亨利蒙受苏格兰如此之高的信任,定能将他们的女主纳入保护之下,并且尽最大努力保护苏格兰王国。这些论据背后,有来自法兰西的真金白银撑腰,苏格兰贵族们都沾足了油水。监国艾伦收受了一万两千里弗尔年金,又受封切特尔劳特公爵(duke of Chatelrault),并为儿子谋得重骑兵百夫长的职位。[②]神职人员害怕联英的后果,出于原则和利害关系两方面考虑,满腔热忱地支持送女王赴法的动议。于是,事情就这样决定了:苏格兰女王将被送往法兰西,所有人心里都清楚,随之而来的必然结果是,她将与法国王太子成亲。福斯湾内停泊着四艘法国帆桨战船,此

<small>苏格兰
小女王
赴法</small>

<small>357</small>

---

① Heylin, p.46. Patten.

② Burnet, vol. ii. p.83. Buchanan, lib. xv. Keith, p.55. Thuanus, lib. v. c.15.

时舰队指挥官维勒盖尼昂(Villegaignon)下令启航，仿佛意欲扬帆回国，但一出公海，他立即调头向北，擦着奥克尼群岛(Orkneys)驶过，在苏格兰西海岸的丹巴顿郡(Dunbarton)靠岸，对于这种构造的船只而言，这着实是一趟非凡的航程。① 就在此地，小女王被托付到他手上，埃莱斯金纳勋爵和利文斯顿勋爵奉驾同船赴法。女王出海后遇到暴风雨天气，最后安抵布雷斯特港，从那儿被迎至巴黎，不久便与法国王太子订婚。

　　萨默塞特迫于国内多重困难的压力，又对吞并苏格兰的计划丧失信心，希望与苏格兰议和，主动提出双方签约停战十年。但是，由于苏格兰坚持要求英方归还此前占领的所有领土，协商最后无果而终。苏格兰人发动奇袭，收复了霍姆要塞和法斯特城堡，英国守军尽数被斩。西摩勋爵率英军在法夫郡和蒙特罗斯(Montrose)先后发动两次进攻，均被击退，但苏格兰方面付出了一定的伤亡代价。法夫一战，苏格兰女王的同父异母兄长（她父王的私生子）詹姆斯·斯图亚特(James Stuart)荣立功勋；蒙特罗斯一战的功臣是邓恩的厄里斯金(Areskine of Dun)。罗伯特·鲍斯爵士和托马斯·帕尔默爵士(Sir Thomas Palmer)率领大批人马，试图突破重围，给哈丁顿运送补给，但半路遭到伏击，队伍被打得七零八落。② 尽管有一支二百人的小分队躲过法国人警觉的眼睛，安全进入哈丁顿城，带去了一些给养和弹药，却依然难解守军困顿，护国公发现有必要发起更有效的救援行动。他招募了一万八千人马，加上三千

---

① Thuanus, lib.v.c.15.
② Stowe, p.595. Hollingshed, p.994.

德意志人——他们是新教联盟解散后前来投效英格兰的。^①德塞见英国援军抵近，便撤围而去，几经周折才安然退回爱丁堡，占据有利地位，准备御敌。什鲁斯伯里未能抓住时机在敌军撤退途中给予坚决打击，在此形势下不敢贸然发动决战，只好满足于现有战果，给哈丁顿送足补给，便撤回英格兰。

西摩勋
爵的阴
谋集团

法国为苏格兰提供庇护，支持他们抗击英国侵略，对苏格兰人来说，这份保护无比重要；然而英国枢密院中潜然滋生的分歧和党争却使苏格兰人获益更多。就连护国公和海军上将这对亲兄弟也陷入争斗：尽管两人分别攀上高位，尊荣显贵，却仍不知足，彼此激烈地嫉妒争竞、各怀野心、各自领导一个阴谋集团，连带整个朝廷乃至整个王国都分裂为对立的两派。海军上将西摩勋爵怀揣不知餍足的野心，性情张狂傲慢、咄咄逼人。尽管普遍认为他的才干胜过护国公一筹，却不如护国公深得国人信任和敬重。他靠着花言巧语和献殷勤的手段，博得当今太后欢心，令她抛开平时的谨慎体面，于先王驾崩后立即下嫁给他。此事办得如此匆忙，假使她很快有孕的话，必定很难判断孩子的父亲究竟是谁。这次联姻带来的尊荣和财富为海军上将的野心提供了强力支撑，却令萨默塞特公爵夫人心生不快，因为弟媳身份比她尊贵。她运用自己对丈夫的强大影响力，极力挑拨是非，使两兄弟生隙，继而矛盾越来越大。^②

359

---

① Hayward, p. 291.

② Hayward, p. 301. Heylin, p. 72. Camden. Thuanus, lib. vi. c. 5. Haynes p. 69.

手足阋墙的最初征象显现于护国公出征苏格兰期间。忠于萨默塞特的国务大臣佩吉特传来消息，西摩勋爵正在枢密院中结党营私，送礼贿赂国王的侍臣，甚至通过不合宜的纵容和慷慨极力讨得幼主的欢心。佩吉特提醒西摩这种做法的危险性，劝他三思：他的家族一夜飞上高枝，树敌无数，他和护国公之间发生任何龃龉，都会被敌人趁隙而入，将他们各个击破。他发现西摩对这番规劝置若罔闻，便给萨默塞特捎信示警，要他赶紧中止苏格兰那边的战事，回来应付国内的对手。在随后召开的议会上，海军上将的提案暗含着对公共安宁的更大威胁。他已经纠集起大批党徒，有实力直接挑战兄长的权威了。他对朋友们表示，历来幼主当国时，护国公与国王监护人总是分别由两个人担任。现在这两份要职都由萨默塞特一肩担当，如此巨大的权威交在任何臣子手中都难保安全。[1]年轻的国王甚至在旁人怂恿下致信议会，声称希望西摩做他的监护人。西摩在议会上、下两院也招揽了众多党羽，希望一呼百应，达成其目的。这个计划尚未付诸实施就败露了，护国公派了几位共同的朋友前去劝谏他，但没有效果，西摩抛出许多威胁之语，鲁莽地叫嚣，倘若他的企图受挫，他就要让本届议会变成英格兰有史以来最黑暗的一届。[2]枢密院发出传唤，要追究他的责任，但他拒不到场。现在轮到枢密院发出威胁了：他们正告西摩勋爵，国王的信不但无法助他达到目的，反而构成他私下拉拢年少无知的幼主、图谋颠覆政府的犯罪实据。他们甚至威胁，要因这卤莽行为把

---

[1]　Haynes, p. 82, 90.

[2]　Ibid. p. 75.

他送进伦敦塔。海军上将见自己的企图遭到挫败，只得屈服，希望
与兄长言归于好。

萨默塞特出于温和节制的秉性，愿意忘记弟弟的阴谋行径；但
后者躁动灵魂中的勃勃野心却没这么容易平息下来。他的妻子、
本朝太后在分娩中不幸亡故，然而西摩勋爵并未将此看作实现抱
负的阻障，反而顺势制定了一个越发出格的晋身之策。他对年方
十六的伊丽莎白公主展开了追求。这位公主即便在成年之后，于
国务倥偬之中、施展抱负之际，仍不能完全摆脱柔情的牵系，此时
似乎已被那个情场高手打动了芳心。[1]不过，鉴于亨利八世留有遗
命，两位公主在婚事上如不征得摄政大臣班子同意，就将彻底失去
王位继承权，而西摩绝无希望通过这一关，由此可以推断，他所筹
谋的成事路径比这更鲁莽、更罪恶。海军上将的其他一切举措都
倾向于坐实这种怀疑。他继续贿赂拉拢国王身边的亲近侍臣，极
力引诱幼主站在他的一边，他设法与幼主建立了秘密通信渠道，他
公开抨击兄长的施政措施，声称护国公招募德意志人和其他外国
人，意欲建立一支佣兵武装，有可能威胁到王权和国人的自由。他
大肆许愿、游说，把许多大贵族拉进自己的派系，他的利益集团已
经扩展到整个英格兰，就连下层的出名人物他也着意结交。他计
算过，一旦有事，自己有能力召集一万人马，由他的仆从、佃户和
家臣组成，[2]他已经给这些人发放了武器。他还把腐化堕落的布里
斯陀尔造币厂主管约翰·沙林顿爵士(Sir John Sharington)发展为

---

[1]　Haynes, p. 95, 96, 102, 108.

[2]　Ibid. p. 105, 106.

自己的党羽，因而自诩永远不会缺钱花。这一切令人警觉的动向
都没逃过萨默塞特的眼睛，他努力通过种种最友善的方式——恳
求、说理，甚至厚施恩赏——促使他放弃危险的计划。但这一切都
毫无效果，护国公开始考虑采取更严厉的解决办法。沃里克伯爵
在两兄弟之间推波助澜，他已经拿定主意，要挑动他们手足相争、
两败俱伤，踏着他们的尸骨求取自己的荣华富贵。

　　沃里克伯爵达德利之父老达德利本是亨利七世驾前大臣，因
暴力勒索、敲诈、曲解法律条文激起民愤，在亨利八世临朝之初成
了国王收买民心的牺牲品。亨利八世大概也意识到这一判决有欠
公正，至少是不合法，因此稍后通过一纸议会法案恢复了小达德利
的贵族身份，又发现小达德利不乏才干且勤勉活跃，便把许多重要
事务交他办理，后者每次都不辱使命。亨利八世提拔小达德利，封
他为莱尔子爵，加授海军上将之衔，临终时又将他列入摄政大臣班
底。幼主登基以来，达德利的地位进一步晋升，已经受封为沃里克
伯爵。他曾出力搬倒南安普顿公爵，从而在护国公领导的枢密院
里位列显要。平基一役英军斩获大捷，在很大程度上有赖于沃里
克伯爵勇气过人、指挥若定。这位伯爵文武全才，得到国人普遍公
认。然而，这一切宝贵品质却盖不住他那逾分的野心、不知餍足的
贪婪，以及不顾体面、藐视公义的性格特点。西摩勋爵的才干和强
烈进取心很令他忌惮，当他发现西摩正致力于一个必将自取灭亡
的鲁莽计划时，便定意要把后者推上绝路，清除自己飞黄腾达路途
上的一个主要障碍。

　　当萨默塞特发现弟弟那富于煽动性的阴谋策划（虽说还算不
上谋反）严重威胁公共安全，便比较容易地接受沃里克的游说，动

沃里克
伯爵
达得利

362

用王室权威予以打击。他先是罢免西摩海军上将之职，又签署拘捕令，将其关进伦敦塔。西摩的一些同党也被拘捕，奉命审问他们的三位枢密院成员报告称，由口供中获得的证据完备而重要。然而，护国公不忍毁掉自己的亲弟弟，迟迟未发出终极打击。他提出，只要西摩答应诚意和解，放弃一切非分之想，退隐乡间安静度日，就可免于起诉。然而西摩拒不回应兄长善意的提议，满口威胁挑衅之语，萨默塞特便命人拟定指控书，罗列三十三条罪名，[①] 呈交枢密院裁决。指控书宣称，每条罪名都有证人证词和被告的笔迹为凭，铁证如山，不容置疑。然而枢密院认为，还需进入伦敦塔实地审问，以便更全面地掌握情况。西摩在庭上毫无惧色，大胆要求公正审判，要与证人对质，要他们把指控书留下供他细看，对一切可能自证其罪的质询都拒不回答。

显然，尽管指控书言之凿凿，指控西摩的证据必定存在某些缺陷，因为尽管上述要求是基于最简单的法律原则和公平原则，却被断然拒绝。如果仔细考察那份指控书，我们确能看出，许多罪名都是笼统的，几乎没有证据支持，还有多项指控即便确有其事，也可以做出更有利于被告的解释；此外，就算西摩总体而言确有不臣之心，但法庭所指控的谋逆计划毕竟才刚刚启动。真正坐实的罪状似乎主要是他在海军上将任内的一些不法行径：诸如为海盗充当保护伞，对商人的非法征敛等。

但是，当权者掌握着一个便利的复仇工具，就是议会，因而根本无须考虑起诉对象是否有罪，或者能不能拿出证据。新一届议

议会召开
11月4日

---

① Burnet, vol. ii. Coll. 31. 2 & 3 Edw. VI. c. 18.

会召开,通过了对西摩的褫夺私权法案。经过百般劝说,幼主才点头允准该法案,他的圣允可谓举足轻重。此案首先呈至上议院裁决,几位贵族起立作证,就他们了解的西摩勋爵的行为方式、有罪言语和活动进行了陈述。这些陈述内容被上议院采纳,视为确凿无疑的证据。尽管被告从前在上议院中亲朋党羽甚众,但此时无人具备足够的勇气和正气提出动议,要求上议院听取他的自辩,指出控方证词应以合法方式提交,并允许他与证人对质。下议院表现出稍多顾虑,甚至有议员对缺席通过褫夺私权法案的程序本身提出异议,坚持对任何人都必须经过正式审判方可定罪。但是,当国王传旨责成下议院继续审理,并将得到上议院采纳的证词提供给他们,下议院便乖顺地默从了。[1] 褫夺私权法案获全票通过。近四百人投了赞成票,反对者不足九人(或十人)。[2] 判决之后,人犯很快就在伦敦塔山被处斩。萨默塞特亲笔签署行刑令,因上述残暴行动而饱受非议。海军上将的图谋似乎主要是针对兄长僭得的权威,虽说以他那野心勃勃、喜欢冒险的性格,将来一旦娶到伊丽莎白公主,可能对公共安全造成威胁,但是所谓防患于未然实在太早,时人普遍认为反应过度,采取的手段亦分明不合法。只能说,与过去那些已经令国人习以为常的褫夺私权法案相比,这一份法案多多少少不那么令人难以忍受,因为其中至少还能见到一点证据的影儿。

本届议会的重要议题,除了对西摩勋爵的褫夺私权法案之

---

① 2 & 3 Edw. VI. c. 18.

② Burnet, vol. ii. p. 99.

右栏注记:
公元 1549 年
西摩勋爵被褫夺私权
3月20日
西摩勋爵被处决
教会事务

外，便是这时节举国关注的教会事务。枢密院任命一个由多位主教和神学家组成的委员会拟定礼拜仪规。委员会本着中庸适度的原则执行这桩微妙的任务，最终完成使命。他们在改革派能够容忍的限度内尽可能地保留了古老的弥撒成分，亦不纵容一切大变革环境中极其自然出现的对抗精神。他们自诩确定了一套各派基督徒都能毫不犹豫接受的礼拜仪规。以往的弥撒礼都使用拉丁语，若非神职阶层发现这样做能在信众内心打下深刻烙印，令他们感觉圣礼具有某种神秘难测的效力，并抑制他们以为熟知所信宗教的自负想法，那么此举必定显得荒唐。不过，由于改革派在少数几个特定方面声称鼓励平信徒的个人判断，将礼拜祷文和《圣经》本身都翻译成大众使用的语言，似乎更合乎这一派的精神。因此，旧的弥撒礼和新礼拜仪式之间的主要差别就在于语言上的改革，并删减了向圣徒的祷告和一些迷信仪式。议会将新礼拜仪规定为所有教堂共同遵循的范式，并明令一切圣礼和仪典均须与此保持一致。①

　　本届议会还通过了另外一部重要法令。旧的教会法规定圣职者须独身，通常认为这种规定乃是罗马教廷的政策使然，其内在逻辑是：神职人员解脱了妻儿家小的牵绊，就会更忠于其灵性元首，而较少依附于世俗当局。不过，人性中固有的迷信原则也大大推进了这种做法的扩展。早在圣职者独身作为一种制度正式确立以前，古代教父们就经常对无玷守贞大唱颂歌。本届议会虽然颁布法令允许神职者结婚，却仍在该法令前言中承认，"教会中的教牧

365

---

① 2 & 3 Edw. VI. c. 1.

人员守贞不婚更为有益,唯愿他们能够自愿弃绝婚姻"。一直以来,
强制神职者守贞、禁止他们结婚的做法造成诸般不便,因此人们往
往在这个具体问题上宽纵一些越轨行为。①在其他一些具体问题
上,由于苦修观念所遗留的深刻印记,以致议会颁布法令,禁止在
大斋节和其他斋期内食用鲜肉。②

至此,天主教信仰的主要信条和惯例都被废除,英格兰的宗教
改革近乎完成,与我们今日所见的状态无二。不过,圣体真在论虽
因新颁圣餐礼和许多古老仪式的废除而被心照不宣地推翻,却仍
在人们头脑中据有一定地位,它是最晚被英国人弃绝的一条天主
教教义。③这条教义之所以根深蒂固,应当部分地归因于先王对此
深信不疑,但最主要的原因在于其内容本身过于匪夷所思,又受到
深度崇敬,这种状况自然会给人的想象力打下深刻烙印。神职人
员同样喜欢这种令人相信他们拥有神奇能力的观念,普通信众则
认为,他们有份于救主基督的血和肉,因而不愿放弃如此神奇、在
他们想象中如此有益的一种特权。民众对这个信条的依恋极其强
烈,以致路德派虽已公然与罗马教廷决裂,却仍审慎地将此信条改
头换面而保留下来。英格兰的天主教宣教士们在其他所有方面均
能保持克制,却屡屡忍不住向民众灌输这一信条。邦纳就因触犯
了这个禁区,加上其他一些违规举动,遭到枢密院审判,被剥夺神
职,失去了自由。加德纳被释放之后,仍然拒不配合确定了最新改
革方案的权威当局,并似乎赞同全体英国天主教徒大力支持的观

---

① 2 & 3 Edw. VI. cap. 21.
② 2 & 3 Edw. VI. cap. 19. 参见本卷卷末注释［S］。
③ Burnet, vol. ii. cap. 104.

点，认为教会的最高元首实为国王，并非替幼主摄政的枢密院。由于拒绝就此问题给出令枢密院完全满意的答案，他被关进伦敦塔，并遭到进一步威胁，要他为触怒枢密院而承受更严重的后果。

对于这些位高权重者的严惩，在当时似乎出于政策之必须，以利于推行统一的公共礼拜仪式和教规。但另外一些迫害单单源于神学家的偏执，别无其他理由，而偏执这种痼疾似乎无药可治。新教神学家们当初勇敢地挺身否认一些久被视作正统的观念，如今轮到他们占据上风，坚信新信仰体系绝对无误，不容任何异议。他们自己险险逃过焚烧异端的火刑堆，现在又打算用同一把火烧死任何敢于表达异议者。枢密院授权大主教和其他元老组成一个委员会，负责审查、搜索所有再洗礼派、异端分子或藐视公祷书的人。[①]委员会成员受命，对这些人要尽可能地劝其悔改，施以宗教惩戒，最后给予赦免。罪犯如果顽固不化，就处以绝罚、监禁，移交世俗当局处理。在执行这项使命的过程中，不必拘泥于通常的审判方法和外在合法形式，如果任何制定法恰巧妨碍委员会行权，枢密院将予以推翻和废除。一些伦敦商人被控告到委员会面前，说他们有异端思想，其中一条是：人重生后就不再有罪，外在的肉体虽然可能犯罪，但其内心却再无可能产生任何罪孽。他们接受委员会的规劝公开悔过，随即获释。然而偏有一个被控异端的女子，名叫琼安·博彻(Joan Bocher，也叫"肯特的琼安")，无论委员会怎样劝导施压，始终态度死硬。她的异端学说是，"基督并非真由童贞女马利亚肉体所生，人类外在的血肉之躯源于罪孽、生在罪

367

---

① Burnet, vol.ii.p.3. Rymer, tom.xv.p.181.

中,因此绝不为基督所取。是神的话借着童贞女马利亚内心的顺服实现道成肉身"①。这个观点看起来确乎离经叛道,因而有必要将这顽梗不化的女人送上火刑堆。然而,国王爱德华尽管时年冲幼,却比驾前所有的顾问和导师更明事理,他抗拒了很久,不肯在死刑令上签字。克兰默被搬来说服幼主,他说,直接违背使徒信经大大不同于其他神学问题上的错误,前者是对神不敬,一国之君身为神在地上的代理人,理当给予镇压,就像下级法官必须惩处对国王本人大不敬的罪行一样。爱德华经不起再三强求,最终含泪屈服,他对克兰默说,若有任何冤屈,一切罪责都要归在他头上。大主教再次试图劝说那女人回归正道,但发现她依然顽固,怎样都说不通,最后把她送上了火刑堆。过了些时候,一个名叫凡·帕里斯(Van Paris)的尼德兰人被控为阿里乌斯派异端,也受到同样的惩罚。他受刑时显得无比满足,甚至拥抱、亲吻熊熊燃烧的柴捆,这样的迷狂,在那个年代的殉道者当中并非孤例。②

　　这些严酷措施很快便压服了国人,无论真心还是假意,举国上下一致遵从新教义和新的礼拜仪规。只有玛丽公主继续举行弥撒礼,不接受新立的规矩。当她遭受压力和威胁时,便向皇帝提出申诉。后者向英国大使腓力普·霍比爵士(Sir Philip Hobby)施加影响,争得枢密院暂时对她假作不见。③

---

① Burnet, vol.ii.coll.35. Strype's Mem Cranm p.181.

② Burnet, vol.ii.p.112. Strype's Mere.Cranm.p.181.

③ Heylln, p.102.

第三十五章　爱德华六世(二)

民众的怨望—暴乱—对苏格兰战事—对法战事—枢密院党
争—反对萨默塞特的阴谋—萨默塞特下台—议会召开—对法兰
西和苏格兰议和—交还博洛涅—迫害加德纳—沃里克获封诺森伯
兰公爵—沃里克的野心—审判萨默塞特—处决萨默塞特—议会召
开—新一届议会—变更王位继承次序—国王病倒—国王驾崩

举凡文明社会中的弊端，无论何等严重，总会伴有这样那样
的益处，没有一无是处的。改革之初，旧时福利的丧失总会带来切
肤之痛，而维新的好处却有待时日方能逐渐显现，故尔无法为大多
数国民感知。总体而言，我们想不出有哪种制度比修道院制度更
有碍于人类利益，但它也在许多方面造福社会，修道院被取缔后，
这些附带的益处也不复存在，令英格兰民众惋惜不已。改革前，僧
侣们长居领地中心的修道院里，在本地区内消费，他们花出去的钱
流入佃户们手中，如此提供了一个现成的商品市场，使穷人能够赖
以维生。尽管修道院乐善好施的作风大有鼓励懒惰之嫌，有碍于
公共财富的增长，却也为很多人提供了救济，纾解了贫民缺衣少食
的极端困境。还可以观察到，僧侣们拘于戒律，遵循特定的生活方
式，因此较少贪婪勒索，普遍公认他们是全英格兰最善良、最宽容的

地主(如今罗马天主教国家的情况依然如此)。修道院院长和长老们获准以低估的价格出租土地，作为回报，可从佃户那里收取大笔实物馈赠，今日各地主教和大学仍在延续这种做法。然而，修道院的地产被大贵族和廷臣们瓜分之后，管理方式就不再一样：地租提高，佃户们出售土产却变难了。地主们的钱大都花在首都，而遥远田庄上的农户则要承受新东家(或者比东家更贪婪的管家)的压榨。

还有另外一些因素加剧了民间的怨望。尽管英国的制造业水平比欧洲其他国家落后很多，但工艺技术的发展速度仍然远超农业技术。该领域大量使用机械，最需要头脑和经验。由于国内外对羊毛的需求旺盛，土地用作牧场比粗放的耕作更有利可图，于是一片片领地被圈起抛荒，佃户们成了无用的负担，被逐出家园。就连普通农户也失去了从前放牧牲畜的公地，生活陷入困顿。王国人口和繁荣程度显著下降。[①]民众的这些怨望如今已成往事，托马斯·莫尔爵士在《乌托邦》(*Utopia*)中曾有评论说，英格兰的绵羊远比狮子、豺狼更贪婪，大片大片的村庄、城镇和地区都被它们囫囵吞食。

此外，发现西印度群岛之后，欧洲的金、银供应量大增，这个因素也加剧了民间的苦情，激起民怨。商业发达国家的需求不断增长，凡是容易运销到各地的商品，价格都随之水涨船高；但在英格兰，那些无法轻易改变生存环境的劳动者薪资水平却一成不变，穷人抱怨说他们像从前那样劳作已无法维持生计，要想糊口只能格外吃苦卖力。尽管这种劳力的额外付出归根结底是当时局势的

---

① Strype, vol. ii. Repository Q.

影响,也有益于社会,但是人们很难摆脱从前的懒惰习惯,只有穷到迫不得已,他们才会如此卖力地发挥自身才能。

此外必须指出的是,亨利八世一生挥霍无度,虽然贪婪聚敛,仍然深陷财务危机,他曾经为了应付急需采取饮鸩止渴的办法,降低铸币成色。本朝以来,护国公几番出征,财政捉襟见肘之余唯有沿用前朝的老路,而且在这条路上越走越远。通常的后果随之显现:良币被囤积或外流,大量劣币在国内铸造或从海外流入,老百姓收到的工资都是劣币,无法以平价购买商品。国内异议蜂起,商业停滞,英格兰遍地民怨鼎沸。

护国公喜欢博取民望,亦是出于对百姓苦情的怜悯,采取措施试图除弊兴利,但客观上助长了民间的怨声。他委派专员调查圈地情况,并发布政府公告,命令所有近期圈占的土地须限期拆除围栏。民众得到官方支持越发胆壮,在好几个地方群起鼓噪作乱,但在规劝和说服下都被安抚了。为了进一步迎合民意,萨默塞特委派新专员巡察各地,赋予他们无限权力,聆诉并裁断与圈地、公路和民舍有关的一应案件。[①]这个委任在绅士和贵族阶层中不得人心,他们指责此举专横违法,而老百姓害怕新政策落空,迫不及待要求立即兑现,民间怒火升腾无法遏制,遂诉诸武力。英格兰岛内数地同时爆发平民暴动,仿佛经过串谋一般。在威尔特郡,暴乱分子被威廉·赫伯特爵士驱散;相邻的牛津和格洛斯特两郡暴动被格雷·德·威尔顿勋爵荡平。许多暴乱分子陈尸沙场,另一些人依照军法被处决。汉普郡、萨塞克斯、肯特和另外几郡的暴乱也被

暴乱

371

---

① 　Burnet, vol. ii. p. 115. Strype, vol. ii. p. 171.

绥定，手段相对温和。不过，德文郡和诺福克郡的形势较为严峻，可能造成更危险的后果。

　　德文郡的平民暴乱始于一般性的反对圈地、抗议士绅阶层的压迫，但在桑普福特－考特尼教区牧师的鼓动下，民众的不满转向宗教方面。在当前紧急态势下，这个微妙话题立即使暴乱平添了一重令人紧张的色彩。其他各郡士绅无不与当局保持紧密团结，但在德文郡，许多士绅却站在平民一边，其中包括圣米迦勒山(St. Michael's Mount)总督亨弗雷·阿伦代尔(Humphry Arundel)。乱军组织有序，形同正规军，为数多达万人。拉塞尔勋爵奉命率一支小股部队前去平叛，发现敌强我弱，不宜接战，遂与对手保持距离，启动谈判。他希望拖延些时日，待叛乱者的怒气稍平，大军给养困难，就会自然散去。叛军的要求包括：恢复弥撒礼，归还半数修道院地产，重启六项条文法案，礼敬圣水和圣饼，并匡正其他所有弊政。[①]这些要求经拉塞尔之手转呈枢密院，后者傲慢地答复，命令叛军就地解散，立即投降者可予宽赦。叛乱者极度失望之下怒气填膺，拔营向埃克塞特进军，其队列以十字架、旗帜、圣水、圣烛台和其他旧时迷信器物为先导，并有华盖遮蔽的圣体饼。[②]埃克塞特市民紧闭城门，叛军没有火炮，攻城时先架云梯，再挖坑道，但每次进攻都被守军击退。同时，拉塞尔在霍尼顿(Honiton)按兵不动，直到威廉·赫伯特爵士和格雷勋爵率领所部及一批德意志骑兵来援，此外还有巴蒂斯塔·斯皮诺拉(Battista Spinola)指挥

----

① 　Hayward, p.292. Hollingshed, p.1003. Fox, vol.ii.p.666. Mem.Cranm.p.186.
② 　Heylin, p.76.

的一队意大利火枪手。拉塞尔这才决定起兵解救危在旦夕的埃克塞特。他向叛军发动进攻，将他们逐出所有据点，在进攻和追击中斩杀无数，[1]并捉获大批俘虏。阿伦代尔和其他一些叛乱首领被押赴伦敦，审判后处决。许多次要人物则以军法问罪处死。[2]圣托马斯教区牧师是煽动叛乱的首恶之一，被挂在自己教堂的钟楼尖顶上绞死，死时身着天主教神父袍，腰缠他自己的念珠。[3]

　　诺福克的暴动势头更猛，也伴随着更严重的暴力。像其他地方一样，民众起初因反对圈地而鼓噪起事，一旦发现己方人数已多达两万之众，他们就张狂起来，进而提出更不知天高地厚的主张。他们要求镇压劣绅，撤换国王身边的辅政大臣，恢复旧的宗教仪规。有个名叫凯特(Ket)的硝皮匠自命为暴民领袖，以极端傲慢和残暴的方式在他们中间行使权威。攻下诺威奇(Norwich)附近的穆斯霍德山(Moushold-Hill)以后，他在一棵老橡树下设立了自己的特别法庭，那棵树由此得名为"改革橡树"。他传唤士绅们出庭受审，至于裁决结果如何，我们由此人的性格和所处地位完全可想而知。北安普顿侯爵最早奉命前往平叛，但一战败北，折损了谢菲尔德勋爵。[4]护国公顾及自身民望，不愿亲自领兵镇压暴乱。他派沃里克伯爵带领原拟讨伐苏格兰的六千人马出师平叛，从而把博取更高声望的机会拱手让给了自己的死敌。沃里克先是试探性地与叛军进行了几次小规模交锋，最后发动全面攻击，一举将其击

373

---

① Stowe's Annals, p.597. Hayward, p.295.

② Hayward, p.295, 296.

③ Heylin, p.76. Hollingshed, p.1026.

④ Stowe, p.597. Hollingshed, p.1030-1034. Strype, vol.ii.p.174.

溃。在战斗和追击过程中，歼敌共两千人。凯特被绞死在诺威奇城堡，他的九名追随者也被绞死，悬尸在改革橡树的枝杈上。暴乱至此被彻底平定。约克郡的部分暴乱分子闻知同伙的下场，识时务地接受了王军的宽赦条件，缴械投降。不久，护国公便向全国发布了普遍赦免令。[①]

尽管英格兰国内暴乱迅速被绥平，事后仿佛了无遗痕，但英国的对外利益却因此承受了诸多不良后果。沃里克伯爵的人马本来可能对苏格兰形成强大威慑，结果被匆促召回，令法军主将得以从容整备和安顿苏格兰局面。他攻占布劳蒂城堡，斩杀所有英国守军，继而围困哈丁顿，虽然达克雷勋爵设法给该城送去了援兵和补给，但英国人发现，要守住该据点必须付出高昂代价，甚至是不可能的。哈丁顿周边乡野饱受双方军队的蹂躏，已是一片荒芜，根本无法给守军提供给养。该据点位于两国边界以北三十英里，英方补给车队必须由正规军护送。此外，哈丁顿守军中爆发疫病，天天都在减员，战斗力极差。基于上述种种原因，英军指挥部下令弃守哈丁顿，将城中火炮和守军撤至贝里克，由已被任命为东部边区民防长官的拉特兰伯爵负责执行这一命令。

法王亨利二世也趁英国内乱之机发动攻势，欲收复博洛涅和当初被亨利八世占据的所有地方。法王以其他借口集结部队，突袭博洛涅，连破塞拉克（Sellaque）、布莱克涅（Blackness）和昂布勒特斯（Ambleteuse）三处城堡，这些地方的英国守军尽管兵员、弹

対苏格兰战事

対法战事

---

① Hayward, p. 297, 298, 299.

药和粮草都很充足，却是未及招架便已落败。①法军还试图奇袭布伦堡(Boulenberg)，但被击退。但是英国守军见其他几处城堡均已落入敌手，认为此地终归守不住，遂捣毁工事，主动撤回博洛涅。时值秋季，淫雨绵绵，法军营中爆发时疫，亨利见此情形，完全丧失了夺取博洛涅的信心，返驾巴黎。②行前他将指挥权托付给沙蒂永勋爵(lord of Chatillon)加斯帕·德·科利尼(Gaspar de Coligny)，就是日后大名鼎鼎的那位科利尼将军。亨利命科利尼于次年春季完成对博洛涅的包围。这位将军生性闲不住，这一冬对博洛涅发动了数次攻势，均未成功。

法国舰队指挥官斯特罗齐试图进攻泽西岛，恰遇一支英国舰队，他下令开战，但似乎并未取得决定性战果，两国史家对于这次交锋也各有说法。③

对法开战后，护国公为寻求保障，极力争取与皇帝结盟，他派遣国务大臣佩吉特赴查理皇帝宫廷所在地布鲁塞尔，协助英国常驻大使腓力普·霍比爵士与皇帝磋商结盟事宜。但查理皇帝久已蓄谋扮演天主教捍卫者的角色，借此实现其开疆拓土的宏愿。他虽然极想接受英国之邀，合力对付他的死敌法兰西，却感到如果在严格意义上和这个已然与罗马教廷彻底决裂的国家结盟，不利于自己在其他方面的野心。因此，他拒绝了英国抛来的橄榄枝，对英方使臣一味以虚言应对。霍比爵士在一封信中详细记载了这次谈判的具体情形。值得注意的是，皇帝在与英国使臣的一次交谈中

①　Thuanus, lib. vi. c. 6.

②　Hayward, p. 300.

③　Thuan. King Edward's journal, Stowe, p. 597.

说过，英格兰国王的特权大于法兰西国王的特权。[1]此信的保管者伯奈特(Burnet)还补述了另一个类似的例子，他说苏格兰人拒绝将本国女王嫁给爱德华六世的理由之一，就是英格兰国王的特权更大，会盖过苏格兰国王的特权。[2]

萨默塞特眼看不能指望来自皇帝的助力，有心与法国和苏格兰议和。首先是因为他没有实力支撑如此消耗巨大的战争，另一重原因在于，他认为失去了可争取的目标，再打下去已是无谓。苏格兰人已经把小女王送到法国，就算有意，也无法与英王爱德华成婚。再者，亨利八世曾经保证过在1554年归还博洛涅，如此看来，提前几年履行此约无非小事一桩。不过，当他向枢密院提出上述理由时，却遭到政敌的强烈抵制。他们不为别的，专要跟萨默塞特作对，看出他无力维持战争，便反对所有议和提案。英国宫廷党争激烈，事态的发展即将引发一个问题，给护国公的权柄带来致命打击。

萨默塞特凭一纸特许状得享王室尊荣，自此一味独断专行，全不把其他摄政大臣和枢密院成员放在眼里。此时此际他位尊爵显，又因平基大捷而居功自傲，认为不管是谁，必须事事依从他的好恶。凡是不对他俯首帖耳的人，定然遭到漠视；若有人胆敢违抗他的意志，则难逃护国公的愤怒或蔑视。[3]尽管他表现出雄霸一切权柄的心志，但是各方面能力似乎均不足以匹配这份抱负。与萨默塞特相比，沃里克更狡猾也更有手腕，体面的外表之下掩藏着深

枢密院
党争

375

---

[1] Burnet, vol.ii.p.132, 175.

[2] Idem, p.133.

[3] Strype, vol.ii.p.181.

不可测的心机，他与重返枢密院的南安普顿伯爵勾结，结成一个强大的派系，决心从护国公的威权之下解放自己。

　　心怀怨忿的枢密院诸公发现，国内局势对他们的阴谋有利。贵族士绅们普遍对萨默塞特的亲民表现感到不满，他们把近来遭受的一切侮辱都归咎于护国公，指责他平乱不够雷厉风行，一味讨好百姓，担心他如此追求民望会引发新的动荡。他在自己府上设立了一个为民纾难的小型上访法庭，[①]并且时常干预审判，替百姓向法官交涉。这种行为可以说是违法的（倘说那个时代有什么行使特权之举可以确切无疑地称作违法，这便是一例）；而且，这种逾权尝试在旁人看来更是失策，因为此举会惹恼贵族阶层，而他们才是君权最可靠的支柱。

　　尽管萨默塞特致力于讨好民众，但是他与民众之间缔成的利益连结却丝毫不能服务于他的抱负。拥护天主教的一派在下层民众中间仍然保有很大影响力，他们公然与护国公为敌，抓住一切机会诋毁他的一举一动。他褫夺自己兄弟的公权并亲笔签署处决令，造成了很糟糕的影响；他引入外国佣兵的政策也被说成居心叵测；他一路飞黄腾达，身家财产陡然暴增，侵夺了教会和王室的利益，令时人为之侧目，此外，他在斯特兰德(Strand)修筑的宫室过于宏伟，加上修建过程中的其他一些状况，更使他成为众矢之的。圣玛利教区圣堂和三位主教宅邸都被拆毁，以便给这座宫室腾让土地和提供建筑材料。护国公如此亵渎神明还嫌不够，还试图拆掉威斯敏斯特教区的圣玛格丽特教堂，取其石材用于同样目的，但是该

---

①　Ibid.p.183.

376

教区民众群起反抗，赶走了护国公雇用的工匠。随后，萨默塞特转而盯上了圣保罗教堂墓园中的一座小教堂及其附属的修道院和一处尸骨停放所，他拆毁了这些建筑物以及耶路撒冷圣约翰骑士团的一座教堂，获取建材为自己修筑宫室。更激起民众反感的是，工程中众多死者的坟墓和纪念碑被毁坏，尸骨被挪走，埋在未经祝圣的地点。[①]

　　萨默塞特的政敌将这一切有欠审慎的举动引为攻击他的口实，决计要加以利用。枢密院议长圣约翰勋爵、沃里克伯爵、南安普顿伯爵和阿伦代尔伯爵会同其他五位枢密院成员在伊利宫开会，自称拥有枢密院一切权力，开始抛开护国公独立行权，并将护国公斥为公众不满和一切祸患的始作俑者。他们致函全英格兰的大贵族和显要士绅，告知他们目前采取的措施，并请求协助。他们派人请来伦敦市长和市议员，责令其听命于枢密院，不要理会萨默塞特公爵发出的任何与之相悖的指令。他们还向伦敦塔卫戍长下达同样命令，后者表示决心追随他们。第二天，御前大臣里奇、北安普顿侯爵、什鲁斯伯里伯爵、托马斯·切尼爵士、约翰·盖奇爵士、拉尔夫·萨德勒爵士以及首席大法官蒙塔古都加入了反对派阵营，护国公的权威面临严峻挑战，形势对他大大不利。他派国务大臣佩特里去跟枢密院交涉，结果佩特里一去不归，选择留在对手阵营。他呼召伦敦市议会相助，后者众口一词地宣布支持新措施，坚决拥护反对派。[②]

10月6日

反对萨默塞特的阴谋

---

① Heylin, p.72, 73. Stowe's Survey of London. Hayward, p.303.
② Stowe, p.597, 598. Hollingshed, p.1057.

　　护国公闻知枢密院背叛自己，马上安排国王撤离当时驻跸的汉普顿宫，武装自己的亲朋和仆从，大有跟对手一决雌雄的架势。但是除了克兰默和佩吉特两人，没有一位贵族愿意追随他，民众也不起来回应他的召唤，伦敦城和伦敦塔都声明反对他，连他身边至近的朋友都已弃他而去，见此情形，他完全失去获胜的指望，开始向对手乞请宽赦。消息一经传出，几位迄今仍保持中立者（包括拉塞尔勋爵、下议院议长约翰·贝克爵士和另外三位枢密院成员）立即投向以沃里克为首的阵营。枢密院发布公告，将己方采取的行动和意图告知天下，又出于同样目的致信玛丽和伊丽莎白两位公主；他们上书国王，首先无比谦卑地申明自身作为臣子的义务和顺服态度，接着向国王说明，他们是奉其父王指派、于国王陛下未成年期间管理国家政务。他们先前推举萨默塞特担任护国公，明确前提是后者应听从他们的建议和指导，然而萨默塞特却篡夺了一切权力，完全不听他们的忠告，甚至在每件事务上反其道而行之；此人纵肆已达登峰造极的地步，甚至招募武装对付枢密院，并布署在御驾左右。因此他们恳请国王陛下允准他们御前侍奉，以慰君心，恢复对他们的信任；并请陛下将萨默塞特的手下从身边赶走。上述要求被全盘接受：萨默塞特只希望获得从轻发落，也蒙应允。但他随即被送进伦敦塔，[①]他的几个朋友和同党也被关押，其中包括后来赫赫有名的塞西尔（Cecil）。针对他的起诉状被公之于众，[②]其中最主要的（至少是最有根据的）一条罪名是指控他篡夺政权、

378

---

　　① Stowe, p. 600.

　　② Burnet, vol. ii. book i coll. 46. Hayward, p. 308. Stowe, p. 601. Hollingshed, p. 1059.

独揽朝纲。而他通过那份特许状获得不受任何法律制约的绝对权力，根本未被纳入指控范围，因为按照时人的观念，这种授权权柄在某种程度上涉及王权概念本身。

天主教人士因这场政变欢欣鼓舞，他们认为政府近来的革新举措都是护国公大权独揽的结果，因而祈望此番萨默塞特倒台，将为古老宗教卷土重来铺平道路。不过，沃里克如今在枢密院一言九鼎，他根本不在乎这些信仰争议的是是非非，当他发现改革派理念已经深入爱德华国王的心，不那么容易抹去，便决定顺应年轻君主的宗教倾向，不走任何险棋，以免危及自己刚到手的权力。他刻意及早表态支持改革——南安普顿伯爵是亲罗马派的首领，也是他眼中一个危险的竞争对手，这位原本意气风发的贵族受此打击，心灰意冷地退出枢密院，不久便忧愤失望而死。其他支持政变的枢密院成员各自得到升官晋爵的奖赏。拉塞尔受封贝德福德伯爵，北安普顿侯爵得到宫务大臣之职，温特沃斯勋爵不仅当上了内廷大臣，还得到施泰尼（Stepney）和哈克尼（Hackney）这两处大庄园，它们是从伦敦主教教区被划出来的。[①]新政府成立了一个摄政委员会，这并不是先王亨利在遗嘱中指定、基于议会法令组建的唯一合法的政务班子，这个新委员会的大部分成员都是先前由萨默塞特任命的，因而他们的任职资格从根本上讲来自一个已被宣布为篡僭的非法权力源头。但是在那个时代的英格兰，此类细节的意义极少有人领会，更无人在意。

新一届议会于此际召开，鉴于该机构一贯奉行的原则是默认

11月4日
议会召开

---

① Heylin, p.85. Rymer, tom. xv. p. 226.

任何既有政权,因此枢密院并不担心来自这方面的反对,反而更有理由期待来自议会的权威认证。萨默塞特在威压之下,已经当着枢密院跪倒在地,应承了对他的所有指控,他把这些不端行为归咎于自己的鲁莽、愚蠢和轻率,而不承认自己包藏祸心。[①]他甚至在认罪书上签了字。这份材料被呈交给议会,议会成立一个委员会审查此案,听他亲口承认供词真实无误,此后议会经投票表决,决定剥夺萨默塞特的一切官职,每年罚款两千镑,以土地抵偿。圣约翰勋爵受命接替其财务大臣之职,沃里克顶替他担任英格兰纹章院院长。对萨默塞特的迫害至此告一段落。国王降旨豁免了他的罚金,他本人也恢复了自由。沃里克认为他已经足够俯首下心,再者,他近来驯顺卑服的表现已令其威望大损,于是重新将他召入枢密院,甚至同意与其家族联姻,让自己的儿子达得利勋爵迎娶萨默塞特之女简·西摩小姐(lady Jane Seymour)。[②]

本届议会通过一部旨在抑制暴乱的严厉法案。[③]法案规定,凡聚众妄议任何国事,人数达到十二人,不听合法地方治安官员命令拒绝散去者,即构成叛国罪;凡未经合法授权破坏树篱或强拔圈地木桩者,即构成刑事重罪;凡图谋杀害枢密院成员者亦以同罪论处。与会主教们提交一份请愿书,抱怨世俗法院蚕食教会法院权柄,当前教会法又被悬置,以致他们的一应权力都遭到侵夺,他们无法传唤罪犯、惩治恶行、施行教会惩戒。他们声称,主教权威如此被削弱,极大地鼓励了社会上的不道德倾向,导致伤风败俗行为

380

---

① Heylin, p.84. Hayward, p.309. Stowe, p.603.
② Hayward, p.309.
③ 3 and 4 Edw.Ⅵ.c.5

随处蔓延滋长。一些主教提出恢复初期教会的感化矫正制度，但其他人认为，将这样的权柄托付给主教们，其结果定会比告解、苦修以及罗马教廷的所有迷信发明更具压迫性。目前，议会满足于授权国王指派三十二位专员编纂一部教会法，该法无须议会批准即具有合法性。他们对王权寄予此等绝对信任，全未考虑到自己的自由和身家财产统统会受到这部教会法的影响。[①]但爱德华国王没能活到御准新教会法的一天。约翰·沙林顿爵士当初在西摩勋爵一案中罪行昭彰，但本届议会撤回了对他褫夺私权的判决，[②]此人极力讨好激进改革派，以致拉蒂莫主教言之凿凿地声称，他从前虽然是个臭名远扬的无赖，但是如今他已彻底改悔，成为一个极诚实的人。

以沃里克为首的摄政班子开始行使权力，他们此时发现，自己陷入了护国公当初面临的困境。国库枯竭，无力支撑对法国和苏格兰的战争；国内纷争未息，对外开战也暗含危险；再者，他们现在也承认，就算能连战连胜、打出堂堂威风，然而这场战争终究没有什么值得争取的目标。当初他们借口反对萨默塞特的议和主张而鼓噪生事，只为把他赶下台。现在，他们先派托马斯·切尼爵士觐见皇帝，再次恳请皇帝出手保护博洛涅，但未获理睬；于是他们只能考虑接受法王亨利通过佛罗伦萨商人奎多蒂(Guidotti)转致的议和条件。英方派出贝德福德伯爵、约翰·梅森爵士、佩吉特和佩特里四人作为全权谈判代表渡海赴博洛涅。法王亨利断然

1550 年

对法国和苏格兰议和

---

① 　3 and 4 Edw.Ⅵ.c.2

② 　Ibid.c.13.

拒绝支付拖欠的两百万克朗年金,这是他父王当年承诺付给英王 381
的。亨利说,他永远不会同意向任何君主纳贡。不过,他提出可为

交还博洛涅

英方立即归还博洛涅支付一笔偿金,最后双方商定这笔偿金为数

3月24日

四十万克朗,其中一半现付,另一半在次年八月付清。法方提供六
名人质,作为履约担保。和约将苏格兰包括在内:英方承诺将劳德
和邓格拉斯(Dunglas)两地归还苏格兰,并拆除罗克斯堡和埃茅斯
(Eymouth)这两座城堡。[1]和约一朝签定,英方立即开始酝酿一个
亲善计划,法王亨利也乐于接受这个相当符合自己利益和心愿的
提议。时隔不久,英王爱德华六世与法国公主伊丽莎白缔结婚约,
双方稍经谈判,就商定了婚约的所有条款。[2]然而这段姻缘永远都
没有机会真正成就。

　　法王亨利二世残酷迫害新教徒,现在英王打算迎娶他的女儿,
令英格兰新教徒难以接受。但在其他一切方面,枢密院都在稳步
推进改革,出台了多项反对天主教的法律法规。少数几位教会高
层人士仍然眷恋旧教,他们为保住主教职位也做出过某些服从的
表示,却在自身安全范围内尽可能地拖延执行新法,并在暗中鼓励
怠惰抗拒者。于是当局决心找借口罢免这些主教。这一图谋实际
操作起来比想象得更容易,因为主教们上任时都按规定接受了王
室委任状,其中宣称,他们的任期全凭国王陛下旨意而定。为达到
杀鸡儆猴之效,执政者选择先拿加德纳开刀。对他的迫害手段极
其横暴,几乎毫无法律正义可言。当局下达强制令,要他在布道中

----

① Burnet, vol.ii.p.148. Hayward, 310, 311, 312. Rymer, vol.xv.p.211.

② Hayward, p.318. Heylin, p.104. Rymer, tom.xv.p.293.

向信众灌输：哪怕国王尚未成年，臣民也有义务服从于他。加德纳对此置之不理，遂被投入监牢，拘押长达两年之久，其间迫害者除了说他拒不服从上述武断命令之外，找不出任何罪名来指控他。萨默塞特公爵、国务大臣佩特里和其他几位枢密大臣都被派去试探他，并极力搜求任何罢免他的把柄。加德纳宣称：自己诚心诚意服从政府，支持国王陛下颁布的法律法规，遵从新颁仪规主持敬拜。他的表现令迫害者大失所望。[1]他们派出新的代理人，要求他签字承认以下几条：承认自己既往犯有过失，当局监禁他合理合法；承认国王是教会至高元首，定立及取消宗教节日是君权的一部分；承认公祷书神圣而值得推崇；承认幼主享有完整君权；承认废止六项条文法案的公正性；承认国王享有全权匡正和改革教会戒律、治理或教义中的任何缺陷。加德纳声明愿意签字承认上述所有条款，唯第一条除外。他坚称自己的所作所为清白无辜，他不能承认自己从未犯下的过错。[2]

枢密院见加德纳态度如此坚定，便定意给他增添更多麻烦，阻止他表态顺服。他们精心拟出多项新条款，送去让他签字，其中观点都是他们认为加德纳万难接受的。他们使出如此苛刻手段还嫌不足，又坚持要他俯首认罪。为了加重羞辱，他们要求加德纳承诺在教会讲坛上公开宣传上述所有条款并撰文发表。加德纳看出他们意图在肉体或名誉上毁掉他，说不定企盼坐收一箭双雕之效，遂咬紧牙关，不肯再退半步，让敌人称心。他仍然坚称自己清白无辜，

①　Heylin, p.99.

②　Collier, vol.ii. p.305, from the council books. Heylin, p.99.

要求公正的审判，声称在恢复自由之前拒绝签署更多条款。当局基于上述所谓过失，宣布将加德纳主教停职三个月，但此举并未使他稍显顺从，于是枢密院指派一个委员会审理此案——或者更确切地说，是给加德纳定罪。审判委员会成员包括大主教克兰默、伦敦主教、伊利主教、林肯主教、国务大臣佩特里、詹姆斯·黑尔斯爵士(Sir James Hales)和其他几位律师。加德纳抗议该委员会不合法，因其没有任何法律条文或先例作为依据。他在审判委员会手下向国王提起申诉，但未获理睬。他被宣判有罪，被剥夺主教职位、严密监视居住。他的账册和文件均被查抄，禁止与任何人接触，不得与外界有任何信件或消息往来。[1]

　　加德纳和所有主教都曾接受国王有权任意罢免其神职的条款。枢密院情知这个让步是借非法手段高压逼索而来，因而不愿借此途径，而是选择通过某种法律形式罢免他们，但这一决定却造成了更严重的不公和苛政。至此改革派仍不善罢甘休。他们又以违旨抗命为借口，罢免了奇切斯特主教戴伊(Chichester)、伍斯特主教希思(Heathe)和埃克塞特主教沃伊齐(Voisey)。就连诸事顺从的兰达夫(Landaff)主教基钦(Kitchen)、索尔茨伯里主教卡朋(Capon)和考文垂主教萨姆森(Samson)也被怀疑暗怀异心，他们只得拿出圣职收入的一大部分打点贪婪的廷臣，以寻求庇护。[2]

　　劫掠者连些微小利都不放过。枢密院下令清除威斯敏斯特图

公元
1551年

---

①　Fox, vol. ii. p. 734, &seq. Burnet, Heylin, Collier.

②　Goodwin de praesul Angl. Heylin, p. 100.

书馆中收藏的一切弥撒书、神迹著述和其他迷信书卷，把书上的装饰物上缴给安东尼·奥歇爵士(Sir Anthony Aucher)。[1]这些书卷有很多镶金嵌银，装饰瑰丽。也许正是这些华丽装饰招来了令它们惨遭涂炭的迷信罪名。牛津大学的多所图书馆同遭此难。大批图书和手稿被不加分辨地销毁，许多神学卷秩因装帧华贵而遭劫，文学典籍被批判为无用，地理学和天文学著作则被说成只包含巫术内容。[2]大学管理者无力抗拒上述野蛮的暴力行径，他们本身也面临着丢掉饭碗的风险，其职位和收入随时可能被沃里克伯爵及其同党侵吞。

384　　　所有人都屈服于枢密院的淫威，唯有玛丽公主绝不退让。她坚持继续做弥撒，拒不遵从新颁的圣礼仪规。有一段时间，她的行为得到默许，但当局最终还是出手逮捕了她的两位私人神父马莱(Mallet)和伯克利[3]，并对公主本人的抗命行为提出正式抗议。枢密院致信玛丽公主，极力劝她改变立场，并试图说服她承认自己的宗教信仰理据偏颇。他们请公主回答，用信众听不懂的语言祷告、使用圣像以及为死者献祭这些做法，在《圣经》中有何依据？他们请公主研读圣奥斯丁(St. Austin)和其他一些古代神学家的著作，由此必能认识到罗马天主教迷信的谬误，证明其教义体系完全以荒渺的神迹和骗人的传说为基础。[4]玛丽公主始终不为这些劝告所动，宣称她宁死也不放弃信仰。她说，怕只怕自己配不上以身殉

---

① Collier, vol. ii. p. 307, 引自枢密院账簿。

② Wood, hist. & antiq Oxon lib. 1. p. 271, 272.

③ Strype, vol. ii. p. 249.

④ Fox, vol. ii. Collier, Burnet.

道的荣耀。至于那些新教著作,她感谢上主自己从未读过,并且希望永远都不要读。玛丽公主害怕遭到进一步逼迫,曾经试图出逃,寻求母系宗亲查理皇帝的庇护,但因走漏风声计划失败。[①]皇帝申言维护玛丽公主,甚至威胁说,如果公主的宗教信仰自由被剥夺,他就要对英开战。英国枢密院深知当前国家实力有限,打不赢这样一场战争,所以情愿妥协,但他们发现年轻国王的道德良知却是个难以逾越的障碍。爱德华六世自幼饱受新教熏陶,极其痛恨弥撒和罗马天主教的其他礼规,视之为渎神的偶像崇拜,认为自己若是容忍此举,便于此罪有份。经克兰默、雷德利和皮奥内(Poinet)三人苦苦相劝,他终于勉强同意让步,同时泪如雨下。他悲叹长姐顽固不化,痛哭自己苦命,不得不忍受她在自己眼前继续进行如此可憎的崇拜。

此时此际,新教阵营同仇敌忾,以罗马天主教——或者更准确地说教宗党人——为最大的敌人。各个新教派别将天主教视为公敌,后者时刻给福音信仰带来威胁,要用火和剑消灭新教徒。这时候他们还没有余暇关心自己阵营内部的细微分歧,直到后来,这些分歧才引发轩然大波,信仰上的争吵和敌对使整个王国陷入混乱。当时布塞珥、威尔米革立(Peter Martyr)和另外一些知名的路德派教改家为躲避查理皇帝的迫害,从德意志逃到英格兰,在这片土地上得到了庇护和鼓励。有位名叫约翰·阿拉斯科(John A-lasco)的波兰贵族,被严苛的天主教当局驱逐,一度落脚于东弗里斯兰的埃姆登(Embden),在那里成为一间改革宗教会的牧者。由于预见

---

①　Hayward, p.315.

到迫害即将临头，他带领本教会的信众一起迁往英国。英国枢密院认定这些人勤勉而有用，希望吸引更多这样的人群移居英伦，于是对他们颇为优待，不仅把奥古斯丁修道团的教堂拨给他们使用，还颁发特许状，准其成立宗教法人团体，由一位监牧和四名助理牧师领导。该宗教组织在很大程度上独立于英格兰教会，所用仪式亦有不同。①

新教徒之间的这些分歧成了对手夸胜的根据。天主教一派坚称：人一旦脱离罗马教会的权威，便在信仰上全然失去辨别真伪的标准，必然被各种学说之风吹得飘摇无定。各个新教派别亦在不断发生衍化，更给天主教徒的这套论证平添实据。英国再次修订圣礼仪式，删除了一些触怒当局的仪规，②又将形而上的抽象教义缩减为42条，旨在避免进一步的派系分化和衍变。当局特地将这项工作推迟到圣礼仪式确定之后，因其明智地认定后者对民众更具现实影响。这份信仰告白明确宣告地狱之苦是永远的，并着力教诲信众：任何异教徒（无论品德多么高尚）死后都逃不脱极端悲惨的永罚，非但如此，任何人胆敢主张异教徒有可能死后得救，也将给其本身招致永恒的毁灭。③

枢密院的神学热忱虽然看似火热，倒并不足以令他们忽略自己的现世关切，在他们心目中，后者似乎一向居于至高无上的地位。他们甚至得暇关照公共利益——不仅如此，他们还关注到王国的贸易状况。在那时，该领域甚少成为普遍研究和关注的对象。

---

① Mem.Cranm.p.234.
② Mem.Cranm.p.289.
③ 第十八条。

英格兰的外贸自古以来完全依靠外国商人，主要是汉萨同盟城市的客商即所谓"东来商"（Easterlings）。为鼓励这些客商定居英格兰，亨利三世曾御准他们建立法人团体，授予其多项特权，并免征几项针对外国人的重税。由于英人不谙商道，这个商团（人称"钢院商站"）得以发展壮大，几乎垄断了英格兰的对外贸易，直到爱德华六世时代依然如此。这些外国商人自然雇用本国商船运货，导致英国船东生意惨淡。有鉴于此，英国枢密院认为有必要找借口废除该商团的特权（他们凭着这些特权，几乎与英格兰人享受同等税率）。在那个时代，此类特权既得自于国王的绝对权力，被同一权力源头剥夺亦不足奇。吕贝克（Lubec）、汉堡（Hamburgh）和其他几个汉萨同盟城市多次对此提出抗议，但枢密院立场坚定，国人很快就见到了这项政策的成效。英国商人凭借本土居民身份，在购买布匹、羊毛及其他商品时享受国民优先待遇。尽管这些待遇尚不足以唤醒他们的勤勉精神，也未能使他们堪与强大的外国商团匹敌，但当英国政府开始针对所有外国人无差别征税之时，英国人便被吸引而投身于贸易，勤勉经营之风开始在这一国中苏兴。①

　　大约同一时间，英国政府与瑞典国王古斯塔夫·埃里克松（Gustavus Ericson）签订条约，条约规定：第一，瑞典国王若向英格兰输出金银锭，可换得英国商品出口免税权；第二，瑞典国王不得向别国输出金银锭；第三，瑞典国王若向英格兰输出钢铁、铜等物资，可在英国商品出口上享受与英国人同等税率；第四，瑞典国王若向英国输出其他商品，可享受自由通商权利，按外国人应付税率

387

———————

① Hayward, p. 326. Heylin, p. 108. Strype's Mem. vol. ii. p. 295.

缴纳关税。①由瑞典输送来的金银锭数量虽不可能太大，却使造币厂投入运转，铸出良币，以前发行的劣币大部分被回收。这种状况大大促进了商贸的发展。

然而此时朝野普遍担心沃里克的野心膨胀引发内乱，这种忧惧足以令上述一切促进工商的筹划归于徒劳。那位贵族不满足于已经获得的地位，又盯上了更高的尊荣，他纠集了大批党羽，全力支持他的一切图谋。前诺森伯兰伯爵无嗣而终，其弟托马斯·皮尔西爵士因在前朝卷入约克郡叛乱而被剥夺公权，因此该爵位如今后继无人，其领地归于王室名下。沃里克为自己谋得一纸特权许可状，攫取了这份丰厚的产业，并受封诺森伯兰公爵的荣衔——其领地主要位于北方，乃是王国中最好战的地区。他的朋友、时任财政大臣的圣约翰勋爵保莱先是受封为威尔特郡伯爵，继而晋为温切斯特侯爵；威廉·赫伯特爵士获得彭布罗克伯爵之衔。

沃里克获封诺森伯兰公爵

然而新任诺森伯兰公爵野心如炽，他本人及其同党无论怎样富贵腾达，在他眼中无非是通向更高辉煌的台阶而已。他发现，萨默塞特虽然已被贬黜，其怯懦表现更使他的声望大大受损，却仍然颇受民众爱戴。于是，诺森伯兰将萨默塞特视作实现野心的最大障碍，决意彻底毁掉此人。两家之前的联姻并未使双方和衷共济，只方便了诺森伯兰更加精准地打击对手。他暗中收买那位不幸的贵族身边的朋友和仆从，时而用危险的表象来恐吓他，时而以不公的待遇来刺激他，毫无防备的萨默塞特常被引得勃然大怒，对诺森伯兰口出威胁之语；又有些时候，萨默塞特会制定一些轻率的行动

沃里克的野心

388

---

① Heylin, p.109.

计划，转眼又放弃了。他激愤之下脱口而出的每一句话都被身边那些怀揣二意的心腹报告给他的敌人，有些计划原是他们自己向公爵出谋划策，转身又去告发。[①]诺森伯兰见时机已到，开始公然发难。

10月16日

　　一夜之间，萨默塞特公爵、格雷勋爵、戴维·西摩和约翰·西摩、公爵的两个仆从哈蒙德和纽迪吉特、拉尔夫·韦恩爵士以及托马斯·帕尔默爵士全被逮捕，关进了监狱。转天萨默塞特公爵夫人及其驾前受宠的克雷恩夫妇、迈尔斯·帕特里奇爵士(Sir Miles Partridge)、迈克尔·斯坦霍普爵士(Sir Michael Stanhope)，以及班内斯特(Bannister)等人也被投入监牢。托马斯·帕尔默爵士是久已埋伏在萨默塞特身边的眼线，他指控公爵策划煽动北方叛乱，并拟于起事之日袭击伦敦塔卫戍部队，占领伦敦塔，在伦敦城发动起义。在他的众多指控中，唯一可能确有其事的是：萨默塞特曾经密谋借佩吉特勋爵的一次宴会暗杀诺森伯兰公爵、北安普顿伯爵和彭布罗克伯爵。关于这宗阴谋，克雷恩夫妇作证称帕尔默所控不假。看来公爵确实提起过诸如此类的鲁莽计划，尽管并未形成正式的阴谋集团，亦未有任何行动准备。哈蒙德招供，有一天晚上，公爵召来一队武装人员在其位于格林威治的宅邸中保卫他。

审判
萨默塞特

　　温切斯特侯爵被任命为贵族审判法庭庭长，主审萨默塞特一案；陪审团由二十七位贵族组成，诺森伯兰、彭布罗克和北安普顿均在其列。他们本该顾及体面，回避在这样一场审判中出任法官，[389]

---

①　Heylin, p.112.

因为众所周知受审者是他们的头号敌人。萨默塞特被控两项罪名：其一是策划叛乱，犯有叛国罪；其二，密谋杀害枢密大臣，当以重罪论处。

关于那个时代的国家审判，存留至今的记载很不完善，此乃我国史学领域的一个明显缺憾。但此案的诉讼似乎比通常情况下对同类案件的处理更注重规范性。虽说本案证人既未出庭作证，也不曾与被告对质（这些都是严格衡平原则的必备要求），但枢密院至少盘察过这些证人，并将其证词提交给陪审团。指控书中的第一项罪名即叛国罪的证据显得不够充分，而萨默塞特的抗辩极其有力，因而陪审团的裁决于他有利；第二项罪名是企图杀害枢密大臣，因有站得住脚的证据支持，所以陪审团判决此罪成立。囚犯本人供认，他曾经说过要杀死诺森伯兰公爵和其他几位贵族，但并未做出决定。在接到判决书时，他请求那几位贵族饶恕他的害人之心。萨默塞特的拥戴者们一听到法庭裁决其叛国罪不成立，当即雀跃欢呼，但转而又听到第二项重罪指控成立，公爵被判处死刑，喜悦的人群顿如冷水浇头。①

诺森伯兰安插的党羽处心积虑地挑拨少年国王与其舅父为敌，他们严密封堵，不让萨默塞特的任何一位朋友接近国王，又给他安排了一连串的活动和娱乐，不让他有暇思考，以免其动念宽赦萨默塞特。行刑日终于来临，囚犯在潮水般的围观人群簇拥下被押赴塔山，送上断头台。群众衷心地同情他，直到最后一刻还在企

12月1日

1552年

1月22日
处决
萨默塞特

---

① Hayward, p.320, 321, 322. Stowe, p.606. Hollingshed, p.1067.

盼一纸赦令刀下留人。[1]公爵死后,许多群众奔上前去用手帕蘸取鲜血,长期珍存以为纪念。不久之后,当诺森伯兰遭遇同样下场时,他们中的一些人拿出血帕作为罪证,痛斥其残暴行径。确实,萨默塞特平生的所作所为虽有许多错处,但总体而论,他似乎不该落得如此下场。他的过错应归咎于性格软弱,而非出于恶意。他的美德在私人生活中更加闪亮,在公共生活领域则相对黯淡。他缺乏洞察力、意志不坚定,以致深陷于那个时代深深浸淫的阴谋和暴力迷阵而无法脱身。与萨默塞特交好的托马斯·阿伦代尔爵士、迈克尔·斯坦霍普爵士、迈尔斯·帕特里奇爵士和拉尔夫·韦恩爵士均被送上法庭,定罪处决。对这些人的审判似乎极为不公。萨默塞特公爵领地事务大臣佩吉特勋爵被扣上某种莫须有的罪名,在星室法院受审,法庭判决他支付六千镑罚金,并罢免其官职。当权者为了进一步羞辱他,又剥夺了他的嘉德勋位,称其出身卑贱,不配享有这份荣誉。[2]御前大臣里奇勋爵因被发现曾对萨默塞特示好,也被迫辞职。

1月22日
议会召开　　萨默塞特被处决次日,议会再次召开,制定了进一步巩固改革成果的若干措施。议会正式批准新的圣礼仪式,并立法规定凡不参加公共敬拜者当受诸般责罚。[3]弥撒礼在此前已被明令禁止,违者将遭到严惩。如此看来,改革派在驳斥古老宗教信条时不论给自己留出多少发挥个人见解的空间,但他们已然定意不肯将同等权利授予他人——在那个时代,与此相反的做法(更不必说宽容原

---

① Hayward, p. 324, 325.
② Stowe, p. 608.
③ 5 & 6 Edw. VI. c. 1.

则本身）是一切宗教派系和党派都闻所未闻的。对最高统治者的宗教观念表示异议，如同质疑其统治权柄或起而造反一样，是普遍公认的犯罪行为。

本届议会通过法令禁止放高利贷，也就是说，禁止一切放贷取息的活动。[①]该法令是古代迷信的遗存。但由于其本身极端不公正，且不利于商贸，后于伊丽莎白女王在位第十二年被废止。虽有法律监管，放贷行为仍禁而不止，当时通行的利率水平为百分之十四。[②]

主政大臣们向上议院提交一份议案，拟议恢复本朝初年废止的严厉惩处严重叛国罪的法规。贵族们身居高位，本来最易蒙受此类政治风波的打击，但他们对公众安全乃至自身的真正利益竟如此漠然置之，以致该议案经上议院投票通过，仅有一票反对。[③]但下议院否决了这个议案，又准备了一份新议案，经表决通过而成为法律，其内容是：任何人以异端、分裂教会分子、暴君、异教徒或篡位者等污名辱骂先王在位第三十五年议会立法认定的国王或任何一位王位继承人，初犯罚没其全部动产，处以监禁，刑期由法官任意酌量；如有再犯，即以侵犯王权罪论处；第三次以严重叛国罪论处，褫夺法权。但任何人胆敢鲁莽地将此谤言付诸文字、印刷、绘画、雕版或雕刻形式，初犯即以严重叛国罪论处。[④]值得注意的是，现任国王及其顺位继承人玛丽公主在信仰上公然对立，两个阵营的宗教热忱催生了形形色色的谩骂之语，以此相互攻坚：什

---

① Ibid.c.20.

② Hayward,p.318.

③ Parliamentary Hist.vol.iii.p.258. Burnet,vol.ii.p.190.

④ 5 & 6 Edw.VI.cap.2.

么异端、分裂派、拜偶像者、渎神分子、亵渎者、邪恶者……不一而足。因此，人们只要提到相关话题，就几乎不可能不触犯天条，遭受严惩。下议院虽然出于对自由的维护，驳回了上议院关于严重叛国罪的议案，但他们并未表现出多少积极、警醒的态度和明察秋毫的眼光。

下议院对这项法案的补充条款，重要性更超过法案本身。其中规定：除非经两名证人宣誓作证，并与被告本人对质，否则不得判处任何人犯有严重叛国罪。该条款虽然符合最明显的公平原则，然而上议院贵族们踌躇良久才予通过。这些上议院成员试图倚靠现有的个人利益和权势谋求安全，却忽视了法律提供的至为高贵和永久的安全保障。

上议院通过一项济贫法案，但下议院不同意由上议院制定财政法案，遂重拟同样内容的议案并予通过，形成法律。该法案授权教会各堂区的俗人执事征收慈善捐款，任何人拒绝承担慈善义务或游说他人拒绝支付，所在教区的主教有权控告他们。将如此重大的自由裁量权交给教会高层，如同贵族擅权一样，似乎颇有理由引起警觉。[1]

在另一件事上，议会同样对主教们给予非同寻常的信任，授权他们对拒不参加礼拜和宗教节庆者提起诉讼。[2]然而这些对教会的权力让渡只是出于疏忽大意而已。那个时代总体趋向于削夺神职人员的一切权力，甚至掠夺他们的财产。值此前后，很多教牧为

392

---

[1]　5 & 6 Edw. Ⅵ. cap. 2.

[2]　Ibid. cap. 3.

了贴补生计，不得不去做木匠、当裁缝，还有开酒馆的。[1]主教们本人也通常生活穷困，无论经济收入和所任圣职都朝不保夕。

达勒姆主教汤斯达尔是一代教牧之翘楚，其声望更多地来自他个人博学、温和、博爱、仁慈的美德，而非因尊贵的主教身份而显荣。他借助投票和个人权威，反对一切宗教改革措施，但是每项措施经立法确定之后，他无不表示服从，并且一贯顺服取得正统地位的每一种神学体系。由于他的正直品行人所共知，所以世人并不把他的这种驯顺表现看作唯利是图或随风倒，而是相信他出于责任感，认定一切个人见解均应服从公共安宁的大局。由于他的优良品格广受国人尊敬，这保护了他在萨默塞特当权时期免遭严重迫害；然而诺森伯兰上台后，就将他投入监牢，又因那个贪婪的贵族策划夺取达勒姆教区的岁入，并在北方诸郡占据一块封邑，势必要把汤斯达尔赶下台，方能逞志。于是，一道褫夺私权议案被呈至上议院，以包庇叛国罪为名，对汤斯达尔发难。该议案在上议院表决通过，投反对票的只有斯图尔顿勋爵(lord Stourton)和克兰默大主教两人，前者是位虔诚的天主教徒，而后者是达勒姆主教的诚挚知交。但是，该议案被移交到下议院时遇阻，下议院要求质询证人、允许汤斯达尔自我辩护并与证人对质；因上述要求遭拒，议案被下议院驳回。

在那个年代，议会的这种公正表现实在不同寻常，原因并不在于诺森伯兰及其党羽有多么尊重自由公义，而是因为萨默塞特的同党充塞下议院，这些人都是在萨默塞特当权时期当选议员的。

---

[1] Burnet, vol.ii.p.202.

继而，一道针对萨默塞特及其共犯的褫夺私权议案在上议院通过后又遭下议院驳回，越发印证了这一点。诺森伯兰由此下定决心，解散自本朝初立以来一直行使权力的本届议会，并很快召集了新一届议会。

4月15日

新一届议会

为确保新的下议院唯自己马首是瞻，诺森伯兰大胆运用了一种权宜手段——如若换在一个对自由有丝毫认知或理解的时代，这种做法别说实行、恐怕连想都想不到。他设法让国王向各郡郡长下发亲笔通函，吩咐他们通知境内自由地产保有人，遴选富有学识、经验者担任议员。在开头的一番泛泛训导之后，国王接着写道："然而，朕乐于见到枢密院或任何一位枢密大臣代表在其辖区内推荐有能之士，卿等理当遵从枢密院及枢密大臣的指示，因为他们与朕同心同德，唯愿选出王国内最有能力建言谏政者组成议会。"[1]国王还发出几封亲笔信，向几个郡推荐议员人选，包括汉普郡的理查德·柯顿爵士（Sir Richard Cotton）、伯克郡的威廉·菲茨威廉姆斯爵士和亨利·内维尔爵士（Sir Henry Nevil）、萨福克郡的威廉·特鲁里爵士（Sir William Drury）和亨利·贝宁菲尔德爵士（Sir Henry Benningfield）等人。尽管有些郡只收到了来自国王的推选许可令，但我们可以合理推测，国内更多的郡（即使不是全部）都收到了枢密院和枢密大臣们发出的荐函。

需要指出的是，此举发生于幼主当朝期间，此时王权通常最为软弱；诺森伯兰的意愿得到容忍遵从，没激起任何民怨，以致几乎没有史家注意到。然而唯有一位史家孜孜乾乾将所有史实收集记

394

---

[1] Strype's Ecclesiastical Memorial, vol. ii. p. 394.

录在案,不愿遗漏些微小事,只有他认为这些信件值得载于史册传诸后世。

议会满足了诺森伯兰的期望。当局已于议会休会期间,任命一个由俗人组成的审判委员会,蛮横地罢免了汤斯达尔的主教之职。新议会立法将达勒姆教区一分为二,并将原教区岁入按比例划拨给这两个新教区。原达勒姆教区(包括一个巴拉丁伯爵领)的司法管辖权则通过王命授予诺森伯兰公爵。无疑,这位贵族也早有计划谋夺该教区的丰厚岁入,正如任何主教之位虚悬时朝廷大臣们通常所做的那样。

1553年
3月1日

下议院向权臣集团做出另一忠顺表示,在那个时代,这是一份无比真挚热诚、也极难获得的大礼——他们批准了两笔补助金和一份额度为十五分之二的征税许可。为了更加投其所好,议会还投票通过了一篇序文,连篇累牍地谴责萨默塞特"误导国王卷入战争,耗空国库,举重债、铸劣币,以致引发严重叛乱"①。

这个时期王室负债累累。英王向法国归还博洛涅时,曾获得四十万克朗的偿金;王室出售各处小教堂地产②也获利颇丰;此外,枢密院没有任何法律依据,只凭一纸裁定便将教会的所有贵重器皿和装饰物统统掠走,以资王事。③尽管上述收益不可谓不丰,却难填权贵们的欲壑,以致王室负债总额已达三十万镑之多。④与此

395

---

① Edw.VI.cap.12.

② 由私人捐赠土地或捐款资助、专为捐赠人的灵魂做法事的小教堂,于1545年和1547年被取缔,其名下土地收归英王所有。——译者

③ Heylin, p.95, 132.

④ Strype's Ecclesiastical Memorials, vol.ii.p.344.

同时，王室领地严重凋敝。年轻的国王生性节俭，假以时日必能堵
住这些缺口，然而他的健康状况迅速恶化，诺森伯兰眼见主君大限
将至，野心不由萌动，制定了种种应变计划，然而当前国库空虚，
成为执行这些计划的明显障碍。

变更王位
继承次序

国王年轻且病体羸弱，很容易被他人意见左右，诺森伯兰向
他进言称，他的两位姐姐玛丽公主和伊丽莎白公主均被议会立法
宣布为私生女，尽管先王在遗嘱中恢复了她们的王位继承权，但是
国内民众绝不愿见到英格兰王位被私生孽种占据。他又说，她们
只是国王的同父异母姐姐，论血缘只有一半亲缘，不能作为他的继
承人登上王位，即便不提其私生女身份，也同样没有这个权利。苏
格兰女王已被先王的遗嘱排除于英格兰王位继承序列之外，因为
她是个外国人，依法没有任何继承权；更不用说她已与法国太子
订婚，假如让她登上英国王位，无异于把英国变成法兰西的一个
省，与苏格兰同命运。他还说，如果玛丽公主或苏格兰女王继承
英国王位，必定会取缔新教信仰，废除现已颁行的支持宗教改革
的法律，复辟罗马天主教的僭越和拜偶像活动。幸而英格兰王位
的合法继承次序也最合乎公共利益，无论哪一派都没有任何理由
产生怀疑或顾虑。当三位公主以无可辩驳的确据被排除在继承序
列之外，王位继承权便归于法兰西王后和萨福克公爵的长女多塞
特侯爵夫人，其顺位继承人简·格雷小姐(lady Jane Gray)性情和
悦温煦，在文学和宗教方面教养一流，无论哪方面都配得上继承
大位。就算有人从血缘角度对她的资格继位提出疑问(这种疑问
并无正当理由)，国王也有权像先王一样，通过颁授任命状把王位
传给她。这些理由说动了年轻的国王。尤其是他满心火热地信仰

新教，生怕他那个虔信天主教的姐姐玛丽一朝登上王位，会带来怎样的后果。他对伊丽莎白公主虽然很有感情，这位公主继位也没有信仰方面的阻碍，但是诺森伯兰一伙仍然找到理由说服他：如果因私生女身份将一个姐姐排除在继承序列之外，另外一位就无法不受殃及。

诺森伯兰见自己提出的理由似已打动国王，便着手部署计划的其他方面。萨福克公爵继室所生的两位公子已经死于汗热病，其爵位无人继承；诺森伯兰促成国王将此爵衔授予多塞特侯爵。诺森伯兰凭着这个莫大的人情以及更多施惠举动，争取到新任萨福克公爵夫妇同意把女儿简·格雷小姐嫁给自己的四子吉尔福德·达德利勋爵(lord Guilford Dudley)。为了借裙带关系巩固同盟，他又安排萨福克公爵的次女凯瑟琳·格雷小姐(lady Catherine Gray)与彭布罗克伯爵的长子赫伯特勋爵联姻。此外，他还将自己的女儿嫁给亨廷顿伯爵的长子黑斯廷斯勋爵(lord Hastings)。①这几场婚礼办得极其盛大而隆重，民众仇视诺森伯兰，看到他们一伙在幼主病体奄奄之际如此肆无忌惮地公然欢庆，无法不忿然于形。

幼主爱德华在去年先后罹患麻疹、天花，幸已痊愈，国人都希望他挺过这两场大病之后，体质会越来越强壮。此后，圣驾巡视了国内若干地区。或许由于劳累过度，他染上了咳疾，迁延日久，任何药物和疗法都不奏效。继而出现了致命的肺痨症状。尽管人们　国王病倒
寄希望于年日渐长，他或能凭着青春活力和节制调养战胜病魔，却

---

① Heylin, p.199. Stowe, p.609.

无奈满怀忧虑地眼看他日复一日明显枯萎憔悴下去。国人普遍爱戴幼主，兼以对达德利家族暗蓄仇恨，以致流言纷起，称自从罗伯特·达德利勋爵当上内廷侍从官，被安排到国王左右，爱德华国王的健康便每况愈下。

　　诺森伯兰见幼主爱德华病势沉重，越发切切地着手落实他的计划。他清除了国王身边的一切异己，只留下他的爪牙；他本人则万般殷勤地亲侍君前，装出对国王的身体和利益无比关切以致忧心如焚的样子，终于博得幼主信任，同意了他筹划的方案。皇家民事法庭首席大法官爱德华·蒙塔古爵士、法官约翰·贝克尔爵士(Sir John Baker)和托马斯·布罗姆利爵士、总检察长和副检察长都被召至枢密院，先向他们宣读了拟立的任命状纲要，再由国王出面要求他们起草任命状。他们迟疑不愿从命，希望给他们时间考虑。但是他们越想越觉得服从命令的危险太大。亨利八世定立的王位继承方案是经议会立法确认的，本朝初年另一项法案则明确宣布，任何一位王位继承人及其协助者或教唆者，倘试图侵犯另一王位继承人的权利或改变王次继承次序，当以严重叛国罪论处。法官们向枢密院陈述了上述理由。他们力陈，拟发布的任命状完全不合法，不仅负责起草的法官、就连每一位签署此状的枢密大臣都会因此背负严重叛国罪。欲使新方案获得认可，并使参与策划者免于危险，唯一可行之道就是召集议会，取得该机构的批准。国王表示，他打算过后依此而行，召集议会正式批准这一方案。但与此同时，他要求各位法官履行效忠义务，按照要求起草任命状。枢密院正告法官们，倘若拒不从命，即统统以严重叛国罪论处。诺森伯兰当面斥骂蒙塔古为逆贼，并说简·格雷小姐继位正当合法，他要亲自和任何质疑者拔剑决斗。一边是法律上的蹈险，另一边是当权者的强势逼索，法官们左右为难，陷入尴尬境地。①

　　枢密院与法官们反复会晤商谈，始终找不到解决问题的办法。最后，蒙塔古提出一个令他的伙伴和枢密大臣们都满意的变通方案：他希望国王和枢密院下达特别委托令，要求法官们起草新的王位继承任命状，并立即颁布赦免状，赦免他们因服从王命而可能犯下的任何罪行。当这份任命状起草完毕，呈至御前大臣伊利主教面前，请他加盖国玺时，主教要求所有法官先行在任命状上签字。戈斯纳德(Gosnald)起初拒绝签字，在诺森伯兰的暴力威胁下，好不容易才俯首就范。但詹姆斯·黑尔斯爵士立场坚定，他虽是一位热忱的新教徒，此时此际却将法律正义置于党派偏见之上，任凭对方使出千方百计，他自岿然不动。御前大臣为加强自身安全保障，又要求全体枢密大臣在任命状上签字；结果所有枢密大臣都慑于诺森伯兰阴谋集团的势力，或畏惧其暴力恐吓，无不从命。只有克兰默犹豫了一段时间，但终于在国王的哀恳之下选择让步。②时任国务大臣的塞西尔后来声称，自己只是作为国王签署任命状的见证人于该文件上留下签名。就这样，通过国王的一纸任命状，玛丽和伊丽莎白两位公主被抛除于王位继承序列之外，王位将传于萨福克公爵夫人的后嗣，因为公爵夫人本人甘愿让位于其女。

　　继立方案已定，爱德华国王的身体明显日渐不济，不祥之兆频现，康复希望渺茫。令事态雪上加霜的是，经诺森伯兰提议、枢密

---

① Fuller, book viii. p. 2.

② Cranm. Mem p. 295.

院下令将几位御医撤职，国王被交到一个无知妇人手上，她信誓旦旦地保证药到病除，让主上迅速恢复健康。结果几服药下去，国王的所有症状急剧恶化，严重到无以复加的地步。他感到说话、呼吸困难，脉搏微弱，双腿肿胀，面如铅灰，流露出濒死征象。爱德华六世驾崩于格林威治，年方十六岁，在位七年。

所有英国史家一致称道这位幼主品格出众——国人对于无缘实现的未来所寄的希望，连同他真正拥有的许多美德，为他博得了公众的爱怜。爱德华禀性温和，好学勤政，头脑聪慧、富于判断力，热爱公义。唯有一点，由于所受教育和时代风气的影响，他似乎沾染了太多宗教褊狭，或多或少地倾向于偏执和迫害。不过，鉴于新教信徒的偏执不像天主教那样受控于神父，比后者更有节制，因此倘若天假以寿，这位少年君主身上的缺点必不至于酿成过于严重的恶果。

399

国王驾崩
7月6日

第三十六章　玛丽女王(一)

简·格雷昭告登基—简·格雷遭国人共弃—玛丽女王昭告登基，获国人拥戴—诺森伯兰伏诛—天主教复辟—议会召开—女王议婚—女王与腓力联姻—怀亚特叛乱—简·格雷被处决—议会召开—腓力抵英

爱德华六世驾崩后，王姊玛丽公主的继位资格并未遇到多少质疑；拥立简·格雷的一派所提出的反对理由，在国人看来都是新异且闻所未闻的。尽管全体新教徒甚至许多天主教人士均认定亨利八世与阿拉贡的凯瑟琳的婚姻不合法且无效，不过，鉴于该婚约的缔定不附带任何不良企图，由双方父母公开宣布并获两国认可，这段婚姻似乎稳固建立在当时居主导地位的法律和宗教原则的基础之上，因此几乎无人想象得到，他们的后嗣竟会因此而被视作私生女。亨利八世出于一贯的横暴和任意妄为，确曾逼迫议会宣告两位公主的身份不合法，但他后来又接受规劝，恢复了女儿的王位继承权，现在玛丽公主的继位资格完全合法并得到议会承认，在国人心目中合理而自然，一如既往。公众久已熟悉这种观点：爱德华六世在位期间，玛丽公主始终被视为他的合法继承人。新教徒们虽然畏惧她的宗教偏见，然而对达德利家族的极端仇恨却使举国

上下形成了共识①——人们预见到，他们意欲以简·格雷为傀儡，成为英国的实际统治者——这一点足以使国人(哪怕是新教徒)摆脱宗教情感的羁绊而团结起来。诺森伯兰的最后一步棋即打破王位继承序列的举动，令他的野心和不公不义彻底暴露于光天化日之下。当人们回想起这个阴谋策划一路留下了多少欺骗、不义和残暴的印迹，想到西摩家族为此失丧两条人命，两位公主的继承权也成了它的牺牲品，他们就不由得义愤填膺，奋起反对这等罪恶行径。亨利八世的英名仍然广受国人敬仰，这促使他们起而捍卫其后裔的权利；他们也未曾全然遗忘古代内战带来的祸乱，以致赞同抛弃合法的王位继承人，造成天下大乱、血流成河的危险。

　　诺森伯兰心知自己的计划必定遇到阻力，因此一直小心掩盖国王做出的抉择。为了控制住两位公主，他在爱德华国王临终时提前部署，让枢密院以国王的名义致信两位公主，借口爱德华病体虚弱，需要王姊开导和安慰，要求她们前来伴驾。②两位公主未及赶到，爱德华国王就咽气了，但诺森伯兰对此秘而不宣，张网以伺两位公主。此时玛丽公主已经行至霍德斯登(Hoddesden)，距宫廷驻跸地点仅余半天行程。幸有阿伦代尔伯爵秘传消息，报告她弟弟的死讯，以及对手加害她的阴谋。③公主当即匆匆后撤，先到诺福克郡的肯宁豪尔(Kenning—hall)，又赶奔萨福克郡的弗拉林汉(Framlingham)，打算一旦捍卫自身继承权的事业落空，就从那里登船逃往佛兰德斯。她致函英格兰各郡贵族和有名望的士绅，号

①　Sleidan, lib. 25.

②　Heylin, p. 154.

③　Burnet, vol. ii. p. 233.

令他们协助捍卫她的王位和人身安全。她随即送信给枢密院，告诉他们自己已获知弟弟的死讯，又保证对他们既往不咎，要他们即刻下令在伦敦为她昭告登基。[1]

诺森伯兰发现继续掩饰已毫无意义，便在萨福克公爵、彭布罗克伯爵等一行贵族的陪同下赶到赛昂宫（Sion-house），[2]以君臣之礼进见简·格雷。简对公爵的策划基本不知情，当她听闻此讯，悲恸之情几乎不亚于惊诧。[3]这位贵族女子性情温煦可亲，娴雅迷人且多才多艺。她与已故的爱德华国王同龄，自幼与其一同接受教育，无论雄健或风雅的文学体裁，成绩甚至略胜爱德华一筹。除了掌握多种现代语言，她还谙熟拉丁语和希腊语。她把大部分时间用来学习，对于其他贵族女性通常热衷的娱乐消遣完全不感兴趣。有一天，伊丽莎白公主的导师罗杰·阿斯坎姆（Roger Ascham）登门拜访，见她正在专心阅读柏拉图的著作，而家里其他人此时都在猎苑玩乐。阿斯坎姆称赞她旨趣独特，她回答道，自己从柏拉图那里所得的愉悦，远超过别人野游纵乐的收获。[4]她的整个心灵充满了对文学艺术的热爱以及对丈夫的柔情（后者也值得她倾心相许），从未对野心的甜美诱惑敞开心扉。听说自己被推上王位，她一点也不觉得高兴。她甚至拒绝接受这份大礼，提出两位公主的继承资格应当居先，并且表示参与如此危险（更不消说如此罪过）的图谋恐无好下场，她说自己不求显扬，只愿清清静静安守本分。然而，

简·格雷
昭告登基

---

[1] Fox, vol. iii. p. 14.

[2] Thuanus, lib. xiii. c. 10.

[3] Godwin in Kennet, p. 329, Heylin, p. 149. Burnet, vol. ii. p. 234.

[4] Ascham's works, p. 222, 223.

她最终经不住父亲、公公，尤其是她丈夫的苦苦恳求，屈服于感情 403
而非说理，放弃自己的判断，顺从了他们的意愿。在那个时代，英
格兰国王登基的最初几日均在伦敦塔度过，于是诺森伯兰立即护
送新君前往该地。全体枢密大臣被迫随驾前往，如此一来，他们事
实上成了诺森伯兰手中的囚徒，只能对其百依百顺。枢密院颁令
昭告全国简女王登基，但此令只在伦敦及邻近地区得到执行。没
有欢呼庆祝，民众沉默并忧心忡忡地谛听公告，有些人甚至分明表
露出嘲讽和不屑。有个名叫波特(Pot)的酿酒商学徒因此受到严惩。
当局要求新教教士们说服民众简的继位权正当合法，但不论他们
如何能言善辩，终归无用。伦敦主教雷德利专门为此做了一场布
道，结果听众们完全无动于衷。

　　与此同时，萨福克郡民众纷纷拥戴玛丽公主。出于对改革派
信仰的眷念，他们在表示效忠时，亦忍不住流露出对自身宗教信仰
的忧心；不过，她保证自己绝对无意改变爱德华一朝的法律，民众
便热情踊跃地投奔到她麾下。每天都有贵族士绅前来投效，令她
的势力日见壮大。当地大小领主，包括巴斯伯爵和萨塞克斯伯爵、
沃顿及莫当特(Mordaunt)二位勋爵的长子、威廉·特鲁里爵士、亨
利·贝宁菲尔德爵士、亨利·杰尼根爵士(Sir Henry Jernegan)都
率家臣、佃户加入公主一方。[1]亨廷顿伯爵的弟弟爱德华·黑斯廷
斯爵士本已接到枢密院指令，在白金汉郡召募武装支持简·格雷，
却带着自己的四千人马向公主投诚。甚至诺森伯兰派往萨福克沿
海的一支舰队，在被风暴逼入雅茅斯港后，也被感召而宣布拥护玛

---

[1]　Heylin, p.160. Burnet, vol.ii.p.237.

丽公主。

直到此时，被野心蒙蔽双眼的诺森伯兰终于看清危险环伺的局面，感到手足无措。他已经招募了一支人马，此时集结于伦敦，但他害怕廷臣和枢密大臣们阴谋暗算(他心知这些人对他的顺服纯粹出于恐惧和假装)，因此决定留在简女王身边，派萨福克去统领这支部队。但枢密大臣们希望摆脱他，[1]遂极力打动简的孝心，向她夸张地渲染其父面临的险境，并说诺森伯兰曾在当地成功平叛而威名赫赫，因此更适于担此重任。公爵心知萨福克是个庸才，他也开始觉得，面对当前危局，除他本人以外无人堪予托付。于是他同意统兵出征。出发之际，送行的枢密大臣们信誓旦旦地对公爵表忠心，最火热者莫过于他的死敌阿伦代尔。[2]在行军途中，他注意到民众的不满——这预示着他雄心勃勃的图谋即将落得一个致命的下场，他对格雷勋爵评论道："这么多人出来看我们，却没有一个说'上帝保佑你们一路平安'。"[3]

公爵一到圣埃德蒙兹伯里，就发现所部人马不过六千，面对两倍于己的对手，[4]根本无力抗衡。他致信枢密院，要求增派援兵。枢密大臣们当即把握机会挣脱禁锢。他们离开伦敦塔，看似准备执行诺森伯兰的命令，但随即在彭布罗克名下的贝纳德城堡(Baynard's castle)聚会，谋划摆脱诺森伯兰僭得的威权。阿伦代尔率先发言，历数诺森伯兰如何残暴不公，此人的野心没有止境，

简·格雷
遭国人
共弃

---

① Godwin, p.330. Heylin, p.159. Burnet, vol.ii.p.239. Fox, vol.iii.p.15.
② Heylin, p.161. Baker, p.315. Hollingshed, p.1086.
③ Speed, p.816.
④ Godwin, p.331

他策划了罪恶的行动方案，又使整个枢密院卷入种种罪行。阿伦代尔断言，如今满朝公卿唯一的赎罪方式就是速速恢复对合法君主应有的忠诚。[1]这个提议得到彭布罗克的支持，他拍着腰间佩剑发誓，他已准备好跟任何反对者决斗。他们当即召来伦敦市长和众位议员，后者欣然服从命令昭告玛丽即位。民众欢声雷动，表示热烈拥护。就连留守伦敦塔的萨福克也发现抵抗毫无意义，只好开门宣布拥戴玛丽女王。简·格雷王冕加身的风光日子只过了十天，旋即回归退隐生活，倒觉比身处尊位时惬意得多。[2]大臣们派出信使赴诺森伯兰军前，命其放下武器，却发现后者在众叛亲离之下，已经放弃成功的指望，宣布归顺玛丽女王，并且表示出一副欢喜满足的样子。[3]女王向伦敦进发，受到沿途民众热烈欢迎和衷心拥戴。伊丽莎白公主率千骑迎驾，这是她此前为抗击僭臣、捍卫她与王姐的继承权而招募的武装。[4]

　　女王下令逮捕诺森伯兰公爵。公爵双膝跪倒，卑屈地向抓捕他的阿伦代尔伯爵乞求饶命。[5]公爵的长子沃里克伯爵及另外两个儿子安布罗斯勋爵和亨利·达德利，以及公爵的弟弟安德鲁·达德利爵士、北安普顿侯爵、亨廷顿伯爵、托马斯·帕尔默爵士和约翰·盖茨爵士也一并被收监。女王旋即又下旨拘押萨福克伯爵、简·格雷女士和吉尔福德·达德利勋爵。不过，玛丽初登大位，希

玛丽女王昭告登基，获国人拥戴

---

① Godwin, p.331, 332. Thuanus, lib.xiii.
② Godwin, p.332. Thuanus, lib.xiii.c 2.
③ Stowe, p.612.
④ Burnet, vol.ii.p.240. Heylin, p.19. Stowe, p.613
⑤ Burnet, vol.ii.p.239. Stowe, p.612. Baker, p.315. Hollingshed, p.1088.

望以宽仁收买民心，众枢密大臣上表申说自己是被胁迫而犯下诸般罪行，女王便顺水推舟赦免了其中大部分人。萨福克本人也恢复了自由身——他能享受这份宽待，很大程度上是因为其能力孱弱，不被人放在眼里。唯诺森伯兰罪大恶极，其野心和胆量也着实危险，因此绝对无望保全性命。在审判过程中，他只请求法庭许可，向陪审席上的列位贵族提两个问题：第一，一个人遵照加盖国玺的枢密院令行事，能否构成叛国罪？第二，与他同罪的共犯是否有资格充当法官来审判他？法庭答曰：第一，僭臣执掌的国玺不具权威性；第二，未被判处剥夺公权的人士在法律上视同无罪，有资格加入任何陪审团。[1]诺森伯兰闻之默然，旋即表示认罪。在刑场上，他当众宣称信奉天主教，并告诫国人，他们一日不归回祖先的信仰，就一日不得太平。此言或许是发自真心，可见他从前为追逐利益和野心一直在信仰上装假；另一种可能是，他希望通过此番告白软化女王的心，从而善待他的家人。[2]与他一同问斩的有托马斯·帕尔默爵士和约翰·盖茨爵士。这桩如此危险且罪大恶极的篡逆阴谋，溅血却仅限于此。简·格雷女士和吉尔福德勋爵也被判有罪，但女王目前尚无处置二人之意。他们都不足十七岁，如此年轻而纯真，单凭这一点就足以博得深切的同情。

　　玛丽女王初次驾临伦敦塔，前朝一直被羁押于此的诺福克公爵和埃克塞特侯爵之子考特尼（他从未被指控任何罪名，只因受其父牵连而同罹牢狱之灾），以及因坚持天主教信仰而被捕入狱的加

8月22日
诺森伯兰
伏诛

---

① Burnet, vol.ii.p.243. Heylin, p.18. Baker, p.316. Hollingshed, p.1089.
② Heylin, p.19. Burnet, vol.iii.p.243. Stowe, p.614.

德纳、汤斯达尔和邦纳都来觐见女王，乞求她的恩待和保护。[1]他们全数被释放，并立即得到女王的宠信。针对诺福克公爵的褫夺私权令虽经议会批准，仍被宣布无效、予以撤销。因为对他的审判有许多不合规的地方，此外，指控他的罪状无非是违规使用纹章——而这个纹章是他和他的祖先向来所使用的，无论是出入宫廷还是当着全体国人的面，从未招致任何非议。不久，考特尼获封德文郡伯爵。尽管他自幼在重重高墙内被教养长大，完全不了解外面的世界，但他很快便习得作为廷臣和绅士所需的一切造诣，在其获释后到去世前的短短几年里，始终是一位举足轻重的人物。[2]除了上述大得人心的举动(虽然它们只惠及个别人士，却深受举国称颂)，女王还极力向公众示好，颁布大赦令(但保留了若干例外条款)，又免除了上届议会授予她弟弟的补助金。[3]

合法继承人承袭大统，并且一派仁主风范，令举国为之欢庆，但这份喜悦并未抵消民众在宗教信仰方面的严重不安。由于国内大部分人倾向于新教，故而对女王持守的信条和偏见普遍抱有忧虑。玛丽出身的合法性显然与教宗权威有一定关系；何况这位公主自幼在母亲身边被教养长大，耳濡目染之下对天主教感情深厚，并且强烈憎恨新教教义，视之为自己家庭一切不幸的源头。一直以来她受尽父王的打压，尽管她最终迫于压力服从了他的意旨，但这些遭际更增添了她对改革派的恨恶；爱德华在位期间护国公和枢密院给她制造的种种烦恼，只能令她的偏见更加根深蒂固。她

---

[1] Heylin, p.20. Stowe, p.613. Hollligshed, p.1088.

[2] Depeches de Noailles, vol.ii.p.246, 247.

[3] Stowe, p.616.

天性乖张固执，历经重重磨难的刺激变得更趋严重，已然具备构成偏执狂的一切特质，又因极度无知，以致根本没有能力怀疑己见或者宽容他人的见解。因此，国人大有理由担心玛丽出于宗教狂热不仅会废除现行教义，更有可能实行宗教迫害。时隔不久，她的意图便暴露在国人面前。

加德纳、邦纳、汤斯达尔、代伊（Day）、希斯（Heath）和维西（Vesey）这几位长老陆续被恢复神职，有的是当局直接颁令，有的是经案件复查委员会审核批准（实质上与前者并无不同）。虽然达勒姆教区先前已经由议会批准拆分，但女王一纸特许状又将其重新建立起来，并恢复了汤斯达尔的职权和薪俸。女王以平息争议为借口，签发特权法令，规定全英格兰教牧人员必须获得特别许可状才有权布道。不难想见，这种特权只会被授予天主教牧者。约克大主教霍尔加特（Holgate）、埃克塞特主教科弗代尔（Coverdale）、伦敦主教雷德利和格洛斯特主教胡珀（Hooper）先后锒铛入狱，年迈的拉蒂默不久也被囚禁。一些激进的主教和神父受到上层鼓励积极倡导恢复弥撒，尽管这是违反现行法律的行为。曾经坚定捍卫女王继承权的黑尔斯法官，由于反对上述违法行径而失宠于主上，遭到拘禁和严重虐待，以致精神错乱，自杀身亡。萨福克郡民众遭到恫吓，因为他们斗胆指出，女王在接受他们投效时曾经承诺绝不改变改革派信条，有一个人因为太过冒昧，态度强硬地请女王回想当初她是怎样许下诺言的，以致被罚披枷示众。尽管女王在对枢密院的讲话中仍然公开宣称宽容信仰不同者，但人们预见到，这个承诺和先前的一样，在宗教偏见面前注定不堪一击，难以提供安全保障。

天主教复辟

408

先王亨利在位时,克兰默对当今女主恩惠不浅——正是得益于他的劝说调解,令先王待她的严苛态度有所缓和。然而,由于克兰默积极促成先王与她母亲离婚,又是宗教改革的主要推手,因此招致玛丽的痛恨。(加德纳虽然也曾大力鼓动先王离婚,又为其发声辩护,但他后来为捍卫天主教身遭迫害,可谓将功折罪了。)所以,克兰默大主教有理由预见,自己在新朝不会得到多少眷遇。不过,最初的打击和迫害却是由于他自己宗教热忱太过而有失审慎,以致招祸。当时有传言称,克兰默为讨好女主,答应正式恢复拉丁语弥撒,大主教为了辟谣,发表了一篇自辩声明。文中写道:魔鬼本来是说谎的,也是谎言之父,这一次正是他煽动其党羽起来迫害基督和祂的真教会。克兰默称,地狱之灵现在极力争取恢复拉丁语赎罪弥撒,这事本身就是魔鬼的发明和诡计。魔鬼一党为达到上述罪恶目的,盗用了克兰默的名声和威望。关于弥撒礼,这种做法无论在《圣经》中还是在初代教会的实践中都找不到任何根据,却分明与古代传承和神所默示的经文相悖,此外更充斥着众多令人触目惊心的亵渎内容。这[1]篇炽烈如火的文章一经发表,克兰默立即被投入监狱,被指控勾结简·格雷,阻挠玛丽女王继位。法庭宣判他犯有严重叛国罪,尽管在这一点上整个枢密院都与他同罪,他的罪过甚至轻于大部分枢密大臣,但必须承认,以上判决无论何等严厉,却完全符合法律。这个判决宣布之后并未立即执行,迫害者留克兰默一命,以待更严酷的惩罚。

彼得·威尔米革立见局势堪危,针对改革派的大迫害即将到

① Heylin, p.26. Godwin, p.336. Cranm Mem.p.317.

来,请求离开英国暂避。[①]尽管一部分狂热的天主教徒要求逮捕他,但加德纳为之申辩,称威尔米革立是应政府之邀来到英伦的,同时慷慨解囊,助其川资。威尔米革立亡妻原本葬于牛津,但随着偏执的宗教狂热越演越烈,当局公然下令将她的遗体掘出,埋入粪堆。[②]大约与此同时,布塞珥和法吉乌斯(Fagius)这两位外国教改家的尸骨也在剑桥被付之一炬。[③]约翰·阿拉斯科先被禁言,随即被命令带领会众离开英国。大多数外籍新教徒都随着他离开了,致使英格兰失去了许多有用的工匠。若干英国新教徒也迁居海外避难,改革前景一片黯淡。

宫廷权力鼎革之际,再次召集议会,而新教徒无法指望得到议会的任何保护。一位热忱的改革派人士[④]声称,此次议员选举存在严重暴行和不公,但是,且不论这位作者的权威性有限,仅从必要角度而言,英国政府一直以来几乎无须亦极少采取这种做法。由于国内还有大批民众在观念或情感上忠于古老宗教的许多教义,因此当局凭王室权威得以在大多数选举中偏向这部分候选人;而凡是不愿向宫廷宗教信仰妥协的人士则选择拒绝议员席位,因为他们当选即会触怒女王,日后也无法保护自己免遭王室特权的迫害。于是,形势很快明朗:本届下议院绝大多数议员都对玛丽言听计从,而上议院成员的利益和前程大半系于宫廷,因此他们不至于

10月5日议会召开

410

---

① Heylin, p.26.

② Fox, vol.iii.p.94. Heylin, p.25. Godwin, p.336. Burnet, vol.ii.Coll.No 8.Cranm.Mem.p.305. Thuanus, lib.xiii.c 3.

③ Saunders de Schism. Anglic.

④ 指Beale,但以叙事详尽著称的同时代史家Fox在著作中并未提及此事。参见vol.iii.p.16。

提出什么异议。

议会开幕之际，宫廷无视法律，当着上、下两院举行拉丁文圣神弥撒，应用全套古老的祭典礼仪，尽管这些礼仪早被议会立法废止。[①] 弥撒过程中，林肯主教泰勒拒绝下跪，遭到严厉处置，被粗暴地推搡出门。[②] 不过，女王仍然保留了英格兰教会最高元首的称号；宫廷对外广泛声称，只想恢复亨利八世时代的信仰状况，决不让国人切齿痛恨的教廷其他滥权行径在英格兰卷土重来。

议会通过的首项法案颇得人心，宣布废除爱德华三世一朝法律规定之外的一切名目的叛国罪，以及亨利八世登基初年尚未规定的所有重罪。[③] 接着，议会宣告女王为亨利八世与阿拉贡的凯瑟琳的合法婚生女，废除当初由克兰默宣布的离婚判决，并将此事严重归咎于克兰默。[④] 不过，公告只字未提教宗的权威即这桩婚姻合法性的基础。爱德华国王一朝涉及宗教的全部制定法，经一次投票统统被废止。[⑤]

对诺福克公爵褫夺私权的判决被撤销，与未经进一步授权即宣布该判决无效相比，这一公正举动更具合理性。前朝制定的《反暴乱法》的许多条款被宣布重新生效，此举在很大程度上抵消了本届议会首次集议颁布的那部大得人心的法案。

尽管议会两院唯女王之命是从，但在某些条款上仍然有所保

411

---

① Fox, vol.iii.p.19.

② Burnet, vol.ii.p.252.

③ Mariae, sess.l.c.1. 这项废止法案虽然总体上较得人心，但也使爱德华六世法案第5、6两条(即法庭判定任何人犯有严重叛国罪须与两名证人对质)形同虚设。

④ Mariae, sess.2.c.1.

⑤ Mariae, sess.2.c.1.

留,特别是女王择偶之事极大地关乎国家利益,因此议会下定决心在这方面不能对她的意愿俯首帖耳。据说玛丽登基后曾经考虑过三个可能的结婚人选。[①]第一位人选是德文郡伯爵考特尼,他是英国人、与王室关系密切,必能获得国民接纳;他本人风度翩翩、颇善辞令,明显博得女王青睐,[②]女王对其已有倾心相许的暗示。[③]但这位贵族却未理会女王的示好,他似乎更爱慕伊丽莎白公主的青春芳华、和悦谈吐,而不贪恋其王姐的赫赫荣华和权势。这一选择开罪了玛丽,她翻脸对德文郡伯爵冷若冰霜,更公然对伊丽莎白表示敌意。母辈昔日的纠葛早已深深印刻在女王充满恨意的心底,自从议会宣布凯瑟琳的婚姻合法之后,她便撕下面具,将妹妹指为私生女。伊丽莎白忠于改革派信条,触动了玛丽的宗教偏执。年轻的公主不太善于掩饰情感,招来女王狂暴的威胁,意欲迫其顺服。[④]但当女王发现,伊丽莎白在某一点上(或许恰恰是她更敏感的地方)批了她的逆鳞,她的忿恨越发在骄傲的刺激下喷薄而出,难以遏制。伊丽莎白公主的处境眼看岌岌可危。[⑤]

女王考虑的第二位结婚人选是波尔枢机主教(他始终未曾接受这一圣秩),似乎有许多理由促使她选择这位教长。波尔人品尊贵、心地仁慈,深得天主教人士景仰,当初保禄三世驾崩时,他只差一点就登上教宗的尊位。[⑥]波尔之母索尔兹伯里伯爵夫人当过

412

---

① Thuan. lib. ii. c. 3.

② Depeches de Noailles, vol. ii. p. 147, 163, 214, 215. vol. iii. p. 27.

③ Godwin, p. 339.

④ Dep. de Noailles, vol. ii. passim.

⑤ Heylin, p. 31. Burnet, vol. ii. p. 255.

⑥ Father Paul, book iii.

玛丽的家庭教师,女王对她很有感情;波尔本人忠于天主教信仰,受到改革派的强烈憎恨——这一切都颇能打动玛丽。不过,波尔年事已高,[①]向已养成研学静修的习惯,不适应宫廷生活的扰攘和繁忙的政务。[②]女王就此断绝与波尔联姻之念。不过,由于深深敬重波尔的智慧和品德,她仍然期望在治国理政方面获益于他的指点。她秘密接洽驻布鲁塞尔教宗特使丹迪诺枢机主教(cardinal Dandino)的代表科蒙多恩(Commendone),向时任教宗犹利乌斯三世捎去承诺,代表她本人及英格兰王国表示由衷盼望与圣座和解,并希望波尔能被任命为教宗特使,履行这一神圣使命。[③]

前两次议婚遇阻,女王将眼光投向皇帝的家族,也就是自己的母系亲族——多年来,在她身处逆境时,他们一直为她提供支持与保护。数年来,查理五世几乎成为德意志的绝对主宰,其专制统治令此邦民众切齿痛恨,他们预感到,自己的自由迟早会被暴君侵夺殆尽。[④]信仰既是查理皇帝大肆僭权的借口,亦是颠覆他的力量,最终令他的一切荣耀和野心归于幻灭。此前,黑森伯爵领主(landgrave of Hesse)接受萨克森选帝侯莫里斯(Maurice)的建议和保证,自投罗网地前去觐见皇帝,结果被无理扣押。愤怒的莫里斯在新教君侯中间秘密串连,筹备起事。他事先巧妙掩饰计划,然后突然起兵向查理进攻,险些俘获皇帝本人。各地新教徒纷纷拿起武器,蜂起暴动,法国也趁机发动入侵,令皇帝无法招架,被

413

---

① 波尔枢机主教生于1500年,卒于1558年。——译者
② Heylin, p. 31.
③ Burnet, vol. ii. p. 258.
④ Thuanus, lib. IV. c. 17.

迫接受和谈条件，保证德意志独立。为挽回颜面，他举兵攻法，以十万大军围困梅茨。皇帝御驾亲征，令整个欧洲为之瞩目，皇帝似乎决心不惜一切代价必竟此功。然而驻守梅茨城的吉斯公爵麾下皆是法兰西最英勇的贵族，他们以超凡的警觉、干练和勇武坚守城池，直到隆冬降临，皇帝感到羁留城下已十分危险，只好率领余部撤回低地国家。此番命运的逆转令皇帝极度沮丧，对于垂暮之年的他不啻一个致命打击。

查理一听说爱德华六世驾崩、他的表妹玛丽登基做了英格兰女王，就开始盘算将这个王国纳入本家族治下，希望借此弥补自己在德意志的一切损失。他的儿子腓力是个鳏夫，虽说只有二十七岁，比女王小十一岁，但这个小小阻碍在各方看来不足挂齿；再者，没有理由断定以女王这个年纪不可能生养众多子嗣。于是，皇帝立即遣使向玛丽表明自己的意向，后者很高兴得到如此强大的一位盟友，也乐于和向来依恋的母系家族亲上加亲，爽快地应允了这桩亲事。诺福克、阿伦代尔和佩吉特为此提供了建议。此前被提拔为御前大臣、又准备升任首席大臣的加德纳摸准女王的心意，表态支持与西班牙联姻的计划。同时，他又向女王和皇帝提出：在完婚前，有必要停止一切宗教变革举措。他注意到，议会虽然态度温驯，但已表现出明显的疑虑迹象，目前似乎决心不再对天主教做出更多让步。他指出，尽管议会可能在他们尚未完全理解的若干抽象原则或者看似无足轻重的礼仪问题上为自己的君主付出一些代价，但是他们对罗马教廷的僭权和勒索抱有强烈反感，因此绝难令他们再度降服于教廷的权威。他还指出，归还修道院地产会引起贵族士绅阶层的警觉，促使他们支持已在民间广泛流布的反对天主教教义和仪规的观念。他又说,先朝曾经煞费苦心地引导国民反对与西班牙联姻,眼下若是要求他们转变想法,并同步推进回归天主教的变革,恐怕会引发全民暴乱;将来女王一旦完婚,她的行动便有了权威依据,从而有能力将所投身的虔敬事工推向深入。他说,为今之计,甚至有必要事先安抚国民,向他们表明这桩婚事对英国极其有利,并且保证他们的独立,无损于他们古老的自由和权利。[①]

皇帝深知加德纳审慎老练,对他的建议表示完全赞同;并且极力缓和玛丽高涨的热情,向她陈明,带领举国改宗的大事实有必要稳步渐进。又有消息说波尔枢机主教(此人在信仰上更真诚,较少考虑人情世故)写信向女王提出了相反的建议,并已动身前往英伦,准备履行其教宗特使的职责,皇帝考虑之下觉得此事欠妥,便派人将其拦阻在多瑙河畔小镇迪林根(Dillinghen),并于事后取得了玛丽的同意。与此同时,婚约的谈判快速进展,举国上下尽人皆知玛丽打算嫁给腓力。下议院原以为他们凭着此前作出的种种让步已经把女王争取过来,但此时惊闻她决定与外国人联姻的消息,顿生警觉;他们委派一个代表团向女王进谏,措辞严厉地反对这一危险举措。女王为避免再接到此类抗议,下令解散本届议会。

教牧代表会议与议会同期召开。与会代表大部分与宫廷的宗教倾向一致。天主教一派直截了当地提出,要就圣餐方面的教义分歧与新教人士展开辩论。鉴于化质说被视作天主教相关信条当

12月6日

415

---

① Burnet, vol. ii. p. 261.

中最为清楚明白、论据坚实的一条，因此他们选择通过捍卫此说来检验己方实力。新教人士在对手制造的一片嘈杂喧嚣声中尽最大努力将辩论推向深入，并且自以为占据了一定优势，因为他们在争论中成功迫使天主教徒们承认，根据天主教信条，基督在最后的晚餐中手里拿着自己的身体，吃了自己的肉、喝了自己的血。[1]不过，这个胜利只有他们自己人承认。天主教一派坚称己方在当天辩论中明显胜出，并指对手是瞎眼、顽固的异端，只有堕落到极点的心灵才能让人质疑如此不证自明的信条，这些人堕入邪道顽梗不化，理当予以最严厉的惩处。他们因己方在这一心爱话题上取胜而深为得意，不久又在牛津重启辩论。为了显示自己理据在手，无惧任何博学高才的对手，他们还派人把克兰默、拉蒂默和雷德利押解到现场，看看这些著名的辩士能否找到任何论据捍卫其摇摇欲坠的信条。[2]时隔数年，回看爱德华一朝在同一地点举行的那次著名会议，此次辩论的主题已然大相径庭。

不出所料，本届议会和教牧代表会议解散后，在天主教徒的热忱推动和当局的支持下，新的宗教立法在大多数地方更加堂而皇之地推行开来。弥撒在各地纷纷恢复，教会公然宣称任何担任圣职者不宜结婚。一些史家声称，当时全英格兰教牧人员有四分之三失去了生计；但据其他史家更确切的估计，[3]遭受影响者远低于上述比例。政府派遣专员巡察各地，以便更完善地恢复弥撒及其他古代祭仪；在所有使命当中，一个特别重点在于：禁止

1554年

416

---

[1]　Collier, vol.ii.p.356. Fox, vol.iii.p.22.

[2]　Mem.Cranm.p.354. Heylin, p.50.

[3]　Harmer, p.138.

教牧人员在接受圣职时宣誓承认王权至尊。[1]值得注意的是,该誓词是依据亨利八世一朝的法律制定的,而这部法律此时仍然有效。

女王与
腓力联姻

宗教政策骤然剧变,激起新教徒的强烈不满。太多人士因此遭受逼迫,令许多无关看客都为之担心。不过,此时女王与西班牙王室的婚约乃是国人更普遍关切的热点,害怕此举有损于王国自由独立的忧虑心态扩散甚广。为避免一切扰攘,婚约中的所有条款极尽可能地保障英方的利益、安全,乃至国家荣耀。双方商定:腓力婚后尽管享有国王的尊衔,但治国权柄完全由女王执掌。外国人不得在英王国担当任何职位。不得对英格兰法律、习俗和特权进行任何变更。未经女王同意,腓力不得携女王出境;未经贵族院同意,腓力不得携女王的任何子女出境。腓力一旦身故,女王每年可获六万镑作为寡妇所得产;二人婚姻所出男性后嗣将继承英格兰、勃艮第及低地国家的王位;一旦腓力前次婚姻所出之子唐·卡洛斯(Don Carlos)身故且该支子嗣断绝,女王的后嗣(无论性别为男为女)将继承西班牙、西西里、米兰以及腓力治下的其他全部领土。[2]以上便是奉皇帝陛下之命赴英的艾格蒙特伯爵(Egmont)及其他三位特使与英方所签婚约的内容。[3]

1月15日

上述条款公布后,国人并不满意。普遍的说法是,皇帝为了占据英格兰,口头上可以接受任何条件;他承诺的条件越优惠,就越能由此断定他并无履行的诚意。那位君主向来狡诈且野心如炽,

---

[1] Collier, vol. ii. p. 364. Fox, vol. iii. p. 38. Heylin, p. 35. Sleidan, lib. 25.

[2] Rymer, xv. p. 377

[3] Depeches de Noailles, vol. ii. p. 299.

417　将来背信弃义几乎是板上钉钉的事。而他的儿子腓力既继承了乃
父的恶德，更增添了专横、阴郁、骄傲和残暴这些属于他本人的更
危险的品性。英格兰将会沦为一个省份，附属于一个历来对其治
下各邦施行最为暴虐统治的王国。君不见尼德兰、米兰、西西里、
那不勒斯在西班牙的暴政下辗转呻吟；在美洲，所有新征服的领土
上，上演着一幕幕人类历史上闻所未闻、令人发指的残忍景象。宗
教裁判所也是出自那个暴虐国家的发明；将来这一审判制度毫无
疑问会与该国的其他法律制度一起被全盘引入英格兰。当前英国
民众在宗教信仰上分歧如此巨大，必令大批人士受害于这一不公
正的审判制度，并将使整个国家沦入最卑屈的奴役状态。①

　　怨言如星火流布，在民间酝酿着暴乱。但凡有外来势力稍加
扶持，或有大人物振臂一呼，就会对女王的统治造成致命打击。然
而，法兰西国王虽与皇帝有仇，却断然不肯支持任何叛乱计划，以
防给玛丽提供任何对法宣战的借口。②贵族当中较审慎的一派认
为，与西班牙联姻的后患只是一种尚未临到眼前的忧虑，举国叛
乱的时机还不成熟。但一些生性躁动者则认为，与其事后匡救，不
如先发制人来得更安全。他们密谋发动武装叛乱、昭告天下反对
女王与腓力联姻。托马斯·怀亚特爵士(Sir Thomas Wiat)和皮
特·卡鲁爵士(Sir Peter Carew)分头准备在肯特和德文两郡起事；
他们联络萨福克公爵，以拥立简女士重登大位的希望为诱饵，要他
在中部各郡发动叛乱。③卡鲁迫不及待，又或许是耐不住忧惧的催

怀亚特
叛乱

---

① Heylin, p.32. Burnet, vol.ii.p.268. Godwin, p.339.
② Depeches de Noailles, vol.ii.p.249.vol.iii p.17, 58.
③ Heylin.p.33. Godwin, p.340.

迫,不到约定的日期便提前发动暴乱。这股武装很快就被贝德福德伯爵率兵平定,卡鲁被迫亡命法兰西。萨福克公爵闻讯后,害怕被捕,与两位弟弟托马斯勋爵和莱奥那多·格雷勋爵突然离城,试图在自己产业所在的沃里克和莱斯特两郡发动民众暴乱。但亨廷顿伯爵率三百骑穷追不舍,他被迫遣散随从,潜踪隐匿,旋即从藏身地被搜出,解至伦敦收监。[①]怀亚特举事之初较为顺利,在肯特的梅德斯通(Maidstone)发布宣言,号称反对女王身边的奸佞之臣、反对与西班牙联姻,对宗教事务只字未提,民众开始群集到他的旗下。诺福克公爵和亨利·杰尼根爵士奉命率领各自的卫队和其他几股部队出师平叛,另有布莱特(Bret)为首的五百伦敦子弟充当援军。行至罗切斯特,叛军大营已遥遥在望。乔治·哈泼爵士假意要脱离叛军,不料他反倒暗中说服布莱特,这两个不满分子煽动伦敦人集体倒戈,投向怀亚特阵营,宣称他们不愿效力于使祖国陷入奴役的事业。诺福克害怕余部群起效尤,当即率军后撤,退入城中以策安全。[②]

　　经此事件,举国民意,尤其是伦敦人的倾向(他们大多为新教徒)已然清楚地得到证实,怀亚特深受鼓舞,挥师进军。他率部进抵萨瑟克(Southwark),要求女王交出伦敦塔、交付四名枢密大臣作为人质,并且立即与本国人结婚,以确保王国的自由。当他发现前方桥梁已有重兵布守,城内居民被严密控制,便沿河上行至金斯顿(Kingston),在那里率四千人马渡河,转头进逼伦敦,希望众同

[418]

---

①　Fox, vol.iii.p.30.

②　Heylin, p.33. Godwin, p.341. Stowe, p.619. Baker, p.318. Hollingshed, p.1094.

党受此激励，如同当初承诺的那样群起响应。由于他考虑不周，在萨瑟克延宕过久，及至由金斯顿进军伦敦之时，已经完全错过了民心鼎沸的关键时机。叛军进入威斯敏斯特，虽未遇到任何抵抗，却发现没有一位重要人物在这里迎候加入他们，于是全军静悄悄地分崩离析。最后，怀亚特在坦普尔栅门(Temple-Bar)附近被莫里斯·伯克利爵士(Sir Maurice Berkeley)活捉。[1]据说这次叛乱中死掉的有四百人，[2]另外四百叛乱分子颈系绳索被牵至女王面前，双膝跪地接受女王的赦免，然后被遣散。怀亚特被定罪处死。由于此前曾有报道称，怀亚特在审判中指控伊丽莎白公主和德文郡伯爵为叛乱同谋，因此他在绞刑台上刻意对全体民众公开申明，他们二人与叛乱毫无瓜葛。

2月6日

怀亚特
叛乱

　　一段时间以来，伊丽莎白公主备受姐姐苛待，在许多场合遭到处心积虑的折辱。她在宫廷中的位次被排在雷诺克斯伯爵夫人和萨福克公爵夫人之后，仿佛并非王室正嗣。[3]她的朋友们处处遭到排挤。如今她的优美品性已然绽放，吸引了所有青年贵族的爱慕，赢得举国爱戴，[4]然而女王的恶意仍然日复一日显出新端倪，令公主不得不避居乡间。玛丽抓住这次叛乱的机会，想要构陷妹妹，她派重兵将公主押回伦敦，关进伦敦塔，接受枢密院的严厉审查。然而怀亚特的公开宣言使女王一党无法用假证陷害公主，加上公主

419

---

① Fox, vol.iii.p.31. Heylin, p.34. Burnet, vol.ii.p.270. Stowe, p.621.

② Depeches de Noailles, vol.ii.p.124.

③ Ibid.vol.ii.p.273, 288.

④ Ibid.p.273.

的自辩十足有力，女王只得将其释放。[1]为了将公主赶出王国，女王提出将她嫁给萨伏依公爵，她表态拒绝，遂被软禁在伍德斯托克(Wodestoke)，严加羁管。[2]德文郡伯爵虽然同样清白无辜，也被关押于福泽林盖(Fotheringay)城堡。

　　事实证明，这次叛乱给简·格雷女士和她丈夫造成了更致命的后果。萨福克公爵的罪过被归咎于她。尽管叛军和不满分子似乎主要寄希望于伊丽莎白公主和德文郡伯爵，但女王全无宽仁慈悲之心，她决意要铲除任何可能给自己带来一丝一毫威胁的对象。简女士接到通知预备受死。这样的结局早在她意料之中，而且，她平生如此清白可鉴，际遇又如此不幸，令此结局于她而言绝非不受欢迎。女王出于宗教热忱，以关怀囚徒的灵魂为名，多次派神学家去搅扰她的清静，不断跟她争辩，甚至对她缓刑三天，希望在此期间她能被说服，及时转变信仰，顾及自身的永恒福祉。在那阴惨的境遇中，简女士保持着镇定的心情，她不仅用当时的所有论据捍卫自己的宗教信仰，还用希腊语给妹妹写了一封信，[3]赠给她一本希腊语《圣经》，并嘱咐她无论际遇如何，都要始终如一、保持坚韧的品格。行刑当日，她的丈夫吉尔福德勋爵申请与她相见，但她拒绝了，并捎信给丈夫说：恐怕离别的柔情会挫磨彼此的勇气，过度软化我们面对死亡结局所需的坚定意志。她说，你我的分离只是暂时的，我们不久便会在另一片天地重逢，在那里我们的爱将会天长

420

2月12日

---

[1]　Godwin, p.343. Burnet, vol.ii.p.273. Fox, vol.iii.p.99, 105. Strype's Mem. vol.iii.p.85.

[2]　Depeches de Noailles, vol.iii.p.226.

[3]　Fox, vol.iii.p.35. Heylin, p.166.

地久、永不分离，死亡、失望和不幸再也无法攫住我们，无法搅扰我永远的幸福。[1]

　　按原计划，拟于塔山同一座刑台上处决简女士和吉尔福德勋爵；但枢密院害怕两人的青春美貌、无辜与高贵出身激起民众的同情，临时改变命令，在伦敦塔内将简女士斩首。她看见丈夫被带出牢门，并隔着铁窗向他致意，然后便静静等待自己的大限时刻。她甚至亲眼看见丈夫的无头尸身被马车载回，听人讲述他在临刑前镇定如常，因而内心更加坚定，不曾因这令人心碎的场面动摇。伦敦塔卫戍长约翰·盖奇爵士(Sir John Gage)在提押她赴刑的路上，请她惠赠小小礼物，以为永志纪念。她以自己的笔记本相赠，那上面有她刚刚目睹丈夫遗体时写下的三句话：一句希腊语、一句拉丁语、一句英语。[2]其大意是：世间法律戕害了他的肉体，但上天的慈悲将恩待他的灵魂；如果她的错误当受责罚，至少她的青春和轻率是值得原谅的；她相信，自己会得到上帝和子孙后代的眷顾。在断头台上，她向观众发表演说，以一贯的温柔品性担下一切罪责，没有半句怨言指责这刑罚的严酷。她声称，自己的罪过不在于染指王冠，而是不曾足够坚定地拒绝接受它。她说，自己之所以铸成此错，孝顺父母的动机多于野心的诱惑，因她自幼接受教育要尊敬和服从父母。如今伤害已经造成，她甘愿接受死亡，作为唯一的补赎之道。尽管她当初是受人摆布而违法，但她现在自愿伏法，以示自己甘愿为这愚孝误国之举而赎罪的心。她让自己沦为他人野心

简·格雷
被处决

---

[1]　Heylin, p.167. Baker, p.319.

[2]　Heylin, p.167.

的工具——虽说是不情愿的工具——受此惩罚应属罪有应得。她
希望自己的生平故事至少能使后人引以为戒,提醒他们:不能借口
天真为可能导致覆国的重大过失开脱。说完这番话,她招呼女侍
为她解去长袍,然后满面从容地听凭刽子手处置。①

　　此后不久,萨福克公爵也被审判、定罪并处决。倘非他的鲁
莽造成女儿英年早逝,他的死本会招来更多同情。托马斯·格
雷勋爵因同罪被处死。尼古拉斯·思罗格莫顿爵士(Sir Nicholas
Throgmorton)在市政厅受审,但是控方拿不出足够证据,他凭着
出色的辩护,赢得陪审团的有利裁决。女王的指望落空,怒气冲天,
她非但不肯依法释放囚犯,反将他重新关进伦敦塔,严密拘押了一
段时间。然而她的愤怒到此仍未止息:陪审团全体成员都被枢密
院传唤问责,被投入监狱,后被处以罚款,一部分人被迫缴纳一千
镑、余者缴纳两千镑。②这一暴行给若干涉案人造成了致命伤害,
其中就包括尼古拉斯爵士的弟弟约翰·思罗格莫顿爵士(Sir John
Throgmorton),他被定罪的证据其实并不比之前被驳回的那些证
据更充分。女王施淫威,伦敦塔和所有监狱被获罪的贵族士绅们
塞得满满当当,这些人连犯罪的影儿都没有,只因关心国事,就成
了女王疑忌的对象。她发现自己广招侧目,便决心剥夺民众的反
抗能力,诏令全国清点成丁,又派专员收缴民间武器,堆置于各处
城堡、要塞中。③

422

----

　　① Heylin, p. 167. Fox, vol. iii. p. 36, 37. Hollingshed, p. 1099.

　　② Fox, vol. iii. p. 99. Stowe, p. 624. Baker, p. 320. Hollingshed, p. 1104, 1121.
Strype, vol. iii. p. 120. Dep. de Noailles, vol. iii. p. 173.

　　③ Dep. de Noailles, vol. iii. p. 98

尽管政府的种种倒行逆施招致国人普遍憎恶，但平定怀亚特议会召开4月5日叛乱之后，女王的权威大为巩固，因此当局希望于此际召开的新一届议会能表现出某种驯服态度。皇帝也大力促成这一目标，他举债筹措到四十万克朗，送到英国，向议员们行贿、给他们发放津贴。迄至此时，这种有害无益的行为在英格兰尚无先例。为避免关乎教会土地的新政引起公众警觉，女王按捺自己的宗教偏执，宣布重拾三个月前放弃的"英格兰教会最高元首"称号。御前大臣加德纳于本届议会开幕典礼上致辞，他宣告：女王陛下依照世袭权利据有英格兰王位；女王陛下有权自主择夫；她青睐勃艮第宗室后裔、英格兰的传统盟友，说明她对此项权利的运用十分妥当。他提到，如今亨利八世的后嗣只剩下女王本人和伊丽莎白公主。因此，为避免形形色色的觊觎者可能造成的不便，有必要以法律形式授予女王处置王位、指定王位继承人的权力。他指出，这在英格兰算不上史无前例，因为亨利八世就曾获得此项授权。①

議会十分乐于满足女王的一切愿望。然而当邦国的自由、独立和存在本身受到如此明显的威胁，他们却无论如何不能顺受。他们清楚女王对伊丽莎白公主抱着根深蒂固的憎恶，而对奥地利宗室一往情深。他们洞悉她那极端的宗教偏执，在这种情绪支配下，她为确立天主教信仰，会抛开一切公正考量、将国家利益置之度外。议会指出，加德纳在讲话中刻意回避给予伊丽莎白公主"王妹"尊称，由此可见，女王一党早有筹谋，要将她作为私生女排除在王位继承序列之外。议会预料，假如玛丽如愿取得她所要求的

---

① Depeches de Noailles.

授权,她就会立下有利于她丈夫的遗嘱,使英格兰永远沦为西班牙王室治下的一省。此时此际,一个消息传来,越发引起议会的警觉:腓力开始小心地坚称他是兰开斯特宗室后裔,并公开宣示自己凭世袭权利,是兰开斯特宗室真正和唯一的继承人。

　　议会意识到危险,因此决意避免踏入险境。他们不能不批准婚约,[①]其中各项条款都对英国极其有利;不过,他们拒绝按照御前大臣的授意,通过那样一部法律。他们甚至不肯宣布,凡于女王在世期间图谋或以实际行动谋害王夫者按叛国罪论处。这项议案被提交后,经一读即被搁置。为了更有效地阻断腓力谋求在英格兰掌握任何权柄的希望,本届议会通过一项法律,宣布"只尊女王陛下为主,女王陛下作为唯一君主单独享有英格兰王位并执掌王国君权,拥有上述身份所赋予的一切卓越、尊贵和权利,上述权利范围和充分性于婚后与婚前并无不同,西班牙王子殿下不得以王妻遗产继承人身份或凭借任何其他途径获得任何头衔或权利"[②]。

　　本届议会立法批准恢复达勒姆教区,该教区是在先王爱德华治下的最后一届议会上被撤消的。[③]女王此前已经动用手中权力,任命汤斯达尔为达勒姆主教。尽管在当时国王擅行立法权是家常便饭,但通常认为,取得议会首肯总归更安全、也显得更圆满些。向本届议会提交的法案内容还包括:打击出版物中的异端思想、恢复六项条文法案和打击罗拉德派的法案、反对异端和错谬布道等,但这些法案均未获两院通过。这足以证明,本届议会虽在一些他

424

---

①　Mar.Parl.2.cap.2.

②　Ibid.cap.1.

③　Ibid.cap.3.

们认为无关宏旨的宗教问题上顺服王命，但仍然有所保留。女王发现议会不肯完全为她所用，便下旨解散了本届议会。 5月5日

　　这时，玛丽全心全意准备迎接唐·腓力，日夜企盼他的到来。这位女主多少年来过着寂寞保守的生活，没有嫁人的前景或希望，而今她为从未谋面的年轻夫婿神魂颠倒，急不可耐地等待完婚，期间遇到的每个阻碍都令她无比焦虑和不满。[①] 她抱怨腓力故意摆架子，耽延行程；又忍不住恼怒地表示，她给腓力带去一个王国作为嫁妆，他待她却如此轻慢，迄今竟无只字片函相寄。[②] 然而这种高傲的态度却让她的热情燃得更旺，当她发现本国臣民强烈反对这桩她寄以无限柔情期许的婚事，便把全体英国人当成了深恨的对头。海军上将埃芬汉姆勋爵(lord Effingham)奉旨率一支舰队，护送当时驻跸于西班牙的腓力王子前来英国，但埃芬汉姆报告称，由于船员中间不满情绪高涨，难以保障腓力王子一路安全。女王即刻下令遣散船员。[③] 接着，她又害怕当时称霸海上的法国舰队阻截王夫，以致每一条危险的传言、每一阵刮起的风浪都让她恐慌失据不能自已。这种极度焦躁的心情明显影响了女王的健康乃至头脑的清明；此时她的心头又涌上一种新的忧虑，担心未来的伴侣嫌弃自己被时光和疾病摧残的容颜。她揽镜自照，发觉自己变得如此憔悴，不由慨叹红颜易老，想到腓力即将到来，内心忐忑，不知是喜是忧。[④]

---

① Strype, vol.iii.p.125
② Depeches de Noailles, vol.iii.p.248
③ Ibid.p.220.
④ Depeches de Noailles, vol.iii.p.222, 252, 253.

7月19日

腓力抵英

翘首渴盼的时刻终于到来。女王闻报,腓力已抵达南安普顿。[①]几天后,女王夫妇在威斯敏斯特举行婚礼;随后举行了盛大的入城仪式,腓力大肆招摇,炫耀自己的财富。女王携王夫进入温莎,二人就居住在那座宫殿里。腓力王子的举止表现极不适合消除英国人对他的偏见。他的态度高冷而疏离,哪怕最显赫的贵族向他致意,他都视若无睹;他所恪守的那些古板形式和礼仪俨然如同一层冷硬的外壳,拒人于千里之外。[②]但是这种情形却让女王对他越发倾心,她只想同丈夫单独厮守,不要别人陪伴,任何事打搅到二人新婚燕尔之乐,都会惹得她发火。丈夫离开片刻,她便心生烦恼;他若对其他女子殷勤客套,她就掩藏不住嫉妒和气恨。

玛丽很快发现,野心是腓力的主导激情,要想让他获得满足、牢拢他的感情,唯一之道是让他成为英格兰的主宰。与向丈夫邀宠相比,本国子民的利益和自由在她眼里都显得无足轻重。她再次召集议会,希望本届议会能完全听命于自己。为了取得更大权威,她效法前朝先例,下发亲笔通函举荐合意的议员人选。[③]由于天主教一派高涨的热忱、西班牙黄金的影响力,以及王室特权的力量,而且国内士绅们(尤其是新教信徒)意气消沉,在这种背景之下,兼以加德纳巧施手腕,选出的新一届下议院成员令女王十分称心。根据国内民情判断,女王在这届议会上,大可安全地甩开英格

11月12日

426

---

① Fox, vol. iii. p. 99. Heylin, p. 39. Burnet, vol. iii. p. 392. Godwin, p. 345. 威廉·蒙森爵士(Sir William Monson)在其书中写道(p. 225),英格兰海军上将下令向西班牙舰队开火,因为他们没有降下桅帆,表示尊重英国海军在英吉利海峡和爱尔兰海域的主权。当时腓力王子还在船上。这个举动堪称英勇,但在当时颇不可能。

② Baker, p. 320.

③ Mem. of Cranm. p. 344. Strype's Eccl. Mem. vol. iii. p. 154, 155.

兰教会最高元首的称号，尽管该头衔在法律上是英格兰王权不可分割的一部分。[1]枢机主教波尔身负教宗特使职权，已经抵达佛兰德斯。为了给教宗特使莅临英格兰铺平道路，议会通过一项法案，撤消了对他的褫夺私权令，重新认可其宗室血统。女王发布特免令，允许波尔违背古老的《圣职授职法》担任教宗特使之职。枢机主教渡海而来，会见了女王夫妇。他随即敦请英格兰议会及整个王国与罗马教廷和解，结束长久以来令人遗憾的分裂状态。这一信息被欣然接纳。议会两院投票通过一份致腓力和玛丽的呈文，承认他们犯下了背叛真教会的可怕罪行，表示真诚忏悔往日的过犯，并决意废除反对罗马教会的一切立法。议会请求两位陛下，鉴于他们幸而未曾沾染分裂教会之罪，能否代为向圣父教宗求情，求他赦免和宽恕此邦悔过的子民。[2]这个请求毫无困难地得到允准。教宗特使以圣座之名赦免英国议会和英格兰王国，免除对他们的一切惩戒，接纳他们重归教会的怀抱。时任教宗儒略三世（Julius Ⅲ）获悉上述情形，把这称作自己无与伦比的福分：他本该为这一切向英国人致谢，反而收获他们的感谢。[3]

　　尽管那个时代人们为支持或反对罗马教廷付出了极大热情，但是贵族士绅们至为关切的还是自己的钱财和产业。教宗和女王事先一再保证，承诺绝不追究他们从教会掠得的财产，原属修道院和教会的土地仍归现任主人所有，他们这才做出归顺罗马的让

427

---

[1]　Burnet, vol.ii.p.291. Strype, vol.iii.p.155.

[2]　Fox, vol.iii.p.3. Heylin, p.42. Burnet, vol.ii.p.293. Godwin, p.247.

[3]　Father Paul, lib.iv.

步。[①]但是议会完全不相信这些承诺，他们在立法废除反对教宗权威的旧法律时，[②]特意加入一项条款，规定分裂时期缔结的所有婚姻合法有效，确定了教会神职人员领取圣俸的权利，此外更为占有教会地产者提供了安全保障，使他们免于遭受教会惩戒。同期召开的教牧代表会议也被迫提交了一份同样内容的请求书，以期打消国人这方面的顾虑。[③]教宗特使代表其主，允准了上述所有内容。从目前形势来看，尽管女王夫妇付出了极大努力，但罗马教廷的势力在英格兰事实上已被遏制，要想卷土重来面临着难以克服的阻碍。因为尽管教廷的管辖权暂告恢复，但其权力的基础——教会产业——却已无可挽回地丧失，无望收复。尽管这种状态为时未久，但即便玛丽和腓力这对专横、强势而又偏执的王者，也无法帮助教会夺回刚刚被掠夺的财产。教会人士再也没有其他借以自肥的方便手段，只剩下最初的那一套做法，而这需要历经许多无知、野蛮和迷信的世代才能对人类产生影响。[④]

议会在保障自身财产安全之后，不再把宗教事务放在心上，甚至对同胞的生命也漠然置之。古老血腥的《反异端法》[⑤]曾被上届议会驳回，在本届议会获准重新生效。议会还颁布了几项打击煽动性言论和散播流言行为的法案，[⑥]并立法规定：在女王与腓力婚

---

① Heylin, p.41
② 1 & 2 Phil.& Mar.c.8.
③ Heylin, p.43. 1 & 2 Phil & Mar c.8. Strype, vol.iii.p.159
④ 参见本卷卷末注释［T］。
⑤ 1 & 2 Phil & Mar c.6.
⑥ Ibid.c.3 9.

姻存续期间，任何试图加害腓力的图谋或行动均构成叛国罪。[①]迄至此时为止，每一届议会都在威逼利诱下比上一届走得更远，但还没有一届彻底丧失对国家利益的关切。在他们心里，对西班牙的仇恨和对腓力野心的警惕依然占据上风，尽管女王极力争取把丈夫正式立为英国王位的假定继承人，把执政大权交在他手上，但她的每一次努力都落了空，就连给王夫加冕都无法获得议会批准。[②]同样，所有为支持皇帝对法作战而要求补助的议案均被下议院驳回，无疾而终。英国人历来对法国的仇视和疑忌一时间似乎让位给了对西班牙的仇视。腓力看出自己不受欢迎，便设法促成几位被囚的知名贵族获释，以邀买人心。这几人包括亨利·达德利勋爵、乔治·哈泼爵士、尼古拉斯·思罗格莫顿爵士、埃德蒙·沃纳爵士(Sir Edmond Warner)、威廉·圣-罗爵士(Sir William St. Lo)、尼古拉斯·阿诺德爵士(Sir Nicholas Arnold)，以及哈林顿和特里梅因(Tremaine)，他们都是因遭受宫廷的怀疑和敌视而被捕入狱的。[③]不过，腓力最为国人称道的举动是保护伊丽莎白公主免受女王的恶意伤害，帮助她恢复了自由。这一举动在腓力并非出于宽宏大量(这种品质是他完全不具备的)，而是精心算计的结果，他敏锐地预见到，如果处死伊丽莎白公主，那么下一顺位继承人便是苏格兰女王，她一旦坐上英格兰王位，英国就会一劳永逸地并入法兰西王国。德文郡伯爵也得益于腓力收买人心的表面文章，重获自

---

① Ibid.c.10

② Godwin, p.348. Baker, p.322.

③ Heylin, p.39. Burnet, vol.ii.p.287. Stowe, p.626. Depeches de Noailles, vol. iv.p.1, 6, 147.

由。这位贵族出狱后，为躲避重重猜忌，请求女王批准出国游历；[1]
时隔不久他在帕度亚中毒身亡，据说是被帝国方面的对手所害。
他是第11代、也是最后一代德文郡伯爵，那个欧洲最显赫的贵族
世家至此后继无人。

　　女王无比急切地盼望生养，以致欢天喜地相信任何怀孕的迹
象。当教宗特使被引见给她时，她在想象中感到似有胎儿在腹中
跃动。[2]谄媚者们将这比作施洗约翰在母腹中跃动，向圣母玛利亚
致敬的故事。[3]英国宫廷立即遣使将这一奇事通报各国宫廷，并诏
告全民感谢上天，一时间举国欢庆。小王子出生后的一应宫务俱
已安排齐备[4]——之所以说王子，乃因国中天主教人士一致确信女
王腹中必为男胎。伦敦主教邦纳举行公开祷告仪式，求神恩惠赐
予小王子俊美、活力和智慧。然而国人仍有几分怀疑，有议论说，
女王陛下一向体弱多病，无法坐胎。事实证明，她所谓的怀孕只是
因为健康状况失调引发了水肿而已。然而，关于女王怀孕的信念
仍被小心翼翼地维护着，腓力借着这个弥天大谎极力支持自己在
王国中的权威。议会通过立法，规定女王一旦去世，指定腓力于幼
主当朝期间担任护国公。女王夫妇发现无法迫使议会作出更多让
步，便突如其来地驾临威斯敏斯特，宣布解散本届议会。

　　本届议会召开期间有个插曲，在此不可略过不提：几位下议院
议员对议会的举动不满，又无力阻止，便退席以示谴责，此后一直

公元
1555年

1月16日

429

---

① Heylin, p.40. Godwin, p.349.
② Depeches de Noailles, vol.iv.p.25.
③ Burnet, vol.ii.p.292. Godwin, p.348.
④ Heylin, p.46.

拒绝出席议会。[①]本届议会解散后，他们因上述抗命之举被控于王座法庭。其中六人表示认罪，请求法庭宽赦，并缴纳了罚金，另外几位则提起抗辩；此案尚未审结，女王便驾崩了。倘若根据下议院事后的申明，以及自由政治的真实原则来判断，女王手下大臣们的举动必定属于滥用职权；然而在当时这种行为并未招致物议，本朝下议院的历次会议也从未对此提出质疑。法兰西驻英大使诺瓦耶伯爵(count of Noailles)曾经讲过，有几位议员由于出言无忌，被女王打入监牢。[②]

---

① Coke's Institutes, part iv. p. 17. Strype's Memor. vol. i. p. 165.

② Vol. v. p. 296.

第三十七章 玛丽女王(二)

宽严之辩—英格兰宗教大迫害—议会召开—女王横征暴敛—皇帝逊位—处决克兰默—对法开战—圣昆丁战役—法军攻占加来—苏格兰局势—法国王储迎娶苏格兰女王—议会召开—女王驾崩

公元
1555年

　　加德纳一向深思熟虑、行事审慎,他支配议会力排异见,确立了与西班牙联姻并恢复古老信仰的两项大计,从此个人声望如日中天,人人敬他足智多谋、手腕高超,枢密院将他的意见看得有如神谕一般。加德纳一向在本党派中威望崇高,现在越发强势,朝野无人能与其对峙或加以制约。波尔枢机主教虽然人品高贵正直,深受国人爱戴,论家世地位也高于加德纳,但论起施政筹谋,影响力却远逊于前者;时人高度景仰他的博学、虔诚和仁慈,然而更多地把他看作一个好人,而非治国能臣。这两位身担圣职者经常当着女王和整个枢密院辩论一个重要问题:对于近期重新生效的《反异端法》,在实践中是应不折不扣地落实,还是仅仅作为一种威慑,用以抑制宗教狂热分子的鲁莽行径? 波尔笃诚信奉自己的宗教信条,尽管其节制温和的立场曾令罗马教廷疑心他同情路德派,而事实上他对天主教教义坚信不疑,认定世俗政治根本不配与教会利益相提并论。加德纳则不然,他的宗教信仰总是让位于关乎自身安全或仕途亨通的一己筹算。当初他对亨利八世无止境的顺服已然清楚显明，前朝幼主若非刻意逼他到绝路，他完全有可能牺牲个人信仰原则，随从当时的主流教义。众所周知，上述两位当朝重臣的性格就是如此。然而人的性情对体制的支配力绝对不容小觑，其结果是：波尔在自身仁慈天性引导下，对他高度谴责的异端信条仍然主张宽容为怀；而加德纳以其一贯的严厉，力主以宗教迫害手段强制推行古老教义，而在他内心深处对这教义实感无所谓。[①]这一公共政策以其无与伦比的重要性，在枢密院引发辩论，继而很快成为举国上下热议的话题。我们在此简略介绍一下双方实际或可能用以支持自身施政方案的各个议题，并列举这场空前绝后的大辩论中双方针锋相对、大费周章仔细考察的种种论据。

波尔的支持者们认为，宗教迫害是一切宗教共通的丑陋现象。源于神学信仰的仇恨如此激烈而又狂暴，非但不能说明不同教派中人的信仰之坚定，反而有力地证明了他们在这些出离凡尘的高邈问题上从未建立起真正的信念。就连那些在其他争论中最为急躁、不容异议的人，与好辩的神学家比起来亦堪称温柔节制了。一般说来，人若凭着知识和经验充分确信自己的见解正确无误，他对别人的反对和错谬不会报以愤怒，只会付之一哂。然而，人们在狂热地维护自己既不明确理解也不完全相信的东西时，反方的论证甚或他人的质疑都会动摇他们的主观信念，这种令人极不舒服的思维状态自然会引发焦躁，并按捺不住欲向对手发泄。继而，他们会轻易接受任何借口将对手指为不虔、渎神。假如还能找到某种

宽严之辩

---

①　Heylin, p.47.

借口，将上述观念暴力与世俗政府的利益联系起来，他们的复仇心与怨恨便会一泻千里，不可遏制地纵肆奔突。毫无疑问，天下最大的憾事莫过于借政权之力实施迫害，或为追求太平治象，在一些最不适合以人类理性作为评判标准的问题上强行统一思想。在宗教问题上整齐划一的观念格局，最初可能源于民众愚昧无知，从来不曾潜心思考、探求真知；而要维持这种为统治者所乐见的大一统局面，最便利的方法就是永远禁绝人们的好奇心、钳制科学文化的所有进步。的确，借助持续的严厉打压将一切异见扼杀在萌芽状态，看起来并非难事；但是，这一政策除了使人民永远遭受巨大的迷信恐怖之害、令执政当局面临教会无休止的侵夺，此外更使人心养成病态的敏感，容不下任何异见。他们太久沉溺于这种虚假的太平，日后将为此付出惨痛的代价。正如健康的体魄会因过度保养而变得娇弱，抗不住人生在世难免遇到的风浪；同样，一个思想被禁锢、从未想到自身准则可以被挑战的民族，一旦遇有变故（这样的变故是十分常见的），令神职人员中间形成派系、在教义或观念上发生任何分歧，随即就会出现最令人发指的暴力井喷。但是，主张以迫害手段压制异端萌芽的一派无论怎样巧舌如簧，那种荼毒大众、搞到举国肃杀的做法，或者说，借助极刑翦灭某种已经在各阶层流传甚广的观念的举动，仍然没有任何坚实的论据。这种行径不仅极端野蛮，而且通常达不到预想的目的，只能刺激异见者越发执着于自己的信念，促使更多人皈依其道。对死亡、酷刑和迫害的恐惧犹如乌云压顶，恰是激发宗教热忱的极好环境；永恒奖赏的指望近在眼前，足以压倒对现世惩罚的畏惧。殉道者的荣耀让所有狂热分子，尤其是宗教领袖和传道者们心中的热情燃得更旺。

当暴力迫害激起强烈的仇恨，人们起初是仇视暴君本人，继而自然而然地对其倡导的信条更加深恶痛绝。旁观者们同情所谓的殉道者，感动之余很容易接受他们的信条，并在这些信条激励下表现出近乎超凡入圣的坚贞。宽容之门一旦开启，对立宗派之间紧绷的敌意随即松弛下来，对于本宗派独特崇拜方式的依恋渐趋消退，唇枪舌剑让位于日常生活的消遣娱乐；同样一个人，在其他情形之下或许勇于承受酷刑、蹈火献身，此时却抵不住些微诱惑，只要君王略示恩宠或者看到一点仕途晋身的前景，甚至发现另一套理论可能显得更时髦，都会促使其改弦易辙。如果说上述宽容原则存在什么例外的话，唯有当新的神学理论自外邦舶来、与本国旧有信仰毫无干系的情况下，方有可能借着严厉手段一举将其铲草除根。然而，这种例外可能暗示着古代对异教徒的迫害以及中国、日本彻底剿灭基督教的行径不无理由，鉴于上述讨嫌的后果，它理当永远被埋葬于沉寂和遗忘之中。

　　尽管以上论证似乎无懈可击，然而加德纳和反对宽容的一派凭着属世的聪明狡猾，并未就此偃旗息鼓，他们仍然找到话题来支持反面观点。他们声称，主张良心自由的教义是基于最明目张胆的渎神思想，抹杀不同教派之间的差异，极大地模糊了神学理论，致使教会和执政当局无法明确辨别何为神的谕旨、何为纯粹出于人类想象的虚构。上帝若向人类揭示了祂的真理，必定同时提供了判定正误的标准；世间君王如果明明坐视这些真理的原则被歪曲或掺假，其罪孽之深重，远甚于允许别有用心者把毒药当作食物贩卖给全体臣民。不错，迫害似乎更容易造成虚伪而非在真正意义上收服人心，但经验告诉我们，作假成为习惯之后往往会弄假成真；至少，那些不谙父母虚伪的儿童能够有幸接受正统信条的教育。无视这般难以言述的重要意义，一味迎合世俗文明社会短暂而琐屑的利益，是何等荒谬绝伦！仔细审视之下，宽容派所论述的情形甚至也未必那么普适而确定。当形形色色的教派纷起，彼此憎恨、谩骂、诅咒、互相讨诛，那么执政当局别无选择，只有选边而站，支持一个教派独大，至少可在一段时间内恢复公共安宁。对待已然罹病的邦国政治机体，不可与健康状态下采取同样手段；君主假作中立，甚至淡然偏爱某一派，只会激发所有教派的指望，令他们的仇恨保持旺盛。新教徒远未宽容其祖辈的信仰，而是将其视作不虔而可憎的偶像崇拜。前朝少主当政晚期，新教信仰占据绝对优势，他们立法对一切天主教崇拜活动、甚至仅仅回避他们那套亵渎的仪式和圣礼者施以严惩，只是尚未动用极刑而已。新教当权者亦试图以最严酷的死刑维护他们想象中的正统，在现实中不乏其例：加尔文在日内瓦烧死了瑟维特(Servetus)、克兰默也曾把阿里乌斯派和再洗礼派信徒缚上火刑柱。如果说任何形式的迫害均可被接受，那么必须承认：最为血腥暴力的迫害手段收效最大，因此理由也最充分。监禁、罚款、抄没产业和鞭刑只能激怒各教派，却无法熄灭他们的反抗；然而火刑柱、拉肢台和绞刑架必能快速除灭和驱逐所有不安分的异见分子，令其余人等保持绝对沉默和顺从。

　　以玛丽和腓力酷虐偏执的个性，加德纳的论证让他们听得更为入耳。尽管波尔百般恳请，又有消息证实皇帝本人也劝说儿媳，[①]　435

---

　　①　Burnet, vol.ii.Heylin, p.47. 不过，查理皇帝不太可能提出这样的建议，因为他本人此时正在佛兰德斯极为暴虐地迫害宗教改革人士。Bentivoglio, part i.lib.1.

希望她能汲取自己的前车之鉴，勿对新教徒施以暴力——他穷毕生之力试图肃清异端，到头来一无所获，唯余困惑和失望——然而宗教宽容方案还是遭到彻底否绝。女王夫妇决心释放法律的全部雷霆之威对付改革派信仰，于是恐怖景象很快充斥了整个英格兰，令天主教成为国人普遍憎恶的对象，同时证明人类堕落之甚莫过于披着宗教面纱的报复和残忍。

圣保罗教堂受俸牧师罗杰斯（Rogers）在本教派中以品德高尚、知识渊博而出类拔萃，迫害者选择最先拿他开刀。加德纳计划首先打击那些较易屈服于恐怖威压的人，希望他们遭受惩处或变节的先例自然地影响大众，以收杀鸡儆猴之效。但他却在罗杰斯身上发现了一种人性中罕见的坚贞和勇气，这种品性在所有时代、所有教派中都不乏其例。罗杰斯在保全一己性命的考虑之外，更面对着诸多促使他屈服的强大诱惑：他家有爱妻，还有十个儿女。不过，他被宣判死刑后却平静得出奇，据说行刑时刻到来时他仍在酣眠，是狱卒把他喊醒的。他临死前提出想见妻子一面，但加德纳答道，他身为圣职者，不可能有什么妻子，这话在残酷之上更添了一重羞辱。罗杰斯在史密斯菲尔德被焚而死。[①]格洛斯特主教胡珀与罗杰斯同时受审，但被送往他自己的教区受死。如此刻意安排为的是在他牧养的会众中间激起更大恐惧，但这却给胡珀带来了安慰，他所欣喜的是，能以自己的死为从前在他们中间宣讲的真道作见证。他被缚于火刑柱上，面前摆了一只矮凳，上面放着女王的赦令——只要他幡然悔悟，这份赦令仍然有效。但他吩咐把它

英格兰宗教大迫害

---

① Fox, vol.iii.p.119.Burner, vol.ii.p.302.

拿开，随即欢欢喜喜预备接受那可怕的刑罚。他受刑时承受了最惨酷的折磨：当时狂风大作，卷走了他躯干周围点燃的苇草；而火堆上的柴是新木头，燃烧缓慢。他的下半身已被烧尽，而重要器官尚未经火。他的一只手脱落，另一只手仍在继续捶胸。能听见他在发声祷告，劝勉会众，直到剧烈的痛苦令他说不出话为止。他受苦足有三刻钟，始终如磐石般坚忍。[1]

桑德斯(Sanders)在考文垂被烧死，女王也给他签发了赦令，但他拒绝接受，反而抱住火刑柱说："欢迎基督的十字架，欢迎永生。"在霍德利(Hadley)，教区牧师泰勒在他的老朋友和教区居民面前被处以火刑。他被绑上火刑柱时，开口用英语唱起赞美诗。一个士兵捆打他的嘴，命令他改用拉丁语，另一名士兵在狂怒之下用戟猛敲他的头，幸运地终结了他的苦难。

温切斯特教区会吏长菲尔波德(Philpot)是个新教徒，向来狂热维护正统，某次与一位亚里乌斯派信徒争论时，唾了对手一脸，以示对异端分子的满腔义愤。他随后又撰文为这一粗鲁的情绪化举动辩解，声称自己听到如此可怕的亵渎言论痛苦难抑，此举一为寻求发泄，二是意在表达这样罪大恶极的异端全然不配见容于任何基督教社群。[2]而今他落在一群像他一样狂热的人手中，但他们比他势力更大。他被判处火刑，在史密斯菲尔德受死。我们从中似能看出一条近乎普遍的规律：在真正信仰之外的一切宗教中，凡是甘愿以身殉道者无不愿意把同样的惩罚加诸于一切信仰不同的

---

[1]　Fox, vol.iii.p.145,&c. Burnet, vol.ii.p.302. Heylin, p.48, 49. Godwin, p.349.

[2]　Strype, vol.iii.p.261. Coll.No 58.

人。这两个举动皆源自对思辨式观念的高度热忱。

437　　所有新教徒皆因同一个罪名获罪：否认耶稣在圣体圣事中的真实临在。加德纳起初认为，只要严惩少数人，便可杀鸡儆猴，吓倒改革派，但这个指望落了空，他发现肩上的担子每天都在成倍加重，遂将这个令人厌恶的活计移交给旁人，主要由邦纳负责。此人生活放荡、性情残暴，折磨不幸的受害者似乎让他乐趣无穷。[1]他时常亲手鞭打犯人，直打到脱力为止。一位织工拒绝改宗，邦纳扯掉了他的整部下髭，又让他尝尝被烧的滋味，拽住他的手按到蜡烛上，直烧到筋肉收缩、爆开。[2]

　　英格兰的宗教迫害持续了三年，其间的暴行无须一一详述。在所有殉难事件中，一方的暴虐野蛮和另一方的坚忍顽强都是如此相似，令相关叙述如出一辙，令人压抑而且单调。在这些宗教迫害中，人性表现得较任何时候都更为可憎，且又如此荒诞，卑下尽显：邪恶甚于魔鬼，愚蠢超过兽类。只有少数几个事件或许值得记述传留，如果可能的话，但愿能借此警示偏执狂热的盲信者，永远避免如此可憎而又全然无效的野蛮行为。

　　圣戴维主教费拉尔(Ferrar)在自己牧养的教区被烧死。他向波尔枢机主教申诉，未被受理。[3]伦敦主教雷德利和伍斯特前主教拉蒂默皆以出众的学识和品德而闻名，这两位长老在牛津同受火刑殉难，他们相互劝勉、支持彼此坚贞不渝。拉蒂默被绑上火刑柱时，向同伴喊道："打起精神来，兄弟。今天我们

---

①　Heylin, p.47, 48.

②　Fox, vol.iii.p.187.

③　Ibid.p.216.

要在英格兰点燃这支火炬,我相信上帝永远不会让它熄灭。"刽子手们大发慈悲在他们身上绑了几包火药(这种慈悲之心更自然地属于他们而不是那帮宗教狂),好快点结束他们所遭的罪。年迈的拉蒂默当即被炸死,雷德利在烈焰中又活活忍受了些时候。①

　　有个年方十九的年青学徒亨特(Hunter),被一名教士诱入神学争论,一不留神脱口说出不信真在论。他意识到大祸临头,立即躲藏起来。但邦纳抓住他父亲,威胁说,若不交出儿子,必对他施以最严厉的惩处。亨特闻知父亲身陷苦境,出面向邦纳自首,旋被那个野蛮的主教判处火刑。

　　托马斯·豪克斯(Thomas Haukes)被带上刑场时与友人约定,他若觉得火刑的痛苦可以忍受,就在火焰中给他们打个暗号。对所殉之道的热忱如此坚强地支撑着他的意志,只见他在熊熊烈焰中展开双臂,做出约定姿势,一直保持到死。②他的榜样,连同众多同样坚贞不屈的范例,鼓舞了更多人,他们不仅甘愿承受苦刑,甚至主动追求和向往为信仰受难。

　　女性通常具有更强的宗教倾向,这个群体中涌现出许多突出范例,她们敢于公开告白信仰、又以坚定不移的勇气作为支撑,直面迫害者的一切狂暴。有一宗死刑因具体情形格外野蛮,即便在那个时代仍引得举国震惊。根西岛(Guernsey)有个妇人,临产前被处以火刑,巨大的痛苦使她肚腹爆裂,在烈火中产下一个婴儿。

---

① Burnet, vol.ii.p.318. Heylin.p.52.
② Fox, vol.iii.p.265.

有个士兵一把将孩子从火中抢出，想要救他一命。但是站在一旁的治安法官却命令他把婴儿扔回去，他说：如此顽固不化的异端分子，就该让她和来自她的一切灰飞烟灭、寸草不留。①

上述人等并不是由于教导或阐述了违背现行教义的内容而被定罪受罚，仅仅因为遭受怀疑而被捕，官方要求他们签字承认给定的信仰条款，他们一旦表示拒绝，立即被判处火刑。② 这些野蛮的事例如此有违正常，在国人心中激起极大恐怖，殉难者的坚贞反而引起他们的敬仰。鉴于公平准则早已铭刻在人们内心深处，即使假宗教也无法将其抹杀净尽，因此，当他们看到那些品性正直、可敬、虔诚的人所受的惩罚比最无法无天、严重为害文明社会的恶棍更重，无不骇然。人们已经看出，彻底铲除新教群体是不可能的；而残酷折磨他们当中最具良知和勇气的分子，让懦夫和虚伪者得以逃脱，无疑显得最为不公不义。因此，每一位殉道者的死都无异于反对罗马教廷的百篇布道。人们要么回避这种可怖的场景，要么观刑归来对迫害者满腔义愤，唯敢怒而不敢言。枢密院三令五申，要各地官员加快速度、全力缉查异端，有些地方还要求绅士们亲临野蛮的行刑现场，以表支持。上述种种暴行只能使西班牙政府在国人心目中日益变得更加可憎。腓力感觉到这股恨意，因此极力做作，试图为自己洗脱咎责。他授意其忏悔牧师当着他的面在布道中倡导宽容，该信条由一位西班牙长老的口中说出，不免显得有些异样。③ 不过宫廷方面看出，无论邦纳多么无耻和野蛮，也无法一肩担当所

---

① Ibid.p.747. Heylin, p.57. Burnet, vol.ii.p.337.

② Burnet, vol.ii.p.306.

③ Heylin, p.56.

有的恶行，于是他们很快就撕下了假面。女王那残暴无情的本性不受任何控制地暴露出来，王夫亦然。他们甚至朝着将宗教裁判所引入英国迈出了大胆的一步。主教法庭虽然极端武断，亦不受任何普通法律形式的制约，然而鉴于主教法庭所获授权不够充分，女王遂凭借自己的特权任命了一个委员会，以期更有效地剪灭异端。女王指名任命了二十一位委员会成员，其中任意三位便可行使整个委员会的权力。女王对该委员会的任命书中写道："鉴于臣民当中有大量不实之词并谣言公然出版，更有许多异端见解广泛传播，因此委员会成员须通过投诉、举证或他们所能设计的其他任何政治手段，致力清查和缉拿一切异端，以及所有携带异端书籍入境者、销售者和阅读者。委员会成员有权查处凡大、小教堂的一切不当行为和过失；有权审判所有不在布道中传讲天主教圣礼的教牧人员；任何人若不听弥撒、拒不出席教区教堂礼拜、不参加宗教游行，或拒不领受圣餐面包和圣水，委员会发现该人顽固坚持上述异端行为，可将其交由本地教会常任法官按《宗教法》惩处。女王授予委员会全权采取行动，按其自由裁量和良心的引导，使用他们所能发明的一切手段搜查各个处所，亦授权他们任意传唤证人，迫使证人就可能揭露所追查罪行之事宣誓作证。"[①]该委员会还获得部分世俗权力，以惩治流浪汉和寻衅滋事者。

　　为使英国宗教审裁程序更接近宗教裁判所的做法，女王又致信诺斯勋爵等人，吩咐他们"对拒不改悔的顽梗分子施以严刑，

———————————

① Burnet, vol. ii. Coll. 32.

一切刑令尽可酌情自由裁量"[1]。雇用密探和线民也是这个邪恶不公的审裁机构惯用的手法。治安法官们接到指示，"应在本辖区内密召一两位(或者酌情选取更多)诚实人，通过宣誓或其他方式授命这些人秘密窥探、访查教会内部行为不端或怠于职守者、公开出言藐视女王或王夫行为及政令者、四处串连煽动骚乱者，以及传播任何煽动性传闻或消息者。线民还有义务向雇用他们的治安法官报告身边下流不法分子及被怀疑者的不良行径，无论是食用偷猎所得之物，还是其他任何轻微过错。线民应将这些信息秘密呈报给雇用他们的治安法官，该治安法官应传唤被告加以审问，并不透露告密者的身份。经过审问，治安法官应根据揭发和审问口供，视情节轻重对犯罪者施以惩处，重者给予公开惩罚、轻者命其出具良行保证，可由治安法官酌情裁量"[2]。在某些方面，这份专横敕令所造成的压迫甚至超过宗教裁判所：后者的罪恶行径仅仅着眼于铲除异端，并且，当执行者诚心追求这一目的时，在一定意义上有其必要；但在英国，政府的各个部分都被卷入罪恶之中。

然而宫廷已经设计出一种支持正统教义的方法，甚至比宗教裁判所本身更为迅捷、简单。他们发布公告取缔异端、卖国和煽动叛乱的书籍，宣布"凡持有此类书籍者，务须不阅读、不传阅，当即焚毁，违者视同叛逆罪，即刻按军法处决，不得延误"[3]。就当时英国政府的状况而言，我们今天谴责这些行动，应更多地着眼于其暴

① Burnet, vol. iii. p. 243.

② Ibid. p. 246, 247.

③ Burnet, vol. ii. p. 363. Heylin, p. 79.

力和有害倾向，而非谴责其程序不合法。

　　我们将英国政府在那三年里实施的所有反异端措施一并汇总叙述，是为了尽可能地避免再次笔涉如此令人毛骨悚然的暴力和野蛮。据统计，那段时期共有二百七十七人在火刑柱上焚身，此外更有许多人遭受监禁、罚款和没收财产的惩处。身受火刑的人士当中，包括五名主教、二十一名教士、八名平信徒绅士、八十四名商人、一百名农夫、仆役和劳工，五十五名妇女，以及四名儿童。如此锲而不舍的残暴看似骇人，但与其他一些国家的迫害相比，程度还要轻得多。据一位声望卓著的作者估算，[①]仅尼德兰一地，自查理五世迫害教改派人士的敕令颁布以来，因宗教原因被绞死、斩首、活埋或烧死的人数就达到五万之多；在法国，这个数字也极可观。然而同一位作者又补充说，在这两国，新教信仰的传播非但未被上述迫害所遏制，反而得以持续推进。

　　英王国寻求与罗马天主教会和解，烧死异端分子是个十分自然的方法。教宗也无需太多恳求，十分乐意接纳这群迷途羔羊，他 442 先前曾在这群羊身上获利颇丰。不过，英方仍然郑重其事地派遣正式使团赴罗马，该使团成员有：新封蒙塔古子爵的安东尼·布朗爵士、伊利主教和爱德华·卡尔内爵士(Sir Edward Carne)。他们携带陈请降服的英格兰国书，请求重新归回天主教会的怀抱。[②]此时，教宗宝座经短暂空缺后，已由保禄四世占据，此人可以说是几个世纪以来最傲慢的一位教宗。他恼怒玛丽仍然保有爱尔兰女

---

① Father Paul, lib. 5.

② Heylin, p. 45.

王的尊衔，并且断言爱尔兰只属于他自己，因为只要他认为有理由，便可凭己意建立新王国、废除旧王国；不过，为了避免与新归回者争执，他认为还是将爱尔兰并入英国为好。随后他认可玛丽享有爱尔兰女王头衔，仿佛这是他做出的一个让步。这是历代教宗的一个惯用伎俩：批准他们无力阻止的事情，①随后声称君主们自主行使权力的行为全然出于教宗的授权。尽管保禄四世起初想迫使玛丽正式放弃上述头衔，再由教宗颁授给她，但他后来发现，为审慎起见，还是稍稍收敛傲慢为妥。②

　　教宗与英国使团商谈的另一要点就不这么容易解决了。保禄坚持：原属教会的地产和其他一切财产应当毫厘不差地全数归还；凡是属于神的东西，绝不可经任何法律许可转给俗人使用，任何人扣留教产都要遭受永罚。他声称，考虑到英国人谦卑顺服的态度，他本人很愿意把这些教产作为礼物相赠，然而此种让渡超出了他的权限，英国人民亦能确知，如此严重的亵渎圣物之举将为他们招致永远的咒诅，断送他们未来的一切福祉。他们若确有虔忱，就应恢复罗马教廷享有的一切特权和供奉，包括彼得捐在内；如果他们侵吞圣彼得在地上的世袭产业，又如何能指望这位使徒为他们打开天堂的大门？③这些恳切忠告被转达至英格兰，虽对普通国人毫无影响，却给女王造成巨大震撼。为求良心安宁，她决定返还王室持有的全部教会地产。为了进一步显明她的宗教热忱，她还不顾

---

①　Ibid. Father Paul, lib.5.

②　Father Paul, lib.5.

③　Father Paul, lib.5. Heylin, p.45.

财政拮据，重修了多所男、女修道院。^①上述举措被提交到枢密院讨论时，一些枢密大臣反对说，如果从王国岁入中抽取如此巨大的一笔款项，王室尊荣将无以维系。但女王答道：为了拯救自己的灵魂，她宁肯舍弃十个英格兰王国。^②巧的是加德纳值此前后过世了，若有他在，上述鲁莽举措也未必能够如此轻易落实。加德纳死后，由约克大主教希思接掌国玺，从而确保这一高位仍由教会人士占据，以利于凭借手中权柄促进对改革派的迫害。

10月21日议会召开

一直以来的宗教迫害此时已令国人深恶痛绝。在威斯敏斯特召开的新一届议会上，公众的不满也体现出来。^③议会通过一项法案，^④恢复向教会缴纳的什一税和初年圣俸捐，之前转交给俗人的圣俸，此时凡归王室持有的一律返还。尽管此事仅仅直接涉及女王个人，但该法案在下议院却遭到强烈反对。王室向议会提出一份为期两年的补贴申请，并申请征收两项十五分之二税，后者被下议院拒绝。许多议员说，王室如此自损收入，那么批准补贴等于白白浪费资财。议会还否决了两项法案，一项要求被判特定处罚的流亡者必须回国领罚，另一项规定对怠于起诉异端的治安法官剥

12月9日

夺职权。女王见下议院强项难驯，认为还是解散议会为宜。

对立情绪开始在议会中流布，令玛丽本已十分恶劣的心绪雪上加霜。她的烦恼源于夫君的离去：腓力厌倦了她那纠缠不休的爱和嫉妒，又发现自己的权威在英格兰极其受限，便抓住第一个机

444

---

① Depeches de Noailles, vol.iv.p.312.

② Heylin, p.53, 65. Hollingshed, p.1127. Speed, p.826.

③ Burnet, vol.ii.p.322.

④ 2 and 3 Phil.and Mar.cap.4.

会离开她,于去年夏天前往佛兰德斯,陪伴在皇帝身边。丈夫的冷漠与忽视,加上假孕带来的失望,使她陷入深度抑郁。为了发泄,她日复一日加强对新教徒的迫害,甚至大发脾气、申斥全体臣民。她知道国人憎恨自己,不肯完全顺服腓力——在她看来,腓力对她变得疏远、很少陪伴她,皆因国人的悖逆使然。[①]这份爱情越是得不到回报,就越是炽烈。她大部分时间都寂然独处,以泪水和一封封情书宣泄内心的情感,而腓力却罕有回信,连一丝伪装的爱情甚或感谢都不屑于施舍。她所关注的主要政务就是从臣民身上搜刮钱财,以满足夫君所需。由于议会批给她的补助十分微薄,所以她只好诉诸一些极其强横的不正当手段。她向一千人借款六万镑,心知这些人出于对她的爱戴或者因为家大业大,必不拒绝这个要求。但六万镑的数目仍然不够,她又面向所有岁入二十镑以上的臣民强行索借。这等强征硬敛令绅士阶层不堪重负,许多人不得不压缩开销、遣散仆从,挤出钱来满足女王的需索。这些习于懒散的仆人一朝失去生计,大多沦入盗匪之流,女王又下旨命令这些人的旧主重新雇用他们。此后,她又向前次征敛范围之外的七千名自由民收取六万马克,向商人们强索三万六千镑。为了让一些伦敦人更乖顺地依从她的一再勒索,女王敕令四个月内禁止向尼德兰出口任何英国布料及克尔赛粗呢,此令一下,早先运抵尼德兰的英国布料立时成了抢手货。女王的贪婪驱使她不断地给商贸带来干扰和中断。一家总部设在安特卫普的英国公司拒绝了她为数四万镑的借款要求,她隐忍愤怒,直到报复机会来临:她发现该公

女王横征暴敛

---

① Depeches de Noailles, vol.v.p.370,562.

司为即将开幕的安特卫普交易会购买和运输了大量布料,于是,她对这些船只下达禁运令,迫使商人们支付了先前要求的四万镑借款,又保证在限定时间内多支付两万镑,此外还对船上布匹强征了每匹二十先令的税金。一次,女王获悉意大利商人运往黎凡特地区的布料已达四万多匹,正常情况下,每匹布料的税额为一克朗;此后不久,女王便与伦敦商业冒险家公司达成协议,禁止外国人在英从事出口贸易,女王借着这个有失公平的规定收受了英国商人孝敬的五万镑,又对他们出口的每匹布料征税四克朗。女王还试图在海外大笔贷款,但她的信用度太低,即便以百分之十四的高利率向安特卫普市贷款三万镑,也未获同意,直到她逼迫伦敦市提供了担保,方才如愿。[①]上述一切强征暴敛发生之际,她本人完全与世无争,除了供应丈夫的需索以外,也没有其他明显的用钱之处,而她这位丈夫一心只图自己方便,对她的利益漠不关心。

皇帝逊位　　　此时,由于查理五世皇帝自愿逊位,腓力已然成为新世界全部财富的主人,统治着欧洲最富庶广阔的国土。查理皇帝尽管仍然年富力强,却已厌倦了世事,决意在隐居的宁静中寻求自己毕生戎马倥偬、无休止地筹划宏图伟业而遍寻不得的幸福。他召集低**10月25日**地国家大议会,他最后一次端坐宝座之上,向臣民们解释自己逊位的原因,解除他们对自己的一切效忠誓言,并将手中权柄移交给腓力。他对腓力说,每每思及加在儿子身上的重担,内心的父爱就让他忍不住流泪。[②]他谆谆告诫儿子,作为君王伟大且唯一的职责就

446

---

① Godwin, p.359. Cowper's Chronicle.Burnet, vol.ii.p 359. Carte, p.330, 333, 337, 341. Strype's Memor.vol.iii.p.428, 558. Annals, vol.ii.p.15.

② Thuan.lib.xvi.c.20.

是为臣民谋幸福；依靠万民爱戴而不是恐惧来统治众邦是何等可取的为君之道；他自己历经岁月沧桑之后学会了冷静思索，如今才看破从前追求的都是虚空；他发觉，那些徒劳无益的扩张帝国的筹算，滋生了无止境的对抗和失望，令他本人、邻国和他的臣民永远不得安宁，破坏了他执掌政权的唯一目的——按照天命所托看顾各邦民众的福祉。这个目标面临的阻力较小，如果坚持不懈稳步追求，它本身便能带来持久而踏实的满足感。

　　几个月后，查理把其他领地也移交给腓力，自己登船驶向西班牙，前往位于埃斯特雷马杜拉(Estremadura)的圣瑞斯特修道院(St. Just)，此地气候宜人、风光旖旎，是他早已选定的隐修之所。他抵达布尔戈斯(Burgos)时，发现身边人员寥落、西班牙大公们态度怠慢，令他深觉自己已不再是皇帝。尽管这一观察更向他证实了这世界的虚幻，让他越发由衷鄙弃自己已然放弃的一切，但仍不免喟然，从前人们所有的趋奉礼敬尽是冲着他赫赫扬扬的地位而来，并不是给予他这个人的。此外，儿子腓力的忘恩负义更令他有理由感到震惊：他为自己保留的年金数目不足挂齿，但腓力却迟迟不肯拨付，让他等了很长时间。亲情上遭遇的失意令他心头平添一抹恓怆。无论如何，他仍然矢志不移坚持自己的抉择，闭门隐修，表现出极大的自制力，完全弃绝世事，甚至克制了一切探问的欲望。与衰弱和病痛的缠斗占据了他很大一部分时间，在患病间歇，他要么利用闲暇研究各种神学论争(这些论争曾经极大地撼动了他所生活的时代，而他过去只是从政治角度加以考虑)，要么花心思仿制一些著名工艺大师，尤其是机械师的作品，他一向十分仰慕这些人物，并且大力给予赞助。据说，他在修道院中对新教教义有所亲近，言谈中时常暗示这个出人意料的转变。他过去常以装配钟表自娱，此时借此评论道，自己盛年曾为之投入莫大精力的这种物件是多么不切实用；他永远都无法装配出两只一模一样的钟表，又怎么可能让所有人拥有相同的信仰和观点。查理于归隐两年后去世。

查理皇帝早年登基伊始，感到诸多领地路远迢迢不便治理，便安排其弟费迪南(Ferdinand)当选罗马人的国王，有意让费迪南将来继承皇帝之位，并统治德意志诸领地。但后来当他部署了一盘更大的棋，谋求光大本家族势力之时，便后悔不该把上述重要领地分割出去。他向费迪南百般交涉，提出种种最诱人的条件，辅以最诚挚的恳求，劝他把这份权利让给腓力。既发现努力无效，他便将帝位和其他尊衔统统让与费迪南；费迪南遵照成例，请求教宗为他加冕，却被那位傲慢的教宗一口回绝，其借口是：尽管在前任皇帝驾崩的情况下，教宗有义务为新当选的继任皇帝加冕，但若前任皇帝退位，对继位者的任命权便归于圣座，唯有教宗才有权指定新帝人选。保禄四世的一举一动都与这傲慢的权利主张无不相衬。他总是对各国使节咆哮说，他不需要任何君王的佐助，他的地位高过世间一切君王，绝不纵容他们养成在他面前随随便便或与他平起平坐的习惯；普天下王国的废立和管控，权柄均在他手，凡国王和皇帝下台，国度均由他继承；他宁愿放火烧掉世界，也决不接受任何辱没这尊贵身份的安排。其人狂傲到如此过分的地步，以致当着大庭广众、在筵席上，甚至在宗教法院公开宣称，他不允许任何国王与他同席，他们都是他的臣属，他要把他们统统踩在脚下——他边说边用衰迈的腿脚使劲踩地——当时他已八旬有余了。①

世人忍不住拿他和查理五世作比较：后者身为君王，虽然自幼在铁血战争和权谋机诈环境中接受教育，却不待暮年衰朽，自动走下王位，好为自己留出思索和反刍人生的余暇；反观这位神职者，已到风烛之年，却因大权在手而骄矜自喜，出于躁动的野心和复仇欲望，不惜把整个世界推进火坑。保禄对奥地利家族的仇恨根深蒂固，尽管法兰西和西班牙两国早已签下为期五年的休战协议，但他却挑唆亨利破坏和约，并承诺助其收复那不勒斯和法国在意大利境内所有宣示主权的领地。历史已经证明，这个计划曾对法国历代先王造成莫大损害。教宗本人与那不勒斯总督阿尔瓦公爵交战；法国吉斯公爵奉命率部支援他，两国君主之间的战争似已无可避免。腓力虽不似其父王好战，野心却毫不稍逊；他相信凭着自己出类拔萃的警惕、机谋和审慎，足以运用政治权术征服一切敌手，扩张统治权威和疆域。出于这种考虑，加上帝国新定，有待稳固，他希望与法兰西保持和平。然而他发现，对于亨利的敌对行动他不可能不加理会，除非甘于牺牲自己的荣誉，于是他开始加紧备战。为了争取更大优势，他渴望将英格兰拉入战团；尽管女王的本意强烈反对参战，但他希望她对自己那份一再受到冷落也不曾磨灭的痴情能够有效助他达成愿望。假如此事完全由玛丽做主，她无论如何都拒绝不了夫君的要求，不过，她在枢密院说话毫无分量，对民众更无影响力；她的政权日益招人厌憎，哪怕太平无事也似摇摇欲坠，一旦对法兰西开战——继而势必要与那个强大王国

---

① Father Paul, lib. v.

支持下的苏格兰开战——届时局面就更难以支撑。

处决
克兰默

　　这一年，英格兰采取了一个野蛮举措，它和众多同类举措一起，将国人对当局的憎恶推向极致。克兰默已经系狱多年，女王此时决心动手处置他；为了最大限度地满足其复仇欲，她决定以异端罪而不是叛国罪来惩处他。教宗颁下法旨，传唤克兰默到罗马听凭圣座审判，虽然尽人皆知他被严密羁押于牛津，仍以他拒不到庭为由，判他藐视法庭罪。伦敦主教邦纳和伊利主教瑟尔比(Thirleby)奉命前去罢黜大主教的职务，邦纳洋洋得意地主持了这一令人悲伤的仪式，这种表现完全符合他的野蛮天性。[1]女王以其不依不饶的性情，并不满足于看到克兰默在灵里遭受永罚（她认定这是不可避免的），并在肉体上承受可怕的死刑判罚，她还要设法败坏他的荣誉、玷污他的名声。她罗致一帮人来害他，不是采取正面攻击的方式（因为克兰默对此已有充分准备），而是用奉承、暗示和恭维作为武器，花言巧语地对他说，如果他愿意改变立场，凭着他令人崇敬的人品，仍能安享尊荣；他们又勾起他的希望，指望当年显赫时因仁慈而交下的那些位高权重的朋友仍会对他不离不弃。[2]克兰默被生之恋眷压倒，又惧怕等待着他的酷刑，在一个无防备的时刻，任其决心被来自人类本性的情感所胜，同意签字承认教宗至尊和基督圣体真在论。然而宫廷言而无信的程度不亚于其残忍，他们已然决定，这一改宗声明丝毫不能改善克兰默的处境。他们下令，把他带到教堂里当着全体民众公开承认自己的过失，而

---

[1]　Mem. of Cranm. p. 375.

[2]　Heylin, p. 55. Mem. p. 383.

后立即押赴刑场处决。克兰默要么暗中获悉了他们的意图，要么已经为自己的软弱而失悔，他在教堂中发表了完全相反的信仰宣告，令观众大吃一惊。他说，他深知自己有责任顺服君王、遵守法律；但这份义务的边界仅限于忍耐服从他们的命令，不加抵抗地承受他们所施加的任何苦难。而他对创造了他的上帝负有一份更高的义务，这义务要求他在任何情况下必须说真话，决不能以卑劣的否认背弃圣高神启示给人类的神圣教义。他说，自己今生犯下一个最大的错误，令他痛悔万端。他因着软弱签下那份言不由衷的改宗告白，纯粹是迫于死亡的威吓。现在他趁此机会真诚而公开地取消前言，以赎己罪；惟愿用自己的血为他所坚信的从神而来的教义作证。他表示，既然他的手背叛己心犯下罪错，那么这只手应当首先为此付出代价，接受严厉而公正的惩罚。接着，他在天主教徒的辱骂声中被带到火刑柱前。此时他已鼓起全部精神力量，得以凭着非凡的坚忍承受这一切污辱嘲弄和酷刑的折磨。他把手伸进火焰，直到完全烧尽——在整个过程中，无论表情或动作，未显出丝毫软弱的迹象，甚至不曾流露任何感情。他像在凝聚心神追想自己的过犯，几度大声呼喊"这只手犯了罪！"，满意地完成这赎罪之后，他的面容宁静，一任火焰吞噬他的身体，似乎对这外在的痛苦无知无觉，单单凭借盼望和坚定不移的意志力，将全部意念聚焦于内，摒抑了烈焰之威。据称他的身体被烧化后，心脏却在尸灰中完好无损。虔诚的新教徒们满怀深情地对此深信不疑，因为这是大主教坚贞品格的象征。克兰默无疑是位杰出的人，有学识、有才干，兼具坦率、真诚、仁慈及一切造福社会、营造和睦关系的美德。他的道德品质为他赢得普遍的尊重，虽说他不像许多殉道者那样一贯坚定不移,但新教徒们景仰他以身殉道的勇气,把他视作英雄。[1]

克兰默死后,已正式接受枢机主教圣秩的波尔被任命为坎特 451
伯雷大主教,加上他教宗特使的身份,赫然位居英格兰教会最高首
脑。不过,尽管他反对逼迫异端分子改宗的一切血腥手段,认为要
达到以上目的,改革教会是更加行之有效、也更值得称道的办法,[2]
但他发现自己的权威太弱,不足以对抗女王及其枢密大臣们的野
蛮和偏执倾向。他知道,他本人也被怀疑是路德派。鉴于现任教
宗保禄一贯狂暴迫害异端,又是他的私敌,所以,在稳重的性格促
使下,他决定蓄势不发,以待更有可能获得成功的时机。[3]

公元
1557年　　法兰西和西班牙之间的战火已经点燃,女王谋求带领英格兰
参战,而波尔枢机主教和众多其他枢密大臣公然强烈反对这一举
措。他们坚决维护明文禁止此举的婚约条款,更力陈英格兰国内
派系纷争形势激荡、财政混乱,不宜卷入战争;并且提出警告,如
此这般的施政方针必令英格兰王国完全沦为西班牙的附庸。腓力
此时已返回伦敦,为自己一党助力;他告诉女王,自己如此合理的
要求若得不到满足,他今后决不再踏上英格兰的土地。这一宣告
极大地提升了女王为他的利益而争的热忱,终于压倒了枢密院的
顽强抵制。她先是诉诸其他一些更暴力的威胁,继而扬言要罢免
全体枢密大臣,重新任命一批更听话的臣僚。即便如此,她仍然无
法迫使枢密院投票支持对法开战。最后,一起谋反案件令此事出
现转机:有个叫斯塔福德(Stafford)的人纠结同党密谋突袭斯卡伯

----

[1]　Burnet, vol.ii p.331, 332, &c. Godwin, p.352.

[2]　Burnet, vol.ii.p.324, 325.

[3]　Heylin, p.68, 69. Burnet, vol.ii.p.327.

勒(Scarborough),①在严刑逼供之下招出他们是受了法王亨利的唆使。于是，女王的催逼终于奏效，英国议会基于此事和其他一些值得存疑的类似事件，通过了敌对法兰西的决议案。英格兰随即对法宣战，各地加紧备战，筹备进攻法兰西。

当时英格兰国库岁入仅三十万镑出头。②鉴于眼下的民情，几乎休想指望议会提供可观的资助；又考虑到战争会明显减少关税和金融收益，那么可以预见，一旦开战，就连政府日常经费都将入不敷出，遑论庞大的战争开支。而女王虽然拖欠着全体仆从的大笔薪水，又对臣民强行借贷，但她却对国家财政吃紧的状况全不放在心上。为了备战，她一如既往以专横强硬的手段从国人身上敛财。在她丈夫抵达英国时，她强迫伦敦市为她提供六万镑资金。她在法定期限之前强制征收议会批给她下一年的补助金。她又重新签发了许多皇家特许状，借此从臣民手上借钱。她装备了一支舰队，但因食品价格高昂无法为舰队提供给养，于是她下令查封了萨福克和诺福克两郡所有能找到的谷物，不向原主支付任何报酬。靠着上述一切权宜手段，辅以王权的威压，她得以征募了一万大军，由彭布罗克伯爵率领，跨海出征低地国家。同时，为了防范国内生乱，许多显达士绅都被秘密逮捕，关进了伦敦塔。为避免走漏风声，当局在行动中采取了西班牙式做法：要么在夜间抓人，要么将被逮捕者蒙头塞口带走。③

西班牙国王已经召集了一支人军，在与英军会师后，总数

①　Heylin, p. 72. Burnet, vol. ii. p. 351. Sir James Melvil's Memoirs.

②　Rossi, Successi d'Inghilterra.

③　Strype's Eccles. Memorials, vol. iii. p. 377.

达到六万以上，由那个时代最伟大的将领萨伏依公爵菲利贝尔
(Philibert)挂帅。法军主帅是法兰西军事总长蒙特莫伦西，兵力不
及对手的一半。萨伏依公爵先是挥师直指马林堡(Mariembourgh)
和罗克洛伊(Rocroy)，而后突然兵临圣昆丁(St. Quintin)城下。由
于该城工事薄弱、守军人数极少，因此公爵预计不出几日便可破
城。然而担任这一省总督的法国海军上将科利尼认定救援这一
战略要地乃自身荣誉所系，遂亲率一支法军和苏格兰宪兵队进驻
圣昆丁。他率先垂范、激励将士们奋勇抵抗，并派出信使向他的
叔父蒙特莫伦西请求增援。军事总长在派出援兵的同时，指挥全
军进抵圣昆丁附近，策应入城援军。但这支援军遭到萨伏依公爵
的奇袭，被斩杀大半，最终得以入城者不到五百人。接着，萨伏依
对蒙特莫伦西发动进攻，大溃法军，杀敌四千，逐散余部。法国
人在这场倒霉的战役中损失惨重，许多高门显贵被杀或被俘。年
迈的军事总长本人也在被俘之列：他一直英勇作战，决心宁可一
死也不活着承受失败之耻，怎奈被敌人团团围困，求死不得而被
生擒。法兰西举国惶然：巴黎匆忙动手加固城防；倘若西班牙军
即刻开赴巴黎，必能一举功成。不过，腓力性格审慎，他决定先
攻取圣昆丁，确保与本土的联络通道。他原以为很快就能拿下此
城，不料科利尼英勇过人，又顽强坚守十七天，从而保障了法兰
西的安全。法方趁此期间征募并集结了一部分军队，又遣使从意
大利召回吉斯公爵及其麾下部队。法国人已从最初的惊恐中缓
过神来，摆出防御姿态。腓力进占哈姆(Ham)和卡特莱(Catelet)
两城之后，因严冬已至，不利于作战，便遣散各部人马，自己返回
冬季营地休整。

8月10日

圣昆丁
之战

453

然而，吉斯公爵性格勇武活跃，他不满足于戍边任务，进而筹划在这深冬时节展开一项军事行动——他的目标，哪怕在法兰西国力最鼎盛的时代亦被视为不可能，也从未想过尝试。在时人心目中，加来是一座坚不可摧的堡垒。众所周知，这个据点深得英国人青睐，因其战略位置极便于英方增援，以致法国人早已完全放弃了收复此地的指望。然而科利尼早前就曾指出，加来城四面被沼泽地环抱，冬季无法通行，唯一的通道是一条长堤，上有两座城堡扼守：一为圣阿加莎城堡，一为纽纳姆桥城堡。近年来，由于军费吃紧，英军已经习惯于在秋末遣散大部分兵卒，到春天再召回。他们认为只有开春后才有必要加强戍卫。根据这种情况，科利尼制定了突袭加来的计划；他早已暗暗派出一些工程人员窥探加来要塞，并形成了整套作战方案存档备用，此时他本人虽在圣昆丁战役中被俘，但这份方案却对吉斯公爵大有启发，并且成为后者的行动指针。

法军分成若干小股部队，以种种借口运动到边境一带；待吉斯公爵一声令下，全军突然集结，出其不意地向加来进军。与此同时，大批法国舰船奉命以巡航的名义进入英吉利海峡，随即集结成一只舰队，从海上向加来要塞发动进攻。法军以三千火枪手攻打圣阿加莎城堡，城堡守军英勇抵抗，但很快就被迫放弃阵地，退入纽纳姆桥城堡。法军立刻包围了后一座城堡，法国军舰也以猛烈的炮火轰击扼守加来港入口的堤头堡垒。两处堡垒处境危殆。加来总督温特沃斯勋爵（lord Wentworth）是位勇敢的军官，但他发现，自己麾下本已薄弱的兵力大部分被封锁在纽纳姆桥城堡和堤头堡垒中，他命令他们停止这两处的抵抗，撤回加来与他会合，因为他手上无兵，决计无法守住此城。纽纳姆桥城堡守军幸运地成功撤回，但堤头堡垒中的英军未能获得撤退的有利时机，只得有条件投降。

现在，吉斯公爵从海陆两方面将加来团团围住，认为胜券已然在握，但他深恐夜长梦多，所以一刻也不耽延，立刻下令进攻。法军先以火炮轰击城堡，炸出一个大缺口，此时科利尼的弟弟安德洛已经奉命排干了护城河的水，于是吉斯公爵下令发动强攻，一举制胜。当夜法军就住在城堡里。第二天晚上，温特沃斯试图收复这个据点，但经过一番激战，折损二百士卒之后，[①] 他看到己方实力太弱，无力回天，只得有条件投降。不久，哈姆和卡特莱相继陷落。就这样，吉斯公爵在隆冬季节里，只用短短八天就攻克了固若金汤的要塞加来——想当年，爱德华三世率领刚刚在克雷西战役中奏凯的雄师，足足围困了十一个月才夺得该城。此后二百多年，这里一直被英国人占据，它为英国人提供了进出法兰西的方便门户，因此被视作英王室最重要的财产。法兰西举国欢腾，吉斯公爵也登上荣耀之巅——正当全欧洲都以为法兰西在圣昆丁一战败北而一蹶不振之际，这位公爵力挽狂澜，挫败英国及其盟友西班牙，成功收复加来重镇——如此勋业，是法兰西历代先王都未敢尝试的，即使在英国因约克与兰开斯特两家族争夺王位而陷入内战期间，法国人也未敢轻举妄动。另一方面，英国失去这一宝贵的要塞，朝野为之哗然，纷纷抱怨女王及其御前枢密院见识短浅，为了他国利益卷入徒劳无益的战争，令王国蒙受这般奇耻大辱，致使国库耗尽、

---

① Thuan.lib.xx.cap.2.

负债累累，民心分崩离析、失落沮丧——尽管腓力给出了一套套漂亮的安抚和承诺，但国人看到女王如此无视臣民福祉，深感收复加来的希望渺茫。此外，由于苏格兰人在法国朝廷唆使下，开始在边界一带用兵，所以当前英国人更有必要关注如何保卫自家领土，而不是考虑对外征服。

前朝爱德华国王与法王亨利议和后，英格兰与苏格兰之间也迎来和平局面。苏格兰太后借口探望女儿和母族亲眷启程前往法兰西，随行的有亨特利伯爵、撒瑟兰伯爵（Sutherland）、马歇尔伯爵（Marischal）以及众多苏格兰高门显贵。她秘密筹划，意图运用手腕迫使艾伦伯爵把监国之位让给她；她的几位兄长（吉斯公爵、洛林枢机主教和奥马尔公爵）在法兰西宫廷位高权重，凭借他们的巨大影响力，她轻而易举地说服了法王亨利，又以后者的权威令苏格兰贵族就范，加入自己的计划。她还拉拢了艾伦的三个亲信，金奈德的卡内基（Carnegy of Kinnaird）、罗斯主教潘特（Panter）和基尔温宁（Kilwinning）地方代理牧师加文·汉密尔顿（Gavin Hamilton）；借助这一渠道，太后最终说服了艾伦伯爵同意让权。①一切准备就绪，太后起驾返回苏格兰，途经英国时，爱德华国王对她殷勤款待、甚是恭敬；但他还是忍不住试探性地提出，希望重续自己与苏格兰女王旧时的婚约。他表示，这桩婚事本是着眼于两国的安宁、利益和安全的完美安排，也是确保两国持久和平的唯一途径。他又补充道，从他自己的角度而言，他永远都无法与她将来选择的夫婿建立亲善关系——无论这个人是谁；他也决难原谅那个插入这桩天作姻缘、夺走他自幼全心恋慕的新娘的男人。太后并未直接回复他的要求，只是告诉他，如果苏格兰方面做出了任何令他伤心的举动，应完全归咎于萨默塞特公爵的轻率鲁莽：他没有采取博得一位年轻公主芳心的适当手段，即殷勤、抚爱和温柔关照，反而蛮横用武、诉诸暴力，致使苏格兰贵族不得不把女主送往法兰西，借以求得后者庇护，维护本邦的自由和独立。[①]

太后抵达苏格兰，发现监国艾伦颇不情愿兑现之前的承诺，他百般拖延，直到最后才接受劝说交出权柄。不过他认识到小女王已近成年，而太后已经赢得全体大贵族的爱戴，自己最好审时度势，服从太后的权威。他提出的条件，一是公开宣布他为排名第二的王位继承人，二是对他摄政期间的一切责任免于追究。如此安排妥定之后，艾伦伯爵便将权位拱手让与太后，后者自此冠以摄政名号。[②]这位太后常说的一句话是，只要能博得朋友们欢心，并且保全自己的好名声，她个人吃什么苦都不在话下。尽管这番感慨之语颇受虔诚的改革派非难，[③]指责她完全从世俗动机出发，但我们亦能从中看出，她的一颗心深深以王国治理为念。法国人迪瓦泽尔(D'Oisel)素以才干闻名，他受法王亨利指派，任法兰西驻苏格兰大使，一路陪伴太后归国，实际上在她身边充任顾问，协助她处理各种复杂棘手的苏格兰政务。此人制定了一个全面征税计划，用以打造一支常备军，一方面抗击外敌入侵，另一方面遏制国内贵族叛乱。该计划虽然博得一部分朝臣的支持，却在国内激起普遍

457

---

① Keith, p.59.

② 1554年4月12日。

③ Knox, p.89.

的强烈不满。太后坦率承认此举会给王国造成损害，尔后审慎地放弃了该计划，将自己的安全完全托付给臣民的善意与爱戴。[①]

这个值得称道的决心似乎是她的主要执政目标，尽管她会时不时地因着与法兰西的亲密关系以及三位兄长对她的强大影响力而有所偏离。玛丽女王对法宣战时，法王亨利要求苏格兰太后参战，于是，太后在纽博特(Newbottle)召集全国大会，要求与会代表批准对英格兰宣战。苏格兰贵族们对法国势力抱有猜忌，正如英国人对西班牙一样，因此否决了这一动议。在此情形之下，太后只好施展一些小手腕来达到目的。她命迪瓦泽尔着手在艾茅斯(Eyemouth)修筑工事——按照爱德华一朝两国签订的和约，这片地区的所有堡垒已被平毁。不出她所料，驻守贝里克的英军应声出动，越过边境来阻止苏格兰人的行动；太后便以此为借口，大大煽动苏格兰人的民族情绪，促成本国对英宣战。[②]不过，苏格兰人的军事行动无非是制造了几次越境骚扰而已。当迪瓦泽尔亲率炮队与几支武装围攻维尔克城堡，即被枢密院召回，并遭到严厉斥责。[③]

为了强化苏格兰与法兰西的关系纽带、增进法兰西的影响力，法王亨利欲为年青的苏格兰女王与法兰西王储举办结婚庆典。苏格兰议会派代表团赴法襄助婚礼事宜、议定婚约条款。

法国与苏格兰的紧密联盟令玛丽深感威胁、寝食难安。可以预见，尽管苏格兰女王滞留海外，政府内部自会产生朋党之争和混

法国王储迎娶苏格兰女王

---

① Keith, p.70. Buchanan, lib.xvi.
② Buchanan, lib.xvi. Thuan.lib.xix.c.7.
③ Knox, p.93.

乱，削弱这一国的国力，然而法国人至少可以把苏格兰用作侵略英

1月20日
议会召开

国的门户。因此，玛丽女王认为有必要召集议会，要求他们为枯竭
的国库提供一些补给。通常而言，此类紧急情况往往使民众占到
上风，并且，本朝议会的一贯举动已经显明，一旦王国的自由独立
面临迫在眉睫的威胁，他们不会完全屈从于宫廷的摆布。有鉴于
此，我们自然可以预期，本届议会至少应该谴责女王近来种种横征
暴敛的行径，并且或许能出台一些着眼于未来的防范性匡补措施。
然而，下议院非但没对过去做任何反思，还投票批准了一项十五分
之一税，此外针对土地每镑征收四先令、针对动产每镑征收两先令
八便士，用以补贴王室。教牧人员每镑缴纳八先令，分四年缴清，
平均每年缴纳四分之一。平信徒缴纳补助金也照此例。

　　议会还通过一项法案，确认女王已经出售和转让，以及今后
七年内出售和转让的王室土地交易合法有效。以玛丽的性情和当
前处境判断，不难预见此项授权之后王室地产定然会大批流失；一
个政府违背良治准则的行为，莫过于一面扩大君主权限、高抬其
地位，一面允许其沦入赤贫境地。这项法案曾在下议院遇到阻力。
一个名叫科普利（Copley）的议员表示，恐怕女王会借着此项授权
改变王位继承次序，剥夺合法继承人的继位资格。但他的发言被
定为对女王陛下不敬，此人被会场侍卫当场逮捕。尽管他为自己
出言冒犯表示悔过，却仍被关押，直到他向女王请罪获得赦免后才
得释放。

　　本朝自始至终，英格兰举国都为伊丽莎白公主悬着心，不仅
担心其继位前景，更忧虑她的生命安全。女王对她强烈的仇恨，时
时处处都会爆发，须得腓力调动他的全部威望加以保护，加上公主

459

本人极端谨言慎行，才不致大祸临头。公主隐居乡间，她知道身边
布满密探，便整日埋头于书本和学问，完全不过问世事，几乎无人
陪伴。她安于这种蛰伏状态，虽然一时显得黯淡寂寥，实则韬光养
晦，为她未来生命中的赫赫伟业做了心灵上的预备。在此期间，瑞
典大使代表其主向她求婚。她听后首先问道，此事是否请示过女
王陛下？大使答曰：他的主上认为，作为一名绅士，理应首先向她
本人致意；一旦征得她同意，他便以国王之尊亲自向她姐姐提亲。
但伊丽莎白公主请他止步于此。女王得知后，先是谢谢她不忘人
臣义务，接着问她对瑞典国王的求婚有何感受。公主虽然当下面
临着许多危险和屈辱，却有静待来日方长的襟怀，并无急不暇择之
念。她掩盖拒婚的真实原由，只道自己深爱独身生活，远远超过任
何其他生活方式。[①]公主同样谨慎地掩藏自己的宗教情感，顺从地
遵循当时占主导地位的礼拜模式，回避一切涉及这个敏感话题的
问题。[②]

460　　　女王获得议会拨款，装备起一百四十艘战船，加上三十艘佛
兰德斯船只，载着六千陆军去攻击布列塔尼海岸。舰队指挥官是

---

① Burnet, vol. ii. Collect. No. 37.

② 理查德·贝克尔爵士(Sir Richard Baker)写道，当时基督真在论常被用作捕捉
新教徒的网罗，他们对伊丽莎白公主也用过这一招。一次有人问她，基督说过"这是我
的身体"，她怎么认识这句话？她是否认为圣餐是基督真正的身体？据说，公主略顿了
顿，回答道：

　　基督就是道，祂如此说：
　　祂拿起饼来擘开；
　　凡道所成就的一切，
　　我无不相信并领受。

此话虽然看似轻描淡写，但细品却大有深意——至少在当时助她逃脱了构陷的网
罗，这是靠着直言回复无法做到的。Baker's Chronicle, p. 320.

克林顿勋爵，陆军则以亨廷顿伯爵和拉特兰伯爵为主帅。不过，由于海陆两军的装备过程拖拖拉拉，法方提前获得情报，早已做好了防御准备。英军发现布雷斯特防守严密，根本无法攻打。但他们得以在康奎斯特(Conquest)登陆，劫掠并焚烧该镇和毗邻数村，正欲进一步扩大战果时，布列塔尼绅士凯尔西蒙(Kersimon)率一队民兵赶到，击溃英军，一直把他们驱赶上船，英方颇有折损。不过，一支由十艘舰船组成的英军小分队找到机会大破法军，得以痛雪前耻。加来总督瑟姆斯元帅(mareschal de Thermes)率一万四千将士突入佛兰德斯，强渡阿河(river Aa)占领敦刻尔克(Dunkirk)和伯格圣韦诺克(Berg St. Winoc)，一直挺进至纽波特(Newport)，但西班牙指挥官艾格蒙特伯爵(count Egmont)以优势兵力向他发起突袭，他被迫撤退；行至格拉沃利讷附近，被西班牙人赶上，瑟姆斯元帅发现交战已不可避免，便以纯熟的用兵之道选取阵地。他极尽一切可能加强自身左翼，右翼沿阿河部署，他有理由认定，凭借河流天险，可确保右翼安全无虞。不料英国舰队恰巧正在海岸附近游曳，听见交战之声，便溯河而上，开炮猛轰法军侧翼，法军伤亡惨重，纷纷溃逃，西班牙人大获全胜。[①]

　　与此同时，吉斯公爵统率的法军主力与萨沃依公爵麾下的西班牙大军在皮卡第边境相峙，由于双方国王各率本国贵族精英亲临战阵，形成二虎相争的局面，所有人都预计一场重要的大战即将爆发。然而，腓力虽有征服的野心，却不具备征服者勇于进取的胆略。他虽然拥有数量优势，此前又在圣昆丁和格拉沃利讷两役大

---

　　①　Hollingshed, p.1150.

胜对手，却情愿与对手订立和约，结束这场战争。双方开始谈判，由于两位君主提出的条件相差悬殊，所以两军各自退入冬季大营，以待双方达成更好的妥协。除了其他条件之外，亨利还要求西班牙将纳瓦拉归还给它合法的主人；腓力则要求法方将加来及其附属地区归还英国。不过，谈判正在进行中，便传来玛丽的死讯——如此腓力与英国再无关系，他便不再死死咬定上述重要条件。对于英国人来说，玛丽女王之死或许只在这一点上令他们感到遗憾。

很久以来，玛丽的健康每况愈下；她一度将水肿误当作怀孕，采用了不适当的养生方法，病情更是日见恶化。她思前想后，每个念头都苦苦折磨着她：她明白臣民都恨恶她，想到自己死后伊丽莎白即位的前景，又担心天主教信仰将会面临危险，加来的失陷令她沮丧，施政艰难令她难过，尤其是夫君的离去更让她煎心——她知道他近期打算回西班牙，在那里定居，安度余生。所有这些忧郁的念头煎熬着她的心灵，致使她发烧不退，并因此而丧命。她这短暂而不幸的一朝总共历时五年零四个月十一天。

女王驾崩
11月17日

我们在此无需多费笔墨描摹这位女主的性格。她几乎不具备什么可敬可亲的品格，她本人的品貌与其举止言谈一样毫无魅力。顽固、偏执、暴力、残酷、狠毒、强烈的报复欲和专制欲，她各方面的性情都沾染了她的坏脾气和狭隘眼界所散发的味道。这些不良品性交织在一起，已经融进她的性格底色，我们很难在其中找到任何美德的痕迹——只除了一点，那就是真诚，她似乎终其一生保持着这个特质，唯独在最初登基时有个例外，当时她出于形势所迫，对新教徒做出种种承诺，想必从来都无意履行。但在上述情况下，一个身受教士们支配的软弱盲从的女人，很容易找到充分的理由为自己违背承诺而辩解。她似乎和她父王一样,对友谊有一定的易感性,但没有其父那么突出的反复无常和任性。我们还可以补充一点,那就是,在她一生的许多场合下,她都显露出果决的意志和活跃的头脑,这似乎来自家族的遗传。

波尔枢机主教因间歇热卧病已久,他与女王同日去世,相差约十六个小时。这位教长以其良善的品格、谦逊仁慈的风范,广受国人爱戴。甚至正当宗教迫害肆虐、激烈的教派冲突遍布英格兰之际,他的美德也得到完全公正的评价——就连大多数改革派亦予首肯。那位高傲的教宗保禄四世一直对他抱有偏见,英国对其盟友法兰西宣战时,教宗趁机报复,免去他教宗特使之职,另行委任严守派①修士、也是女王的忏悔神父佩托枢机主教担任。不过,玛丽坚决拒绝新任教宗特使履职,后来保禄只得让波尔枢机主教复职。

关于英格兰王国在本朝的一般状况,除了我们在上文中所提到的,前人论述极少。当时英国的海军实力无足轻重,在此仅举一例:当局曾下令拨款一万四千镑,供舰队维修船只、购足舰上食品储备,据后来估算,舰队每年的一应开支共需花费一万镑。②如前所述,女王随心所欲地干涉商贸,加上她和她父王一朝颁授的众多专营许可,大大阻碍了商业发展;而欧洲其他国家的君主要么没有权限这么做,要么认为没有必要实行如此专制的举措,相形之下,就使英格兰的商贸越发落后于时代。在前朝与本朝初期,议会

---

①　天主教方济各修会的一个分支。——译者

②　Burnet, vol. iii. p. 259.

⁴⁶³立法规定钢院商团与其他外商享受同等税率，但女王在婚后受到皇帝唆使，立即动用王权中止了这些法规。^①在那个时代，没有人对她如此行使王室特权发出质疑，史家们也无一语提及，我们只是从存留下来的公文汇编中才得以了解此事。

前朝曾经出台一条荒谬的法令，规定学徒不满七年者不得从事织布业。玛丽女王登基初年废除了这条法令，显而易见的原因就是，该法令造成毛纺业衰退、致使若干城镇陷入凋敝。^②令人奇怪的是，爱德华一朝的这条法令居然在伊丽莎白时代恢复了效力——更奇怪的是，它还一直延续至今。

在上一朝代，英国人发现了穿越北海海峡的航道，从此与俄国建立起有利可图的贸易关系。沙皇派遣正式使团觐见玛丽女王。使团乘坐的船只在苏格兰海岸失事，但受到当地人的殷勤款待，得以继续他们的旅程，最终抵达伦敦，女王为他们举行了隆重的欢迎仪式。^③这似乎是沙俄帝国与西欧国家之间的第一次交往。

本朝制定了一部法令，^④根据个人财产多少，规定每个国民应为王国防务提供的马匹、武器和装备数量。例如，凡岁入一千镑者，须自费提供短矛骑士乘用的战马六匹，其中至少三匹要配足相应的挽具、铁制鞍具及短矛骑士所用的武器；并须提供轻骑兵乘用战马十匹，配足相应的马具和武器；必须提供体甲四十套、日耳曼护甲五十套(或代之以板甲、体甲或锁子甲四十套)；必须提供长矛四十

---

① Rymer, vol xv. p. 364.

② 1 Mar. Parl. 2. cap. 7.

③ Hollingshed, p. 732. Heylin, p. 71.

④ 4 & 5 Phil. & Mar. cap. 2.

杆、长弓三十张、箭三十束、普通铁盔或无边头盔三十顶、黑铁战斧或戟二十柄、火绳枪二十只、无面甲头盔或轻盔二十顶。需要指出的是，按照当时的评估方法，拥有一千马克家产相当于岁入两百镑，由此可以证明，当时极少或根本没有人靠货币资产维生，另一方面，商人在贸易活动中获利极丰。英国社会中不存在岁入超过一千镑的阶层。

　　这段时期的艺术和高雅文化几乎毫无进步，我们通过一个事例可以略窥一斑：一个地位不亚于爱德华四世时代内廷审计官的人，其宅邸坐落于海峡街（Channel Row）①，整所宅邸的年度开支仅相当于我们现今的三十先令。②而劳动力、食品乃至房产的价格大约只有今天的三分之一。伊拉斯谟在其著作中将英格兰瘟疫频发的状况归因于此间人民肮脏、污秽、懒惰的生活习惯。他写道："室内通常是黏土地面，铺以灯芯草，灯芯草下面是啤酒、油腻、残渣、碎骨、痰液、猫狗粪便以及一切令人恶心之物积成的陈年污垢。"③

　　伊丽莎白时代史家霍林舍德（Hollingshed）以相当好奇的笔触描写上一辈人那种粗陋或者毋宁说是未开化的生活方式。即使在很大的市镇里，房屋建筑都极少有烟囱。炉火依墙而烧，烟雾从屋顶寻隙而出，或者从门窗冒出。当时的房屋无非是用板条抹上黏土灰泥建成的；人们睡的是干草床铺，枕的是圆木块，所有家具器

---

① 伦敦街道名，位于威斯敏斯特宫以北。——译者

② Nicolson's Historical Library.

③ Eras. Epist. 432.

物几乎都是木制的。①

我们发现，本朝颁布了第一部有关公路的普通法，规定全英格兰各教区均负有修缮公路的义务。②

---

① 参见本卷卷末注释［U］。
② 2 &. 3 Phil. &. Mar. cap. 8.

第三卷注释

（本注释所标页码为原书页码，见本书边码）

注释［A］，p.63

Stowe, Baker, Speed, Biondi, Hollingshed, Bacon. 一些晚近史家——其中尤以卡尔特先生[1]为最——质疑佩尔金究竟是不是冒名顶替者，甚至断言他确为金雀花宗室的传人。但我们只需慎思以下几条，便足以反驳上述观点：(1)尽管红白玫瑰战争期间的诸多事件大半已被历史烟云掩没，然而，有一位史家的可靠记载却如一道明光，将理查篡位、两位小王子遇害这段时期的史实照得雪亮——这就是托马斯·莫尔爵士，他那非凡的慷慨大度、正直品格和判断力，令其文字成为无可非议的证据！古往今来没有哪位史家的分量能够与他相比。而且，论到两位王子被害一事，他大有理由被视为同时代人：因为，尽管事件发生时他只有五岁，但是在他的生活和学习历程中，身边尽是理查三世时代历史舞台上的主角。他的叙述经常极为详尽，这些细节显然源自亲历者之口。所以说，

---

[1]　托马斯·卡尔特(Thomas Carte, 1686—1754)，英国历史学者、古籍收藏家。他收藏的一批珍贵古卷称为"卡尔特古卷"(The Carte Manuscripts)，现藏于牛津大学图书馆。卡尔特著有四卷本《英格兰通史》(*General History of England*)，但因缺乏明辨而多为史界诟病。——译者

他的权威性是不可抗拒的，足以抵消一百个细小的疑问、顾虑和反对。事实上，他的叙述不可能遇到任何站得住脚的质疑，也从未发现存在一处错谬。他确实说过，护国公的党羽、特别是肖博士(Dr. Shaw)散布流言称爱德华四世早年已与伊丽莎白·露西(Elizabeth Lucy)成婚；而根据当时的记录，议会后来宣布国王的几位子女为私生，依据是他与埃莉诺·塔尔波特女士成婚在先。但必须指出，这两次结婚记录根本没有人去求证过。护国公的党羽们大有可能时而利用这个流言、时而利用另一个流言来煽风点火。托马斯·莫尔爵士提到这两个流言，待之以同样轻蔑的态度，正是理当如此。卡尔特先生还认为，理查居然授意肖博士公然抹黑自己的亲生母亲老约克公爵夫人(这对母子向来关系融洽)，实在不可思议。但我们若感到难以置信，不妨假定肖博士可能与护国公或其手下谋臣大致商量过他的布道内容，具体话题却由他自主选定，而他愚蠢地选择了这个话题。事实上，肖博士后来被护国公厌弃而失宠，似乎可以证明我们的猜想。(2)如果说托马斯·莫尔爵士对于格洛斯特公爵担任护国公这段历史时期未必是真正意义上的亲历者，那么，在佩尔金假冒王嗣一事上，他作为同时代人的身份却无可置疑：此时他已成年，有充分的机会去了解、考察、判别真伪。在叙述约克公爵遭叔父谋害一事时，他以确定无疑的语气明白指出，自称为约克公爵的佩尔金是个冒牌货。(3)另有一位伟大的天才曾经认真考察过这段历史公案——此人实为当之无愧的国之瑰宝，事实上足以跻身于任何时代、任何国家最杰出的作家之列——他就是培根勋爵。他曾以很长的篇幅谈到佩尔金·瓦贝克冒名顶替的种种行迹，言辞确凿如铁板钉钉。如果有人质疑培根勋爵并非同时代人，他所拥有的材料与我们据以做出判断的史料相同，那么必须指出，培根勋爵撰写他那详尽而精确的历史著作时显然参考了许多今已失传的历史记录和文献，正因如此，他的著作历来被当作原始史料加以引用。假如卡特尔先生的观点无误，那么培根勋爵披阅如此之多的文献，却从未发现任何可能证明佩尔金是金雀花宗室真正传人的根据，岂不怪哉？在当时，人们已无任何兴趣去诋毁理查三世。此外，培根是位相当公正的史家，对亨利也毫不偏袒：我们今天得以了解到亨利一朝高压统治的诸般细节，尽都出自他的笔下。惟在总结亨利的性格时，我们或许有理由认为，培根勋爵对其错咎略有轻描淡写之嫌，如果按照他所记述的史实，那位君主理应受到更严厉的指责。顺便提一句，莫尔、培根、克拉伦登和怀特洛克这四位有大功于英国史学的伟大人物均在法律界享有崇高地位，这个现象堪称奇特。(4)如果特别关注来自同时代人的证据，那么来自下列人物的见证可谓世界上最有力、最无可辩驳的证据了：这些见证人包括太后，太后之子、见识过人的多塞特侯爵，太后之兄爱德华·伍德维尔爵士(Sir Edward Woodville)，国王的妹婿托马斯·圣·莱格尔爵士(Sir Thomas St. Leger)，约翰·鲍彻爵士，罗伯特·威洛比爵士，吉尔斯·多布尼爵士(Sir Giles Daubeney)，托马斯·阿伦德尔爵士(Sir Thomas Arundel)，考特尼家族，切尼家族，塔尔波特家族，斯坦利家族……总而言之，他们是约克宗室的全部同党，也是王国中身份最尊贵的人物。所有这些大人物都确信两位小王子已被谋杀，于是转而扶持约克党人和约克宗室的死对头里奇蒙伯爵，意图助他坐上王位——假如两位王子还在人世，此举对约克党自身无异于灭顶之灾；他们又保证将王位继承人伊丽莎白公主嫁给里奇蒙——倘若两位王子不死，王位根本轮不到伊丽莎白公主继承。假如这些人各自撰写生平回忆录的话，难道不会记录理查杀害了两位侄儿吗？难道说，他们的行动不如他们手中的笔更能表达真情实感？(5)然而，还有另一位同时代的权威证人，其所作所为能够更有力地说明真相，他就是理查本人：他策划跟自己的侄女、约克宗室嗣女伊丽莎白公主成亲，通过这种在英格兰已属惊世骇俗的血亲联姻将女方的继位权与他本人的权利嫁接起来。这足以说明，他深知伊丽莎白的继位资格有效。至于议会宣布她是私生女一事，鉴于并无实据，连捏造的证据也没有，所以国人一向对此不屑一顾，只把它看作那段时期议会频频操作的政治交易的一部分，这种丑闻毫无权威性可言。该宣言完全被视若无物，以致亨利和伊丽莎白以国王和王后身份高踞宝座之后，竟从未吩咐议会予以取消。(6)我们还有另一个同时代的证据，那就是当时英格兰国内外一致的定见。菲利普·德·科明（Philip de Comines）在其回忆录中写道，时人普遍认定理查弑侄是无可辩驳的事实，法国宫廷因对理查杀害至亲的可憎罪行感到极度震惊厌恶，以致接到英国关于理查登基的外交照会时，竟然完全置之不理。(7)当时人们确信两位王子已经被害的理由至今仍然成立，理应作为最无可置疑的证据：即，关在伦敦塔内的两位王子突然消失，从此杳然无踪。人人都议论说：他们没能逃脱叔父的魔掌，因为他不曾搜寻他们；他并未将他们转移到别处，因为他若这样做了，必会向国人公布实情，用以洗脱自己的谋杀嫌疑；假如他不是借着杀害两位王子而稳固了自身地位，绝不可能让自己无谓地承担弑亲的污名和相伴而来的危险；他是两位王子的监护人，对他们负有责任。如果他说不清他们的去向，那么，鉴于他是两位王子死亡的最大受益者，根据所有常识判断，人必定是他杀害的。他明目张胆的篡位以及其他种种奸诈残暴的行径，都让人感到此事不出意料。他无法效法该隐，声称两个侄子不归他看守。[①]这个推理从一开始就无可辩驳，后来随着理查日复一日的沉默，以及两位王子完全失去下落的事实，变得越来越深入人心。此事发生后，理查的统治又持续了两年；显然，除非能让侄儿们现身，他找不到更好的办法来对抗里奇蒙伯爵的进逼，证明自己德行无亏。(8)上述桩桩件件，已经证据昭然，如果仍须拿出更多真实有效的重量级证据，我们还可以举出戴顿和泰瑞尔二人关于这次谋杀的自供。尤其是泰瑞尔，他不可能无中生有把这天大的罪行揽于己身，以致开罪于亨利。(9)约克公爵当时年仅九岁，倘若没有成年人协助，他没有能力自己逃出生天。假如真有人救他脱险，他们首先关切的一件事难道不是立即设法通知小公爵的母亲即太后、他的姑母勃艮第公爵夫人以及约克家族的其他亲朋？勃艮第公爵夫人保护了冒名顶替者西蒙内尔，她的计划若果成功，结果必定是沃里克加冕登基，排除约克公爵继承大统的可能！凭此即能充分证明公爵夫人根本不知道约克公爵脱逃，假如后者已然逃出，她不可能不知道。(10)佩尔金完全避而不谈是谁帮助他逃出魔掌，此后八年多他寄身何处，这一事实本身便足以证明他是个假冒者。(11)佩尔金自述的脱逃过程极为离奇，不足取信。他说，他的叔父雇凶

───────────────

　　① 《圣经》创世纪4章8—9节：该隐与他兄弟亚伯说话，二人正在田间，该隐起来打他兄弟亚伯，把他杀了。耶和华对该隐说："你兄弟亚伯在哪里？"他说："我不知道！我岂是看守我兄弟的吗？"——译者

杀害他们兄弟二人，凶手们杀了他的弟弟，对他却大发慈悲，放他一条生路。这种说法可见于同时代所有史家的记载。(12)佩尔金本人曾经不下三次自认冒名顶替：一次是他自缚请降时，第二次是他戴着足枷在威斯敏斯特区和奇普赛街市场示众时，第三次，也更确凿无疑的，就是他临死前在绞架下的自供。他的坦白完全没有严刑逼供的嫌疑。而且可以肯定，第三次供述时他再没有什么可畏惧的了。(13)倘若亨利不是确知佩尔金荒谬无稽的假冒身份，也知道他完全不被国人认可，那么抓到此人后，绝不会让他多活一小时，更遑论两次颁下赦令了。且看他怎样对待那位无辜的沃里克伯爵（后者实际上并无王位继承权），就足以证明以上推理所言不虚。(14)我们确切地知道整个冒名顶替事件的源头——就是出自勃艮第公爵夫人的阴谋策划。她曾经承认并支持兰伯特·西蒙内尔，此人后来公开自认为假冒者。值得注意的是，卡尔特先生为保持这位公爵夫人为佩尔金所作证言的分量，竟然完全略去这一重要事实：这反映了党派偏见的强烈影响，以及这位史家抹黑亨利七世的意愿，后者的继位资格也确实存在问题。(15)即便在当时，也从来没有任何证据证明佩尔金就是约克公爵理查·金雀花，连一丝证据的影子都没有。理查年仅九岁便告失踪，而佩尔金以其身份露面时已是成年人。有谁能根据外貌确认他的身份？他能讲出理查童年和英格兰宫廷的一些故事，但在这方面，一个九岁男孩所需讲述或记住的一切，很容易由勃艮第公爵夫人或亨利的秘书弗里昂以及任何一位有过宫廷生活经历者讲给他听。的确，许多著名人物起初对此信以为真，然而对亨利统治的不满和对约克宗室的普遍爱戴足以解释这种暂时的错觉。在佩尔金死前很久，所有人的眼睛都已睁开了。(16)查理二世一朝发现的两具遗骸绝非无关紧要。遗骸发现的地点，正是莫尔、培根和其他古代史家认定的两位王子葬身之地。骨殖的形态大小与王子们的年龄相符。这个隐秘而且不正常的埋葬地点(不在教堂墓地中)可以证明，两个男孩是被暗中谋杀的。在伦敦塔内，除了那两位与王位极为接近的男孩以外，没有别的男孩可能被如此暴力杀害。比较分析一切已知的情况，我们可以得出一个合理而有力的推论：上述两具遗骸是爱德华五德和他兄弟的尸体——发现遗骸的当时，人们正是这样推论的。

　　继本书付梓之后，沃波尔(Walpole)先生①出版了《理查三世一朝历史迷案》(*Historic Doubts concerning Richard III*)，这位绅士以一枝令人愉悦的妙笔探究英国历史中那个引来多少街谈巷议的遥远片断，十足证明了作者确乎下笔如有神，也由于这个缘故，书中对上述注释内容进行了一定扩展。

　　注释［B］，p.74
　　Rot.Parl.3 H.VII.n.17.②《议会卷宗》序言反映了当时王国的状况，很值得一看。其中写道："国王陛下注意到，非法包揽诉讼、非法签发封地移交令、用印和画押，臣民通过契约、诺言、誓言、文

①　贺拉斯·沃波尔(Horace Walpole, 1717—1797)，第四代奥福德伯爵(earl of Orford)，英国作家、艺术鉴赏家、收藏家。——译者
②　作者在注释中采用的引文出处皆按原格式译出。*Rot.Parl./Rotuli Parliamentorum/Parliament Rolls*《议会卷宗》，共分六卷，汇集了中古时期英国议会受理的诉讼案、请愿书、通过的法规及其他重要文件档案。——译者

书形式提供聘用定金或以其他非法手段左右陪审团,陪审团组成过程中各郡治安官员权力受到不正当打压,陪审员收受贿赂提供不正当回报等诸般不法现象如何大大削弱了国家政策。"必须承认,王国普遍状况如此,君主确有必要拥有强大的自由裁量权。对待这般粗鲁之民,也无法实施适用于更文明社会阶段的治理原则。因此,亨利七世一朝星室法院的创立与权力扩张自有其明智之处,或许与查理一世时代废除该法院一样明智。

注释[C],p.77

前不久,诺森伯兰公爵刊印了本家族一位先代伯爵的家务管理手册,后者就生活在那个时代。蒙公爵大人惠允,笔者曾经仔细读过这本手册。其中包含许多稀奇古怪的细节,鲜明地体现着那个虽然说不上野蛮、但一切相当粗陋的时代的风俗习惯和生活方式,以及当时的商品价格。这份材料展现了古代生活习俗的真实图景,堪称英格兰古代遗产中一份极为独特的纪念物。这里从中摘录几段作为示例。我们或能确信,尽管这份记载笔触粗略,但在英格兰没有哪个贵族之家能比该家族更高贵显赫。据手册记载,该家族主仆人数共计一百六十六人,每日访客约五十七位,加起来是二百二十三人。每人每天的肉食、酒和取暖开销应为两个半便士,等于今天的一格罗特①;假定当时食品价格比现在便宜三到四倍,那就相当于现在的十四便士。对于一个贵族之家而言,这个数目并不大,特别是考虑到当时的家庭开支项目以肉和酒为主。这位爵

---

① groat,英国旧时一种四便士银币。——译者

爷规定合府全年总开销为一千一百一十八镑十七先令八便士,其中肉、酒和取暖费用为七百九十六镑十一先令二便士,占开销总额的三分之二以上,而在现代家庭里这个比例不会超过三分之一,p.157,158,159。爵爷将合府用度安排得极为精确,一丝不苟,如果我们不考虑古代习俗的因素,可以说严苛到近乎极致。他甚至硬性规定整牛、整羊、整猪和整只小牛一分为四的肉条子必须切成多少块,干鳕鱼和鲑鱼也同样如此,并要呈送给专门负责此事的多位办事人员验看。如果哪位仆人请假一天,他的分例即被取消;如果该仆人出门为主人办差,可领取相应的差旅津贴,冬季每天八便士,夏季每天五便士;如果他长驻某地办差,除马匹草料开支以外,每天的津贴是二便士。家中每口人全年可消费的小麦量为一夸脱略多一点,当时每夸脱小麦的售价估计为五先令八便士;每口人全年可消费麦芽酒二百五十夸脱,相当于每人每天大约喝掉一又三分之一瓶(p.4)麦芽酒,酒性不烈,每夸脱(两豪格海桶①)售价四先令。爵府于每年万圣节②前后采购一百零九头肥牛,每头价格十三先令四便士;又从圣海伦(St. Helens)采购二十四头瘦牛,每头价格八先令。这些牛被放在牧场中饲养,将于仲夏节到米迦勒节③之间供应餐桌。因此,一家人仅在这段时间能吃到鲜肉,而一年中的其他时段只能吃腌牛肉(p.5)。手册规定全家全年的芥末消费量为一百六十加仑,鉴于他们食用大量腌牛肉,这些调料似乎确实必不可少(p.18)。手册规定合府全年可采购六百四十七只羊,每只二十便士,这些羊肉

① hoghead,容量约为52.5英制加仑的大桶。——译者

② 10月31日。——译者

③ 仲夏节在每年6月24日前后,米迦勒节为9月29日。——译者

也都制成腌肉,惟在收获节①和米迦勒节之间能吃到鲜肉(p.5)。手册规定合府全年可采购二十五头猪,价格为每头二先令;二十八头小牛,价格为每头二十便士;四十只羊羔,价格为每只十便士或一先令(p.7)。这些肉品似乎只供应主人和高级侍从的餐桌(后者称作"骑士的餐桌"),其他仆人几乎一年到头吃腌肉,青菜极少或干脆没有,这样的食谱极糟糕,不利于健康。所以,今人若对"古英格兰式烤牛肉"寄予美好想象,实乃大谬不然。对于那个时代的清洁程度,我们也必须尽量压低期望值。按规定,偌大一个爵府每年只购入七十厄尔②亚麻布,价格为每厄尔八便士。那时人们不使用床单,这些亚麻布被制成九块桌布,八块用来铺爵爷的餐桌,剩下一块铺在骑士的餐桌上(p.16),我估计最后这块桌布大概一个月才洗一次。合府全年的洗衣费仅为四十先令,这笔钱似乎大部分用于清洗私人小教堂中的亚麻布帷幔。不过,这一家的酒水供应还过得去,每年喝掉的加斯科涅葡萄酒可装满十大桶(容量二百五十二加仑)外加两个豪格海桶(容量五十二点五加仑),每大桶酒价为四镑十三先令四便士(p.6)。合府一年到头的蜡烛用量仅九十一打(p.14)。全家人早上六点起床,十点钟午餐,下午四点吃晚饭,晚九点大小门户统统关闭,禁止出入(p.314,318)。爵爷夫妇早上七点用早餐,桌上有啤酒一夸脱、葡萄酒一夸脱,两块腌鱼,六块熏鲱鱼,四块未经熏制的鲱鱼或一盘西鲱鱼。逢到吃肉的日子,③改作半块水煮羊脊骨

---

① 8月1日。——译者

② ell,英国旧制长度单位,约等于45英寸。——译者

③ 旧时天主教徒每逢星期五守斋不吃肉,可以吃鱼。在英国,这一规矩在伊丽莎白一世时代被废弃。——译者

或一块水煮牛脊骨(p.73，75)。家主吩咐早六点开始诵读弥撒，据手册中介绍，这是为了让所有仆人都早起(p.170)。整个府邸中除了厨房和大厅之外，只有二十四个房间容许生火，其中大多数房间每天只准烧一配克①木炭(p.99)。一过天使报喜节②，府内除了爵爷、夫人、皮尔西勋爵的房间及育儿室生半火，其他房间不得生火取暖(p.101)。值得注意的是，诺森伯兰爵府位于约克郡，天使报喜节后肯定还有很长一段寒冷的日子。八十查尔特隆③的木炭可供全府烧一年，价格为每查尔特隆四先令二便士。据手册中记载，由于木炭不能和木柴同烧，所以每年还可购入六十四车木材，每车价格为十二便士(p.22)。由此可以证明，当时人们尚未开始使用壁炉。手册中有这样一条："计划今后除了供应爵爷本人餐食以外，不再购买阉鸡，需要购买时，应以每只二便士的价格购入瘦鸡，放在自家养禽场中育肥，爵爷的总管和管家与访客共餐时，席上可以有阉鸡(p.102)。"猪和鹅的价格均为三便士或一格罗特一只，小鸡半便士，母鸡二便士，除前述范围所需，不得购买。手册的另一条目写道："我们认为，除圣诞节和若干重大节庆之外，不宜购买任何鸻科鸟类，在上述节日宴席上，只有爵爷和与其同席者可享受到这道菜，这种鸟的价格应为每只一便士或者最多不超过一个半便士(p.103)。"山鹬的价格也是一样。松鸡价格应为每只两便士(p.104，105)。雉鸡和孔雀均为每只一先令(p.106)。爵府马厩里的马，有二十七匹是爵爷自己出钱饲养的，爵爷的高级侍从们获准自己养

①　peck，计量单位，相当于八夸脱或四分之一蒲式耳。——译者

②　3月25日。——译者

③　chalder/chaldron，旧时英国干量单位，约等于32—72蒲式耳。——译者

马(p.196)。这些马匹当中有六匹驯马,全年饲喂干草料和肉干;还有四匹供女士骑乘的轻型马,三匹小马和矮马,三匹驮马,六匹爵爷指派给仆人骑乘的马,此外另有两匹驮马、三匹磨坊用马——其中两匹用来运送谷物,一匹拉磨。我们由此可以了解到,当时还没有水磨和风磨,至少是极为罕见。除了这些,又有七匹健壮的速步马,用于拉车。按照爵爷的吩咐,这些重要的马匹除了以豆饼作为普通饲料之外,每天还可加喂一配克燕麦,燕麦的价格为每夸脱二十便士,豆子价格为每夸脱二先令。干草价格为二先令八便士一车。当爵爷离家出行时,有三十六名骑士随行,还要带上床和其他一应寝具(p.157)。如此看来,当时客店提供的膳宿条件令人无法忍受。爵爷每年在莱塞尔(Wrysel)、莱肯菲尔德(Leckenfield)和托普克莱弗(Topclyffe)这三处乡间宅邸之间巡回居住(它们都位于约克郡),但他只有一套家具。每次搬迁时,他都要携带全套家什——床、桌椅、厨房用具等等,我们或可得出结论,这些东西都非常粗笨,不至于因旅途颠簸而损坏。然而,所有这些东西只需十七辆二轮马车和一辆四轮马车便能载下(p.391),至于全部厨房用具连同厨子的床铺等物,只需一辆二轮马车(p.388)便足够。一个值得注意的情形是:爵府中养着十一位教士,另有十七位私人小教堂供奉人员、唱弥撒的神父、乐师等人,而另一方面,整个爵府中只有二名厨师,为合府上下二百二十三人备餐(p.325)。[①]他们做出的饭食自然和船上的伙食一样糟糕。我们饶有兴味地观察到,这位蛮族首领如何摆

472

---

① 手册中另一处地方(p.388)提到,爵府内共有4名厨师。但据我揣测,此处是将第325页上提到的"食品柜主管"和"厨房帮工"这两个仆人计入厨师数目当中了。

出一副浮夸乃至王者般的架势，他从不直接以命令口吻说话，哪怕
为了指点下人怎样制作芥末，他开言时也要装模作样地冠以"本
爵暨驾前诸参议一致认为……"如果我们考虑到同时代的威尼斯
人和其他意大利贵族的生活方式何等华丽优雅，以及意大利人在
文学艺术方面取得了多大的进步，那么我们必定不会惊讶于他们
把阿尔卑斯山脉以北的各国统统视为蛮邦。佛兰德斯的文明程度
似乎也远远超过英国甚至法国。不过，这位爵爷有时表现出的慷
慨却毫不逊色于任何人：比如，他每年向沃辛汉姆的圣女支付一
格罗特年金，鼓励她属灵的热忱，又向黑尔斯的圣血捐赠同样数
目(p.337)。手册中没有任何地方提及爵府所用的餐具，只说到租
用锡镴器皿的事宜。府中仆人所穿的衣物似乎都要用自己的工资
购买。

　　注释［D］，p.138

　　新教作家想象，既然信徒花上一先令购买赎罪券便可抵赎自
己的滔天大罪，那么罗马天主教廷的这一政策必将导致道德和社
会体系全盘崩塌。他们没有考虑到，赎罪券颁行后，(除了地狱之
火之外)世俗法律的惩罚、世人眼中的耻辱和良心的隐秘责备依然
存在，这些都对人的行为动机发生着强烈影响。西塞罗的哲学中
包含一个极乐世界，但拒不承认地狱的存在，对世人的纵容程度比
阿坎博尔迪或特泽尔大力鼓吹的赎罪券更甚，然而没有人会怀疑
西塞罗企图倡导不道德行为。因此，贩卖赎罪券的做法似乎并不
比罗马教廷或其他任何教会的其他任何欺骗行径更有罪。教改派
完全否定炼狱的存在，究其实质，是对一切大大小小的罪行给予同

样性质且是免费的、无一例外、完完全全的普遍赦免，而不像教宗那样只出售部分的赦免。灵魂一旦沦入地狱，就永远不能以任何代价赎回。在古往今来的所有记载中，只有一个被诅咒的灵魂得到拯救的例子，是通过圣母的特殊代祷而成就的。参见帕斯卡尔《外省人书简》[①]。赎罪券只能拯救购买者脱离炼狱。

注释［E］，p.149

据说，亨利闻知他所需要的补助金遭到下议院强力拦阻，气得火冒三丈，急传在下议院颇具影响力的议员爱德华·蒙塔古，后者觐见礼还没行完，亨利就劈头盖脸地说："嚯！好家伙！听说他们压住我的议案不批？"他把手按在跪着的蒙塔古头顶，威胁道："明天必须通过，否则你这颗脑袋就得搬家。"亨利这种恃强逞蛮的方法成功奏效。第二天，议案就在下议院获批[②]。据记载[③]，沃尔西枢机主教对伦敦市民极尽威吓之能事，于1525年勒索到一笔全民贷款。他直白地对市民们扬言："宁可叫一部分人受穷，也好过让国王手头短缺。所以你们最好识相点，别抗拒也别鼓噪，否则有些人会因此人头落地。"这位国王及其驾前大臣的一贯作风便是如此。

注释［F］，p.185

在针对枢机主教的指控书中，第一条罪状就是非法谋取教宗

---

① Pascal, *Provincial Letters*.
② Collins, *British Peerage*; Grove, *life of Wolsey*.
③ Hall, fol. 38.

特使权柄,然而沃尔西此举当然事先获得了国王的授意和首肯,枢机主教何罪之有? 其他多条指控也关乎这份权力的行使。还有若干条指控,将他的某些具体行为列为罪状,然而对于任何一位权力无边的御前大臣而言,这些行为都是自然而然或者说无法避免的:例如,凡海外臣僚致国王陛下的信函都要经他转手;凡到访英伦的所有外国大臣都要先行拜见他,希望通过他转致各自的请求事项。他的另一条罪状是:胆敢将自己的名字与国王并列,声称"国王与我如何如何",俨如有资格与国王陛下平起平坐一般;据说他有时甚至把自己的姓名置于国王之前("ego et rex meus"①)——不过,这种表达本是拉丁语的一个习惯用法。另一条罪状称其明知自己患有花柳病,却居心叵测地贴着国王陛下的耳朵说话。指控书中的许多条款都十分笼统,根本无从查证。赫伯特勋爵甚至断言,从来没有哪个从如此高位落马的权臣像他一样几无可以坐实的罪状。这种说法或许有点过于偏袒枢机主教,然而克伦威尔针对上述各条罪状的抗辩,以及这份指控书在如此专制统治下仍被下议院驳回的事实,几乎足能昭示沃尔西的清白。亨利无疑一心想让沃尔西身败名裂,见议会弹劾不成,又起诉他违反《圣职授职法》,几乎全无公正可言。这次紧随议会弹劾之后的起诉,载于卡文什著《沃尔西传》②,以及 Stowe, p.551,当时的议会弹劾条款本身更可引为确证③。

---

① 意为"本人与国王陛下"——译者
② Cavendish, *life of Wolsey*.
③ *Parliamentary History*, vol.iii.p.42.article 7. Coke's *Inst*.pt.4.fol.89

注释［G］, p.191

即使援引《圣经》作为裁断依据(人们每时每刻都在这样做)，国王的主张仍然缺乏理据、难圆其说。的确，以亨利与凯瑟琳之间的亲属关系，他们之间的婚姻是被《利未记》所禁止的，然而这个禁令可以自然地解读为犹太教礼俗或民事法规的一部分；而且，尽管《利未记》中指出，外邦人违犯血亲不得通婚的诫命，招致神的厌憎，但将此律条不加分辨地推而适用于一切具体情形，无异于假定《圣经》文本应精确拘守到毫厘不爽，而我们肯定地知道，那位神圣作者的意图并非如此。人类源于同一位祖先，因此，初代人类只能实行极近的血亲通婚，列祖时代也有过类似的事。在某些情况下，摩西律法不但允许、甚至吩咐人应当娶兄弟的寡妇。如果声称这种吩咐只是规则的例外并且仅限于犹太民族，无非是徒劳的辩解。我们仍可公正地推论，此类婚姻不可能包含任何生理或道德扭曲，否则，全然圣洁的创造主上帝在任何情况下绝对不会吩咐人这么做。

注释［H］, p.199

伯奈特主教曾经描述过，要任命克兰默担任此职，教宗须颁下多道谕旨：第一道谕旨颁给国王，命其提名克兰默为坎特伯雷大主教。第二道谕旨颁给克兰默本人，委任他为坎特伯雷大主教。第三道谕旨豁免克兰默所受的一切惩戒。第四道谕旨颁给各位副主教，要求他们接受并承认克兰默为大主教。第五道谕旨颁给各位教长和牧师会，目的同上。第六道谕旨颁给坎特伯雷教区的神职人员。第七道谕旨颁给教区内所有信众。第八道谕旨颁给教区内所有地产所有者。第九道谕旨命令正式宣告克兰默为主教，穿戴主教法衣法冠宣誓就职。第十道谕旨授予他大主教的白羊毛披肩带。第十一道谕旨命约克大主教和伦敦主教为克兰默披上大主教披肩带。这就是历代教宗出于敛财目的设立并执行的整套繁复的大主教就职仪规。值得注意的是，克兰默在向教宗宣誓前发表声明称，他的这一宣誓绝不会妨碍自己对神、对国王、对国家的任何义务约束，他弃绝誓言中一切有违于上述义务的内容。该声明是出于一些诡辩家的发明，与克兰默立誓所需的绝对真诚和一丝不苟的良心颇有睽违之处。Collier, vol. ii. in Coll. No 22. Burnet, vol. i p.128, 129.

注释［I］，p.212

国王的使臣如此禀告教宗："An non, inquam, sanctitas vestra plerosque habet quibuscum arcanum aliquid crediderit, putet id non minus celatum esse quam si uno tantum pectore contineretur; quod multo magis seremssimo Angliae Regi evenire debet, cui singuli in suo regno sunt subjecti, neque etiam velint, possunt Regi non esse fidelissimi. Vae namque illis, si vel parvo momento ab illius voluntate recederent."[①] *Le Grand*, tom. iii. p.113. 国王陛下曾经公然对枢密院发话，任何人若胆敢不顾分寸，对他本人或他的行为说三道四，他就要让他们明白谁是主子。*Et qu'il n'y auroit si belle tete qu'il*

---

① ［拉丁］大意为"恕我直言，教宗陛下的神圣地位主要依靠人们的信念，多有难以告人之私；相比之下，凡我英格兰臣民无不忠忱爱戴吾主英王陛下，决无二志。无论地位高低，那些背主弃君之人有祸了！"——译者

ne fit voler.[①] Id. p.218.

注释［J］, p.236

这封信行文如此自然, 甚至不失优雅, 值得原封不动传诸后世。信中写道:

陛下, 臣妾万万未曾料到有朝一日失却君心、身系囹圄。于今临纸恍不知所言, 亦不知如何自辩。然陛下竟派遣此人(君固知其为妾之宿敌)告我以"坦白实情可获恩赦"云云, 妾甫见宣旨之人, 即明君意。倘若诚如君言, 据实以禀可保此身无虞, 谨遵君命乃臣妾衷心所愿, 亦是责无旁贷。

陛下万勿以为, 为妻于任何景况下会俯首认此无端之罪, 妾心昭昭, 未尝有一丝晦暗之念。安妮·博林对陛下忠心耿耿挚爱拳拳, 实非天下任何君王之配偶所能比。凡上帝与陛下所赐名分地位, 妾心处之安然。当日直上青云荣显于君侧之时, 妾时刻未敢忘形, 反恒怀惕惧, 常虑今日之祸变。盖妾受此渥恩, 端赖陛下青眼有加, 妾固知予之夺之仅在君一念之间。臣妾蒙君擢于卑微, 得以忝居后位伴君左右, 原已远超为妾所求所想。昔时君若视妾配得恩荣, 愿今日休要轻起疑念, 休听小人谗言, 乃令臣妾失却君恩。求陛下顾念为妻一腔忠贞、稚女尚在襁褓, 勿令我母女清誉染瑕, 背负卑污之名。仁慈的王啊, 妾身清白凭君鉴察, 惟求依法公平审理, 莫使臣妾面对宿敌之指控、裁断。妾愿接受法庭公审, 此心可鉴, 无

---

① ［法语］大意为"没有哪颗漂亮的头颅不能被砍掉"。——译者

惧当众剖明，黑白立判：妾若清白得雪，则陛下心头疑云可消，世人毁谤之口可杜；反之，臣妾罪行昭然于天下，则任凭上帝与陛下如何处置于我，亦无损于陛下圣名。臣妾一朝被依法定罪，陛下便于上帝和世人面前获得自由，治我以不贞之罪，更能从心所欲施恩于新宠——臣妾落得这般地步，盖因此女之故，妾早知其名，陛下亦非不知妾疑心所指。

然君若定意赐臣妾一死，更以污名辱之，非如此无以令陛下称心快意，臣妾唯愿上帝饶恕陛下于此事上所犯之大罪，同样饶恕我的敌人，即那班为虎作伥者。无需太久，您与我必将并立于神的宝座前接受审判，愿那位仁慈公正的主不要严厉追究您曾如何苛待于我。臣妾坚信，无论这世界如何看待我，上帝必定完完全全还我清白，且昭示于普天之下。

臣妾最终唯一的请求，只望吾王震怒落于臣妾一身，勿使殃及诸位受我之累身陷牢狱的无辜士绅。但凡陛下曾有一日怜我惜我，但凡安妮·博林之名曾有一日令君赏怀，只求您开恩允我，臣妾即无复他求，惟衷心祈求三一真神福佑陛下，指引您一切所行。

矢志忠忱、永远忠实于您的妻，
安妮·博林
5月6日于伦敦塔阴暗囚室

注释［K］，p.244

关于取缔小修道院的议案此前曾经呈至教牧代表会议，当时还在世的费舍尔主教予以强力反对。他对同工们说，这等于给国

王指明路径，教他如何对大修道院下手。他比喻说："一把缺了柄的斧头来到森林里，向大树们哀诉，说它没有斧柄就不能作工，只能无所事事。为此他恳求这片大森林，给他一棵小树打造斧柄便好。大树们不疑有诈，一口答应给它一棵小树做斧柄。然而斧头一旦配上斧柄，就开始大肆砍伐这片森林，久而久之，整片林地尽被伐光，大树小树荡然无存。所以，诸位大人，你们若拱手将这些小修道院交给国王，无异于给他的斧头配上斧柄，让他能随心所欲地砍尽你们在黎巴嫩山上的雪松。"Dr. Bailie's *Life of Bishop Fisher*, p.108.

注释[L], p.255

关于取缔修道院一事，柯克爵士的《英国法总论》①中有个有趣的段落(4th Inst. chap.1. p.44.)，它显示了亨利八世一朝、甚至迄至柯克爵士撰写该书那个时代的英国政府观念，因此值得摘录于此。显而易见，当时民众几无维护自身自由的观念，他们希望王权不受制约，唯愿尽可能地减轻政府加诸他们身上的负担。鉴于上述前提，国家拥有一支庞大的常备军和固定岁入便被视作莫大的祝福；英国人之所以能拥有现今的自由，完全要归功于亨利的挥霍无度，以及他对王权必将永远坚立的执念。柯克爵士书中这一章的标题是："关于议会中看似合理的新议案的建议"。作者写道："当任何看似合理的计划被呈至议会，博得上、下两院的赞同，

---

① 爱德华·柯克爵士(Sir Edward Coke 1552—1634): 英国著名法学家、政治家，著有《英国法总论》(*Institutes of the Laws of England*)。——译者

准备就此形成法案时，如果两院都支持并承诺批准相关议案(特别 477
是在一些重大事项上)，鉴于他们肩负整个邦国之重，所以极有必
要将所议事项的计划及承诺结果(即打动两院的原因)一并列入该
法案，以免有关方面单单从该法案中受益，相关事项的计划和承诺
却永远得不到落实，致使议会两院有负于国人信托而信誉扫地，如
同亨利八世在位期间那样(这里仅从众多事例中枚举其一)。国王
曾派代表遍告上、下两院议员，国王必须拥有以下三种能力，否则
他本人及其王国均无安全可言：第一，必须拥有财政自理能力，以
及在外敌入侵或国内动乱的突发状况下保卫王国的能力；第二，必
须拥有援助盟友的能力，否则无人将会援助他；第三，必须拥有奖
赏忠心臣仆的能力。眼下的议题是，假如议会同意将所有类型的
大小修道院统统交给国王，那么国王必须保证今后永不将这些修
道院转为私产。但是，为达到上述目的，首先国库必须充盈，其次，
要有四万名训练有素的常备军，以及谙熟指挥的各级军官，以强化
王国武备；第三，为了国民的利益和安宁，要保证他们今后永远不
再承担任何名目的税负，如补助金、十五分之一税、借贷金或其他
共同救济金(如同计划中设想的那样)；第四，为了避免王国荣誉因
前述修道院的解散而受损，国王会授封一批贵族，用以填补原由各
修道院院长占据的二十九个上议院议席(国王以 *per baronium*① 的
名义将这些议席控制在自己手中，到该世纪下半叶数量更多)，具
体授封名单从略。议会通过多个法案授权国王接手上述所有修道
院，但这些法案中却无一条款提及前述计划或其中任何部分。"

---

① ［拉丁］男爵领宗主。

注释［M］, p.264

科利尔(Collier)在其《教会史》(*Ecclesiastical History*, vol ii. p.152)中摘录了克伦威尔致英国驻德大使托马斯·怀亚特爵士(Sir Thomas Wyat)的一封信，内有克伦威尔对这次论战的描述。信中写道："国王陛下出于对圣餐礼的尊崇，御驾亲临王宫大厅，在那里主持了一场公开辩论，审理并判决了一个对圣餐礼持异端见解的可悲之人，此人后于11月20日被处以火刑。人们看到，国王陛下如此高贵、如此庄严，以其无上的权威履行英格兰教会至尊元首的职权，实在令人叹为观止。陛下是何等仁慈地试图劝化那个可悲的家伙，他驳斥此人的言辞是何等雄辩、何等明晰！我希望基督教世界的所有君王和统治者都能齐聚一堂领略这个场面。毫无疑问，他们将深深膺服于陛下的崇高智慧和明断，推崇他的英名，在他面前，基督教世界的其他所有王者都将相形见绌，宛如镜子只能辉映明烛的光亮。"正是在这样的吹捧之下，亨利意气昂扬地将一己观点定为全人类的准则，并决心借助最严酷的刑罚将他对圣餐化质说雄辩、明晰的论证强行搁进世人的头脑。

注释［N］, p.266

据说这部法案出台后不久，诺福克公爵见到他的一位私人神父，此人素有同情改革派的嫌疑。公爵对他说，"那么先生，新法案禁止教士娶妻，你怎么看？"神父答道，"是啊公爵大人，你们已经做到了，但我的回答是，总不能禁止旁人的妻子有教士吧？"

注释［O］, p.277

本届议会通过一部法案，分明体现了亨利如何肆意戏侮法律和常识，议会如何奴颜婢膝唯命是从，双方同样丧尽廉耻。该法案宣称，不能依据婚姻中一方以往与他人的婚约废止现有婚姻，仿佛亨利根本不曾以此为借口先后休掉安妮·博林和安妮·克莱夫斯一般。不过，据说国王制定该法案意在恢复伊丽莎白公主的法定继承权，而他的性格一向是只顾眼前、不计长远，从不考虑自身所作所为是否前后矛盾。议会宣布，凡不承认亨利与安妮·克莱夫斯离婚有效者，构成严重叛国罪(参见Herbert.)。

注释［P］, p.287

本届议会立法规定，凡国王指派专员巡视的各郡皆有权开庭审理叛国罪案件。关于叛国罪的法案数量在本朝成倍增加，此类案件审理变得更简单、成本更低。本届议会还将爱尔兰正式立为王国，使亨利的众多头衔中从此增加了"爱尔兰国王"一条。在本届议会上，下议院首启由议长签署令状释放被捕议员的做法，此前通常需要申请大法官法庭颁布令状。这一先例的确立增加了下议院的权威，于日后产生了重要影响(Hollingshed, p.955, 956. Baker, p.289.)。

注释［Q］, p.294

詹姆斯在位期间实施的宗教迫害不应归因于他的偏执，他似乎和弗朗西斯一世以及查理皇帝一样，都没有这个毛病。他们甚至都曾经在一生中的不同阶段倾向于新教。这三位君主之所以诉诸极端手段大搞宗教迫害，完全是出于当时形势所驱，作为统治者，他们一旦决定支持古老的教义，就只能斩钉截铁、毫不留情，容不得一点点温和。在那个人心思变的时代，统治者只要对新教传道人稍有宽容，就会被理解为计划改变整个国家的宗教信仰。

479　　注释［R］，p.345

Spotswood, p.75.这位作者还讲述了一个故事(p.92)，进一步印证了苏格兰天主教神职人员的这个特点。关于主祷文的对象究竟是上帝还是众圣徒的问题，圣安德鲁斯大学有过一场大辩论。天主教修士们知道改革派一般而言不尊奉圣徒，因此决心固守圣徒论以维护自己的荣誉，却找不到可循的依据。有些人说，主祷文形式上的对象是上帝，实质上是向圣徒祈求；另一些人说，主祷文以上帝为主要对象、以圣徒为次要对象；还有人说，这是终极对象和非终极对象之分。但大多数人的意见似乎认为，主祷文以上帝为精确指向，以圣徒为广延指向。某修道院副院长有个头脑简单的男仆叫汤姆，他见博士们日复一日地开会，想必是为了什么大事，于是他问主人，他们在争论什么大事。副院长答道："汤姆，我们在争论主祷文究竟是向谁说的。"汤姆直愣愣地说，"向上帝说的呗，大人，不然还能向谁说？"副院长追问，"那又怎么对待圣徒呢？"汤姆回答："以魔鬼的名义向他们恭敬请安并奉上足够多的信条，他们大概就满意了。"这个回答传到海外，很多人说："这小子的判断比所有那些地位显赫的博士更有智慧。"

注释［S］，p.365

本届议会通过了另一部法案，其序言中提到，昔日人口繁盛的约克城这时已大为败落，以致许多堂区竟无力供养本区教牧。为解决这一问题，议会授权地方官员自行斟酌决策，合并各个教区。一位教会史家认为(Collier, vol. ii. p.230)，解散修道院是约克城衰败的主要原因，因为这些修道院的岁入都落到了生活在远方的私人手里。

本届议会对国人的持股收益和息贷收入征收重税，甚至对工业也毫不留情。议会立法规定，本国臣民凡身家十镑或十镑以上者，每年每镑须缴税一先令，连缴三年。外侨和长居英格兰的外籍居民按此缴纳双倍。后一种情况下，凡年满十二岁、身家不足二十先令者，每年须缴纳八便士。饲养一只阉羊年税两便士，种植一棵紫杉年税三便士。毛纺业经营者须根据所生产的布料的总价值，按每镑八便士的税率纳税。针对息贷收入的税负极其苛重，足能证明当时几乎没有人能靠贷款取息维生：针对此类收入的税率为依法评估的年度借贷收益的一半，连缴三年。假如受此影响的从业者众多，势必忍无可忍而有所反抗。值得一提的是，本届议会未出台任何土地税。商品交易利润通常甚高，据认为可以承受这样的征敛。上述法案中最荒唐的一条似乎是针对毛纺业的税收规定(参见2 & 3 Edw. VI. cap.36.)。下一届议会撤销了针对羊只和羊毛布料的税收规定(3 & 4 Edw. VI. cap.23.)，但其他税项却被延长一年(Ibid.)。

教牧代表会议议定神职人员每年每镑缴税六先令，连缴三年。该方案得到议会批准。自推行宗教改革以来，上述程序已成惯例，意味着神职人员不掌握立法权，即使在涉及他们自身的事务上也不例外(参见2 & 3 Edw. VI. cap.35.)。

注释[T], p.427

教宗最初只授权波尔枢机主教可向他人转授教会地产的既往收益，但被提示此举恐怕伴随着世俗当局收回教会地产的危险，他便扩充了波尔的权限，准其保证现业主今后继续持有教会土地。在枢机主教的规定权限当中，只有一个条款可能或多或少地引起猜疑：即，凡波尔枢机主教认为事关重大，须向教宗请示的事宜，不在此授权涵盖之列。不过，波尔批准了所有俗人对教会土地的占有权，而教廷委任状也赋予他这方面的充分权力(参见 Harleyan Miscellany, vol. vii. p.264, 266)。不错，有几届梵蒂冈会议发布宣言称，即使教宗也无权出让任何教会地产；而教宗则可根据所处形势或自己手中的权力，选择是否坚持这个宣言。然而随着时间年复一年地过去，现业主对教会土地的占有权变得越发稳固，教宗的权威渐趋弱化，因此，后来世代对教廷势力的担心主要是出于党派立场或宗教激情，并无十足充分的理由。

注释[U], p.464

霍林舍德编年史的前言中附有一篇《对话录》(有人认为此篇为哈里森所撰)，其中谈到当时社会奢侈之风日盛。作者写道："我写下这段文字，并非要指责任何人，此心上帝可鉴；我只想说，我欢喜地看到上帝如何以美物丰盛赐福于我们，看到这个物价几欲摩天的时代里，我们却仍有机会和能力获得此前一直不可能拥有的家具。然而在我栖身的村庄里还住着一些老人，他们翻拣着自己尚未衰颓的记忆，发现有三件事物令人不可思议地改变了英格兰：一个巨变是新近矗立起来的如林的烟囱，在他们年轻的时候，这片高地地带的大多数城镇里顶多有两三座烟囱(教堂建筑和贵族庄园总是显得鹤立鸡群，或许还有某些大人物的宅邸)，但是这些宅邸大厅里都有敞开式的炉坑，人们就在大厅里生火做饭、用餐。第二个巨变是人们使用的寝具已今非昔比。他们说，我们的父辈和我们自己都经常睡草铺，只铺条被单，盖的是脏羊尾巴毛织的粗毯，没有长枕，就枕块圆木疙瘩。一家之主若能睡上一张毛屑垫子或毛屑床，头枕一袋糠麸，就美滋滋觉得自个儿像城里的老爷一样。那时他们满足得很。他们说，枕头那东西是生孩子的娘儿 ⁴⁸¹ 们才用的。至于仆人们，只要能有条被单盖就不错了。他们的床上很少有垫子，草铺里的草梗经常钻出来，扎疼他们那粗硬的皮肉。第三个巨变是木盘子换成了锡盘子，木勺子变成了银勺或锡勺。因为那时候人们普遍用的是各式木制器皿，哪怕富裕的农户家里也难凑上四件锡器(连盐瓶都算在内)。"参见第十章"不列颠生活描述"(Description of Britain, chap.X.)。在第十六章里，作者又写道，过去人们满足于用黄华柳和柳树等普通木材造屋而居，橡木专门用来建造教堂、宗教建筑、王宫和海船。但现在所有人都瞧不上柳木了，要用就用橡木。可是看看这个变化吧：当初我们用柳木造房，人都强壮得有如橡树，如今我们用橡木造房，人却变成了柳树，更有不少人简直像稻草一样孱弱，多么可悲！先前，家主们靠勇气足以保障家宅平安，可现在呢，人必须靠坚固的木料抵挡强贼入室。我们现在有许多烟囱，身体却弱不禁风，动不动就伤风感冒、流鼻涕；过去只有炉坑，我们却从不头疼。那时候，人们认为炉烟可以硬化房屋木料，有利于一家大小防病祛病，乃是最好的良药。另外，第十八章里还写道，从前的锡匠们只用锡来制造盘罐和一些小件器皿，如今他们的技艺大为精良，能够模仿金匠的手艺打造出各种花色样式的杯、盘、盐瓶、碗和高脚杯，尽管还称不上巧夺天工。在海外一些地方，手工精美的英格兰锡制平盘(这里强调平盘，是因为我所生活的时代里各种碟子和浅盘开始变深，像浅底大碗一样，这确实便于盛装汤汁，也可以给肉类保温)价值高昂，几乎抵得上同等数量的纯银器。(读者若对伊丽莎白时代人们的用餐时间感到好奇，也可以从同一位作者的书中了解到。)在我们这个时代，贵族、士绅阶层和学生们一般在午前十一点进午餐，下午五点或五点到六点之前进晚餐。商人们的午餐和晚餐很少在中午十二点和晚六点以前，在伦敦尤其如此。农夫们的午饭也在正午，晚饭则在晚上七八点钟。不过，在我们大学里，逢到假期学者们要到晚上十点才开饭。

　　傅华萨(Froissart)曾经提到，他本人于下午五点钟到兰开斯特公爵驾前事奉，此时公爵大人已经用过晚餐。这个时间比前面说的还要早。很难解释，为什么在全世界范围内随着时代风气日益由俭入奢，人们的用餐时间越拖越晚？是否因为出现了众多娱乐消遣，逐渐推后了晚餐时间？或是时尚人士更喜爱夜晚的私密和静寂，而这时辛苦劳作的百姓都已上床休息？在尚未开化的时代里，除了白昼所能提供的一些娱乐之外，人们几乎没有更多消遣。

第三卷索引

(本索引所示页码为原书页码，见本书边码)

译 者 的 话

    我是十年前与休谟《英国史》翻译工作结缘的。当时被一股热情驱使，并未顾忌许多，真正着手翻译之后，逐渐品出个中三昧，才开始有所敬畏也有点惶惶然，唯恐贻笑大方，更怕糟蹋了原著，梦里被二百年前的先哲嘲骂。我给自己定下几条翻译原则：首先务必小心求真，每处细节都扎扎实实查考资料，不可含混；其次，在风格上尽可能贴近原作，追求庄雅、朴素、自然、节制、严谨，一忌小女子腔调，二忌口语化痕迹过重，三忌矫揉造作掉书袋(实际操作效果如何，相信读者诸君看罢自有定论)；第三，不懂就问，放下面子，多方寻求高人指点。如此翻译，进度必定缓慢，好在商务印书馆的领导和编辑老师并不催促，以极大的包容和耐心陪我慢慢"绣花"，令我深感重任在肩，不努力工作真的对不起他们。如今前四卷付梓在即，译者的兴奋、惶恐自不待言，同时这个进展又如同一针强心剂，鼓舞着我加力译好后续两卷内容。

    大卫·休谟是18世纪苏格兰启蒙运动的代表人物之一，今人多看重他的哲学思想，但他生前却以史家身份闻名于世。休谟的《英国史》计210万字，记述从恺撒征服不列颠到1688年光荣革命近1800年的历史。自1752年动笔，到1762年全六卷完工，休谟在这部著作中投入了巨大的心血和最好的年华,此后又多番修改润色,不断完善,直到生命的尽头。这部中文译稿就是基于作者生前最终修订、于他身后出版的1778年版本译出,并参考了1983年Liberty*Classics*的整理本。译稿之所以定名为《英国史》而没有直译为《英格兰史》,乃是考虑到整部著作既涉及了英格兰历史,也涉及了威尔士、苏格兰、爱尔兰的历史,如果译成《英格兰史》,从学术角度有欠严谨,恐有以偏概全之嫌。而且在中国人的习惯中,"英国"一词既是历史上"英格兰王国"的简称,也用来指称1707年联合法案颁布后的"大不列颠王国"(1707—1801年)、大不列颠及爱尔兰联合王国(1801—1922年)以及现在的"大不列颠及北爱尔兰联合王国",与本书的时空定位相符。于是,在征求几位学界大家的意见之后,书名就这样定了下来。

休谟《英国史》最初的出版次序如下:第一卷于1754年出版,从詹姆斯一世写起,讲述斯图亚特王朝早期历史;第二卷从1660年王政复辟写到1688年革命,于1757年出版;第三、四两卷于1759年出版,回头叙述都铎王朝的历史;最后于1762年出版的第五、六两卷包括了从罗马入侵到亨利七世继位这段时期。之所以选择从斯图亚特王朝写起,再掉头回溯更早的历史时期,并非故弄玄虚,乃因这位哲人看待历史的独特视角所致。这部作品"不仅仅是一部战争年代记和帝王世系,而是有更丰富内容的东西"(见J.W.汤普森,《历史著作史》)。作为思想者的休谟在这部书中没有为我们总结什么"历史发展的一般规律",也不津津乐道于什么英雄伟业或政治权谋,而是更多地关注战争、阴谋、派系和革命过程中透射出的"人性的永恒和普遍原则",并且以不偏不倚的立场,饶有兴致地考察、记述自由的孕育和萌生过程,特别是英国政制从君主意志独大到法治政府的演变过程。他在致亚当·斯密的一封信中曾经这样写道:"在詹姆斯的统治下,下院首次开始抬头,接着就发生了议会特权与君权之争。政府摆脱了强大王权的控制,显示了它的才能,而当时出现的派系,对我们当前的事务有影响,形成我们历史中最奇特、最有趣和最有教益的部分。"[①]所以我们大概可以理解,他为什么从詹姆斯一世时代写起,也足能想象同时代的各党各派如何被休谟的一支笔触痛,以致对他发起如潮攻讦。后来作者又按时序重新安排了各卷次序,据我冒昧揣想,也许是为了照顾史书读者的阅读习惯吧。

时隔二百年后,激辩的硝烟散尽,我们揽读此书,或许欣赏和沉思的成分更多,也必能体会到这部作品的价值历经时间的考验始终坚立。

这部译稿在翻译、修改过程中,先后得到多位专家学者和热心朋友的指点、帮助:感谢彭小瑜教授对涉及宗教内容的部分提出宝贵意见,感谢贾红雨教授帮助校阅书中大段的拉丁文内容,感谢孙宏友教授帮助校阅第一卷中关于大宪章的章节,假如没有他们的援手,这项工程大有可能由于我的才疏学浅而半途搁浅。感谢商务印书馆总编辑陈小文先生的信任和鼓励,感谢各位编辑老师的大力支持和辛勤工作,感谢时时关注翻译项目进展的朋友

---

① 欧内斯特·英斯纳,伊恩·辛普森·罗斯编:《亚当·斯密通信集》,林国夫等译,商务印书馆1992年版,第30页。

们，也感谢我的老父亲——我译出每一章稿子，他都是第一位读者，来自他的肯定对我非常重要！在此特向以上诸位致以深深的敬意和感恩！

石小竹

2022年8月4日

图书在版编目(CIP)数据

英国史：从尤利乌斯·恺撒入侵到 1688 年革命.第三卷/(英)休谟著；石小竹译.—北京：商务印书馆,2023
ISBN 978-7-100-22239-6

Ⅰ.①英… Ⅱ.①休…②石… Ⅲ.①英国—历史 Ⅳ.①K561.0

中国国家版本馆 CIP 数据核字(2023)第 057678 号

英 国 史
从尤利乌斯·恺撒入侵到 1688 年革命
第 三 卷
〔英〕休谟 著

石小竹 译

商 务 印 书 馆 出 版
(北京王府井大街 36 号 邮政编码 100710)
商 务 印 书 馆 发 行
北京市白帆印务有限公司印刷
ISBN 978-7-100-22239-6

2023 年 8 月第 1 版　　开本 880×1230　1/32
2023 年 8 月北京第 1 次印刷　印张 19
定价：126.00 元